扎囊年鉴

གྲ་ནང་གི་ལོ་རིམ་མེ་ལོང་།

2021

（总第6卷）

扎囊县地方志编纂委员会　编

方志出版社
Publishing House of Local Records

图书在版编目（CIP）数据

扎囊年鉴. 2021 / 扎囊县地方志编纂委员会编. --
北京:方志出版社, 2021.12
ISBN 978-7-5144-4814-6

Ⅰ. ①扎… Ⅱ. ①扎… Ⅲ. ①扎囊县 - 2021 - 年鉴
Ⅳ. ①Z527.54

中国版本图书馆CIP数据核字（2021）第247703号

扎囊年鉴（2021）

编　　者：扎囊县地方志编纂委员会
责任编辑：高孟君

出 版 者：方志出版社
地址　北京市朝阳区潘家园东里9号（国家方志馆4层）
邮编　100021
网址　http://www.zgfzcb.cn
发　　行：方志出版社图书经销中心
电话（010）67110500
经　　销：各地新华书店
印　　刷：河南金宝丽印刷科技有限公司

开　　本：889×1194　1/16
印　　张：20
字　　数：523千字
版　　次：2021年12月第1版　2021年12月第1次印刷
印　　数：001～500册

ISBN 978-7-5144-4814-6　定价：350.00元

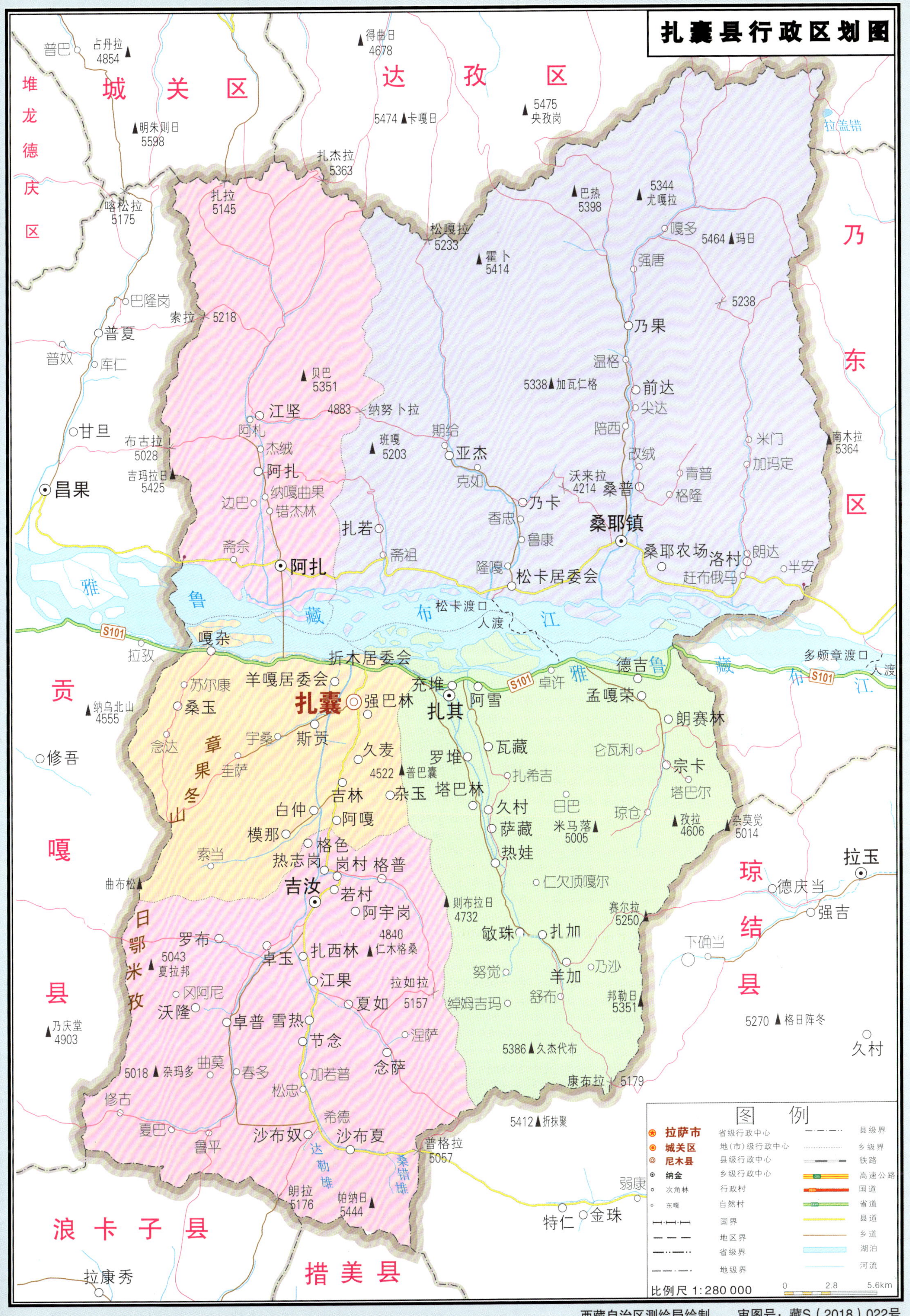

西藏自治区测绘局绘制　审图号：藏S（2018）022号

2020年6月13日，国务院扶贫办主任刘永富（中）到扎囊县实地考察民族手工业发展情况

2020年8月11日，国家烟草专卖局局长张建民（左二）到扎囊县调研现代农牧业产业示范园。自治区副主席江白（右二）一同调研

2020年6月13日，西藏自治区主席齐扎拉（左一）到扎囊县调研脱贫攻坚工作

2020年4月15日，西藏自治区人大常委会副主任李文汉（正中）一行到扎囊县人民法院对审判、执行工作进行调研

2020年6月11日，西藏自治区人大常委会副主任、山南市委书记许成仓（右一）在扎囊县调研

2020年9月17日，西藏自治区副主席甲热·洛桑丹增在扎囊县为全县县级干部和县直部门主要负责人作专题宣讲

2020年8月27日，重庆市政协副主席、市信访办主任徐代银（左二）到扎囊县氆雕工艺农民合作社及扎唐唐卡技艺开展视察调研

2020年5月12日，湖南省政协副主席张灼华（前排左二）一行到县中心医院考察

2020年6月30日，西藏自治区政协党组成员、副主席王亚蕑（前中）一行到扎囊县中心医院调研基层基本公共卫生服务能力建设情况

2020年10月21日，西藏自治区政协副主席卓嘎（左一）到扎囊县“特色种养殖合作社”开展调研

2020年12月11日，教育部民族教育司司长朱小杰（前左三）一行到扎囊县体育公园调研指导工作

2020年7月22日，湖南中医药大学第一附属医院党委书记刘平安（左）与扎囊县藏医院院长丹增多吉签订对口帮扶协议书

2020年4月21日，西藏自治区药监局党组书记、副局长郭乃雄（左一）等一行调研组到扎囊县藏医院调研指导工作

2020年4月24日，山南市人大常委会党组书记、主任王德文（中）率调研组到扎囊县就巩固脱贫攻坚成果、“三农”工作、人大工作等开展调研

2020年9月23日，山南市委常委、政法委书记、市公安局党委书记龚兵（右二）到扎囊县公安局检查指导工作

2020年5月12日，山南市委常委、宣传部部长燕红（右四）率“四讲四爱”宣讲团到桑耶镇“三岩”片区易地扶贫搬迁点开展宣讲

2020年6月29日，县委书记雷丰（左）在扎囊县税务局调研指导党建工作

2020年8月1日，县委副书记、县长唐勇（左二）在武警扎囊县中队慰问官兵

2020年1月15日，扎囊县第十三届人民代表大会第七次会议第一次全体会召开

2020年4月30日，扎囊县召开新时代文明实践中心建设工作会议

2020年3月28日，扎囊县各族干部群众开展“我与国旗合影”活动

2020年9月21日，以“天上氆氇　锦绣扎囊”为主题的扎囊县氆氇文化旅游节在县文化体育公园开幕

2020年9月22日，扎囊县举办“走进锦绣扎囊　共享丰收喜悦”农民丰收节

2020年10月16日，山南市“决胜小康　奋斗有我”脱贫攻坚百姓故事汇在扎囊县拉开帷幕，市委常委、宣传部部长燕红（右五），副市长张福臣（右七）与现场群众一起聆听

扎囊风光

扎囊特大桥

《扎囊年鉴（2021）》编纂委员会

《扎囊年鉴（2021）》编辑部

编辑说明

一、《扎囊年鉴》自2016年开始编纂，每年出版一卷，2021年卷为第六卷。

二、《扎囊年鉴》以马克思列宁主义、毛泽东思想、邓小平理论、“三个代表”重要思想、科学发展观、习近平新时代中国特色社会主义思想为指导，坚持辩证唯物主义和历史唯物主义的立场、观点和方法，始终坚持“实事求是、质量第一、存史资政、服务大众”的办鉴宗旨，全面、系统、翔实地记述扎囊县上一年度政治、经济、文化、社会等各项事业的基本情况，为社会各界与国内外人士了解和研究扎囊县提供翔实资料。

三、《扎囊年鉴》分为正文与彩页两部分。正文采取分类编辑法，以类目、分目、条目为主要框架结构。个别包含多方面资料的条目，则在段落间加插楷体标题提示，方便读者查阅全书。

四、《扎囊年鉴（2021）》载录扎囊县2020年经济社会发展的基本情况，设有特载、大事记、扎囊概况、中国共产党扎囊县委员会、扎囊县人民代表大会、扎囊县人民政府、中国人民政治协商会议扎囊县委员会、纪律检查（监察）、人民团体、军事、法治、经济管理、社会事业、城市建设·环保、交通·通信、金融、乡镇概况、附录等类目。

五、《扎囊年鉴》的编辑宗旨，在于求真务实，力求真实生动地反映扎囊县在改革开放和现代化建设中取得的崭新成就。

六、《扎囊年鉴》入鉴资料、图片均由各撰稿单位提供，并经主要负责人审核。部分资料由编辑部收集，主要数据和统计资料由扎囊县统计局提供，部分数据由各相关部门提供。由于统计口径等原因，相关部分的个别数据与统计资料不一致的，以统计资料为准。本书中农田土地面积的计量单位使用“亩”。

目 录

特 载

大事记

扎囊概况

综述

中国共产党扎囊县委员会

综述

办公室工作

组织 编办

宣传

统一战线（民族宗教）

强基惠民活动

巡察工作

机关党建

扎囊县人民代表大会

综述

重要会议及代表工作

扎囊县人民政府

综述

办公室工作

行政审批和便民服务

应急管理

消防救援

信访工作

藏语文工作（编译）

档案工作

后勤服务

中国人民政治协商会议扎囊县委员会

综述

重要会议及主要工作

纪律检查（监察）

综述

重要会议及主要工作

人民团体

工会

共青团

妇联

工商联

军　事

扎囊县人民武装部

武警山南支队执勤三大队扎囊中队

法　治

政法委及综治

公安

税务

商务

审计

统计

自然资源

社会事业

民政

人力资源和社会保障

卫生健康

综述

医疗保障

扎囊县中心医院

扎囊县藏医医院

旅游发展

文化（文物）

农业农村

水利

林业和草原

市场监督管理

退役军人事务

扶贫开发

教育

供电

城市建设·环保

住房和城乡建设

生态环境

城市管理和综合执法

交通·通信

交通运输

邮政

电信

移动

联通

金　融

中国农业银行扎囊县支行

乡镇概况

扎唐镇

桑耶镇

吉汝乡

扎其乡

附　录

特 载

在县委九届七次全会上的工作报告

中共扎囊县委书记 雷 丰

（2020 年 11 月 24 日）

一、提高政治站位，强化理论武装，切实把思想和行动统一到党中央、区党委和市委的决策部署上来

10 月 26 日至 29 日，党的十九届五中全会在北京召开。这是在全面建成小康社会胜利在望、全面建设社会主义现代化国家新征程即将开启的重要历史时刻召开的一次十分重要的会议。习近平总书记代表中央政治局所作的工作报告，既是在统筹推进疫情防控和经济社会发展的艰苦大战中的优异答卷，也是在应对世界百年未有之大变局、决胜全面建成小康社会的时代大考中的壮丽华章。习近平总书记的重要讲话，全面回顾了党的十九届四中全会以来波澜壮阔的奋斗实践，高度评价了决胜全面建成小康社会取得的决定性成就，深入分析了我国发展环境面临的深刻复杂变化，深刻阐述了全面建设社会主义现代化国家的一系列重大问题，为我们做好“十四五”乃至更长时期各项工作指明了前进方向、提供了根本遵循。

8 月 28 日至 29 日，中央第七次西藏工作座谈会在北京召开。这是习近平总书记在“两个一百年”历史交会点，亲自谋划、亲自主持召开的一次重要会议，具有划时代里程碑意义。习近平总书记的重要讲话高瞻远瞩、总揽全局，思想深邃、内涵丰富，充分肯定了中央第六次西藏工作座谈会以来西藏各项事业取得的成绩和历史经验，深入分析了当前西藏工作面临的形势，系统阐述了新时代党的治藏方略和做好西藏工作的指导思想，明确提出了当前和今后一个时期西藏工作的目标任务、方针政策、战略举措，具有很强的政治性、思想性、理论性，是指导新时代西藏工作的纲领性文献，为我们做好新时代西藏工作提供了根本遵循和行动指南。

9 月 28 日至 29 日，区党委九届八次全会在拉萨召开。吴英杰书记出席会议并作了讲话，通篇贯穿了中央第七次西藏工作座谈会精神特别是习近平总书记重要讲话精神，系统阐述了中央第七次西藏工作座谈会的重大意义、核心要义和精神实质，对建设团结富裕文明和谐美丽的社会主义现代化新西藏作出了全面部署，充分体现了区党委坚决维护习近平总书记核心地位、维护党中央集中统一领导的政治态度和鲜明导向，充分体现了区党委贯彻落实中央决策部署的政治自觉和坚定决心，充分体现了区党委雷厉风行、狠抓落实的优良作风，为我们贯彻落实习近平总书记关于西藏工作的重要论

述和新时代党的治藏方略，奋力推进长治久安和高质量发展提供了坚强指导。

11月3日，市委一届六次全会在泽当召开。许成仓书记代表市委常委会作了工作报告，并就学习宣传和贯彻落实党的十九届五中全会、中央第七次西藏工作座谈会和区党委九届八次全会精神进行了全面细致的安排部署，全会审议通过了《中共山南市委员会关于贯彻落实中央第七次西藏工作座谈会精神 进一步推进山南长治久安和高质量发展的实施意见》（讨论稿），为我们贯彻落实中央第七次西藏工作座谈会精神特别是习近平总书记重要讲话精神提出了深刻的理论指导、明确的目标任务和实现的路径方向。

全县各级党组织和广大党员干部要始终坚持把学习宣传贯彻中央第七次西藏工作座谈会精神特别是习近平总书记重要讲话精神，作为当前和今后一个时期的重大政治任务，努力从中汲取政治力量、思想力量、实践力量，真正做到学出忠诚、学出信仰、学出担当、学出本领、学出责任、学出干劲、学出廉洁。一要准确把握新时代西藏工作的指导思想，面对新形势新任务，必须全面贯彻新时代党的治藏方略，坚持统筹推进“五位一体”总体布局、协调推进“四个全面”战略布局，坚持稳中求进工作总基调，铸牢中华民族共同体意识，提升发展质量，保障和改善民生，推进生态文明建设，加强党的组织和政权建设，确保国家安全和长治久安，确保人民生活水平不断提高，确保生态环境良好，确保边防巩固和边境安全，努力建设团结富裕文明和谐美丽的社会主义现代化新西藏。二要准确把握新时代党的治藏方略，必须坚持中国共产党领导、中国特色社会主义制度、民族区域自治制度，必须坚持治国必治边、治边先稳藏的战略思想，必须把维护祖国统一、加强民族团结作为西藏工作的着眼点和着力点，必须坚持依法治藏、富民兴藏、长期建藏、凝聚人心、夯实基础的重要原则，必须统筹国内国际两个大局，必须把改善民生、凝聚人心作为经济社会发展的出发点和落脚点，必须促进各民族交往交流交融，必须坚持我国宗教中国化方向、依法管理宗教事务，必须坚持生态保护第一，必须加强党的建设特别是政治建设。三要准确把握新时代西藏的战略定位，西藏是重要的国家安全屏障和生态安全屏障，是抵御美国等西方反华势力遏制分化中国图谋的前沿阵地，是维护祖国统一、反对民族分裂的重点地区。四要准确把握新时代西藏工作的阶段性特征，当前西藏工作呈现出新的阶段性特征，反分裂斗争进入应对十四世达赖去世转世的关键期，社会大局进入实现长治久安的推进期，经济社会进入高质量发展的转型期，生态保护进入生态文明建设的深化期，边境建设进入富民强边的攻坚期。五要准确把握新时代西藏工作的目标任务，社会大局持续全面稳定，反分裂斗争牢牢掌握全局性主动，中华民族共同体意识深入人心，藏传佛教中国化取得新进展，经济发展保持良好势头；到2025年，城乡居民人均可支配收入达到或接近全国平均水平，基本公共服务主要指标接近全国平均水平，生态文明制度体系更加健全，国边防战略保障能力全面提升，党在西藏的执政基础更加坚实。六要准确把握新时代西藏工作的重点，深入开展反分裂斗争、扎实做好民族宗教工作、推动经济社会高质量发展、巩固生态安全屏障、加强边境地区建设、加强党对西藏工作的全面领导。

全县各级党组织和广大党员干部要以进一步增强“四个意识”，坚定“四个自信”，做到“两个维护”的政治自觉和行动自觉，持续深入学习贯彻党的十九届五中全会、中央第七次西藏工作座谈会、区党委九届八次全会和市委一届六次全会精神，切实把思想和行动统一到党中央、区党委、市委的决策部署和县委的具体要求上来，不断增强政治责任感和历史使命感，奋力开创扎囊长治久安和高质量发展的新局面。

二、聚焦目标任务，坚持精准施策，努力建设团结富裕文明和谐美丽的社会主义现代化新扎囊

中央第七次西藏工作座谈会科学谋划了西藏未来发展的根本方向、战略部署、大政方针、行政纲领，描绘了下一步西藏发展进步的“总蓝图”和“总纲领”，为西藏全面建设社会主义现代化指明了前进方向、注入了强大动力，必将开创新时代西藏长治久安和高质量发展的新局面。我们要大力发扬

"老西藏精神""两路精神",做到缺氧不缺精神、艰苦不怕吃苦、海拔高境界更高,努力提升"七种能力",勇于直面问题矛盾,在危机中育先机、于变局中开新局,不断解决问题、破解难题,努力建设团结富裕文明和谐美丽的社会主义现代化新扎囊。

(一)持之以恒确保国家安全和长治久安。要站在确保国家安全和长治久安的高度,准确把握"两屏、一前沿阵地、一重点地区"战略定位,坚持以防患于未然为原则做工作、以防止出大事打基础做准备、以敢于担当落实责任为标准看干部,谋长久之策、行固本之举,牢牢掌握维稳工作全局性主动,坚决把影响稳定问题解决在萌芽状态。一是深入开展反分裂斗争。坚持"两个不动摇",重点围绕坚决打赢十四世达赖去世转世这场重大的政治斗争,全面细致做好各项准备工作。坚持"国内寻访、金瓶掣签、中央批准"的原则,加强对大活佛转世法规规章、宗教仪轨、历史定制的宣传工作,让"中央政府在达赖、班禅等大活佛转世上具有无可争辩的最终决定权"深入人心。二是铸牢中华民族共同体意识。要始终坚持以习近平新时代中国特色社会主义思想为引领,深入开展"铸牢中华民族共同体意识"专题教育、"五史教育"、"社会主义核心价值观"教育等,引导各族群众树立正确的"五观""两论"。要围绕"培养什么人、怎么培养人、为谁培养人"这个根本问题,注重加强各级各类学校思政课建设,继续强化爱国主义、民族团结、反分裂斗争教育,把爱我中华的种子埋入每个青少年的心灵深处。要促进各民族交往交流交融,全面推广和普及国家通用语言文字,持续开展农牧民群众"走出大山"赴各省旅游活动,积极引导扎囊籍高校毕业生转变思想观念、赴各省就业生活。要积极推动民族团结进步模范县创建工作,挖掘整理宣传我县现有的民族团结历史事实、先进事迹,积极打造民族团结"六个一"工作,及时宣传报道在党的领导下各民族和睦相处、和衷共济、和谐发展的生动实践,引导各族群众不断增强对中华民族的归属感和认同感。三是坚持以"有利于维护祖国统一和社会稳定、有利于增进'五个认同'、有利于团结宗教界人士和信教群众、有利于藏传佛教健康传承、有利于减轻信教群众负担"为标准,不断增强"导"的本领、加大"导"的力度、落实"导"的责任,着力提高依法管理宗教事务能力和水平,充分发挥党员干部在坚持藏传佛教中国化方向中的主导作用,积极引导广大僧尼树牢国家意识、法律意识、公民意识,进一步严明国大于教、国法大于教规、公民大于教民,坚决杜绝宗教干涉社会事务、阻碍经济发展、加重群众负担等问题。

(二)千方百计确保人民生活水平不断提高。坚持以人民为中心的发展思想,坚定不移贯彻落实新发展理念,严格按照"所有发展都要赋予民族团结进步的意义,都要赋予维护统一、反对分裂的意义,都要赋予改善民生、凝聚人心的意义,都要有利于提升各族群众获得感幸福感安全感"和"我区所有的经济工作都是民生工作"的要求,坚持困难麻烦由政府解决、把方便实惠送给群众,正确处理好"十三对"关系,着力解决好发展不平衡不充分的问题,推动经济发展实现稳中求快,在更高水平上不断满足人民群众日益增长的美好生活需要。一是全面巩固脱贫攻坚成果。推动经济社会高质量发展,最重要的是全面巩固好脱贫攻坚成果,严格落实"四不摘"要求,发扬"团结鼓实劲、决战赢决胜"的扶贫精神,落实"稳定、巩固、提升"工作要求,巩固"四个不放过"工作成效,健全完善防止返贫监测和帮扶机制,注重用好返贫应急资金,对脱贫家庭、边缘户、低收入群体以及因病因灾等特殊原因致贫返贫的群众,实施定期监测、动态管理、及时清零,确保"从一个都不少到一个都不能回去"。要加强易地扶贫搬迁点及其配套设施建设,持续强化搬迁群众思想教育、产业扶持、创业就业、矛盾调处等后续帮扶工作,确保实现"住得下、能融入、可致富、促和谐"的目标。坚持扶贫与扶志扶智扶德相结合,继续加强感党恩和自力更生教育以及实用技能培训,继续开展"十小进农家""3355"工作法、"文明三字经"教育,切实消除"等靠要"陋习和"红眼病"问题,着力实现物质文明与精神文明双促进、双提升。坚持把"富口袋"工作摆在更加重要的位置上,持续巩固和创新产业帮扶方式,继续深化组建"务工联队"工作成果,充分发挥氆氇、藏香等民族手工业和特色旅游业的积极作用，确保全县所有建档立卡贫困户持续增收致富、脱贫不返贫。二是全力补齐基础设施短板。推动经济社会高质量发展，要以全力补齐基础设施短板为重点，积极抢抓中央第七次西藏工作座谈会明确支持西藏的重大政策机遇和国家、区市“十四五”规划重要历史机遇，认真谋划一批大项目好项目，主动汇报、靠上衔接、积极争取，力争更多地列入国家和区市“十四五”规划总盘子。坚持推动脱贫攻坚与乡村振兴实现无缝对接，全面用好乡村振兴政策、资金和项目，有效盘活存量资金和直达资金，大力实施乡村建设行动和“小食堂、小澡堂、小卫生间、小娱乐室、小文体活动室”建设，全力解决“两不愁三保障”“十项提升工程”等方面存在的薄弱环节，切实筑牢农业农村基础，坚决把好事做好、让群众说好。坚持完善以县级干部牵头、职能部门配合的“一对一、多对一”项目建设服务机制，及时研究解决项目在建设过程中存在的困难和问题，切实做好“十三五”规划内和规划外项目建设收官工作。三是着力保障和改善民生福祉。要在强力推进“五个强县”战略的基础上，充分发挥对口援藏的积极作用，用心用情全力做好常态化疫情防控、文化教育、卫生医疗、社会保障、农田水利、道路交通、食药安全等工作，着力制止餐饮浪费问题，营造厉行节约的良好社会氛围，着力实现从“少浪费”到“零浪费”转变，让人民群众的获得感、幸福感、安全感更加充实、更有保障、更可持续。要坚决落实好大学生就业创业特殊优惠政策，严格履行结对帮扶责任人责任，大力引导高校毕业生及其家长转变就业观念，鼓励高校毕业生先就业再择业、多渠道实现就业。要高质量推进实用技能培训，确保农牧民家庭特别是建档立卡贫困户家庭至少有一人熟练掌握一种实用技能，着力实现保就业、保增收、保致富的目标。四是积极做好受援和招商引资工作。要正确处理好中央关心、援藏支援和艰苦奋斗、自力更生的关系，积极加强和改进受援工作，大力推动援藏资金、项目、人才及时到位、全面落实、发挥作用。坚持“以资源换项目、以政策换投资、以服务换合作”的思路，注重发挥援藏干部在人脉、资源等方面的优势，以各类节会为平台，通过举办招商引资推介会、文化交流会、投资洽谈会等形式，做到精准对接、优化环境、改善服务，全面提高意向性企业的签约率、落地率、投产率，着力引进一批发展前景好、带动能力强的种养大户、致富能手、种养企业等实体经济，助力我县经济社会高质量发展。

（三）多措并举确保生态环境良好。要牢固树立“绿水青山就是金山银山、冰天雪地也是金山银山”的理念，把生态文明建设摆在更加突出的位置上，坚持积极保护、有所作为，加快推进生态强县战略和美丽扎囊建设，力争到2025年之前率先将扎囊建成国家级生态文明示范县。一是树牢底线红线意识。严格落实“党政同责，一岗双责”体制机制，深刻认识到西藏生态环境极其脆弱，一旦破坏很难实现自然修复。我们在谋划经济发展、规划项目建设等工作中，都要树牢生态保护底线红线意识，正确处理好保护与发展的关系。二是从严开展监督检查。坚持共抓大保护、不搞大开发，实施最严格的生态保护、企业准入和责任追究制度，严禁“三高”企业进入我县投资兴产。经常性开展环境保护宣传教育活动，不断提升全民环保意识。从严开展环保监督检查，对可能出现环保安全隐患的重点部位、重点行业、重点企业实施“月排查”制度，凡出现环保问题的要坚决依法给予处罚，并指导监督按期完成整改。三是积极推进综合治理。统筹推进山水林田湖草沙综合治理，大力开展“万人万亩”义务植树活动、荒滩荒漠治理、拉萨周边防护林建设等，持续巩固消除“无树村”“无树户”和“见缝插绿”工作成果，打造好雅江中游“百里生态走廊”“湘藏生态走廊”。全面加大县城周边、交通沿线、旅游干线、公共厕所等综合整治，持续深化创建全国文明县城、“六大环境专项整治”、农村人居环境整治工作，进一步改善城乡面貌、提升扎囊形象。严格落实生态补偿机制，及时兑现生态岗位资金，更好地调动全社会保护生态的积极性，着力形成共建良好生态、共享美好生活的良性循环长效机制，逐步实现更多群众吃上“生态饭”。

（四）驰而不息确保边防巩固和边境安全。习近平总书记指出，“如果边境出了问题，必然影响西藏改革发展稳定，进而传导到我国腹心地带，影响党和国家工作全局。”大家都知道，我县地处西藏中南部，虽然不是边境县，但属于边疆地区，南与浪卡子和措美两个边境县接壤。因此，全县各级党组织和广大党员干部一定要对国之大者做到心中有数，确保习近平总书记对西藏的重要指示批示精神和党中央、区党委以及市委的决策部署得到不折不扣落实。坚持把国防教育作为全民教育的重要组成部分，以开展“铸牢中华民族共同体意识”专题教育、“五史教育”、“四讲四爱”群众教育实践活动、“遵行四条标准 争做先进僧尼”教育实践活动等为契机，大力推动国防教育走进乡村、走进学校、走进企业、走进寺庙，不断增强各族群众国防观念、培塑民族精神，使关心国防、热爱国防、建设国防、保卫国防成为全社会的思想共识和行动自觉。同时要深入推进“双拥”和抵边搬迁工作，关心关爱退役军人，大力表彰“最美退役军人”“最美现役军人家庭”，教育引导退役军人做到“退役不退志、退伍不褪色”，主动服务群众、服务社会，热心公益事业，不断密切军民关系。

（五）科学编制“十四五”规划。党的十九届五中全会审议通过了《中共中央关于制定国民经济和社会发展第十四个五年规划和二〇三五年远景目标的建议》，区党委和市委也即将专门召开全会研究制定全区、全市“十四五”规划。我们要坚决落实好党的十九届五中全会和中央第七次西藏工作座谈会精神，坚持“站位要高、谋略要深、规划要远、目标要实”的要求，对照党中央、区党委和市委的决策部署，既要考虑到未来五年的短期目标，更要预测到2035年基本实现社会主义现代化国家的远景目标，把坚持党的全面领导、坚持新时代党的治藏方略、坚持以人民为中心、坚持新发展理念、坚持深化改革开放等要求贯穿到规划编制的全过程，努力编制出一个指导性、针对性、实践性、可操作性都很强的“十四五”规划。在具体编制过程中，要坚持开门搞规划，广泛听取“三代表一委员”和社会各界的意见建议，做到把上级部署、社会期盼、群众智慧、基层经验充分吸收到“十四五”规划编制中来，切实维护好规划的严肃性和权威性，坚决防止“假大空、难落实”，着力实现上接天线、下接地气。

三、坚持党要管党，全面从严治党，为推动扎囊长治久安和高质量发展提供坚强组织保障

（一）加强党的政治建设。全县各级党组织和广大党员干部要以更高的政治标准、更严的党性要求、更强的组织纪律性，全面加强党的政治建设，不断增强“四个意识”、坚定“四个自信”、做到“两个维护”，始终同以习近平同志为核心的党中央保持高度的一致。要按照学懂弄通做实的要求，深入学习党的十九届五中全会和中央第七次西藏工作座谈会精神，深入学习区党委九届八次全会和市委一届六次全会精神，切实把思想和行动统一到习近平总书记的重要讲话精神和党中央、区党委、市委的决策部署以及县委的具体要求上来，把各项工作全面落实下去。要严格执行新形势下党内政治生活若干准则，严明党的政治纪律和政治规矩，坚持请示报告、外出报备和民主集中制，严格落实党员不能信仰宗教、参加宗教活动的底线要求，对于“低级红”“高级黑”“两面人”“骑墙派”特别是在反分裂斗争中立场摇摆、表里不一的要坚决查处、严肃处理、绝不姑息。

（二）坚决夯实基层基础。要严格落实区党委农牧区党组织“六个基本”建设要求和市委一届五次全会安排部署，持续巩固和提升基层党组织标准化、“十星党支部”建设、“三包五带五促”工作成果，大力整顿软弱涣散党组织，提前谋划村（居）换届工作，统筹兼顾村（居）“两委”班子成员100%是党员、文化水平和国家通用语言文字应用能力，继续选派好驻村第一书记，努力把基层党组织建设成为听党话、跟党走，善团结、会发展，能致富、保稳定，遇事不糊涂、关键时刻起作用的坚强战斗堡垒，充分发挥好基层党组织反分裂斗争桥头堡、民族团结工作队、群众致富带头人的作用。要严把政治关、入口关，加大在致富能手、退役军人、后备干部中发展党员力度，强化党员教育、管理、监督。要充分发挥“两代表一委员”作用，积极联系群众、服务群众，大力倡导健康文明的生活方式，教育引导各族群众理性对待宗教、淡化宗教消极影响、减少宗教消费、过好今生幸福生活。

（三）强化干部队伍建设。要严格落实新时期好干部标准和民族地区干部“三个特别”要求，坚持把政治标准作为干部选拔任用的首要标准，精心选

好配强党政主要领导，持续巩固乡镇党政正职“一藏一汉”配备，全面优化各级领导班子配备格局；要推动干部实现多渠道培养、多岗位锻炼，不断提高政治能力、调查研究能力、科学决策能力、改革攻坚能力、应急处突能力、群众工作能力、抓落实能力，教育引导党员干部勇于直面问题，不断解决问题、破解难题；要坚持严管和厚爱结合、激励和约束并重，严格执行干部考核评价机制，进一步完善激励机制和容错纠错机制，旗帜鲜明为敢于担当、踏实做事、不谋私利的干部撑腰鼓劲，努力建设一支忠诚干净担当的高素质干部队伍。

（四）坚持全面从严治党。要有效压实全面从严治党的政治责任，坚决把“严”的主基调长期坚持下去，督促各级党委（党组）全面履行主体责任、纪委监委履行监督责任，积极推进“不敢腐、不能腐、不想腐”体制机制建设，以党风廉政建设和反腐败斗争新成效推进国家治理体系和治理能力现代化。要坚持“无禁区、全覆盖、零容忍，重遏制、强高压、长震慑”的要求，以永远在路上的坚韧和执着，坚决查处党的十八大以来不收敛、不收手，严重阻碍党的理论和路线方针政策贯彻执行、严重损害党的执政根基的腐败问题；严肃查处发生在群众身边的不正之风和腐败问题。要坚决贯彻落实中央八项规定及其实施细则精神和区党委、市委贯彻实施办法，持之以恒纠正“四风”问题，做到既要听“唱功”、更要看“做功”，着力营造好风清气正的政治生态和浓厚的干事创业氛围。

同志们，新的蓝图鼓舞人心，新的使命催人奋进，新的征程任重道远。让我们更加紧密团结在以习近平同志为核心的党中央周围，坚持以习近平新时代中国特色社会主义思想为指导，全面贯彻落实党的十九届五中全会、中央第七次西藏工作座谈会、区党委九届八次全会和市委一届六次全会精神，拿出“而今迈步从头越”的豪情，激扬“事事当争第一流”的斗志，振奋“不待扬鞭自奋蹄”的精神，为建设团结富裕文明和谐美丽的社会主义现代化新扎囊而努力奋斗。

政府工作报告

——在扎囊县第十三届人民代表大会第九次会议上

扎囊县人民政府县长 唐 勇

（2021 年 1 月 15 日）

2020 年和“十三五”工作回顾

2020 年是“十三五”规划收官之年，是全面建成小康社会、决战决胜脱贫攻坚之年。我们坚持以习近平新时代中国特色社会主义思想为指导，统筹推进疫情防控和经济社会发展，扎实做好“六稳”工作，全面落实“六保”任务，凝心聚力、攻坚克难，较好地完成了扎囊县十三届人大七次会议确定的各项目标任务。全年预计完成地区生产总值 18.02 亿元，可比价增长 7.7%；预计分别完成一、二、三产增加值 0.92 亿元、11.39 亿元、5.7 亿元，可比价增长 8.8%、10.9%、0.9%；受 S5 项目影响，预计完成全社会固定资产投资 12.84 亿元，同比减少 10.9%；预计实现社会消费品零售总额 2.26 亿元，同比下降 1.7%；实现财政收入 4394 万元，同比减少 0.2%；税收收入 4772 万元（其中减税降费 3908 万元）；农牧民人均纯收入达到 14654 元，同比增长 13%；发放贷款 3.4 亿元，同比增长 42.25%；全年供电量 3369.51 万千瓦时，同比增长 19%；城镇登记失业率严格控制在 3% 以内。

一年来，我们上下同心，坚决打赢疫情防控战，为确保经济社会稳定发展注入了强大的信心和动力。我们坚持人民至上、生命至上的理念。注重“人”与“物”联防。本级财政安排 160 万元抗疫经费，用于保障疫情支出。及时成立 7 个专项小组，全县 4684 名党员、2281 名公安干警、208 名医务人员迅速到位，奋战一线。累计排查 5.2 万人次，隔离人员 2350 人次，接送来扎囊人员 811 人，储备口罩 24 万只，消毒液 8 吨，设置隔离点 11 处，安排床位 380 余张。全面落实复工复产各项举措，贯彻执行企业纾困政策，落实中央直达资金 1.42 亿元，实施项目 14 个，抗疫特别国债资金 3650 万元，实施项目 4 个。积极开展部门对企业“点对点”服务，确保全县重大项目和企业有序复工。

各位代表，在疫情防控这场大考中，扎囊人民顾大局、识大体，扎囊干部有担当、讲奉献，株洲人民捐物资、献爱心。同时，我们自发向湖北捐款 151.52 万元抗疫资金，汉藏情谊在携手抗疫中不断深化，民族团结在艰苦磨难中实现升华。

一年来，我们点面结合，筑牢基础设施建设，为加快改善生产生活条件奠定了稳定的基础和根本。我们坚持稳中求进、进中求好的基调，注重“督”与“质”共抓。完成卓于水库搬迁点、桑耶阿扎新增易地搬迁点项目，株洲大道、友谊路全面升级改造。吉汝乡完小教职工宿舍及环形塑胶运动场等 28 个项目顺利交付，惠及师生 3932 人。县城至吉汝乡公路、桑玉公路等 8 个交通项目建成通车。阿扎乡堤防工程等 3 个水利项目投入使用。桑耶镇洛村扶贫搬迁安置点林草兼种示范等 3 个项目通过验收。朗赛岭庄园安防、扎唐寺消防改造工程正式启用。桑耶幼儿园、县中心医院门急诊综合楼等 7 个项目加紧建设。雅江风光带旅游基础设施一期项目已竣工。全年落实计划内援藏资金 2000 万元，卓普村易地搬迁安置点项目完成工程总量的 70%。

一年来，我们始终如一，巩固脱贫攻坚成果，为促进贫困群众持续增收提供了良好的环境和服务。我们坚持“既要富口袋，也要富脑袋”，注重“智”与“志”结合。累计实现结对帮扶资金140万余元，解决实际困难问题230余件。统筹整合脱贫攻坚资金，实施基础设施建设项目24个，完成投资6552.71万元，带动260户1040人增收450万元。实现建档立卡贫困户就业2537人，创收1668万元。落实精准扶贫小额信贷349户1736万元。洛村2000亩矮化苹果种植项目完成投资近1亿元，带动400户1500余人增收750万元。大力扶持“小微企业”，分别成功创建农牧民专业合作社国家级2家、区级7家、市级7家、县级36家。西普农业捐款扶贫资金500万元，彰显企业担当。

一年来，我们南北共建，践行绿水青山理念，为更好实现经济高质量发展提供了强大的体系和机制。我们牢固树立“两山理论”，以坚持打造生态文明高地为目标，注重“护”与“治”施策。广泛开展国土绿化行动和市、县两级“万人万亩义务植树”活动，植树造林1874亩。严格落实“河湖长制”，地表水、饮用水水源地水质全面达标。环境空气质量持续保持良好，2019年县域生态环境保护考核获得优秀等次。严格执行耕地“占补平衡”制度，全县永久基本农田保护面积8.05万亩，耕地保有量10.35万亩。全县化肥、农药施用量保持“零增长”。完成134个固定污染源排污许可网上登记工作。深化生态环境“六大专项整治行动”，人居环境明显改善。

一年来，我们前后承启，坚持改善民生福祉，为不断满足人民群众对美好生活的需求增强了支撑和保障。我们坚持改善民生、增进福祉，注重“实”与“惠”融合。教体事业屡创新高。“五个100%”目标全面实现。小学、初中毛入学率、巩固率均达100%。资助大学生1764人次，落实资金1229.9万元。足额兑现“三包”经费。特别是延迟开学期间，全县中小学停课不停学，开展网络教学，师生参与率达100%。今年，中考总成绩、小考体检录取人数居十二县（区）第一名，创历史新高。成功举办首届扎囊县农民运动会，1400余名农牧民群众参与其中，充分展示了我县农牧民群众良好的精神面貌和健康的生活品质。卫生工作质效双提。火速建设核酸检测实验室并投入使用。大力推进医联体建设，实施县、乡、村医疗卫生机构能力提升工程。大病集中救治人数达到2268人。农牧民免费健康体检1.8万人，门诊就诊7.78万人次，收治住院病人1092人。住院分娩420人，分娩率达100%。社会保障扎实推进。全面落实各项惠民政策，兑现临时救助、低保等各类补贴资金共计1221.08万元。完成全县退役军人信息采集工作，退役军人权益得到全面保障。完成县域内医保系统单位、定点医疗机构等7个信息平台录入工作。473名高校毕业生实现就业，就业率达99.79%，实现农牧民转移就业10723人，创收9394万元。文旅事业蓬勃发展。成功举办2020扎囊氆氇文化节。创作以“脱贫攻坚、民族团结”为主题的文艺作品6个。组建62个村（居）文艺演出队，全年开展文化活动155场。播放电影419场。成功打造藏草旅游休闲园等3处“网红打卡地”，扎囊饭店被评审为三星级酒店。全年接待游客26.7万人次，创收3100万元。两轮地方志编撰工作已接近尾声，为全县经济社会发展和社会进步提供重要史料。

各位代表！“十三五”时期是全面建成小康社会决胜阶段，是扎囊发展历程中极不平凡的五年。五年来，我们开拓进取，克难奋进，解决了许多长期想解决而没有解决的难题，办成了许多过去想办而没有办成的大事，各项事业取得全方位进步，历史性成就！

“十三五”规划期间预计完成地区生产总值69.7亿元，是“十二五”规划期间的3倍；一、二、三产增加值为3.82亿元、45.04亿元、20.15亿元，分别是“十二五”规划期间的1.41倍、4.39倍、2.02倍；固定资产投资112.24亿元，是“十二五”规划期间的3.63倍；财政收入2.57亿元，是“十二五”规划期间的2.85倍；税收收入2.97亿元，是“十二五”规划期间的3.7倍；社会消费品零售总额5.95亿元，是“十二五”规划期间的2.47倍；农村居民人均收入达到14720元，是2015年的1.78倍；一般公共预算收入2.17亿元，是“十二五”规划期间的2.46倍；农行发放贷款20.9亿元，是“十二五”规划期间的1.43倍。

——五年来,我们始终坚持用真情、扶真贫,聚群策集合力,脱贫攻坚圆满收官。扎实推进“五个一批”“六个精准”,贫困人口“两不愁”“三保障”全面解决。累计投入约16.3亿元扶贫资金,实现整县高质量脱贫摘帽。动态调整后62个贫困村1395户5643名贫困人口全部脱贫,贫困发生率由15.91%下降到零。实施扶贫产业项目27个,完成投资8.3亿元,带动2023名建档立卡贫困户人均增收5000元。以“扶贫+企业”模式,累计实现分红700余万元。贫困群众收入水平明显提高,达到2015年的4.15倍。累计投入资金3228.54万元,巩固提升和维修改造106个农村饮用水工程点,农村自来水普及率、合格率均达到100%。完成362户危房改造任务,洛村搬迁点竣工验收,阿扎、桑耶、扎若3个易地搬迁点投入使用,315户1275人喜迁新居。巩固优化健康扶贫工程,农牧区家庭医生签约、标准化村卫生室、一村两医覆盖率均达到100%。乡镇助理以上医务人员实现全覆盖。县域医疗机构全部实行先住院后结算。落实“三包”经费7379.3万元、营养改善费1436.62万元、大学生资助6483人次4706.48万元。投入2.34亿元实施教育基础设施项目35个,办学条件明显改善。中小学生控辍保学率达到100%。大力开展扶贫后续巩固提升工作,投入本级财政资金164.55万元购买扶贫救助保险,涉及群众5800余人。向邮储银行注入风险资金2500万元,实现贷款1.56亿元,惠及企业15家。累计贷款精准扶贫小额信贷7892.1万元,惠及贫困群众1873人。结对帮扶1325户5680人,累计投入资金605万元,解决问题3000余件。援藏扶贫资金3400万元、企业捐款扶贫资金1800余万元,全部统筹用于脱贫攻坚工作。顺利通过国家第三方和省际交叉考核验收。

——五年来,我们始终坚持强农业、重产业,助力乡村振兴,现代农业提质增效。完成投资6.87亿元,实施农业产业项目28个,流转土地1.11万亩,先后建成万亩藏草苗木基地、亿利万亩治沙工程、千亩经果林、千亩车厘子等生态农业产业项目,产业对脱贫攻坚的贡献率达到37.8%。实现粮食总产量12.66万吨,较“十二五”规划期间增加10个百分点。二级种子田通过自治区验收。分别落实草奖、农机补贴资金1956.52万元和791.85万元。完成黄牛改良3.99万头。累计完成高标准农田建设9.17万亩,是“十二五”规划期间的1.62倍。划定禁养区22块、1.66万公顷,粮食功能区划定工作顺利通过自治区验收,收尾农村集体资产清产核资,扎实推进集体林权改革。先后荣获“全国农村承包地确权登记颁证工作典型地区”“全国产粮大县”等荣誉称号。

——五年来,我们始终坚持强基础、补短板,统筹城乡建设,发展差距不断缩小。基础设施不断完善,全面建成扎其灌区、朗赛岭灌区、卓于灌区,农田灌溉保障率达到78%,农村安全饮水达到自治区安全评价标准。卓于水库基本建成,使扎囊人民二十多年来的夙愿成为现实。农电体制改革、农网升级改造有序推进,主电网覆盖率达100%。泽贡快速通道实现全面通车,拉林铁路、S5线扎囊段即将建成。完成投资1.2亿元,实现22条农村公路建成通车,总里程达335.63千米,较“十二五”规划期间增加6个百分点。行政村光网全覆盖,乡镇通邮率、手机4G信号、广播电视覆盖率均达100%。完成桑耶、扎唐1495户棚户区改造,改厕4442户。新建基层政权建设项目55个。乡镇垃圾转运站建成并投入使用,垃圾转运率达100%。新建保障性住房119套6790平方米。落实资金6300万元,建成运营青朴沟等7个旅游基础设施项目,敏珠林藏香获得全国旅游商品大赛金奖。累计投入资金2155.04万元,实施7个文化基础设施建设项目。持续推进桑耶文化旅游创意区建设,开展创建全国文明城市活动,城乡面貌焕然一新,城乡差距不断缩小。

——五年来,我们始终坚持惠民生、强保障,统筹社会发展,群众生活更加美好。我们始终坚持把人民对美好生活的期待作为奋斗目标,扎实开展“五下乡”等科普活动,科技进步贡献率达到50%。优化教学环境,提升教学质量,逐年加大本级财政对教育的投入力度,五年来,累计投入6409.5万元。“十三五”规划期间,其他省西藏班小升初、初升高学生共计225人。继续深化教育人才"组团式"援藏，扎实开展"万人计划"教育援藏工作，巩固提升教育"五个100%"目标。加快推进城乡义务教育一体化，实施"互联网+教育"工程，促进优质教育资源共享。全力推进紧密型医共体建设工作，成功创建"二甲"医院。投入5000万元提升医疗卫生基础设施，扎囊县中心医院门急诊综合楼、乡镇卫生院等一大批医疗卫生硬件设施设备得到全面提升。落实公共卫生服务均等化，"两降一升"成效显著，五岁以下儿童死亡率控制在8‰以内，孕产妇住院分娩率保持在99%以上，国民人均寿命较"十二五"规划期间提高2岁。实现医保"一站式"结算，各类参保人数共计17.55万人次，参保率达到99%。兑现各类医疗保障资金共计8300万元1.45万人次。累计兑现低保等专项资金6046.53万元。实现高校毕业生就业1247人，就业率达到95%。开展农牧民技能培训96期，惠及2659人次，较"十二五"规划期间规划增长5个百分点。农牧民转移就业4.5万人次，累计创收3亿元，较"十二五"规划期间增长6个百分点。城镇登记失业率控制在3%以内。获批国家级非遗项目2个，市级3个。"十三五"规划期间累计接待游客212.03万人次，创收2.87亿元，较2015年分别增加32%和28.6%。

——五年来，我们始终坚持防污染、筑屏障，严守生态红线，绿色扎囊愈发靓丽。坚持"绿水青山就是金山银山"的理念，持续推进"两江四河"造林绿化、重点区域造林等总投资1.8亿元的27个造林绿化工程，绿化面积较"十二五"规划期间增加10.7万亩，区域生态屏障基本建成。荣获"全国绿化模范单位"称号。兑现生态岗位资金6930.1万元2.12万人次。划定生态保护红线面积2.03平方千米。第二次污染源普查、环保督察整改工作全面完成。自治区级生态县、5个生态乡镇、62个村居全部获得命名。县城、扎其、阿扎污水处理厂投入运营，污水处理率达90%以上。县域环境质量保持良好，优良天数保持在350天以上。严守项目环评制度，受理建设项目网上备案登记332件。重点项目建设环评执行率达100%。开展矿山修复治理2.67万平方米。清洁能源普及率达到75%以上，畜禽养殖废弃物、农作物秸秆综合利用率均达到95%以上。

——五年来，我们始终坚持促改革、优环境，深化开放开发，发展动能持续增强。政府机构改革全面完成，新组成部门5家。深化"放管服"改革，巩固扩大"证照分离""减证便民"改革成果。深入实施"互联网+政务服务"，推进"一网、一门、一次"改革，县政府服务事项网上可办结率达99%，承诺时间压缩比达55.76%，居全市第二。累计实现减税降费8722万元。各类市场主体发展到3415户，注册资金39亿元。先后引进蒙草、亿利、江平等知名企业23家，完成招商投资19.1亿元，是"十二五"规划时期的10倍。实施援藏项目12个，完成投资1.42亿元，是"十二五"规划时期的1.8倍。组团式援藏成果丰硕，友好乡镇、友好街道交流合作亮点不断。

——五年来，我们始终坚持重预防、善把控，加强社会治理，社会大局和谐稳定。扎实推进"平安扎囊"建设，全面落实信访工作各项制度改革，累计接访154批次311人次，办结147批次304人次，办结率95.45%，追讨欠薪2560万元。调处矛盾纠纷148起，调处率为98%。坚持以"五个有利于"为标准，严格落实"三个不增加"要求，持续巩固"三清三查"专项活动成果。大力实施"安全生产专项整治三年行动"，积极开展安全生产执法检查，排查安全隐患800余处。消防监督检查单位6423家次，督促整改火灾隐患3156处，下发责令整改通知书1471份。依法打击各类犯罪活动，突出做好"扫黑除恶"等各类专项整治行动，侦破刑事案件89起，县公安局荣获"全国优秀县公安局""全区优秀执法单位"称号。

——五年来，我们始终坚持改作风、转职能，狠抓自身建设，行政效能整体提升。牢牢把握新时代党的建设总要求，始终把纪律规矩挺在前面，全面加强廉洁政府建设，坚持党的领导，坚决执行县委决定，认真落实县人大及其常委会的决议、决定，自觉接受县政协的民主监督。累计承办人大代表建议308件、政协提案195件。锲而不舍落实中央八项规定及其实施细则和区党委实施办法精神，政府带头过“紧日子”，规范公务接待、公车使用，累计缩减“三公”经费支出1164.16万元，较“十二五”规划时期减少42.62%。政府的行政效能不断提升，干部作风不断转变，执行力、公信力、凝聚力明显提高，风清气正的政治生态持续巩固。

同时，我们还加强国防动员、外事侨务、妇女儿童、防震减灾、城市管理、统计调查、双拥、电力、气象、人防、消防、金融、体育等工作，凝聚出推进社会经济发展的强大合力。

各位代表，是非经过不知难，成如容易却艰辛！过去的五年是全县经济社会发展最快、城乡面貌变化最大、群众获得实惠最多的五年。取得这些成绩是县委总揽全局、科学决策的结果。是县人大、政协有效监督、倾力支持的结果。是株洲人民鼎力相助、无私支援的结果。是全县干群团结一致、奋力拼搏的结果。是各级人大代表、政协委员和社会各界人士真诚理解、关心支持的结果。是离退休老干部建言献策、悉心指导的结果。是慕育军、吾金罗布等已逝同志舍己忘我、忠诚于党、服务人民的结果。在此，我代表县人民政府向各位代表、各位委员、广大干部群众以及所有关心、支持、参与扎囊发展的同志们、朋友们致以崇高的敬意和衷心的感谢！

在肯定成绩的同时，我们也清醒地认识到，全县经济社会发展中还存在一些不容忽视的短板和弱项。主要是：经济发展的新动能还需提升，争先晋位的任务仍然艰巨；脱贫攻坚与乡村振兴的有机衔接还需探索；现代产业体系不够健全，新动能尚未形成；生态保护与建设的责任重大；政务环境还不够优良，行政效能和服务意识还需要进一步提升等等。对这些问题，我们始终坚持以人民为中心的发展思想，立足维护祖国统一、加强民族团结这个着眼点和着力点，把握好改善民生、凝聚人心这个出发点和落脚点，千方百计办好人民群众关注的“急难愁盼”“老小旧远”的问题和利长远、打基础的民生实事，想方设法补齐短板、锻造长板，不辜负各族干部群众的厚望与重托！

今后五年的奋斗目标和主要任务

各位代表！征途漫漫，唯有奋斗。“十四五”时期是全面建成小康社会、实现第一个百年奋斗目标之后，乘势而上开启全面建设社会主义现代化国家新征程、向第二个百年奋斗目标进军的第一个五年，也是扎囊集聚发展动能，加快高质量发展的关键五年。我们要善于“在危机中育先机，于变局中开新局”，以“为官有为”“为政善为”的时代担当，续写更好“扎囊故事”，唱响更多“扎囊声音”。我们坚信，通过五年的戮力奋斗，一个社会更加和谐、经济更加繁荣、群众更加幸福、生态更加优美的扎囊必将呈现在雅砻大地。

“十四五”规划时期扎囊经济社会发展的指导思想是：坚持以习近平新时代中国特色社会主义思想为指导，全面贯彻落实党的十九大、十九届二中三中四中五中全会及中央第七次西藏工作座谈会精神，贯彻落实习近平总书记关于西藏工作的重要论述和新时代党的治藏方略，增强“四个意识”，坚定“四个自信”，做到“两个维护”，坚持“五位一体”总体布局，协调推进“四个全面”战略布局。坚持党的全面领导，坚持以人民为中心的发展思想，坚持稳中求进工作总基调，以推动高质量发展为主题，以深化供给侧结构性改革为主线，以改革创新为根本动力，以满足人民日益增长的美好生活需求为根本目标，突出抓好稳定、发展、生态、强边“四件大事”，正确处理好“十三对关系”，确保国家安全和长治久安，确保人民生活水平不断提高，确保生态环境良好，确保边防巩固和边境安全，努力建设团结富裕文明和谐美丽的社会主义现代化新扎囊。

展望2035年，与全国全区一道基本实现社会主义现代化。现代经济体系基本建立，优势产业竞争力明显增强，现代化基础设施体系初步建成，基本实现新型工业化、信息化、农牧业现代化。城乡和区域发展差距显著缩小，城乡居民人均收入再上新台阶。社会事业全面进步，各族人民共同富裕迈出坚实步伐。生态环境持续良好，美丽扎囊全面建成。中华民族共同体意识更加深入人心，全民素质和社会文明程度达到新的高度，平安扎囊、法治扎囊基本建成，治理体系和治理能力现代化基本实现，社会大局实现长治久安。要把这个蓝图变为现实，我们必须不驰于空想，不骛于虚声，一步一个脚印抓好落实。

围绕上述目标，我们重点抓好以下六项工作：

一、以创新驱动为主线，着力在壮大县域经济上实现新突破。落实创新创业扶持政策，优化创业环境，大力开展“双创”工作，实施“能人回乡”工程。坚持农牧科技创新，加强特色产品深加工等关键技术的吸收引进。健全科技服务体系，提高农产品科技含量，力争到2025年，科技对农牧业的贡献率不低于55%，科普率达到100%。聚焦“优先发展农业农村”，大力实施乡村振兴，加快推进农业农村现代化，推动万亩青稞良种繁育基地项目，积极打造青稞加工高端品牌，努力提升农副产品附加值。依托蔬菜水果种植、特色养殖、氆氇编织等集体经济，带动农牧民群众持续增收。加强对建档立卡脱贫户、特殊困难群体的针对性帮扶措施，防治返贫和新致贫，实现巩固脱贫攻坚成果与乡村振兴有机衔接。

二、以协调发展为目标，着力在推进城乡一体发展上开创新局面。发挥扎囊区位优势，积极融入“沿江城镇群建设带”布局发展。做优桑耶生态旅游观光产业，形成南北两岸双核共振，扎囊全域全面振兴的城镇空间新格局。雅江北岸以桑耶特色小城镇建设增长极为契机，全面盘活土地资源，大力发展蔬果为主的现代农业、特色休闲旅游业。雅江南岸加大高标准农田建设、调整农业产业结构，完善农业水利设施，全面优化现代农业发展基础，助力扎囊繁荣发展。推进以人为核心的新型城镇化建设，实施好沿江大道延伸段、火车站片区等项目。力争到2025年，全县常住人口城镇化率达到35%。

三、以绿色发展为方向，着力在促进生态文明建设上迈上新台阶。坚持走绿色发展道路，像保护眼睛一样保护生态环境。积极践行“山水林田湖草沙统筹治理”整体系统观，持续推进矿山企业修复治理，以江北为重点实施造林绿化工程，确保主要交通道路绿化率达到90%以上。加大村镇生活污水集中处理力度，建成乡镇、产业园区、旅游景区污水处理厂及配套管网设施，县城所在地污水处理率达到90%以上。完善城镇生活垃圾无害化处理设施，建成扎囊县垃圾填埋场减量、建筑垃圾消纳场建设工程，确保生活垃圾无害化处理率达到100%。严格执行河（湖）长制，保持河畅、水清、岸绿、景美的良好生态环境。加强绿色低碳发展，推广清洁能源技术，切实守护好扎囊生灵草木、万水千山。

四、以开放开发为动能，着力在激发经济发展活力上实现新跨越。始终坚持“两个毫不动摇”，推进嘉博投资、阿布扶贫开发有限责任公司等县属国有企业市场化运作，做大做强特色优势产业。加大招商引资力度，坚持“引进来、走出去”，巩固深化“亲”“清”政商关系，不断完善招商营商环境。坚持精准援藏，重点深化技术人才援助、企业帮扶、双向交流合作等领域，加强教育、医疗等“组团式”援藏，积极争取计划外援藏资金。引进更多带动作用强、综合效益好的优质企业和项目落地。深入推进“放管服”改革、“互联网+政务服务”“减证便民”等改革措施，为市场主体添活力，为群众办事增便利。依托矮化苹果基地、藏草苗圃基地、西普农业观光园等产业，开辟农产品深加工、高原蔬果区内外销售渠道。突出消费需求，鼓励发展消费新模式、新业态。积极申报扎囊县城乡一体化供水工程，民主水库等60个重点项目。推进新一轮农村电网改造升级，提升农村电网“三率”指标，确保供电可靠率达到100%。扶持农村电商发展，实施电子商务进农村工作，形成完善的电子商务综合平台。加快发展特色文化旅游产业、沙漠公园、宗贡布提升改造等项目。发展“假日经济”“周末经济”，促进扎囊旅游全域化。力争到2025年，年游客接待量达到100万人次，实现年旅游收入2亿元以上。

五、以民生共享为根本，着力在保障和改善民生上实现新提升。始终坚持以改善民生、凝聚人心这个出发点和落脚点，以提升各族群众获得感、幸福感、安全感为目标。继续推进“五个钱袋子”增收举措，提高农村居民经营性收入。积极培育扶持吸纳就业的能力，正确处理高校毕业生政府就业和市场就业的关系，继续实施“八个一批”扶持政策，高校毕业生就业率保持在90%以上，实现高校毕业生更充分更高质量的就业。继续巩固“五个100%”

成效，努力推进“平安校园”建设，为学生提供优质的学习环境和公平的教育资源。完善医疗卫生服务体系和能力，推进健康扎囊建设。继续实施“十大民心”工程，切实把群众关心关注关切的事协调好、解决好、落实好，使人民生活更有质感、更有温度、更有奔头。

六、以维护稳定为主线，着力在建设平安扎囊上达到新水平。统筹处理发展与安全的关系，把安全发展贯穿各个领域，坚持守土有责、守土负责、守土尽责。深化平安建设，不断健全社会治理模式，着力抓好重要节点的安保工作，大力推进“雪亮工程”等重点项目，推动公共法律服务站建设。坚持宗教中国化方向，依法管理宗教事务。深入组织开展“铸牢中华民族共同体意识”专题教育，广泛开展民族团结进步宣传教育，大力推广国家通用语言文字，培育和践行社会主义核心价值观，不断增强各族群众向心力、凝聚力，筑牢各族人民群众对伟大祖国、中华民族、中华文化、中国共产党、中国特色社会主义的认同。

2021 年工作安排

各位代表，2021 年是奋进“十四五”、逐梦新征程的开局之年，是建党 100 周年、西藏和平解放 70 周年，也是两个一百年目标交会与转换之年，更是我县向高质量发展奋力迈进的关键之年，在持续做好疫情常态化管控工作的基础上，切实加强对各项工作的推进和督导力度。

今年经济社会发展的预期目标是：完成地区生产总值增长 9% 以上；全社会固定资产投资增长 10% 以上；社会消费品零售总额增长 8% 以上；农村居民人均可支配收入增长 13%；地方财政收入增长 13.5%；税收收入增长 40% 左右；招商引资完成 3 亿元以上；城镇登记失业率控制在 3% 以内。

围绕上述目标，我们将重点抓好以下工作：

一、加快项目建设，做好提档升级“大文章”。项目前期抓手续、在建项目抓进度、竣工项目抓增效，全力推进项目建设。

突出重点抓建设。坚持把项目建设作为社会经济发展的重要抓手，全年实施重点项目 81 个，力争年内完成老旧小区改造、144 套保障性住房建设。建成总投资 5375 万元的高效温室建设项目。大力推进 2020 年“两江四河”流域绿化工程等重点项目，确保全年投资达到 13.3 亿元。加快推进 S5 线拉萨至泽当快速通道。全面完成卓于水库收尾工作。开工前达河防洪堤、县城功能提升、久麦地质灾害搬迁点项目和拉林铁路（扎囊段）火车站服务配套及市政配套工程。扎实推进桑耶镇完小改扩建项目。

抢抓机遇谋项目。以国家、自治区、山南市“十四五”规划、乡村振兴战略、江北幸福家园建设等重大项目为契机，从全局考虑，从实际出发把项目谋深谋透谋实，分清轻重缓急，既考虑当前，又着眼长远，推动重点项目与基础设施建设，招商项目与产业项目有机结合，争取更多项目纳入国家、自治区“盘子”。

把准政策促升级。顺势而为，借势而进，促进项目效益提档升级。借助国内大循环的东风，立足于规模化生产的大改革、重特色吸引的大开放、促增收为主的大目标，集中精力办好自己的事情。加大以农业促牧业、以民族手工业促就业、以林果业促生态经济发展的项目谋划力度，以规模化生产扩大肉羊养殖基地等产业的经济效益，发展成果人人共享。

二、狠抓产业培育，推动产业兴旺“新引擎”。坚持加快培育和发展战略新兴产业，发展壮大特色产业集群，坚决做到培育“产业树”，壮大“产业林”。

做强经济林果产业。投资近 5 亿元，大力实施 8200 亩矮化苹果、200 亩文冠果、2000 亩侧柏种植及相应配套设施建设项目，提高产业经济效益，增加岗位就业力度，拓宽群众增收渠道。

大力发展旅游产业。严阵以待做好 S5 线拉萨至泽当快速通道、拉林铁路等项目建成后的辐射带动作用，借力沙漠公园、青朴沟、扎央宗景区等项目，提前设计、包装旅游线路，做好西普、藏草、江平、戈壁田园、绿之源、生态采摘园宣传工作。加快推进扎囊沙漠公园、雅江风光带二期、江北旅游开发综合体建设等一系列文旅项目建设，提升扎囊旅游景区知名度和服务能力。力争年接待游客数量、旅游收入分别增长 90% 和 75%。

加快推进电商产业。新建扎囊县生活必需品储备库、扎囊县冷链储备库建设项目。依托“国家级电子商务进农村综合示范县”项目，“直播带货”等载体，通过丰富县域农牧特色产业、民族手工业产品种类，引导各类市场主体利用电商平台拓宽营销渠道，促进线上线下消费融合发展。

三、着力改善民生，细耕群众幸福“责任田”。坚持人民至上、紧紧依靠人民、不断造福人民、牢牢根植人民，把切实解决民生实事贯彻到实际行动中。

提升社会保障水平。紧扣人民群众对美好生活的新期待，以兜底线、织密网、建机制的要求，做好全局性的计划和顶层设计。足额兑现临时救助、医保、优扶等各类民生资金。加快推进残疾人康复中心、老年退休活动中心项目建设。全面实施特困人员集中供养中心改扩建工程。强化宣传，巩固提升农牧民群众医疗保险参保率，做到应保尽保。围绕提升困难群众专业技术水平，计划全年开展各类培训 1000 人次，劳动力转移就业 1.05 万人次，实现劳务收入 6500 万元以上。

办好人民满意教育。扩大普惠性学前教育资源供给，提高特殊教育发展质量，推动教育体育事业健康发展，巩固提升义务教育均衡发展成果，加快推进城乡义务教育一体化步伐，深化国家通用语言文字教育教学。新建阿扎完小，实施扎其完小等 4 所学校供暖工程、扎囊县三高综合楼建设项目。维修改造县中学教学楼，推进县城公共体育场功能提升。深入实施“教育信息化 2.0 行动计划”，坚持做好控辍保学工作。

推进健康扎囊建设。不断提高公共卫生服务水平，抓好重大疾病防治，大力开展村医培训工作，着力提升乡镇、村居医疗卫生水平，确保群众享受医疗“三重保障”全覆盖。年内完成妇幼保健站续建项目，加快推进阿扎、吉汝分院等级创建工作。开工建设中心医院污水处理系统，抓好扎唐镇卫生院改扩建工作。强化核酸检测能力建设，用好核酸检测试验室。广泛开展爱国卫生运动，加强防疫知识宣传，守好群众生命“安全门”。

四、加速推进乡村振兴战略，不断描绘乡村“新画卷”。发挥特色优势，深挖供给潜能，加快农业农村现代化建设步伐，促进农业高质高效、乡村宜居宜业、农民富裕富足。

推进乡村振兴夯基础。目前，已完成 21 个村居乡村实用性规划、8 个村居国土空间规划。开工实施扎囊县村居便民惠民设施建设、扎囊县便民信息化项目。持续巩固提升农村饮水安全工程运行和管理工作。全力做好“四好农村路”建设。继续抓好农网改造工程建设。力争年内实现县城 5G 网络全覆盖。围绕垃圾分类、污水处理、亮化绿化等重点工作，大力实施农村人居环境综合整治，补齐农村基础设施短板，进一步提升乡村“颜值”。

发展现代农业提质量。以藏草万亩植物种苗繁育基地、绿之源、戈壁田园等优质生态种植企业为领头羊，积极发展特色种植业，培育当地名优土特产。西普农业观光园力争 4 月份开园营业。坚持良田良法良种“三良配套”，试点推广粉垄技术。新建高标准农田 2.5 万亩。开工建设青稞区域性良种繁育基地、青稞标准化生产基地项目，提高青稞和重要农副产品供给保障能力，力争粮食产量达到 2.62 万吨，确保群众“米袋子”“菜篮子”“肉盘子”充足稳定。加大对质量效益好、带动能力强、发展后劲足的示范社扶持力度。力争国家级农牧民专业示范社达到 4 家以上、自治区级 11 家以上、市级 16 家以上、县级 75 家以上。

巩固脱贫成果不掉队。坚决守住脱贫攻坚成果，重点做好巩固拓展脱贫攻坚成果与乡村振兴有机衔接。大力推进抵边搬迁工作，鼓励引导群众向边境地区有序搬迁。加快桑耶、阿扎、洛村等易地扶贫搬迁点配套产业项目、耕地开发落地见效。持续落实“四不摘”要求，积极发挥我党密切联系群众的优良传统，帮助解决建档立卡贫困群众生产生活上的实际困难。重点抓好基础设施、产业项目、易地扶贫搬迁管理和激发群众内生动力等工作。在资金安排、制度建设、责任落实等方面予以重点保障和推进。

五、坚决守住底线红线，全力推进高质量发展

“加速度”。把好发展“方向盘”，筑牢稳定“压舱石”，全力推进扎囊县经济社会高质量发展。

夯实稳定基础守红线。坚决落实各项维稳措施，确保社会大局全面稳定。旗帜鲜明地反对分裂，维护祖国统一、加强民族团结，营造和谐稳定的社会环境。坚持新时代“枫桥经验”，落实“三级信访接待日”“六定”化解调处等机制，确保矛盾纠纷及时化解，安全隐患及时排除。扎实做好建党100周年、西藏和平解放70周年等重大节点安保工作。

优化生态环境守红线。持续巩固中央环保督察反馈问题整改成效，严守生态保护红线，强化污染防治，推动生态文明建设和经济社会协调发展。做好第二轮中央环保督察迎检工作。加强水源地监管，确保水质100%达标，落实最严格水资源管理，不断推进农村人居环境综合整治，生态环境保护始终保持高压态势。

筑牢安全生产守红线。驰而不息绷紧安全生产这根“弦”，不断加强和创新社会治安综合治理体系。不断加强应急管理措施，加大非煤矿山、道路交通、防汛减灾、消防安全、危险化学品、建筑施工、公共聚集场所、民爆物品等行业领域的安全监管，筑牢人民群众生命安全堤坝。

六、转变工作作风，提升自身建设“新效能”。坚定不移贯彻新发展理念，忠诚履职，勤勉尽责，为党和人民事业不懈奋斗。

强化政治建设。坚决维护总书记和党中央定于一尊、一锤定音的权威。把讲政治贯穿到政府工作全过程，把政治建设摆在首位，牢固树立“四个意识”，坚定“四个自信”，做到“两个维护”，始终在思想上政治上行动上同以习近平同志为核心的党中央保持高度一致，看齐落实党中央决策部署，对标落实自治区党委、政府，市委、市政府和县委的工作要求，做到令行禁止。

坚持依法执政。自觉运用法治思维和法治方式推动工作，将法治理念贯穿到经济社会发展各环节、各领域。积极推进政务公开，及时主动“官宣”社会关切、群众关心的问题。自觉接受各类监督，用心用力用情办好人大代表建议和政协委员提案。

全面转变作风。大力弘扬“老西藏精神”“两路精神”，以海拔高，境界更高的自觉，困难多、方法更多的作为，树牢全心全意为人民服务的宗旨意识，破除故步自封、小进即满的思想，树立逆水行舟、不进则退的危机意识，切实转变工作作风，增强干事创业的凝聚力，释放奋发进取的正能量，为扎囊经济社会发展贡献力量。

加强廉洁自律。认真开展“政治标准要更高、党性要求要更严、组织纪律性要更强”专题教育。严格落实全面从严治党主体责任，坚决扣好廉洁自律的“第一粒扣子”，管好身边的人，当好清正廉明的排头兵。严格落实中央八项规定及其实施细则和区党委实施办法精神，扎实推进财政绩效管理，严格财政预算编制执行，加强审计监督，确保非刚性和非重点支出减少3%。

各位代表，征程万里风正劲，重任千钧再扬鞭！让我们紧密团结在以习近平同志为核心的党中央周围，在市委、市政府和县委的坚强领导下，不忘初心、牢记使命，只争朝夕、实干奋进，以优异成绩迎接建党100周年、西藏和平解放70周年！

名词解释

六稳：稳就业、稳金融、稳外贸、稳外资、稳投资、稳预期。

六保：保居民就业、保基本民生、保市场主体、保粮食能源安全、保产业链供应链稳定、保基层运转。

耕地“占补平衡”制度：非农业建设经批准占用耕地的，按照“占多少，垦多少”的原则，由占用耕地的单位负责开垦与所占用耕地的数量和质量相当的耕地；没有条件开垦或者开垦的耕地不符合要求的，应当按照有关规定缴纳耕地开垦费，专款用于开垦新的耕地的占用耕地补偿制度。

河湖长制：由各级党政主要负责人担任“河湖长”，负责组织领导相应河湖的管理和保护工作。

五个100%：实现中小学双语教育普及率100%，小学数学课程开课率100%，中学数理化生课程计划完成率100%，中学理化生实验室开出率100%，职业技术学校国家目录规定课程开出率100%。

生态环境六大专项整治行动：沿江沿线不规范建筑物清理行动、人居环境专项整治行动、植树造林绿化行动、宗教标志物依法规范清理整治行动、“白色污染”整治行动、旅游景区景点“脏、乱、差”整治行动。

三级信访接待日：在县、乡、村三个层级开展信访接待。

“两不愁”“三保障”：不愁吃、不愁穿，义务教育、基本医疗、住房安全保障。

“五下乡”活动：文化、科技、卫生、法律、爱国爱教宗教服务下乡活动。

两降一升：降低孕产妇死亡率和婴儿死亡率、提高住院分娩率。

放管服：简政放权、放管结合、优化服务。

减证便民：通过全面清理奇葩证明、循环证明、重复证明，加快部门信息共享、简化办事办证流程，群众办事时长明显缩短，行政服务成本有效节约。

“三公”经费：出国（境）费、车辆购置及运行费、公务接待费。

五位一体：全面推进经济建设、政治建设、文化建设、社会建设、生态文明建设。

十三对关系：国家投资和社会投资的关系，重大项目和民生项目的关系，发挥优势和补齐短板的关系，城镇就业和就近就便、不离乡不离土、能干会干的关系，扶贫搬迁向城镇聚集和向生产资料富裕、基础设施相对完善地区聚集的关系，央企在藏资源开发和解决当地农牧民增加收入的关系，保护生态和富民利民的关系，城市发展和提高农牧区基本公共服务能力的关系，高校毕业生政府就业和市场就业的关系，简政放权和地方承接的关系，企业增产提效和改善企业职工福利待遇、促进农牧民群众增收的关系，中央关心、全国支援和自力更生、艰苦奋斗的关系，鼓励干部担当干事和容错纠错的关系。

农村电网“三率”指标：综合线损率、供电可靠率、综合电压合格率。

两个毫不动摇：毫不动摇地巩固和发展公有制经济，毫不动摇地鼓励、支持、引导公有制经济发展。

“五个钱袋子”增收举措：推进民族手工业、守住群众最“特色”的钱袋子，利用优势资源、保住群众最“增值”的钱袋子，引导消费优先、打开群众快“增收”的钱袋子，加大就业帮扶、充实群众最“实惠”的钱袋子，撬动金融资金、鼓起群众最“值钱”的钱袋子。

雪亮工程：以县、乡、村三级综治中心为指挥平台、以综治信息化为支撑、以网格化管理为基础、以公共安全视频监控联网应用为重点的“群众性治安防控工程”。

五个有利于：有利于维护祖国统一和社会稳定、有利于增进“五个认同”、有利于团结宗教界人士和信教群众、有利于藏传佛教健康传承、有利于减轻信教群众负担。

三重保障：基本医保、大病保险、医疗救助。

四好农村路：建好、管好、护好、运营好农村公路。

“六定”化解调处机制：定包案领导、定责任单位、定化解方案、定化解时限、定化解目标、定工作要求化解调处矛盾。

扎囊县人民代表大会常务委员会工作报告

——在扎囊县第十三届人民代表大会第九次会议上

县委副书记、人大常委会主任　巴桑次仁

（2021 年 1 月 16 日）

2020 年的主要工作

2020 年是不同寻常的一年。一年来，在县委的坚强领导和市人大常委会的有力指导下，县人大常委会坚持以习近平新时代中国特色社会主义思想为指导，全面贯彻党的十九大和十九届二中、三中、四中、五中全会和中央第七次西藏工作座谈会精神，深入贯彻习近平总书记关于坚持和完善人民代表大会制度的重要思想、关于治边稳藏的重要论述，坚持党的领导、人民当家作主、依法治国有机统一，增强“四个意识”，坚定“四个自信”，做到“两个维护”，紧紧围绕稳定发展生态强边四件大事，主动担当作为，依法履行职责，为扎囊长治久安和长足发展提供有力法治保障。全年召开人民代表大会 2 次，常委会会议 7 次，主任会议 13 次，作出决定决议 11 项，依法任命 3 名同志，圆满完成了县十三届人大七次会议确定的各项任务。

一、坚持党的领导，始终坚定人大工作正确方向

人大机关是政治机关，人大工作是党的工作的重要组成部分，必须把坚持党的领导作为首要政治原则，始终保持正确政治方向。县人大常委会始终把坚持党的领导贯穿于人大工作全过程、各方面，认真落实县委决策部署，确保人大工作始终与县委同步同向。

一是强化政治统领，严格执行请示报告。县人大常委会自觉坚持和依靠党的领导，建立健全向县委请示报告重大事项制度，明确报告事项清单。就人大重大事项、重要工作、重要会议、重要活动等及时主动报告，共向县委请示报告 8 次，并取得原则同意后再进入法定程序，确保人大工作始终与县委同步同向，从制度上和法律上保证县委的重大决策贯彻实施、落地生根。

二是围绕县委决策，依法决定重大事项。常委会立足中心、服务大局，紧紧围绕县委重大决策和全县经济社会中全局性、根本性的重大事项开展视察调研、专项调研，及时作出决议决定。先后对《2019 年度环境质量状况和环境保护目标完成情况的报告》和《扎囊县人民政府关于就业创业工作情况的报告》作出了决议或决定，为全县经济社会持续健康发展打下了坚实的基础。

三是坚持依法任免，加强任后履职监督。坚持党管干部和人大依法任免干部的有机统一，确保县委提名人选通过法定程序任职，及时任命了县人大常委会班子成员、检察院以及相关部门的负责人，为我县改革发展提供了组织保障。扎实落实了拟任命人员任前法律知识考试、拟任职表态发言、颁发任命证书、向宪法宣誓等制度，进一步增强了被任命人员的法律意识、责任意识、公仆意识。同时，县人大常委会加强对国家机关工作人员的任前审查，邀请“一府一委两院”的负责人和组织部门负

责人，分别就拟任职人员情况在常委会会议上作说明。一年来，按照市、县委的提名，县人大常委会和“一府一委两院”的提请，依法任命干部3人次，其中人大1人次、“一府”1人次、检察院1人次。

四是围绕县委决策，全力助力疫情防控。县委有号召，人大有行动。自疫情发生后，县人大党组主动作为、积极履职，坚守岗位、靠前指挥，做到了守土有责、守土担责、守土尽责。一是县委副书记、人大常委会主任巴桑次仁担任县疫情防控工作领导小组副组长、指挥部办公室主任，带头深入疫情防控基层一线督导检查疫情防控工作，以身作则，主动参与全县疫情防控。二是县人大常委会党组成员、副主任、吉汝乡党委书记达娃和县人大常委会党组成员、副主任、扎唐镇党委书记赵永严格落实疫情防控“第一责任人”责任，以上率下，对全乡疫情防控工作亲自部署，亲自抓落实，有力促进了疫情防控工作有序开展。三是县人大常委会副主任永才主动请缨担任全县疫情防控宣传引导组组长，自觉坚守岗位，主动承担任务，带头深入群众参与宣传，坚持奋战在疫情防控第一线。

五是聚焦维护稳定，服务全县维稳工作。坚持稳定压倒一切，增强忧患意识，把维护社会和谐稳定作为第一责任，落实维稳工作措施。一是按照县委总体部署，常年合理安排常委会副主任参与国安指挥部带班值班工作；在重大敏感节点，常委会主任积极参与集体带班，有效落实维稳制度；二是三月敏感期，安排常委会主任、副主任蹲点寺庙、乡镇开展维稳督导检查工作；三是县人大常委会党组成员、副主任永才积极参与“三岩”片区易地搬迁贫困群众稳控工作和矛盾纠纷排查工作，为确保全县和谐稳定作出积极贡献。

二、坚持精准监督，群众重大关切监督取得新突破

常委会始终坚持民生问题导向、资金使用导向、司法公正导向，完善监督方式方法，突出监督工作重点，努力提升监督实效。一年来，听取和审议专项工作报告17个，开展执法检查4次，专题调研和委托调研5次，述职评议26人次，满意度测评6次。

一是聚焦民生热点监督。常委会坚持把解决好人民群众最关心、最直接、最现实的利益问题作为工作的出发点和落脚点，加强了对改善民生工作的监督力度，使改革发展成果更多地转向民生、惠及百姓。围绕教育事业问题，听取和审议了《〈关于深化教育改革 推进教育事业科学发展〉专题调研报告的审议意见贯彻落实情况跟踪检查的报告》，督促政府全面贯彻落实《意见》精神，确保我县在推进教育改革，促进教育公平，提高教育质量，扎实推动教育事业稳步发展。围绕大众创业万众创新，听取和审议了《扎囊县人民政府关于〈山南市推进科技长足发展 促进大众创业万众创新〉的贯彻落实情况的审议意见贯彻落实情况的报告》和《扎囊县人民政府关于就业创业工作情况的报告》，促进全县创业就业的问题，同时县人大常委会就县政府关于就业创业工作情况开展首次专题询问，通过开展专题询问对下一步完善就业措施和加大就业工作力度等方面增进了共识，达到了在监督中支持、支持中监督的目的；围绕卫生健康问题，听取和审议了《县人民政府关于〈加快卫生计生事业发展 推进健康山南建设的意见〉贯彻落实情况的审议意见贯彻落实情况的报告》，督促县政府和相关部门突破计生卫生事业发展难题，补齐发展短板，不断加大健康扎囊建设力度，努力为人民群众提供高质量、高效率的健康服务。

二是聚焦经济运行监督。常委会坚持把促进宏观经济平稳运行放在重要位置，加强对预算管理的监督，督促县政府强化预算法定意识，不断提高依法行政和预算管理水平。在年初代表大会上听取和审议了2020年财政预算（草案）的报告、2020年国民经济和社会发展计划（草案）的报告，在县人大常委会上听取和审议了扎囊县本级2019年财政决算（草案）的报告、2020年上半年本级财政预算执行情况报告、2020年上半年国民经济和社会发展计划执行情况的报告，在肯定县政府有效应对新冠肺炎疫情冲击经济所做工作的基础上，要求县政府及相关部门从县情出发，采取得力措施，积极培植新财源、做实地方财政收入，切实增强财政资金使用透明度。

三是聚焦公正司法监督。常委会把公正司法

和依法行政作为监督重点，积极推进依法治县。听取和审议了县人民法院关于刑事审判工作情况的报告、县人民检察院关于民事诉讼和执法活动法律监督工作情况的报告，在集中审议的基础上开展工作评议，并有常委会组成人员投票进行满意度测评，进一步深入推进公正司法，努力让人民群众在每一个司法案件中都能感受到公平正义。县人大常委会还对《中华人民共和道路交通安全法》《中华人民共和国反家庭暴力法》《中华人民共和国妇女权益保障法》《中华人民共和国工会法》等四部法律的贯彻实施情况进行执法检查，促进了相关法律法规在我县有效贯彻执行。围绕普法宣传、法在我身边、人大制度宣传月、千名代表送宪法送法律等活动，由人大代表、人大干部、相关部门人员等组成的宣讲组，深入乡（镇）村（居）开展宣传，进一步提升了广大群众尊法学法守法用法意识和人大代表尊法、守法意识。并积极配合上级人大开展执法检查、立法评估、法律法规草案的征求意见等工作。

四是聚焦生态环保监督。县人大常委会全面践行绿水青山就是金山银山的理念，坚持把生态环境保护摆在更加突出的位置。听取和审议扎囊县2019环境质量状况和环境保护目标完成情况的报告，及时提出意见建议，为打好污染防治战和保护碧水蓝天提供了保障。督促环保部门大力宣传生态保护环境相关法律法规，加强对环境污染、环境破坏的生活垃圾、建筑垃圾，垃圾焚烧等方面进行重点监管，进一步提高全社会关心支持和参与环境保护的主动性和自觉性。

三、坚持主体地位，人大代表工作展现新的活力

坚持以人民为中心，尊重代表主体地位，支持和保障代表依法履职，不断提升保障水平，代表工作活力持续增强，代表作用得到有效发挥。

一是持续提升代表素质能力。一是为使全体代表了解和掌握人大制度和人大工作的基本知识，了解和掌握与代表履职相关的法律法规，增强代表意识，切实履行代表职责，充分发挥代表作用，10月29日至11月1日，县人大常委会党组组织全县基层人大代表和乡（镇）人大工作者共50人到山南市委党校开展异地培训；二是县人大常委会和乡（镇）人大主席团先后组织市县乡三级人大代表60余人次赴日喀则市、林芝市，山南市隆子县、乃东区、琼结县等地考察学习，充分借鉴兄弟县乡的先进工作经验和做法，不断提升县人大工作水平和代表们发现问题、反映问题、解决问题的能力；三是为进一步提升全县人大系统干部业务素质和能力，县人大常委会专门邀请市人大常委会援藏副秘书长鲁宝为全县人大系统干部进行了人大业务知识专题培训，切实增强了人大干部的业务知识，提高了依法履职水平和能力。

二是积极组织闭会期间活动。依托“人大代表之家”“代表小组活动室”等平台，积极组织代表认真开展个人学习、工作述职、经验交流、联系选民、帮扶群众和“三聚”“八个一”“法在我身边”、“千名人大代表送宪法（法律）”“民族团结从我做起”等活动，不断丰富代表闭会期间活动，进一步增强了代表的履职意识和工作热情。县乡人大积极开展“民族团结从我做起”活动，组织法律法规宣讲达40余场次，发放各类宣传资料8000余册，共有200余名各级人大代表积极参加，受教育群众达3.2万余人次。

三是不断强化代表建议督办。对县十三届人民代表大会七次会议上代表提出的58件建议，常委会及时进行归纳分类，通过召开交办会，转交相关承办单位，明确办理要求和办理时限。改进督办方式，采取现场察看、办理部门现场解答，面对面向代表答复等方式，县人大常委会组成代表意见建议办理情况检查组，对会上代表提交的意见建议进行跟踪检查，不断推动代表意见建议的办理有效落实。58件建议中已办理解决或正在办理解决的占18件，因条件限制一时难以实施要列入计划的占15件，确实难以解决要做好解释工作的占25件。

四是阻击疫情一线担使命。自新型冠状病毒感染的肺炎疫情暴发以来，全县各级人大代表，响应区、市、县人大常委会党组号召，投入一线防控战场，参与到疫情防控、应急保障、群防群治等工作中，用行动彰显人大代表的使命担当。疫情防控期间，全县各级人大代表253名，共计捐款128757元。特别是自治区人大代表西若维色在疫情防控中的

先进事迹被“学习强国”平台采用。

五是持续深化“双联系”工作。坚持常委会组成人员联系代表、代表联系人民群众制度，每个常委会组成人员直接联系3～4名代表，充分听取和吸纳代表提出的意见建议。扩大代表对常委会和专门委员会工作的参与，邀请代表列席常委会会议、参加执法检查和调研活动，共有152人次各级人大代表参加县人大常委会组织的执法检查、调研等活动。

六是精准联系乡（镇）人大工作。一是根据市人大下发的相关通知要求，深入持续开展县人大常委会联系、指导各乡（镇）人大工作；二是指导各乡（镇）人大依法召开人代会，代表闭会期间各项活动等；三是加强上下联系促发展，各乡（镇）人大、县人大常会办公室、各专门委员会交流沟通，互相学习借鉴好经验、好做法，促进乡镇人大工作提质增效；四是搭建履职平台，采取坚持邀请乡（镇）人大主席参加执法检查、视察、调研、座谈等活动，指导乡（镇）人大工作，为乡（镇）人大干部提供全面了解人大工作、学习人大工作方法的平台，推动乡（镇）人大各项工作规范化、制度化、上水平。

四、坚持服务大局，强化自身建设提升履职能力

县人大常委会始终大力加强自身建设，不断锤炼严而实的作风，提升做好新形势下人大工作能力水平。

一是守初心担使命，加强政治建设。县人大常委会把学习贯彻习近平新时代中国特色社会主义思想作为首要政治任务，突出党的政治建设引领作用，努力推动全面从严治党向纵深发展。“不忘初心、牢记使命”主题教育常态化制度化与“五查五增 质效提升”活动有机结合起来，精心组织开展党组中心理论组学习会议，学习党章党规、学习业务知识，提升能力、提升标准、提升效率。常委会领导班子成员带头讲党课，以普通党员身份主动参加所在党支部活动，教育党员干部始终保持对党绝对忠诚。截至目前，“不忘初心 牢记使命”主题教育期间检视的问题领导班子已整改11条，整改率达95%；班子成员已整改14条，整改率达100%。

二是完善工作机制，加强制度建设。今年县人大从常委会联系代表办法入手，在原有的基础上进一步修改完善了《扎囊县人民代表大会常务委员会组成人员守则》《扎囊县人民代表大会常务委员会代表视察办法》《扎囊县人大常委会关于切实加强和改进全县各级人大代表工作充分发挥闭会期间代表作用的决定》等18项制度，明确人大业务，促进县人大工作规范化建设。

三是增强履职本领，加强能力建设。县人大常委会积极推进人大机关“两学一做”学习教育和“不忘初心 牢记使命”主题教育常态化制度化，以“不忘初心、牢记使命”主题教育和全市人大系统中进一步开展的“五查五增、质效提升”活动为契机，深入学习贯彻习近平总书记关于坚持和完善人民代表大会制度的重要思想、关于治边稳藏的重要论述和一系列重要指示批示精神，切实强化政治统领，始终牢记“业务之中有政治”，旗帜鲜明讲政治，深入开展反分裂斗争，从主要矛盾和特殊矛盾并存的客观实际出发来推进各项工作，进一步提升了人大机关工作者的能力和水平，依法履职、服务大局的能力得到进一步提升。

四是加强作风建设，持续正风肃纪。县人大党组成立党风廉政建设责任制工作领导小组，全面实行“一岗双责”，持续深化中央八项规定及其实施细则相关要求，将党风廉政建设责任制工作列入重要议事日程，同部署、同落实、同检查。今年，县人大班子成员按照分工层层签订党风廉政责任书，坚持从严控制和压缩“三公”经费支出，坚持个人重大事项报告制度，坚持带头开展述责述廉，坚持强化县人大机关党费规范化收缴管理。一年来，县人大党组组织召开专题民主生活会1次，以普通党员身份参加所在支部活动18次，着力整改自身存在的问题，不断强化作风建设。

各位代表，一年来成绩的取得，根本在于习近平总书记的领航掌舵和党中央的坚强领导，根本在于习近平新时代中国特色社会主义思想和总书记西藏工作重要论述的科学指引，也离不开县委的坚强领导和市人大常委会的有力指导，离不开全县各级人大代表、常委会组成人员和各级人大工作者共同努力，离不开县“一府一委两院”协同配合和各乡（镇）人大有力支持。在此，我代表县人大常委会向

大家表示衷心的感谢，并致以崇高的敬意！

回顾一年来的工作，我们清醒地认识到，常委会工作与新时代的目标任务、与宪法法律的要求、与各位代表和人民群众的期望相比，与人大的法定职责职能相比，还存在一定的差距，主要是监督缺乏刚性，监督跟踪问效力度有待进一步加强，监督方式有待进一步改进，各专门工作委员会的职能作用有待进一步发挥，人大工作规范化、科学化水平有待进一步提高，县乡之间、乡镇与乡镇之间、村与村之间，在开展人大工作时还存在差异，等等；这些问题和短板影响了人大工作的向前开展，影响了人大作用的充分发挥，对此，我们将自觉接受全县人民的监督，虚心听取代表和各方面意见建议，在今后的工作中不断加强和改进。

2021 年主要工作

2021 年是中国共产党建党 100 周年，是"十四五"的开局之年，是西藏和平解放 70 周年，也是本届县人大常委会履职收官之年。县人大常委会将以习近平新时代中国特色社会主义思想为指导，全面贯彻落实党的十九大和十九届二中、三中、四中全会精神以及中央第七次西藏工作座谈会精神，西藏自治区党委人大工作会议精神，深入贯彻落实习近平法治思想，习近平总书记关于坚持和完善人民代表大会制度的重要思想，对地方人大及其常委会工作的重要指示，关于治边稳藏的重要论述和一系列重要指示批示精神，坚持党的领导、人民当家作主、依法治国有机统一，紧紧围绕稳定发展生态强边"四件大事"，全面担负起宪法法律赋予的各项职责，着力提升监督、代表工作和自身建设水平，努力开创人大工作新局面。

一、聚焦新思想，始终坚持党的领导

坚持党的领导，把学习贯彻习近平新时代中国特色社会主义思想，总书记关于坚持和完善人民代表大会制度的重要思想，中央第七次西藏工作座谈会精神和新时代党的治藏方略，党的十九届四中全会提出的坚持和完善人民当家作主制度体系，发展社会主义民主政治作为人大工作的根本遵循，始终坚定人大制度自信，以人大依法履职实效充分体现对"两个维护"的坚定自觉。坚持党对人大工作的领导，切实发挥县人大常委会党组的领导核心作用，保证党的路线方针政策和县委决策部署在人大工作中得到落实。

二、立足新时代，主动服务发展大局

紧紧围绕全县中心工作，主动融入、积极作为，服务全局促发展，履职尽责抓落实。一是围绕推动县委决策部署的贯彻落实，把事关全县改革发展稳定和直接关系人民群众切身利益的重大事项、重大问题适时列入常委会议题，在深入调查和审议的基础上，依法作出决议、决定。二是认真贯彻落实中央办公厅印发的《关于健全人大讨论决定重大事项、各级政府重大决策出台前向本级人大报告的实施意见》的通知，依法监督和支持"一府一委两院"开展工作，推进我县民主法治建设。三是充分发挥县乡两级人大组织和人大代表的监督、履职作用，在巩固脱贫攻坚、乡村振兴、疫情防控等全县各项中心工作中发挥人大作用。

三、着眼新形势，依法行使监督职权

县人大常委会将紧紧围绕全县经济社会发展大局和人民群众普遍关心的突出问题，加大依法监督工作力度。一是运用专题询问、履职视察等监督方式，积极回应社会关切。二是围绕经济平稳运行强化监督。三是加强生态环保工作监督。四是围绕法律法规实施强化监督。五是围绕农业农村、卫生、教育、民生保障领域开展监督。六是不断探索人大常委会监督机制，完善专题询问的组织方式和工作机制，增强询问监督的针对性和实效性。七是加大对任命人员的监督力度，继续制定好人大常委会任命干部履职评议计划，分批次开展履职评议。

四、深化新实践，不断提升履职水平

一是强化代表履职服务保障。组织代表履职培训，提高代表履职能力和水平。丰富闭会期间代表活动内容和形式，进一步拓宽代表知情知政的渠道。二是加强与代表和群众的联系。持续强化"双联系"制度，支持和引导人大代表汇聚民意、反映民情、回应民声。三是加大代表建议督办力度。坚持重点建议重点督办，综合运用多种监督形式，进

一步提高建议办理质量和进度。四是强化开展好规定动作。继续持续深入地开展好“三聚”“八个一”“千名代表送宪法”“法在我身边”“五查五增质效提升”“人大代表履职手册学习”等活动,不断提升代表依法履职水平。

五、落实新要求,着力增强工作本领

一是着力提升履职能力。深入学习贯彻党的十九大和十九届二中、三中、四中、五中全会精神以及中央第七次西藏工作座谈会精神,不断锤炼人大机关干部从严从实的优良作风,切实增强做好人大工作的责任感和使命感。二是着力提高工作效能。加强人大干部队伍建设,完善常委会及机关工作制度,激发工作活力,不断提高参谋服务的水平。三是着力增强工作合力。注重与上级人大的沟通联系和对乡(镇)人大工作的指导,健全工作委员会与对口职能部门工作联系机制,形成强大工作合力。

各位代表,2020年,我们一直在努力奔跑、努力奋斗、努力前行。现在和将来,扎囊发展更加需要新时代的奔跑者和追梦人。让我们更加紧密地团结在以习近平同志为核心的党中央周围,高举习近平新时代中国特色社会主义思想伟大旗帜,在县委的坚强领导下,牢记使命、勠力同心、只争朝夕、比学赶超,不断开创新时代人大工作新局面,为推进扎囊社会长治久安和经济健康持续发展而努力奋斗!

中国人民政治协商会议扎囊县委员会常务委员会工作报告

——在政协第二届扎囊县委员会第七次会议上

县政协党组书记、主席 达 娃

（2021 年 1 月 15 日）

2020 年工作回顾

2020 年是全面建成小康社会决胜之年，是实施“十三五”规划收官之年，是脱贫攻坚决战之年。一年来，在县委的坚强领导下，在市政协的有力指导和县人大、政府的大力支持下，县政协常委会团结引领全县政协组织、政协参加单位和广大政协委员，深入学习贯彻习近平新时代中国特色社会主义思想、习近平总书记关于加强和改进人民政协工作的重要思想和关于治边稳藏的重要论述，全面贯彻党的十九大、十九届二中、三中、四中、五中全会、中央第七次西藏工作座谈会、区党委九届九次全会和市委一届六次全会精神，深入贯彻落实中央、区党委、市委、县委政协工作会议精神，坚持发扬民主和增进团结相互贯通、建言资政和凝聚共识双向发力，发挥专门协商机构作用，广泛团结动员参加人民政协的各党派团体和各族各界人士，紧扣统筹推进常态化疫情防控和经济社会发展工作履职尽责、凝心聚力，为助推高质量脱贫、决胜全面建成小康社会做出了新的贡献。

一、2020 年，我们立足新时代，坚持用新思想引领政协事业沿着正确方向前进

一年来，政协常委会牢牢把握正确的政治方向，把习近平新时代中国特色社会主义思想作为统揽政协工作的总纲，强化理论武装，切实推动思想大解放和社会各界大团结大联合。一是学习新思想。把学懂弄通做实新时代关于加强和改进人民政协工作作为首要政治任务，结合学习贯彻党的十九大、十九届四中、五中全会精神、中央政协工作会议、自治区党委、市委、县委政协工作会议精神，教育引导广大委员和机关干部深刻领会新思想的精神内涵，做到学深悟透、入脑入心。2020 年，县政协理论中心组和主席办公会、常委会集体专题学习 24 次，开展委员培训 2 期，培训委员 60 余人（次）。二是贯彻新思想。立足新时代政协工作主题，以凝聚共识为目标，组织委员开展了“加强思想政治引领、广泛凝聚共识”为主题的委员巡回宣讲活动 7 场次，专题组织僧尼宣讲了“四讲四爱”“遵行四条标准、争做先进僧尼”教育活动 1 次，深入村居集中宣讲“中央第七次西藏工作座谈会”7 场次，根据《政协党内领导班子联系党外委员制度》入户宣讲 60 余次，为进一步在服务大局的过程中发出好声音，传播正能量，广泛凝聚共识，助推脱贫攻坚决胜决战工作发挥了政协优势。2020 年，共宣讲教育人数达 3000 余人次。三是坚持党的领导。坚持党对人民政协工作的全面领导，充分发挥政协党组把方向、管大局、保落实的作用，积极引导广大委员牢固树立“四个意识”，坚定“四个自信”，做到“两个维护”。坚决落实重大问题请示报告制度，积极组织召开县委政协工作会议，全面部署了当前和今后一

个时期我县政协工作，形成了党委重视、政府支持、政协主动、各方配合的良好局面。

二、2020年，我们面向新时代，坚持用新理念统揽履职实践服务全县中心大局

一年来，政协常委会始终坚持围绕中心服务大局的工作导向，切实为扎囊打好“三大攻坚战”、当好高质量发展的领跑者献计出力。一是协商议事务实推进。充分发挥人民政协作为协商民主重要渠道的作用，积极搭建分组讨论、互动交流等各种形式的协商平台，在政协二届六次会议上，委员们围绕人民群众普遍关心的问题积极建言，提出意见建议20条。聚焦我县发展稳定生态等重大问题，选准政协工作的切入点和着力点，组织委员开展了民族团结进步创建工作专题调研1次；结合基层政协工作薄弱点，组织乡镇政协联络员考察交流学习2次，撰写学习体会10篇；配合上级政协开展调研视察和协商议政活动12次。二是民主监督积极促进。反映社情民意作为民主监督的重要途径，根据《扎囊县政协党内领导班子联系党外委员制度》要求，以入户了解，座谈协商等举措，聚焦县委、县政府中心工作及人民群众普遍关注的热点难点问题，收集审核和上报社情民意4条，为县委、县政府决策提供了有效依据。同时，充分发挥委员在民主监督中的主体作用，积极组织委员列席县委常委会、县长办公会、中小考监考、民主评议等工作，认真履行了民主监督职能，为委员知情明政和开展监督工作创造条件。三是扎实做好文史工作。围绕和平解放西藏、平息叛乱、民主改革、西藏自治区成立、社会主义改造、改革开放、落实政策、脱贫攻坚等重要历史节点，开展文史资料征编工作，收集上报关于政协工作开展的珍贵历史图片资料，积极对外宣传扎囊历史文化。

三、2020年，我们融入新时代，坚持用新担当助力增进人民福祉

一年来，政协常委会始终坚持以人民为中心的发展理念，积极承担县委交办的各项工作任务，主动投身我县经济社会发展的主战场。一是勇担政治责任。县政协常委会班子成员以团结为基础，视稳定为生命，履行一岗双责，深入维稳一线，亲自值班带班，每逢敏感节点、重大节庆日，坚守阵地、心系稳定，深入基层、蹲点驻村，走村入户、扶贫帮困，宣讲党的政策，为全县稳定保驾护航。各委员严守政治纪律、工作纪律，发挥模范带头作用，在各条战线上争当维护稳定团结的排头兵。二是助推脱贫攻坚。根据县委统一安排部署，政协常委会班子成员，深入基层实时进行脱贫攻坚督导和跟踪落实。各副主席先后带队赴浪卡子县、贡嘎县、曲松等县开展脱贫攻坚普查，脱贫攻坚成效交叉考核工作。同时，政协全体班子成员和全体党员干部全面落实“一包到底”、结对帮扶工作。全年政协共开展5次结对帮扶工作，慰问及“以买代帮”达到7.2万余元。三是建言献策成效显著。完善提案督办机制，以办理前征求意见、办理中民主协商、办理后跟踪问效等方式，积极会同县委、县政府督察室组织提案办理单位，提案人联合对政协二届六次会议立案32件，开展提案交办、督办、实地视察、通报、“回头看”等工作，推动提案得到有效落实，实现了提案交办率100%，答复率100%。进一步助推党和政府增进人民福祉。

四、2020年，我们响应新时代，坚持主动参与做好疫情防控工作

一年来，常委会坚持打赢疫情防控的人民战争、总体战、阻击战为重大政治任务，按照党中央、区党委、市委、县委的统一部署要求，广泛动员组织我县各级政协委员主动参与疫情防控工作，为保护各族群众生命安全和身体健康，统筹抓好疫情防控和经济社会发展积极贡献政协智慧和力量。一是主动担当作为。认真部署全县政协系统疫情防控工作，坚持靠前履职、积极作为，第一时间发出《政协扎囊县委员会关于坚决打赢疫情防控战的倡议书》100余份，团结引领广大政协委员和政协干部全力投入疫情防控工作。县政协常委会班子成员深入基层一线，全面参与和指导防控责任落实、防疫知识宣传、返藏人员登记管理、村居外出人员请假报批、设卡检查等工作，有力推动了各项防控措施落实。二是情系疫区献爱心。广大委员特别是工商界（经济界）委员和宗教界委员在重大疫情面前，纷纷伸出援手献爱心，共捐款捐物29.51万元，其中

工商联界(经济界)委员捐款捐物17.91万元,宗教界委员捐款捐物6.8万元,其余党内党外委员及政协干部共主动捐款4.8万元,充分展现了为国履职、为民尽责的情怀,体现了一方有难、八方支援,众志成城、共抗疫情的强大合力。三是立足本职作贡献。广大委员特别是医药界委员和宗教界委员、农牧界委员在疫情防控工作中勇挑重担、冲锋在前,积极深入村委会、商店、寺庙、学校等地开展消毒等工作,用通俗易懂的语言为群众讲解防疫知识,积极研制和免费发放有关藏药,充分发挥了界别委员的独特优势和作用。

五、2020年,我们置身新时代,坚持用新要求指导队伍建设展示自身良好形象

一年来,政协常委会坚持把作风建设贯彻工作始终,着力加强机关干部队伍和委员队伍建设,不断提升政协工作能力和实效。一是加强机关党建工作。坚持全面从严治党,认真落实主体责任,结合政协党组"不忘初心、牢记使命"主题教育,持续推进"两学一做"学习教育常态化制度化,进一步规范"三会一课"制度,加强机关党建工作,改选机关党支部。加强党风廉政建设,召开专题会议进行安排,层层签订责任书,做好日常提醒谈话,从严教育管理政协干部和政协委员。二是加强纪律作风建设。深入开展政治纪律教育,通过专题辅导培训会、学习研讨、公开承诺、召开专题民主生活会、组织生活会等形式,教育引导政协工作者始终严守党的政治纪律和政治规矩。坚决落实区、市、县关于转作风、重实干要求,整治不作为慢作为、文山会海等形式主义、官僚主义突出问题,以专题民主生活会、组织生活会为载体,认真进行对照检查,抓好整改措施落实,机关工作作风得到明显改进。制定完善相关程序,对"三公"经费支出,公务用车管理,公务接待等工作作出明确规定,使政协工作有章可循,实现履行职能制度化、规范化。三是加强政协机构建设。按照市委主要领导"五有"要求,建立健全了乡(镇)政协联络办,安排了工作人员,制定了工作制度,明确了工作责任、压实了工作任务,同时,将1万元乡镇政协联络办专项资金列入了财政预算,切实解决了基层政协基础工作薄弱等问题。

各位委员,回顾今年政协的履职实践,我们深切体会到:只有坚持党的领导,坚持高举爱国主义、中国特色社会主义旗帜,牢牢把握团结民主主题,始终把围绕中心、服务大局作为履行职能的重要原则,把维护人民群众的根本利益作为出发点和落脚点,把加强委员履职能力建设作为核心内容,把创新工作理念和方式方法作为重要手段,把加强政协机关干部队伍建设作为必要保障,把充分认识人民政协的重要地位作用作为不竭动力,把严守政治纪律和政治规矩作为行为准则和"生命线",才能实现扎囊政协工作开拓创新、科学发展、再创伟业、再铸辉煌。

在肯定成绩的同时,对标对表新时代人民政协的新使命新要求,我们的工作还存在不少短板和弱项,还有一些亟待"加强"和"改进"的地方,离县委的要求还有一定的差距。主要是对新时代如何进一步发挥政协作用研究不够多;政协系统党的建设"两个全覆盖"还不完善;基层政协委员活动不够规范;提案质量不高、提案服务水平有待进一步提高;委员履职活力还需进一步激发等。对此,我们一定会高度重视,认真对待,深入研究,在今后工作中切实加以改进。

2021年工作安排

2021年是中国共产党成立100周年,是西藏和平解放70周年,也是"十四五"开局之年,是向第二个百年奋斗目标进军的起步之年,做好今年的政协工作,要以习近平新时代中国特色社会主义思想为指导,深入贯彻落实习近平总书记关于加强和改进人民政协工作的重要思想、关于西藏工作的重要论述和新时代党的治藏方略,贯彻落实党的十九大、十九届二中、三中、四中、五中全会、中央第七次西藏工作座谈会、区党委九届八次、九次全会、市委一届六次、七次全会和市委、县委政协工作会议精神,贯彻落实市委、县委对政协工作的部署要求,突出政协工作的主轴主线主题、中心环节、主要原则和政治责任,团结引领全县政协组织、政协参加单位和广大委员,牢牢把握团结民主两大主题,聚焦稳

定、发展、生态、强边“四件大事”,坚持建言资政和凝聚共识双向发力,认真履行政治协商、民主监督、参政议政职能,把提质增效贯穿政协履职全过程和各方面,把政协制度优势转化为治理效能,充分发挥人民政协专门协商机构作用,着力助推县委、县政府各项决策部署贯彻落实,为实现“十四五”开好局起好步,为建设团结富裕文明和谐美丽的社会主义现代化新扎囊做出新的更大贡献。

一是坚持党对政协工作的全面领导。坚持牢记人民政协是政治组织,增强“四个意识”、坚定“四个自信”、做到“两个维护”,牢牢把握正确的政治方向,强化为党做好政协工作的使命感、责任感和紧迫感。要自觉服从县委的全面领导,带头落实县委的部署要求,主动向县委汇报请示政协工作的重要事项、重要活动、重要问题,把发挥“三个重要”的作用贯通起来,把“三个赋予、一个有利于”的要求体现出来,把各族各界群众的智慧和力量凝聚到实现我县“十四五”规划和二〇三五年远景目标上来,确保县委决策部署在政协政令畅通、执行到位、落地见效。按照新时代党的建设总要求,切实扛起管党治党政治责任,着力加强政协系统党的建设,进一步强化政协党组织的政治领导力、思想引领力、群众组织力、社会号召力,充分发挥政协党组把方向、管大局、保落实的领导作用。积极发挥政协党内领导班子联系党外委员的作用,加强思想政治引领,最大限度地把各族各界群众的积极性、主动性和创造性调动起来,为推进我县各项事业凝人心、添助力、增合力。

二是坚持广泛凝聚人心和力量。坚持加强思想政治引领、广泛凝聚共识作为中心环节,把凝聚共识作为政协重要职能,立足西藏社会主要矛盾和特殊矛盾,深刻认识政协工作的特殊性,针对委员组成和工作对象上民族宗教界人士和党外委员占比高的实际,突出工作侧重点,积极教育引导广大委员爱党爱国,拥护社会主义制度,站稳维护祖国统一、开展反分裂斗争的政治立场,让“三个离不开”“五个认同”思想更加深入人心,不断推动民族团结创建活动。助力深化“遵行四条标准、争做先进僧尼”教育实践活动,发挥好宗教界委员和宗教界代表人士的作用,积极教育引导寺庙僧尼更加自觉地爱国爱教、遵规守法,教育引导信教群众理性对待宗教、追求健康文明生活方式、过好当下幸福生活,淡化宗教消极影响。聚焦“四件大事”和群众普遍关切的问题进行深入充分协商,把凝聚共识贯穿到调查研究、视察考察、协商履职等各个方面各个环节,提供决策参考,转变把履行职责简单地等同于就贯彻落实政策提出意见建议的现象,鼓励和支持委员深入界别群众,正面发声、宣传政策、解疑释惑、理顺情绪、服务群众,更加全面地履职尽责,为助推我县各项事业发展汇聚强大正能量。

三是坚持有效发挥协商议政作用。坚持把围绕中心、服务大局,紧盯稳定、发展、生态、强边“四件大事”,瞄准我县“十四五”规划,结合我县实际拓展协商平台,丰富协商内容,提高协商质量,在专门协商机构更好“专”出特色、“专”出质量、“专”出水平上下功夫。把履职质量导向放在更加突出的位置,注重从“做了什么”“做了多少”向“做出来什么效果”转变,把提高双向发力质量贯穿政协工作的全过程和各方面。全面落实党委会同政府、政协制定实施年度协商计划制度,每年组织开展 1 ～ 2 次协商活动,灵活经常地开展专题协商、对口协商、界别协商和提案办理通道等,更好地发挥专门协商机构作用。要坚持有事好商量、众人的事情由众人商量,深入开展民主协商、参政协商、社会协商,更加充分地保障群众的民主权利,全力助推我县治理体系和治理能力现代化。要抓好委员队伍建设,教育引导委员坚持为国履职、为民尽责的情怀,强化政治责任,增强履职本领,加强服务管理,让委员真正严起来、紧起来、动起来,跟上新时代的步伐,跟上县委的要求,切实增强专门协商机构的工作实效。

四是坚持加强和完善制度建设。坚持把加强制度建设作为推进政协工作的提质增效的关键,针对工作短板和弱项,积极做好与上级政协的对接衔接,加强学习借鉴和探索创新,坚持落细落小落实,进一步建立健全我县政协组织坚持和完善党对政协领导的制度、专门协商机构的制度、化解矛盾凝聚共识的制度、强化政协委员责任担当制度等各项制度,结合实际健全完善年度协商计划制定、专门委员会工作、委员履职成果转化等重要制度，着力抓好具体落实，政协领导班子带头维护制度权威、做制度执行的表率，政协干部和委员要尊重政协制度、维护政协制度、执行政协制度，把制度意识体现在思想上、落实到行动上、贯穿于工作中，切实强化制度的执行力，真正通过严格执行各项制度创新履职方法。

五是坚持加强政协自身建设。坚持把加强自身建设作为加强和改进人民政协工作的重要基础，着力提升能力素质，强化作风建设，确保我县政协队伍在新时代“跟得上趟、承得了重”。继续狠下功夫，按照“五有”要求，进一步解决乡镇政协基础工作薄弱、人员力量薄弱等问题作为推进新时代政协工作的基础和关键，着力提高政协工作质量和水平。要强化政协领导班子成员的主责主业，树立“一线”意识、培育“一线”干劲、拿出“一线”精神，更好地担负起工作责任。加强政协常委会建设，坚持学在前、想在前、干在前，在带头谋事创业、带头履职尽责、带头发挥作用上做好表率。

加强委员队伍建设，完善以户带训方式，建立健全轮训制度，通过西藏社会主义学院和市委党校办培训班等途径，切实提高委员履职能力水平。提前做好换届准备工作，主动协助组织、统战部门共同做好新一届委员人选的提名工作，对拟继续提名的委员人选提出意见，认真把好政治关、素质关、结构关、程序关、真正把代表性强、议政水平高、群众认可、德才兼备的优秀人士吸收到委员队伍中来，着力改善优化委员队伍。要加强政协机关干部队伍建设，强化责任意识、服务意识、效能意识和团结奋斗的意识，着力提高服务保障能力、统筹协调能力和推动工作落实的能力。要加强纪律作风建设，认真落实党风廉政建设责任制，严格执行中央八项规定精神，强化日常教育监督，从严要求管理政协干部和政协委员，持续深入改进作风，始终树好政协形象。

各位委员，同志们，时代重任赋予我们新的使命，历史发展赋予我们新的起点，峥嵘漫道赋予我们担当职责，让我们更加紧密地团结在以习近平同志为核心的党中央周围，以习近平新时代中国特色社会主义思想为引领，在县委的坚强领导下，不忘初心，砥砺前行，为推进人民政协事业新发展，决胜全面建成小康社会，谱写扎囊经济社会发展新篇章而努力奋斗！

坚持党章和宪法赋予的职责定位 为全面建设社会主义现代化新扎囊 提供坚强政治保障

——在中国共产党扎囊县第九届纪律检查委员会第六次全体会议上的工作报告

纪委书记、监委主任 骆 新

（2021年3月2日）

一、2020年工作回顾

一年来，县纪委监委在上级纪委监委和县委的正确领导下，县纪委常委会坚持稳中求进工作总基调，以贯彻落实十九届四中全会、十九届中央纪委四次全会精神为脉络，紧扣全面从严治党工作主线，全面贯彻县委和市纪委监委决策部署，团结带领全县纪检监察机关立足监督首责，强化政治监督，充分发挥监督保障执行、促进发展完善作用，坚定稳妥、扎实有效推进全面从严治党、党风廉政建设和反腐败工作开展，为建成全面小康扎囊提供了坚强政治保障。

（一）始终“擦亮”纪检监察机关政治底色，不断增强“两个维护”的自觉性坚定性

突出思想政治引领，保持正确政治方向。县纪委常委会坚持以思想政治建设为统领，持之以恒学懂弄通做实习近平新时代中国特色社会主义思想，共召开15次县纪委常委会（扩大）会议，20次“大学习、大提升”集中学习会，及时跟进学习习近平总书记重要指示批示精神，区党委、市委、县委决策部署，王卫东书记在山南调研时讲话和“建设作风优良的政治机关”专题党课精神，拉巴加布书记在全市纪检监察系统会议上的讲话精神，绘就“施工图”，制定“任务书”，细化落实举措。坚持实践第一的观点，结合十八大以来取得的历史性、根本性变革和成就，深入学习贯彻党的十九届五中全会精神、中央第七次西藏工作座谈会精神，在学习中深化理解，在贯彻中升华信念。

突出请示报告执行，主动落实决策部署。严格执行请示报告制度，制定《向县委请示报告工作清单》和《向市纪委监委请示报告工作清单》，主动向市纪委监委和县委汇报重要会议召开、重大专项治理推进、重要领导批示办理、重要政策制度文件制定、重要问题线索处置进展情况20余次，以实际举措落实双重领导体制，坚决做到一切行动听指挥。

突出抓好政治监督，落实落地“四个加强”。把政治纪律和政治规矩摆在首位，以实际行动强化对党的理论和路线方针政策以及重大决策部署贯彻落实情况的监督检查，做到党中央决策部署到哪里监督检查就跟进到哪里。聚焦疫情防控纪律、党员信仰宗教、制止餐饮浪费、禁止耕地“非农化”、严肃维稳工作纪律等内容强化政治监督，立案查处违反疫情防控纪律2件2人，移送相关部门处理1件1人，给予党纪处分2人，谈话提醒1人；紧盯敏感宗教节点监督检查9次，对11所宗教场所开展“未批先建”“批小建大”监督检查；下发制止餐饮浪费监

察建议书2份，立行立改问题11条，健全完善制度6项；协助完成耕地“非农化”反馈问题整改6条；聚焦稳定中心工作，严肃维稳纪律督查，对落实维稳纪律不严的2名干部移交相关部门处理，在立足政治监督具体化常态化的落点中，督促推动全县各级党组织和党员干部在内心深处铸牢理想信念，使“两个维护”成为自觉、见诸行动。

（二）始终坚持以人民为中心的根本政治立场，深化拓展群众身边腐败和作风问题整治

突出专项工程监督，巩固拓展脱贫成果。贯彻落实全市易地扶贫搬迁工作专题会议精神，靠前监督，9次督导桑耶搬迁点、洛村安置点施工进度、工程质量、配套设施，2次监督检查安置点项目建设进展、落实支持保障政策情况，及时反馈问题，跟踪督促整改。聚焦脱贫攻坚统筹整合项目、三区三州项目，反馈项目建设缓慢和资金拨付不及时2类问题，督促整改到位。

突出监督执纪问责，切实保障群众利益。深化扶贫领域腐败和作风问题专项治理，召开4次会议听取5个乡（镇）纪委书记、16家行业职能部门扶贫领域工作开展情况汇报，督促责任落实。聚焦巡视巡察，督查反馈问题重点，紧盯职能部门履职尽责和“四个不摘”要求，成立督查专班，对3个乡镇、9个村（居）开展扶贫领域腐败和作风问题专项治理工作，对发现的7个方面的问题督促整改落实，压实整改责任。严肃查处扶贫领域腐败和作风问题，处置扶贫领域问题线索4件（含上年遗留1件），初核了结1件，立案审结2件，给予党纪政务处分3人，组织处理13人，通报曝光扶贫领域典型案例通报3起5人，为持续巩固脱贫攻坚成果提供有力的纪法保障。

突出强化专项治理，拓展扫黑除恶专项斗争成效。抓实中央扫黑除恶督导组反馈意见整改落实，对1起涉黑涉恶问题线索进行核查，受理公安机关移交党员、公职人员参与“黄赌毒”问题4件，给予党纪处分5人。加强行业乱象整治，制定《关于开展重点行业领域突出问题专项整治监督执纪问责工作方案》，督促行业部门围绕社会治安等10个重点领域开展专项整治，巩固了扫黑除恶打非治乱专项斗争成果。

（三）始终巩固拓展作风建设成效，推动化风成俗、成为习惯

持续盯住抓好中央八项规定精神落实落地。认真履行协助职责和监督责任，严格落实自治区党委《关于在全区集中开展违反中央八项规定精神问题自查清理纠治通知》精神，协助县委落实违反中央八项规定精神问题自查清理工作，组织指导5个乡镇党委和62家县直单位党委（党组）检视问题342条，提醒谈话相关责任人71名，清退违规资金173.4万元。

持续在巩固作风建设上体现“三不”要求。严肃查处违反中央八项规定及其实施细则精神、区党委实施办法问题线索2件，立案审查2人，给予党纪处分2人；通报批评违反会风会纪的4名单位主要负责人；对普法宣传中的明显错误，及时提醒1人，以对顶风违纪案的严肃查处，持续形成震慑，强化“不敢腐”。聚焦监督检查、审查调查中发现的问题，深层次查找制度漏洞，下发监察建议书7份，督促补齐制度短板，推动完善财务管理等各项制度，强化“不能腐”。运用典型案例开展警示教育2次，参与人数270余人次，发送廉政短信4条，覆盖党员干部6000余人次，引导党员干部加强党性修养和养成优良作风，强化“不想腐”。

持续以重要节点为抓手深化作风建设成效。坚持把纠治“四风”作为严肃的政治任务来抓，紧盯重要节点，持续发力，对酒店、餐饮、娱乐场所、违规公款吃喝、公款旅游、公车私用等问题，开展18次“四风”问题日常监督检查，督促整改8起公车管理不规范的问题，坚决防止“疲劳综合征”，在纠治并举中深化作风建设成效，持续推动化风成俗、成为习惯。

（四）始终深化政治巡察，进一步发挥巡察利剑作用

强化巡察组织领导，担当职责使命。县委坚持把巡察工作作为落实全面从严治党主体责任的重要抓手，县委主要负责同志批示巡察工作文件40个，召开书记专题会议3次，听取九届县委第八轮、第九轮、第十轮情况汇报，召开10次县委常委会传

达学习上级巡视巡察会议精神；召开巡察领导小组会议9次，听取巡察汇报，了解工作进展，研究部署巡察工作；对巡察整改工作不力的5家单位主要负责人责令作出书面检查，不断传导责任压力，做实了巡察“后半篇文章”。

突出巡察监督重点，推动实现全覆盖。进一步发挥巡察利剑作用，坚持以“六项纪律”为尺子，以“三个聚焦”为重点，对被巡察单位开展全方位的“政治体检”，2020年，共对县委宣传部、市场监督管理局等23家单位开展政治巡察，试点对6个村（社区）开展了常规巡察。三轮巡察共发现问题429个，移送县纪委监委2条问题线索，在推进巡察工作规范化运行中提升巡察监督质效。截至2020年底，对59家党组织开展了政治巡察，并按照15%的要求开展了巡察“回头看”工作，九届县委任期内巡察全覆盖工作顺利完成。

（五）始终强化监督基本职责，严格精准监督执纪问责

扎实推进专项监督，深化整治回应群众关切。开展违规出借财政资金长期未收回的问题整改工作，督促职能部门清理应收账款46项，涉及资金1174.4万余元，已收回资金721.2万余元；紧盯水利部门利用白鸡山采石场废弃石料构筑防洪堤坝项目开展监督，提出2条监督建议，督促修复白鸡山生态环境；紧盯防汛抢险和安全生产，派出防灾减灾监督检查组深入灾情点实地监督，反馈2类4个问题，持续跟踪督导整改，确保人民群众生命财产安全。

不断强化日常监督，做深做实监督职责。强化对学习宣传贯彻十九届五中全会、中央第七次西藏工作座谈会精神的日常监督，通过派员参加党委（党组）民主生活会、加大运用“第一种形态”结果抽查核实力度、初步建立全县科级干部廉政档案等有效方式，着力纠正管党治党宽松软、执行民主集中制不到位、党内政治生活不严肃等突出问题。严格执行《市纪委监委党风廉政意见回复工作办法》，对3名同志提出暂缓使用或不予评优评先意见。

坚持挺纪在前，深化运用“四种形态”。坚持一切从实际出发，把握政策，准确定性，分类处置，精准适用，把惩前毖后、治病救人方针贯彻始终。2020年，运用监督执纪“四种形态”处理42人次，其中运用第一种形态处理26人次，占比61.9%；运用第二种形态处理13人次，占比31%；运用第四种形态处理3人次，占比7.1%，达到了教育大多数、惩戒极少数的目的。

（六）始终深化标本兼治，不断巩固拓展反腐败斗争压倒性胜利

强化审查调查力度，保持反腐高压态势。充分发挥县委反腐败工作协调小组职能作用，召开反腐败工作协调小组会议2次，完善衔接机制，推进反腐败斗争各项任务落实，有力推动了案件查办。突出重点对象查处违纪违法案件，2020年，共处置问题线索29件，立案审查调查7件，立案审结9件，给予党纪政务处分16人，其中乡科级干部5人，收缴违纪违法资金11.04万余元。对违反国家法律法规规定被司法机关判处刑罚的3名党员给予开除党籍处分，对被检察机关不起诉的1名党员干部，给予行政降级处分，以严厉的执纪执法释放了越往后执纪越严的强烈信号。

优化拓展警示教育，做实做细“以案促改”。坚持正面引导和反面宣传相结合，深入剖析违纪违法典型案例，开展党风廉政建设宣传教育月活动，发放《说案明纪》警示教育片51份，下发典型案例通报9起，使广大党员干部受警醒、明底线、知敬畏；按照应考尽考要求，组织全县1454名党员干部参加廉政考试活动，测试达标率99.7%；认真落实“以案促改”工作实施办法，在寺管会领域开展警示教育大会，下发以案促改通知书1份，推动主体责任落实，堵塞制度漏洞，营造正风反腐的良好氛围。

（七）始终从严从实加强自身建设，着力打造忠诚干净担当的纪检监察干部队伍

强化政治能力，业务能力不放松。强化政治能力和业务能力建设，组织开展“大学习、大提升”学习活动20余次，撰写心得体会90余篇，总结交流发言5次。安排县乡两级纪检监察机关干部15余人次到上级纪委参与执纪审查调查、案件审理、信息宣传，提升了干部综合能力。认真落实上级纪委关于案件审理工作的重要讲话精神，切实保障和提

高案件质量,2020 年荣获全市纪检监察系统案件审理工作先进单位。

坚持严管厚爱,完善内控机制不止步。健全完善《常委会议事规则制度》《县纪委监委班子成员联系单位和乡(镇)制度》等制度规定,规范外网信息发布、巡察方案意见反馈、廉政意见回复、保密及公文处理审签等制度,进一步规范了工作流程。

加大干部队伍建设,建强队伍不停歇。2020 年,纪检监察及巡察共晋升职级干部 3 人,交流到系统内 2 人,交流到系统外 1 人,进一步选优配强纪检监察干部队伍,激发纪检监察、巡察干部干事创业内生动力。

一年来,我们紧紧抓住全面从严治党主线,立足监督职能,充分发挥监督保障执行,促进发展完善功能,在不断深化践行"两个维护"中砥砺前行,推动纪检监察工作取得了新成效,在此过程中,我们形成了一些认识和体会。

一是必须坚持和加强党的全面领导。纪检监察机关要始终坚守政治机关定位,把增强"四个意识"、坚定"四个自信"、做到"两个维护"作为纪检监察工作的根本出发点、着力点,在坚持和加强党的全面领导中,深化全面从严治党成效,才能坚定稳妥推进党风廉政建设和反腐败工作,保证党的理论路线方针政策、重大决策部署和新时代党的治藏方略落地生根。

二是必须始终保持正确政治方向。思想是行动的先导和指南,决定着实践的方向,纪检监察机关要把真学真懂真信真用习近平新时代中国特色社会主义思想作为重大的政治任务,作为做好新时代纪检监察工作的行动指南和根本遵循,让理论武装成为惯性自觉,努力向高境界迈进,在实践—理论—实践中推动学习贯彻往实里走、往深里走、往心里走。

三是必须以永远在路上的定力正风肃纪。充分认识反腐败斗争的艰巨性、长期性、复杂性,做到知责于心、担责于身、履责于行,坚持"稳""进"并重,持续稳住反腐败高压态势、稳住违纪违法惩治力度、稳住干部群众对正风肃纪的预期,履职尽责、勇于担当,以久久为功的韧劲推动反腐败工作向纵深发展。

四是必须锤炼忠诚干净担当的政治品格。纪检监察机关是维护党的纪律,打击腐败的"尖刀",是特殊的纪律部队,只有自觉接受向内的自我锻造,去除杂质,涤荡心灵,立德树威、明德不腐,才能够在腐蚀与反腐蚀的斗争中,始终保持住政治定力、把牢政治方向,忠实履职尽责,在担当作为中完成使命任务。

一年来,虽然全县纪检监察工作取得了令人鼓舞的成绩,得到了上级纪委和县委的肯定,但离上级纪委的要求和群众的期盼还有差距,我们必须清醒的认识到,仍有诸多瓶颈制约纪检监察工作高质量发展,在推动监督"有形覆盖"向"有效覆盖"转变上具体举措不多;在"四个监督"贯通协同上还很不够,发现问题的能力短板突出;在强化政治监督,保证党中央决策部署到哪里监督检查就跟进到哪里的广度和深度上还有提高拓展的空间;在深化巡察监督上,发现问题的能力不强,突破问题的手段不多,问题质量不高,可查性、成案率低,监督被巡察单位反馈问题整改力度弱,巡察利剑震慑力不够;在弄通做实习近平新时代中国特色社会主义思想,打造忠诚干净担当的纪检监察队伍上,理论武装还比较薄弱,党性修养还有待加强,纪检监察及巡察干部自身能力欠缺,综合素养还有待提升,等等。对此,我们必须高度重视,采取有效措施加以解决。

二、2021 年主要工作

2021 年是实施"十四五"规划开局之年,是实现第一个百年奋斗目标,向第二个百年奋斗目标出发之年,也是中国共产党成立 100 周年和西藏和平解放 70 周年,做好纪检监察工作意义重大。2021 年纪检监察工作的总体要求是:坚持以习近平新时代中国特色社会主义思想为指导,认真贯彻落实党的十九大和十九届二中、三中、四中、五中全会和中央第七次西藏工作座谈会精神,按照十九届中央纪委五次全会、自治区党委九届八次九次全会、自治区纪委九届六次全会和一届市委五次六次七次全会、市纪委一届六次全会部署要求，增强“四个意识”，坚定“四个自信”，做到“两个维护”，忠实履行协助职责和监督责任，坚持稳中求进，坚持“三不”一体推进，找准服务保障扎囊现代化建设的结合点着力点，突出政治监督，突出高质量发展，突出整治群众身边腐败和作风问题，突出发挥监督治理效能，突出严管厚爱结合、激励约束并重，持续加强纪检监察工作规范化法治化建设和干部队伍建设，推动全面从严治党向纵深发展，确保新时代党的治藏方略落实落地，以优异成绩庆祝中国共产党成立100周年和西藏和平解放70周年。

（一）坚定践行“两个维护”，有力推动重大决策部署有效落实

坚守政治方向。把强化理论武装作为保持政治上清醒坚定的思想之基，持续引导党员干部加强政治历练，提升思想境界高度。结合正在开展的“政治标准要更高，党性要求要更严，组织纪律性要更强”专题教育活动，引导广大党员干部自觉坚定理想信念，提高党性修养。贯通学习三卷《习近平谈治国理政》和新时代治藏方略中蕴含的一脉相承的治理思想，践悟习近平总书记“把全面从严治党走深走实”和加大党风廉政建设以及反腐败工作力度的重要论述，找准推动我县纪检监察工作高质量发展航向，铺实纪检监察工作高质量发展路子，对标对表，校准偏差，一刻不停推进党风廉政建设和反腐败斗争。

强化政治监督。准确把握新时代治藏方略，聚焦“四件大事”、围绕“四个确保”，加强对深入领会、全面理解和贯彻执行“准确把握新发展阶段、深入贯彻新发展理念、加快构建新发展格局”的监督检查，为推动高质量发展，确保为我县“十四五”开好局、起好步提供坚强保证。加强对全县各级各部门贯彻落实《中国共产党党内监督条例》和《党委（党组）落实全面从严治党主体责任规定》监督检查，压实全县各级党组织和主要负责同志政治责任，持续巩固管党治党从“宽松软”到“严紧实”的转变成果，推动党中央、区党委重大决策部署和市委、县委工作要求落地生效。

严明政治纪律。持续紧盯敏感宗教节点，坚决查处“不信马列信宗教”，对党不忠诚、不老实的“两面人”“骑墙派”，参与分裂破坏活动的问题。严格执行《中国共产党党员权利保障条例》，落实“三个区分开来”，加大为遭到不实举报者澄清正名力度，严肃处理恶意诬告者，为干事者撑腰鼓劲，充分调动干事创业积极性，营造浓厚干事氛围。严明换届纪律，严肃换届风气，密切同组织、政法部门的沟通协调，建立联合监督线索移送等协作机制，从快从严查处违反“十个严禁”等行为，保证我县换届全过程风清气正。

（二）持续保持反腐高压态势，一体推进“三不”机制建设

持续保持反腐高压态势。进一步发挥反腐败协调小组职能，整合县乡纪检监察机关和反腐败协调小组成员单位力量，集中精力消减存量、遏制增量。突出审查调查重点，从严查处党的十八大以来不收敛不收手，严重阻碍党的理论和路线方针政策贯彻执行、严重损害党的执政根基的腐败问题；聚焦“十四五”规划中政策支持力度大、项目资金多的重点领域和关键环节，严肃查处基础设施建设、项目审批、政府采购中的腐败问题，坚决破除权钱交易关系网，把“严”的主基调长期坚持下去。深化和司法机关的协作配合，加大问题线索移送力度，形成工作合力。

做实审查调查后半篇文章。要持续深化以案促改工作成效，选取发生在我县的各领域违纪违法典型案例，剖析发案原因，督促相关党委（党组）查漏补缺、以案为鉴、以案促改，健全规章制度，强化制度执行，把制度笼子扎得更加严密有效。盯紧法规制度执行领导干部主体“牛鼻子”，防范领导干部制度执行中产生“特权思想”，破解重制定轻执行的现象，形成以上率下带头维护法规制度严肃性和权威性的良好氛围。要加大对运用“四种形态”的宣传力度，充分发挥震慑和融解作用，释放出“主动交代有出路，对抗组织惩必严”的强烈信号。

突出加强党风廉政教育。深化拓展党风廉政建设宣传教育月活动，努力推进廉洁文化建设，以建党100周年为契机，开展中国共产党党史教育，从党史中品出忠诚信仰、使命担当。持续加强思想

道德和党纪国法教育，教育引导党员干部不越轨、不逾矩，始终坚守共产党人精神文明家园。进一步加强同上级纪委监委的对接力度，组织拍摄严重违纪违法警示教育片、廉政警示短剧，做实党员干部警示教育，用更多的事教育身边的人。

（三）坚定不移肃风正纪，以更加过硬的作风助力现代化建设新征程

持续巩固“四风”建设成效。持续压紧压实全县各级党委（党组）落实全面从严治党主体责任，紧盯作风积弊和变相存在的“四风”问题，严肃查处违规发放津贴补贴、违规配备使用公务用车、违规兴建楼堂馆所，收送购物卡、“不吃公款吃老板”，在机关食堂、私人会所、私人别墅等地违规公款吃喝，利用名贵特产特殊资源牟取私利等问题；严肃查处违规占用周转房、借用公款不还、餐饮浪费、私车公养以及长期“泡病号”等问题。县、乡两级纪检监察机关要一个个节点坚守，通过下发通知、开设监督举报专区、集中通报曝光等方式，持续提要求、打招呼、严查处、强震慑，还要把落实中央八项规定及其实施细则精神、区党委实施办法情况监督作为日常监督的重要内容，综合运用多种举措，提高发现、处置问题能力。

持续整治形式主义和官僚主义。把形式主义和官僚主义整治摆在突出位置，坚决纠治弄虚作假、应付检查、相互抄袭各类材料、“只驰于空想”不见诸行动等不作为、不担当问题。着力清查整治层层加码、随意要求干部“24小时在岗”、“全员在岗”、“放假不放人”、损害干部职工休假权益等问题，推动基层减负常态化。紧盯贯彻落实满足于“轮流圈阅”“层层转发”，走访调研满足于“群众演、领导看”，服务群众“门好进，脸好看，事难办”等问题。严肃查处表态多、调门高、行动少、落实差等形式主义、官僚主义问题，拿出过硬举措，强化执纪问责，坚决纠治贯彻落实党中央、区党委、市委、县委决策部署中虚以应付、敷衍塞责等问题。

持续完善纠治“四风”长效机制。在纠治“四风”的实践中不断完善制度建设，结合我县实际，梳理在津贴补贴发放、公务接待、婚丧喜庆等方面过于笼统、起不到实际效果、跟不上实践变化的制度缺陷，着力细化制度规定，提升可操作性。加强同组织部门的协作配合，建立重实干、重实绩的考核评价体系，让实干者出彩，让有为者有位，以正向反馈激励干部担当作为，自觉摒弃“四风”陋习。

（四）持续整治群众身边腐败和不正之风，让人民群众获得感成色更足

切实解决群众痛点难点问题。加强对惠民富民、促进共同富裕政策落实情况的监督检查，强化对严格落实“四个不摘”要求的监督力度，坚决查处多年滞发群众耕地补偿资金、挪用侵占政策性补偿资金等扶贫领域违纪违法典型问题，持续纠治落实结对帮扶、控辍保学、医疗就医、就业创业、食品安全、生态环保、养老社保政策打折扣，搞变通，吃拿卡要、推诿扯皮等问题；坚决查处涉黑涉恶“保护伞”、贪污侵占等问题。用好纪律检查建议书和监察建议书，规范农村基层组织“三资”管理，堵塞制度漏洞问题。坚决查处政法系统违纪违法问题，让司法领域公平正义见诸行动。

以重点监督维护民生福祉。持续加大对脱贫攻坚统筹整合项目、教育、卫生、住建等扶贫领域项目及资金政策落实等情况挂图作战力度，盯住未完成项目，加大专项督查和常态化监督力度，确保民生项目一件件落实到位。从产业、制度、治理等方面入手，打通阻碍产业兴旺的体制机制堵点，持续纠治全县小微企业带动贫困群众增收不明显，产业资金审批、拨付不到位，扶贫项目管理滞后，集约化标准化程度不高等问题，推动扶贫产业项目从“小而弱”到“大而强”，以有力有效监督保障乡村振兴战略顺利实施。

健全维护群众利益长效机制。充分调动基层村居组织村务监督委员会监督积极性，提升全县村务监督员监督能力，督促其在村务活动中履行监督职责，发挥维护群众利益的第一道屏障作用。推行全县基层村（社区）小微权力运行清单，明确基层权力运行各环节，压缩权力肆意空间，从制度上杜绝“微腐败”，促使基层权力在阳光下运行。

（五）守正创新推动政治巡察，巩固提升巡察监督质效

强化巡察政治引领。以“四个意识”为政治标杆，以党章党规党纪为尺子，以习近平总书记系列重要讲话精神特别是治边稳藏重要论述和党的新时代治藏方略为指引，把维护党中央权威和集中统一领导作为根本政治任务，督促被巡察党组织自觉把“四个意识”体现在思想和行动上。全面总结九届县委巡察工作经验，科学制定十届县委五年巡察工作规划以及巡察工作计划，区分长远目标和阶段性任务，确保每项工作高位推动、取得实效。

找准巡察政治定位。坚定政治方向，坚持问题导向，盯住党委(党组)，突出“关键少数”，发现问题、形成震慑。深入了解党组织和党员领导干部履行全面从严治党责任、执行党的纪律、落实中央八项规定精神、党风廉政建设和反腐败斗争以及选人用人、落实意识形态工作责任情况，着力发现党的领导弱化、党的建设缺失、全面从严治党不力等问题，严明党的纪律，净化党内政治生态。

保持巡察政治定力。咬定巡察目标任务不动摇，保持力度和节奏，强化中期指导、实行组办会商，深入查找问题背后领导班子、领导干部的责任担当，找准主要矛盾和矛盾的主要方面，提升政治巡察综合效果。推进巡察与纪律、监察、组织等监督统筹衔接，与宣传、政法、审计等监督协作配合，形成系统集成、协同高效的监督工作机制。持续做实巡察“后半篇文章”，对整改责任不落实、敷衍整改，甚至边改边犯的严肃问责。

(六)推动日常监督常态长效，着力提高监督治理效能

积极履行监督责任。主动协助党委谋划和推进党内同级监督工作，出席党委(党组)民主生活会、巡察反馈整改民主生活会，加强对县直单位班子成员履行党风廉政情况的监督检查，督促领导干部履行“一岗双责”。成立联动监督检查组，定期深入县直单位、乡镇查看重大决策部署落实情况、警示教育开展情况、干部监督管理情况，督促规范权力运行。

压紧压实主体责任。加强对同级党委和下级党组织的监督，加强对领导班子特别是“一把手”的监督，防范化解单位“一把手”违纪违法风险。探索上级纪委同下级党委班子成员集体谈话、上一级纪委书记定期与下一级党委书记谈话、下一级党委书记在上一级纪委全会述责述廉并接受评议等监督方式，着力破解对“一把手”监督和同级监督的难题。

完善双重领导体制。加强上级纪委监委对乡镇纪委、监察室的领导，完善下级纪委书记、监察室主任向上级纪委监委述职等制度，紧紧围绕线索管理处置、监督检查、审查调查、案件审理等关键环节，排查梳理贯彻执行“两为主一报告”的不足和短板，推进双重领导体制具体化、程序化、制度化。强化党委领导反腐败工作的决策权、审批权、监督权。确保反腐败斗争的主动权牢牢掌握在党的手中。

做实做细日常监督。科学把握监督执纪工作规律，紧盯关键少数、重点问题，对在党风廉政建设调研、监督检查、纪律审查、监察调查中发现的苗头性、倾向性问题，列出问题清单，下发纪律检查建议书和监察建议书，剖析问题根源，找准制度漏洞，督促整改落实。积极有序推进建立健全全县科级干部廉政档案，做到干部队伍底数清、情况明。突出廉政档案规范管理使用，按照规定15%的比例抽查核实廉政档案如实填报情况，并纳入年度廉政意见回复重要内容，对不如实填报的，给予党纪政务处分，不断提升日常监督效能。

(七)坚持打铁必须自身硬，努力建设高素质专业化的纪检监察干部队伍

突出加强政治建设。要带头遵守党内政治生活准则，严明政治纪律和政治规矩，在增强“四个意识”，坚定“四个自信”，做到“两个维护”，提高政治判断力、政治领悟力、政治执行力，贯彻落实党中央重大决策，区党委、市委、县委安排部署上率先垂范带好头。要增强制度意识，严格执行民主集中制和请示报告制度，带头维护制度权威。进一步加强机关党的组织建设，推动党建工作规范化建设。要落实文明办案要求，坚守安全办案底线，公正文明执纪执法。

着力提升能力素质。依托上级纪委平台，强化以案带训和跟班学习力度，全面提升纪检监察干部能力素质。做优纪检监察业务讲坛，借鉴上级纪委经验做法，组织开展“从实战中来，到实战中去暨大学习、大提升”系列活动，在学习实战中提高政策把

握能力和纪法运用能力。持续深化“三转”，坚决退出不应当纪委监委参与的议事协调机构。强化班子调查调研，做好总结提炼，努力破解影响高质量发展的重点难点问题。

完善自我监督机制。严格执行监督执纪工作规则和监督执法工作规定，明确从事干部监督管理人员，完善内控机制。严格“三个相互分开”制度执行，规范审查调查程序，提高案件办理质量。落实《关于加强新时代纪检监察工作干部监督工作的意见》，严格禁止打听案情、说情干预、违规过问案件，严肃查处知纪违纪、知法违法行为，坚决查处政治不纯、品行不端、以案谋私、执纪违纪问题，严防“灯下黑”，以铁一般的纪律作风锻造纪检监察队伍。

同志们，“关山初度尘未洗，策马扬鞭再奋蹄”，让我们更加紧密地团结在以习近平同志为核心的党中央周围，在市纪委监委和县委的正确领导下，勠力同心、锐意进取，推动全面从严治党、党风廉政建设和反腐败斗争走深走实，以优异成绩庆祝中国共产党成立 100 周年和西藏和平解放 70 周年。

扎囊县人民法院工作报告

——在扎囊县第十三届人民代表大会第九次会议上

扎囊县人民法院院长 格桑次仁

（2021 年 1 月 15 日）

2020 年主要工作

过去一年，本院在县委的坚强领导、县人大及其常委会的监督、县政府、政协和社会各界的支持和上级法院的有力指导下，坚持以习近平新时代中国特色社会主义思想为指导，学习贯彻十九届五中全会、中央第七次西藏工作座谈会精神、中央政法工作会议精神、中央全面依法治国工作会议、深入贯彻落实习近平总书记关于西藏工作重要论述和新时代党的治藏方略，按照县委和上级法院的工作部署以及县第十三届人民代表大会第七次会议决议，结合本院工作实际，充分发挥审判职能作用，统筹推进本院疫情防控期间的审判执行工作，确保完成我县决战决胜脱贫攻坚目标任务，全面建成小康社会提供有力司法服务和保障。全年，共受理各类案件 289 件，审执结 266 件，综合结案率 97.72%。相比去年同期案件受理增幅 37.02%，综合结案率同比上升 10.91 %。其中，桑耶人民法庭受理案件 33 件，结案 33 件，占全院案件比重的 11.42%。

一、依法履行审判职责，努力实现司法公正高效

一是依法严惩刑事犯罪，全力维护社会稳定。全年受理各类刑事案件 20 件（含旧存 4 件）31 人，结案 20 件、结案率 100%。案件类型主要涉及盗窃、诈骗、危险驾驶罪、故意伤害等。在开展扫黑除恶专项斗争中坚持“一案三查”工作制度，推进案件排查摸排与宣传并进工作，进一步巩固专项斗争成果。全年受理刑事案件未发现涉黑涉恶情况。二是依法化解民商事纠纷，促进经济社会持续健康发展。全年受理各类民商事案件 179 件（含旧存 12 件），结案 160 件，结案率 89.39%。其中，调撤案件 101 件，调撤率为 63.12%。其中督促程序（支付令）办结案件 20 件，案件类型主要涉及买卖、民间借贷、运输、承揽、劳务、租赁、建设工程等合同类纠纷和家庭婚姻（抚养）类纠纷案件。三是充分发挥行政审判职能，依法解决行政争议，维护和谐社会管理秩序。依法保护行政相对人合法权益，推动行政争议实质化化解，监督和支持行政机关依法行政，全年受理行政案件 1 件，结案 1 件。四是切实加大执行工作力度，继续破解执行难问题。全年受理执行案件 89 件（含旧存 8 件），已结 85 件、结案率 95.51%。结案方式主要以执行完毕和终结执行为主。案件类型主要涉及合同纠纷、婚姻家庭纠纷和刑事罚金类案件。全年列入失信名单被执行人 18 名，限制高消费 20 人，拘留 1 人。处置一起担保人对执行法官辱骂、威胁事件，依法对担保人罚款人民币 3000 元。为巩固执行联动工作机制成果，进一步健全和完善联动机制，调整充实联动成员单位，加强各职能部门对法院执行工作的协作配合力度，组织召开全县执行联动联席工作会议 1 次。五是坚持强化涉法涉诉信访工作。对来访的涉诉、信访人员实行诉访分离，做到及时登记、及时解答，做好息诉罢访处理工作，依法终结，坚决从源头上化解信访。全年，接待来访群众 0 人次，无一起涉诉案件。

二、积极推进司法改革，不断提升司法服务水平

一年来，我院按照上级法院部署，持续深化司法改革和智慧法院建设。一是落实司法责任制，实现“让审判者裁判、由裁判者负责”。突出合议庭、独任庭法定审判组织和法官办案主体地位，相继制定完善了合议庭、独任庭和办案人员权力清单等制度。二是推行排期分案工作制度，全面实行“随机分案为主、指定分案为辅”办案分配机制。对院庭长办案数量提出明确数量要求，并带头办理重大疑难复杂案件，全年，院长、副院长办案比重占据22.84%。三是明确院庭长审判监督管理职责，特别是对严格审限流程审批、涉及重大、疑难、复杂案件等方面的有效审核把关，做到有序放权和有效监督相统一。四是推动员额法官遴选（退出）常态化管理。出台制定员额法官动态增补和退出机制，形成“能进能出”“不胜任者让”的正确导向。五是狠抓案件质量，定期开展案件质量评查工作，对立案登记、纸质、电子卷宗、庭审直播、裁判文书公开等存在的问题采取书面通报、督促限期整改，并纳入绩效考核，有效促进和提升本院案件质量和效率。六是推行案件繁简分流。采取案由难易划分确定繁简，实现简案快办，繁案精办。七是推进一站式多元解纷和诉讼服务体系建设。着力打造立体化、集约化、信息化“庭网线巡”一站式诉讼服务中心。全年，采取建机制、定规则、搭平台、推应用，推送最高人民法院诉讼服务指导中心信息平台机制规则18个。立案大厅已开通“12368”服务热线，接待群众70余人次。八是推行电子送达和邮政集约送达新模式。实现“让信息多跑路、让群众少跑路”，大大节约了法院的送达时间。九是实施网上立案、跨域立案服务工作。全年，网上（跨域）立案13件，网上送达率100%，在线调解平台调解案件24件。十是深化溯源治理改革工作。采取完善诉调对接、强化多方联动，形成化解合力。全年，邀请相关部门人员参与诉前调解案件2件，初步实现了与妇联、团委、司法局等部门的联动对接。十一是推进诉讼费缴纳管理工作。开设诉讼费用收入汇款专用存款账户、开通诉讼费二维码扫码支付功能，实行收缴分离。十二是推行诉讼电子卷宗随案同步生成和深度应用，全面实现流程依法公开、庭审活动全程同步录音录像、文字智能纠错、案件检索、类案同步检索，“法信”App和“智慧执行”App等全方位智能服务。推进了以云计算为支撑的全要素一体化信息的智慧法院建设。全年，完成随案同步生成电子卷宗289件、电子卷宗制作率为100%。利用科技法庭开庭直播案件180件，直播率为100%，裁判文书上网公开157件，上网率为54.32%。公开失信被执行人信息7条。

三、切实加强法院建设，全面促进审判事业发展

一是加强思想政治建设。坚持重大事项向县委、上级法院党组请示报告制度，认真落实县委和上级法院决策部署，确保法院工作正确的政治方向。全面推进党建工作五项工作制度要求，以“抓党建带队建促审判”工作思路，不断加强人民法院党的政治建设，严守党的政治纪律和政治规矩，树牢“四个意识”，坚定“四个自信”，践行“两个维护”。加强党组对院党支部工作的指导，层层落实支部党建工作各项指标，确保党建工作抓实抓细，适时督促检查或过问党支部开展党建工作情况，对党建工作中发现的问题提出整改落实要求，以此推进党支部创新工作。召开党组或党组（扩大）会，及时研究部署本院“三重一大”和审判执行工作。适时组织党组理论学习中心组和全院干警大会传达学习中央、区、市、县和上级法院相关会议精神，不断提升领导班子自身能力和素质，全年，召开理论中心组学习会11次，干警大会12次。二是加强业务能力建设。组织干警参加上级法院各类业务培训，选派干警到其他省法院或上级法院跟案学习、跨县、跨市组织庭审观摩、参观学习、案件质量评查，提升法官和司法辅助人员法律适用、庭审驾驭、文书制作能力。全年，先后有12人次参加了培训、交流学习。三是加强纪律作风和反腐倡廉建设。落实党风廉政建设主体责任和监督责任，完善组织机构，压实主体责任，落实工作部署，确保党风廉政建设工作和反腐败工作落到实处。组织开展“两个坚持”“三个以案”和“三个规定”专项整治活动，努力营造法院良好的政治生态、司法生态和确保司法公正廉洁。全年，召开党组专题研究部署会4次，开展集

中学习会13次，针对张坚违反中央八项规定等违纪违法案件通报召开研讨发言5次，组织干警集中观看警示教育片2次，办理专栏1期。围绕领导班子建设、公正廉洁司法、经费使用管理、庭审纪律和法官形象等六个方面内容开展司法巡查和“五个聚焦”28项具体内容，开展审务督察工作。开展贯彻落实八规自查自纠工作，抓好问题自查、落实整改工作。做好执行审判机关与纪委监委工作衔接机制，落实反腐败工作领导小组联席会议制度。

四、落实普法责任，推进法治宣传工作

按照“七五”普法规划要求，立足审判执行工作实际，扎实推进普法工作，特别是以案释法、发挥车载流动法庭和派出法庭的独特优势，尤其在农牧区群众法治意识方面发挥积极作用。通过巡回流动立案、巡回开庭，以案讲法，现场讲座，接受咨询，发放宣传资料等方式，强化宣传力度。全年，开展法制宣传活动6次，发放法律宣传资料4000余册，受教育群众2500多人，特别是今年7月我院在桑耶社区易地搬迁点组织实施了全区三级法院法官讲法以案释法巡回宣讲活动，区高院文艺演出队为易地搬迁群众演出文艺节目，我县各成员单位为易地搬迁群众发放了宣传用品等共计1000余份，宣讲活动参与群众达200余人。进一步增强了司法服务的主动性，提高了全民法律素养，推动了扎囊法治建设进程。

五、自觉接受监督，推进司法民主

今年，我院继续加强人大代表及其常委会监督联络工作，主动接受县人大及其常委会的监督，对照反思当前工作的差距与不足，采取有效措施不断改进和提升法院工作，一是依法公正高效办理好代表、委员关注案件，努力做到案结事了，息事宁人的效果。二是除年度“两会”上报告法院工作外，还向县人大常委会专题报告了法院关于加强刑事审判工作、关于贯彻实施《中华人民共和国妇女权益保障法》《西藏自治区实施〈妇女权益保障法〉》《中华人民共和国反家庭暴力法》工作开展情况。三是梳理归纳代表、委员提出的意见建议3条，加强督查督办，提高办结实效。四是增强司法公开，主动邀请人大代表、政协委员到法院视察工作、观摩庭审、监督执行6场次，旁听案件审理62人次。五是扎实推进司法民主工作。贯彻落实人民陪审员法，加强人民陪审员培训工作，全年，我县39名人民陪审员，参与审理案件34件，参审率达35.42%。全县各族群众参与司法、监督司法的广度和深度进一步拓展。

六、树立大局意识，全力参与县委中心工作

今年，我院积极贯彻落实县委关于维护社会稳定、疫情防控、脱贫攻坚、强基惠民、扫黑除恶、结对帮扶、矛盾纠纷排查调处等方面重大决策部署。一是落实维稳措施。合理安排院领导常年参与县国安指挥部带班值班工作和敏感节点联系寺庙、村居督导检查工作；全力做好敏感节点、重要时段单位值班带班和巡逻工作，有效落实维稳制度，努力营造和谐稳定社会环境。二是统筹推进本院疫情防控期间的审判执行工作。采取网上立案、跨域立案和网上送达、调解、庭审、宣判等在线诉讼活动全力助推我县疫情防控期间的复工复产工作。在疫情防控期间我院还积极响应县委号召，组织干警和动用本院“天平爱心基金”，为疫情防控捐款24200元。三是助力县域脱贫攻坚工作。积极开展脱贫攻坚“一包到底”和结对认亲工作，为全县决战决胜脱贫攻坚目标任务尽一份微薄之力。全年，共开展集中下沉工作46人次，走访结对帮扶对象24户，宣讲扶贫政策、检查“3355”和“十小进农家”等工作，送去慰问金13800余元。四是强化创先争优强基惠民活动。配齐配强驻村工作队力量，全力支持驻村工作队各项工作。五是参与解决涉县、乡重大矛盾纠纷工作。我院通过信访联席会议制度和多元化解决矛盾纠纷运行机制，引导群众通过诉讼途径解决矛盾纠纷。六是根据县委、县政府的安排部署，抽调干警参与扫黑除恶、常规巡视巡察等工作。

各位代表，2020年，县法院各项工作取得了新成绩、新发展，这些成绩的取得，根本在于习近平新时代中国特色社会主义思想和总书记治边稳藏重要论述的科学引领，是县委坚强领导、人大有力监督、上级人民法院正确指导和政府、政协、社会各界支持帮助的结果，是县法院干警努力奋斗的结果，也凝结着各级人大代表、政协委员的关心厚爱。在

此，我代表县法院表示衷心感谢，并致以崇高敬意！

回顾一年来的工作，我们也清醒地认识到，当前法院工作还存在不少困难和不足：一是司法服务大局措施落实不够精准，简单办案、就案办案、机械办案问题仍然存在，对加强“三个效果”认识还有待提升；二是“一站式”建设成效与各族群众期待还有差距，社会解纷力量的专业化水平需要进一步提升，融入基层社会治理新格局能力有待提高；三是司法体制综合配套改革需要进一步落实落细，信息技术与审判执行工作融合的深度和广度仍需加强；四是个别法官司法能力不强，还不能完全适应新时代审判工作新要求。五是案件持续增长、办案压力持续加大、人案矛盾日益凸显的形势下，审判辅助人员配备不足，内部挖潜有待强化；对上述问题，我们将采取有力措施加以解决。

2021 年工作要点

2021 年是中国共产党成立 100 周年，是全面开启建设社会主义现代化国家新征程和“十四五”规划开局之年，也是西藏和平解放 70 周年和全面贯彻中央第七次西藏工作座谈会开局之年，县法院的整体工作思路是：以习近平新时代中国特色社会主义思想和法治思想为指导，深入贯彻落实党的十九届五中全会精神、中央全面依法治国工作会议精神和中央第七次西藏工作座谈会精神，围绕“努力让人民群众在每一个司法案件中感受到公平正义”的目标，把握司法为民、公正司法主线和习近平总书记对西藏工作提出的坚持“十个必须”抓好“四件大事”实现“四个确保”，严格依法履行职责，主动适应新时代发展步伐，提高审判质效，深化司法改革，打造过硬队伍，为扎囊经济社会高质量发展提供更加有力的司法服务和保障。

一、提高政治站位，坚定正确政治方向。坚持把学习贯彻习近平新时代中国特色社会主义思想和法治思想作为首要政治任务，自觉用习近平法治思想武装头脑，指导和推动审判工作，将学习贯彻习近平法治思想与贯彻落实党的十九届五中全会精神结合起来、与贯彻中央第七次西藏工作座谈会精神结合起来，自觉增强“四个意识”、坚定“四个自信”、做到“两个维护”，确保法院工作正确政治方向。

二、坚持服务大局，充分发挥司法职能。充分发挥人民法院维护社会稳定、保障经济发展、促进社会和谐的职能作用，依法审理好每一起案件，在个案处理中努力实现法律效果与社会效果的统一，确保构筑起维护社会公平正义的最后一道防线。为县委、县政府的决策部署提供司法服务。

三、深化司法改革，提升司法服务保障水平。全面推进两个“一站式”建设，加强诉非衔接、相互协调的多元纠纷解决体系，依法服务乡村治理体系建设。持续优化司法资源配置，着力缓解人案矛盾。全面加强审判管理，不断提升审判质效。

四、践行司法为民，促进司法公开。妥善审理各类涉民生案件，努力满足人民群众日益增长的多元司法需求，为提升人民生活品质提供更加优质的司法服务。深度司法公开平台应用，加大司法公开力度。拓展司法监督渠道，改进法院工作。

五、加强队伍建设，锻造过硬法院队伍。严格落实《党委（党组）落实全面从严治党主体责任规定》，层层压实全面从严治党政治责任。完善廉政风险防控。突出内部管理和日常教育监督管理。持续巩固“三项教育”成果，严格落实“三个规定”要求。扎实开展全国政法队伍教育整顿工作，落实全面从严管党治警新举措。

各位代表，党的十九届五中全会描绘了未来五年我国经济社会发展的宏伟蓝图，对法院工作提出了新的要求，面对发展的新起点、改革的新任务、社会的新期待，人民法院责任重大，使命光荣。我们决心在县委坚强领导下、在县人大及其常委会的有力监督下，认真执行本次大会决议，锐意进取，奋发有为，真抓实干，为实现“十四五”时期扎囊经济行稳致远、社会安定和谐保驾护航，不断开创法院工作新局面。

扎囊县人民检察院工作报告

——在扎囊县第十三届人民代表大会第九次会议上

扎囊县人民检察院检察长 揣丽颖

（2021 年 1 月 15 日）

2020 年主要工作

2020 年，在县委和山南市人民检察院的正确领导下，在县人大及其常委会的有力监督下，在县政府、政协及社会各界的大力支持下，我院坚持以习近平新时代中国特色社会主义思想为指导，团结带领全院干警深入学习贯彻党的十九大和十九届二中、三中、四中、五中全会精神、中央第七次西藏工作座谈会精神，持续增强“四个意识”，坚定“四个自信”，做到“两个维护”，围绕中心大局，聚焦党的建设和检察业务两个主责主业，充分发挥职能作用，统筹融合，稳中求进，以高度的政治自觉、法治自觉、检察自觉，落实好上级决策部署和各项法定职责，为深化平安扎囊、法治扎囊、美丽扎囊、幸福扎囊建设持续提供有力司法保障。

一、聚焦党的建设，夯基础，强队伍

坚持以制度正行，以学习塑能，以作风育人，把党的建设融合到检察工作全方面，把队伍建设成效作为检验党建成效的重要标准。

（一）以制度为抓手坚持全面从严治检。充分发挥党组统筹、领导干部模范带头和党员先锋模范作用，把制度执行融于日常、抓在经常，强化对制度执行的跟进监督督促，全面从严治检实效不断提升。全年向县委和市检察院党组请示报告 3 次，定期不定期向人大报告工作，确保思想正，方向明。做好过问或干预、插手检察办案等重大事项记录报告工作，每月梳理上报相关表格，确保作风正、纪律强。严格落实“一岗双责”，责任同担，工作统抓。统筹推进党建、党风廉政建设、意识形态等工作与检察业务的融合互促，确保各项工作同部署、同进步。严格依规启动检察委员会审案程序，共办理 4 件。积极推进检察官业绩考评工作，有效提升案件质量。

（二）以学习为抓手持续提高综合素能。落实好党组、党支部责任，创新方法、丰富载体，高效优质开展党建工作，持续扩大检察业务与党建工作的交集，提高互融互促实效，既要持续通过学习让干警长知识、强思想，又要坚持在党建和业务工作开展中锻炼干警、培养干警。做好队伍政治本领和执法专业化水平的双提高。全年，参加最高检组织的线上培训 3 人次，积极组织干警参与学习强国、中检网院等线上学习，积极开展党组班子讲党课、党组理论中心组学习、《中华人民共和国民法典》专题学习等，每月组织集中学习 4 次。

（三）以作风为抓手持续确保廉洁公正。在着力提升执法专业化水平和检察监督能力的同时，着力强化主动接受监督的思想和行动自觉，持续深化检务公开，确保公正司法，切实维护社会公平正义。全年，案件信息公开工作依法依规有序推进，制作电子卷宗 29 件，公开法律文书 17 份，接待律师阅卷 3 次，公开案件程序性信息 67 条。“服务‘六稳’‘六保’护航民企发展”“学习习近平法治思想，强化新时代法律监督”等检察开放日活动有序开展，强化法律政策及职能宣传的同时，主动对接各群体法治需求，广泛听取意见建议。

（四）以受援为抓手持续发掘自身潜力。对接

对口援藏单位，做好受援各项工作，积极对接湖南省三级检察机关来藏指导、交流等工作，积极组织干警前往湖南省株洲市两级检察机关交流学习，做好“输血”与“造血”的转化，学习先进经验做法的同时，积极发掘自身潜力，内外合力，提高受援质效，推动工作进步。

（五）以基建为抓手持续强化凝心聚力。统筹做好院内各项规划，依法依规盘活资金存量，以拴心留人、凝心聚力为着眼点。年内，完成了办公区域供暖工程，各条线基础设施配备得到进一步增强，党建和未成年检察工作区域及相关活动板块改造已经动工，为留住人才、培养人才、发展人才夯实了基础。

二、聚焦检察业务，提质效，促治理

发挥好党对业务工作的引领作用，坚持把政治效果、法律效果、社会效果的有机统一作为检验工作成效的标准，统筹协调推进四大检察业务。

（一）刑事检察强化优化

一是依法打击刑事犯罪，着力提升认罪认罚从宽制度适用率。年初以来，共受理审查逮捕案件10件22人，批准逮捕6件8人，不批准逮捕4件14人。受理公安机关不批准逮捕复议案件1件2人，经审查维持原决定。向侦查机关发出纠正违法通知书1份。受理移送审查起诉案件18件20人，经审查，提起公诉10件10人，不起诉5件5人，正在办理3件5人。着力提升认罪认罚从宽制度适用率，着力降低“案－件比”，着力实现不起诉案件公开听证全覆盖。全年，适用认罪认罚10件10人，公开听证1次。二是持续优化刑事诉讼程序监督。深化以监督促提高、监督与支持相统一的共赢理念，持续提高监督成效，切实维护司法公正，持续遏制司法环节腐败。依法审查刑事判决裁定10件，开展庭审监督10次，有效促进了司法公正。利用统一业务应用系统对社区矫正人员建册15人，其中已解除4人，在册9人，交付执行1人，社区矫正检查21次，未发现脱管漏管现象。以集中授课与互动交谈相结合的方式对社区矫正人员开展“心理疏导＋法律宣传”工作。同时，通过向县人民医院、县发展和改革委员会等单位发出检察建议，积极提升社会综合治理效能。三是着力推进未成年人检察工作良性发展。以法律为基准，坚持良法善治理念，着眼长远，推进未成年人检察工作良性发展。全年，办理未成年检察案件1件1人。综合考虑各种因素，作出不起诉决定并对当事人进行了跟踪回访，鼓励重塑自信心和树立正确三观，彰显法治温度。通过经常性的深入网吧、KTV等场所进行摸排和开展“同舟互济，检护明天”检察开放日等，优化未成年人健康成长的法治环境。

（二）民事检察细化优化

一是持续加强对生效民事裁判、调解书的监督。调取审查县人民法院2019年生效民事裁判文书共83份，其中民事判决书13份、民事调解书44份、民事裁定书21份、支付令5份。审查率达77%，未发现错误。二是持续强化民事执行监督。调取审查县人民法院2018—2019年生效的执行卷宗共77册，针对其中6册存在引用法条不全面、文书制作不规范等问题，向县人民法院发出检察建议1份，县法院高度重视并及时进行了整改回复。

（三）行政检察力求突破

以实现案结事了政和为着眼点，以促进执法规范，有效提升地方治理效能为出发点，着力做好行政检察工作。针对适用法律法规不全面、文书制作不规范等问题向有关行政执法单位制发检察建议1份，督促依法规范履职。同时，我们将借此契机，着力强化行政检察工作的主观能动性，探索行政检察工作与新时代更高要求相适应的工作思路和具体实践，切实补短板，谋发展。

（四）公益诉讼检察深化优化

一是积极践行双赢多赢共赢理念，以公益诉讼为抓手，着力完善维护社会和公共利益的多方联动机制，提高多方联动效能，扩大公益诉讼工作所涉领域的齐抓共管大格局。以开展“四个最严”“源头防控”“遏制农村乱占耕地建房”等专项行动和公益诉讼回头看工作为契机，与相关政府职能部门协调联动，进行实地检查督导，公益诉讼共赢理念进一步得到深化。二是积极落实改革精神，以创新促进步。探索开展公益诉讼特聘检察官助理聘任工作，聘请人大代表、政协委员和政府各职能部门中专业知识扎实、技能过硬的14名同志担任公益诉讼检察官助理，以专业外脑充实检察智慧，助力工作质效提升。三是以沟通凝共识、聚合力，以公开促公正、强效力。积极开展公益诉讼诉前磋商和检察建议公开送达等工作，有效提高检察建议刚性，多措并举，构建检察公益诉讼更强大的支持阵营。

年初以来，共办理检察公益诉讼案件41件，其中涉及生态环境和资源保护领域8件，食品药品安全领域28件，国有土地使用权出让领域1件，“等”外领域案件4件。共发出检察建议6份，均被涉案单位采纳并及时整改回复。

三、围绕中心大局，保和谐，促发展

贯彻落实党对检察工作的绝对领导，团结带领全院干警主动服务中心大局，在服务大局中增本领、长才干，践行初心使命，彰显检察担当。

（一）履职尽责促和谐稳定。在各节点、各环节，贯彻落实上级各项决策部署，履职尽责落实具体工作的同时，充分发挥检察平台优势，多角度发力，确保社会持续和谐稳定。一是坚决打赢疫情防控阻击战。团结带领全院干警始终坚定信心，通过创新办案模式、参与法律宣传、慰问一线工作人员、爱心捐款等方式，在履职尽责中为我县打赢疫情防控阻击战和复工复产复学提供检察助力。二是做好维护稳定和矛盾排查化解。全力维护国家安全和社会稳定，出动检力150余人次，出动警车60余台次，做好值班带班、治安巡逻等各项工作，合理有序安排人员调度，保证业务、维稳两不误。结合结对帮扶、就业帮扶等工作，积极开展矛盾纠纷排查，化早、化小矛盾，消除隐患，有力促进社会局势持续和谐稳定。三是深入推进“扫黑除恶、打非治乱”专项斗争。通过参加专项培训、集中学习等提高队伍决战专项斗争的执法专业化水平，1名副科级干警继续参与县“扫黑除恶、打非治乱”专项斗争领导小组办公室工作，有力支持县专项斗争工作推进；与相关部门形成合力，在各法制宣传节点，共同开展多层次、多阵地、全方位扫黑除恶专项斗争宣传，集中宣传6次，发放各类宣传材料800余份，多措并举构建专项斗争更强大的社会支持阵营。同时，在法治宣传和办案中积极开展涉黑涉恶线索摸排。四是持续优化法治环境。持续做好释法说理，持续在服务中心大局中融入更多法治宣传元素。参与县集中普法活动7次，结合公益诉讼等业务工作开展，以打赢疫情防控阻击战、支持复学复工复产为主题，深入街边店铺、企业、学校等开展普法活动5次，结合“一包到底”、结对帮扶、爱心助学等活动，以决胜脱贫攻坚战、中央第七次西藏工作座谈会等为主题开展普法宣传6次。

（二）担当作为助强基固本。年初以来，派驻3名干警参与驻村工作，为村民群众解决困难问题、发放帮扶物资价值22000元，积极组织干警集中开展结对帮扶4次，帮扶17户87人，帮扶物资价值26000元，深入联系点开展“一包到底”系列活动2次，开展爱心助学活动1次，发放爱心助学金51200元。

2020年，扎囊县人民检察院取得的进步，根本在于以习近平同志为核心的党中央的坚强领导和习近平新时代中国特色社会主义思想的旗帜指引，得益于县委和山南市人民检察院的正确领导，得益于县人大及其常委会的有力监督和大力支持，得益于县政府、政协和社会各界人士的关心和支持，在此，我谨代表扎囊县人民检察院全体干警向关心支持我院事业发展的各位同仁和社会各界人士致以衷心的感谢和崇高的敬意！

回首2020年，我们清醒的认识到，自身工作还存在一些短板和问题。一是基础夯的还不够实，具体表现如：政治理论总体上还不够扎实，执法专业化水平与新时代更高要求之间还有不少差距，检察文化和智慧检务建设还相对薄弱，民事检察和行政检察还有很大发展空间，法治产品和检察服务供给还不够多不够丰富。二是改革走的还不够深，具体表现如：对党建与业务与服务大局融合方面的创新探索相对乏力，四大检察业务方面工作理念更新不够及时、工作方法创新还有很大空间，编制有限发掘无穷检力的具体举措还不够丰富。

2021年工作展望

各位代表、各位委员：

2021年是“十四五”开局之年，扎囊县人民检察院将继续坚持在县委和山南市人民检察院的坚

强领导下，深入学习贯彻习近平新时代中国特色社会主义思想和党的十九大二中、三中、四中、五中全会精神，立足新发展阶段，着眼新发展格局，坚持新发展理念，围绕“推动高质量发展”这个主题，以系统观念谋划扎囊检察工作新发展，为扎囊高质量发展持续努力。

一是基础上继续夯实。持续强化政治理论和业务知识学习，持续推进民事检察和行政检察工作发展，持续丰富优化法治产品和检察服务供给，依托党建和未成年检察工作和活动区域新布局改造、12309检察服务中心改扩建和检察文化长廊规划等，深化检察文化和智慧检务建设。

二是改革上继续深入。着力解决党建与业务与服务大局融合方面的阻滞问题，着力解决四大检察业务方面工作理念更新不够及时、工作方法创新不够有力等问题，着力解决编制有限发掘无穷检力的盲点难点问题。

一年之计在于春，一日之计在于晨。十四五开局之年，我院将坚持以习近平新时代中国特色社会主义思想为旗帜，当好旗帜下的标兵，当好工作上的战士，当好改革中的斗士，以高昂的精气神履职尽责、担当作为，守护好社会公平正义，守护好国家和社会公共利益，守护好人民合法权益，紧跟县委步伐，与扎囊各族干部群众一道，开启“十四五”扎囊美好新篇章！

扎囊县2020年国民经济和社会发展计划执行情况及2021年国民经济和社会发展计划（草案）的报告

——在扎囊县第十三届人民代表大会第九次会议上

扎囊县发展和改革委员会主任 加 措

（2021年1月15日）

一、“十三五”规划完成情况

“十三五”时期是我县发展进程中非常重要的一个时期。五年来，在县委、县政府的正确领导下，在区、市业务主管部门的大力支持下，坚持以习近平新时代中国特色社会主义思想为指导，统筹推进各项事业高质量发展。全面贯彻党的十九大和十九届二中、三中、四中、五中全会，以及中央经济工作会议和中央第七次西藏工作座谈会精神。五年来，我们坚定“谋大局、不折腾、打基础、补短板、争进位”的工作理念，围绕幸福扎囊建设目标，真抓实干，保持定力，掀起了扎囊建设发展的热潮，迈出了幸福扎囊飞速发展的坚实步伐。

发展质量跃上新台阶。“十三五”期间，我县地区生产总值、第一、二、三产业增加值、固定资产投资、社会消费品零售总额、粮食总产量、农牧区安全饮水、“三馆一站”覆盖率等25项指标持续增长，经济运行持续保持向好态势，位居全市前列。预计“十三五”期间累计完成地区生产总值68.69亿元，较“十二五”同比增长201.93%，年平均增速40.40%，是“十二五”的3倍；“十三五”期间，一、二、三产业增长值预计累计完成3.82亿元、45.04亿元、20.15亿元，较“十二五”同比增长41%、338.56%、102.11%，年平均增速分别为8.2%、67.71%、20.42%，是“十二五”的1.41倍、4.39倍、2.02倍；“十三五”期间，全社会固定资产投资预计完成112.24亿元，较“十二五”同比增长263%，年平均增速52.64%，是“十二五”的3.63倍（其中招商引资预计完成19.11亿元，同比增长499.48%，是“十二五”的10倍）；税收收入预计完成2.97亿元，同比增长270.28%，年平均增速54.06%，是“十二五”的3.7倍；财政收入累计完成2.57亿元，较“十二五”同比增长185.21%，年平均增速37.04%，是“十二五”的2.85倍。“十三五”期间，拉林铁路（扎囊段）、卓于水库、S5拉萨至泽当快速通道项目、易地扶贫搬迁项目等重大项目，以及藏草植物种苗繁育基地、江平农业产业示范园、辉言气体、强巴林村20兆瓦光伏发电站等产业项目落地稳步推进。

人民生活呈现新气象。“十三五”期间，农牧民人均纯收入迈出了巨大的步伐。农村人均可支配收入从2015年的8281元到2020年的14720元，年平均增速15.55%。

民生福祉得到新提升。民生支出大幅提升，支出占比连续增长；教育教学质量大幅提升；县乡（镇）村三级医疗卫生服务网络基本建立；县、乡道路全面提升改造、交通区位优势相对形成。一是全县乡镇通沥青（水泥）路达到100%，行政村通沥青（水泥）路达到77.4%，行政村客运班线通达率

100%；二是乡镇通邮率达到100%，行政村通电话率达到100%，完成规划目标，电力人口覆盖率达到100%，完成规划目标；三是农牧区安全饮水人口比重达到100%，完成规划目标；四是平均寿命达71岁，孕产妇入院分娩率达100%，孕产妇死亡率为0，完成规划目标；五是机关事业单位、企业职工基本养老保险、工伤保险、失业保险、生育保险、医疗保险参保率达到100%，城乡居民养老保险参保率达到99.23%。完成规划目标，高校毕业生就业1247人，就业率达95%，实现农牧民转移就业4.5万人次、累计创收3亿元；六是城镇生活垃圾转运率达到100%，完成规划目标；七是广播电视人口覆盖率达100%，“三馆一站”覆盖率达100%，完成规划目标。

生态环境有了新改善。以打赢污染防治攻坚战为主线，统筹打好蓝天、碧水、净土三大保卫战，污染防治成效显著，生态环境质量持续改善。一是空气质量保持良好，环境空气4项监测指标均达到一级浓度限值。二是河流水质持续改善，雅江地表水两个点位监测24项指标均符合《地表水环境质量标准》中标准限值。三是集中式饮用水水质安全，县城集中式生活饮用水水源地水质22项指标均符合标准限值。四是生态文明水平明显提升，生态示范创建成效显著。截至2020年，我县5个乡（镇）已全部获得自治区级生态乡（镇），62个行政村（居）获得自治区级生态村，荣获自治区“生态县”称号。

深化改革取得新成果。五年来，始终坚持高水平推动深化改革工作取得实效。重点领域稳步推进。顺利完成机构改革工作，深化权责清单制度建设，公布县级政府及部门权责清单目录。农村集体资产清产核资通过验收，村级集体经济发展成效多次迎来兄弟县乡参观学习。推进社会信用体系建设，构建“一处失信、处处受限”的信用格局。营商环境全面优化。持续深化商事制度改革，实现“多证合一、一照一码”，制定扎囊县招商引资优惠政策，完善企业投资服务流程，贯彻落实减税降费政策。加强信息政务和便民体制建设，推动实现工程项目建设审批、国家重大项目县级联网录入之外的电子政务网功能应用，完善行政审批权责清单、公共服务事项清单制度，推动投资项目在线审批监管，提高行政审批效率。深度优化项目审批流程，推进“一网通办”互联网政务服务建设，畅通网上“不见面”服务审批方式，形成了可复制、可推广的经验做法。

二、2020年国民经济和社会发展计划执行情况

2020是全面建成小康社会和“十三五”规划收官之年。在应对新冠肺炎疫情稳定经济增长的大背景下，紧紧抓住年初目标任务、深化重点领域改革、加强生态文明建设、打赢脱贫攻坚战等工作，着力推动我县经济社会平稳健康发展，为决胜同步全面小康作出更大贡献。全年，预计地区生产总值达到17亿元，同比增长5.9%。三次产业产值分别为：一产9510万元，同比增长7.4%；二产10.05亿元，同比增长5.0%（其中工业3900万元，同比增长5.5%）、三产6亿元，同比增长5.8%。全县固定资产投资13.34亿元，同比减少7.4%（招商引资投资2.46亿元，同比减少42.1%）；全县累计实现社会消费品零售总额2亿元，同比增长31.38%；全县实现地方财政收入累计完成4394万元，同比减少0.18%。全县税收累计完成4607.85万元，同比减少31.59%。农村人均可支配收入14720元，同比增长13%。粮食产量2.6万吨，同比增长0.9%。

（一）农牧业稳步发展。一是农业现代化有序推进。坚持把推进农业供给侧结构性改革作为农业农村工作的主线，持续优化传统农业产业结构，加快培育农业新业态，农业现代化进程加快。强化农业生产要素保障，加大基础设施投入，在确保粮食安全生产的基础上，做到了粮食总产和单产双增的良好态势。种植业结构进一步调整。2020年，农作物播种面积达7.557万亩，粮食作物5.574万亩，经济作物1.213万亩，饲草料0.769万亩，粮经饲比例调整为74：16：10。粮食总产和单产双增。青稞总产达到1.457万吨，同比增产200吨，粮食总产达到2.595吨，同比增产240.93吨，种植青饲玉米2367.06亩，增收880万元。粮食作物良种繁育基地、粮食生产功能区划定通过自治区级验收。二是畜牧业发展态势良好。2020年，牲畜存栏9.4万（头、只、匹），牲畜

出栏2.21万头(只、匹)。春秋季动物疫病和非洲猪瘟免疫率达100%。完成黄牛改良8007头,改良率为100%。

(二)项目建设稳步推进。严格按照项目管理要求,统筹规划、布局合理、功能完善、特色突出,同时本着"促发展、惠民生"的方针,使一批重点建设项目有序稳步推进。全年开工建设项目98个,总投资107.84亿元。其中,国家投资项目89个,完成投资13.34亿元;招商引资固定资产项目9个,预计完成2.46亿元,同比减少42.1%,占全年计划的49.2%。在各行业部门的积极作为及通力协作下拉林铁路(扎囊段)、易地扶贫搬迁、矮化苹果、卓普搬迁等重大项目稳步推进。

(三)项目储备工作进展顺利。为了能让更多、更好的符合扎囊县发展需求的项目能够落地,按照职责积极对接区市两级发改委,储备谋划了一批项目,并按要求将项目录入国家重大建设项目库,截至目前,录入项目总数为197个,总投资28.18亿元。一是今年在应对新冠肺炎疫情大环境下,为了能够持续做好稳定经济增长,积极对接各行业部门结合国家发改委扩内需政策、抗疫国债发行的契机谋划储备了县城功能提升项目、卫生服中心建设项目等51个项目,总投资达8.27亿元,并完成了录入国家重大建设项目库工作。截至目前,总投资4700万元的县城功能提升项目资金已到位,项目招投标工作已完成,计划2021年3月开工建设,总投资1100万元的卫生服务中心项目已开工建设。二是积极向上级申请了提前下达2021年部分财政预算内以工代赈计划资金1500万元,用于扶贫搬迁点和中小型基础设施项目建设,进一步发挥了以工代赈政策作用,实现了巩固扩展脱贫攻坚成果同乡村振兴的有效衔接。

(四)脱贫攻坚取得重大胜利。一是易地搬迁情况。我县搬迁安置点共3个,现已全部建成并投入使用,搬迁入住率100%。二是贫困户劳务增收情况。依托西普农业、矮化苹果、藏草、江平等大型项目需要大量劳动力的优势,以乡(镇)为单位组建贫困户务工联队,成立5个乡镇级联队,1000余名群众(其中建档立卡贫困群众150人)通过参与联队实现务工增收,累计务工人次达到3.5万余人次,合计增收560万元,人均增收5250元。

(五)招商引资稳步推进。突出扎囊县得天独厚的区位、交通、资源、产业等方面的优势,大力夯实招商基础、创新招商思路、转变招商策略,实现了招商引资工作的新突破。一是成立扎囊县招商公司,利用招商平台公司进一步优化扎囊招商工作。通过"走出去、引进来"的招商模式,累计接洽企业20余家,达成签约投资项目2个,协议总投资约19.1亿元,已达成初步投资意向3个,二是坚持做好招商、引商、稳商工作,全年2020年开复工建设项目9个,新开工项目2个,分别是西藏涵丰农业科技有限公司扎囊县特大桥北区域造林绿化工程之经济林及苗圃建设项目,计划总投资1.7亿元,占地面积约1500亩,西藏绿之源现代农业科技股份有限公司扎囊县智慧农业建设项目,计划总投资2亿元,流转项目用地3500亩,现投资完成7200万元。

(六)援藏工作扎实推进。援藏工作队始终把改善民生条件作为援藏工作的出发点和落脚点,全力推进援藏项目落地落实。实施了计划内投资2000万元的卓普村易地搬迁项目,推动实施了计划外投资240万元的村居组织建设能力提升项目和彩虹桥建设项目。同时积极协调推动援藏"十四五"项目建设库,储备计划内项目14个,投资1.3亿元。

(七)民本民生基础设施持续改善。一是教育事业稳步推进。全年建设项目26个用于改善各学校基础设施,总投资1.42亿元。全年资助大学生1764人次,兑现资助金1229.9万元;资助建档立卡大学生49人,发放补差资金15.9424万元;中、小学升学率达到100%。中考总成绩、小考体检录取人数居全市十二县(区)第一。二是卫健事业健康发展。县域紧密型医共体建和县乡村一体化建设顺利推进,组建了扎囊县中心医院,并通过紧密型医共体建设,进一步完善和优化县域基本医疗和公共卫生服务体系,提高县域医疗卫生资源配置和使用效率,加快提升基层医疗卫生服务能力,推动落实分级医疗,建成了目标明确、权责清晰、分工协作的新型县域医疗卫生服务体系,逐步形成服务、责任、利益、管理的共同体。三是社会保障全面推进。积极完成社会保险扩面任务，基本养老保险、城镇职工基本医疗保险、城镇居民基本医疗保险、失业保险、工伤保险、生育保险等参保率均达100%，各类社会保险参保人数2.29万人次，参保资金8369.88万元。在编僧尼参加城镇居民养老保险，参保率100%；落实政策保险资金261.2万元，同比增加48.12%。新型农村合作医疗参保人数3.47万人次，参保率达99.29%，参保资金3193.5万元。兑现各类政策资金1.48万人次5411.3万元。累计兑现扶贫保险救助49户253人43.37万元。四是疫情防控常备不懈。严格落实早发现、早报告、早处置制度，坚决执行“日”报告及“零”制度，自防控工作开展以来，设立了7个监测卡点，投入医护人员数208人，组织医务人员开展疫情诊疗、防护服穿脱流程、流行病学调查等培训共召共计开展培训24次，应急演练3次，培训人次共计达785余人。对7个体温检测卡点、各集中留观点免费发放一次性医用口罩等价值7000余元的防护物资，同时，率先建成扎囊县核酸检测室并投入使用。五是就业保障能力提升。积极落实就业和再就业政策，坚持稳定就业和扩大就业并重，就业再就业工作稳步推进。全面落实大学生结对帮扶工作机制，应届高校毕业生实现就业473人，就业率达到99.79%。开展农牧民技能培训662人，实现农牧民转移就业10723人，创收9394万元。城镇失业登记率严格控制在3％以内。针对500万元以下的项目，交付当年农民施工队建设，带动农牧民群众就近就便增收。让农牧民群众切实享受到发展带来的红利。六是文化事业再上台阶。按照“建设公共文化服务平台为工作重点、提升文化影响力为工作方向、加强全民共建为工作目标”的要求，积极开展文化事业各项工作。1. 成功举办2020年氆氇文化旅游节、民主改革61周年、建国71周年活动等文庆活动。2. 积极申报报批市级非遗4个和市级非遗名录已批3个。3. 组建了62支政村文艺演出队，满足了广大群众的需求。七是以县城为中心的道路交通网络不断完善。1. 扎唐镇S101至桑玉村改建公路工程、扎其乡宗卡六组桥新建工程等8个项目全年总投资3822.74万元，都已经交付使用。2. 扎囊县吉汝乡、阿扎乡综合运输服务站建设项目完成98%，已开通12条客运班线，购买7辆客运汽车，大大方便了农牧民群众的出行，让发展与生活息息相关。

（八）科学制定“十四五”规划编制，积极推动项目储备。找准差距不足，坚持问题导向，总结“十三五”规划实施情况成功经验，坚持部门联动，集中力量推动“十四五”项目储备工作。截至目前，我县储备“十四五”项目265项。同时，继续加强与国家、区、市规划的衔接，加大与四川大学课题组的对接，力争我县更多的大项目、大平台、大政策纳入规划盘子。

一年来，在县委、县政府的坚强领导下，全县经济社会发展取得了很大的进步，在看到成绩的同时，也要清醒认识到我县经济社会发展中还存在的矛盾和问题：经济下行的压力仍然较大，主要指标增速总体趋缓；实体经济面临困难较多，企业成本增加，生产经营困难，生存压力较大；部分投资者投资信心不足，存在观望等待心理，签约项目实际开工率不高；生态资源环境约束加大，污染防治和绿色发展任务艰巨。

三、2021年国民经济和社会发展主要预期目标

2021年是实施“十四五”规划的开局之年，也是站在新的战略起点上、全面适应经济社会发展新常态的关键之年。综合各方面因素，我县2021年国民经济和社会发展主要预期目标是：地区生产总值增长9%以上，其中一、二、三产业增加值分别增长4%、10%、10%以上；全社会固定资产投资增长10%以上；社会消费品零售总额增长8%以上；财政收入增长13.5%以上；税收收入增长40%左右；农村居民人均可支配收入增长13%以上。围绕预期目标，重点做好以下几方面的工作：

（一）夯基础，壮大县域经济

保证第一、二、三产业健康发展。在高度重视“三农”工作的同时，积极开展农业发展调研工作，加强对农业基础设施建设的投入力度，确保农业平稳健康发展。立足区位优势和资源优势，加快发展优势特色工业及基础设施建设，改善投资环境，优化招

商服务。加强优势企业政策扶持力度，强化项目资金引导作用。以桑耶寺、敏珠林寺、扎央宗等景区为载体，加强全县旅游景区、景点的规划和推广策划工作，加快旅游配套设施建设，提升旅游服务接待工作的能力，着力打造和重点推介藏源特色旅游产业，以及与旅游相关的配套服务产业。进一步深化招商引资工作。注重政策导向，紧盯国家产业政策和投资导向，加强与企业的对接力度，对重大项目实行“一事一议”、特事特办，完善招商引资考核制度，同时提升专业招商队伍在产业研究、政策掌握、信息分析等方面的能力和水平，积极开展委托招商、代理招商、网络招商等招商方式。

（二）增后劲，强化发展支撑

聚力项目建设。实施好矮化苹果、县城功能提升、站前广场等一批重点项目建设工作。围绕“十四五”规划、乡村振兴战略，江北幸福家园建设等重大工作，积极谋划储备一批重大项目，争取取得上级更多的支持，做好前期工作，完善各类手续，确保项目全速推进，促使项目尽早获得许可，加快投产达效，狠抓项目开工率、竣工率和投产率，带动固定资产投资稳步增长；同时，紧紧抓住中央对西藏工作的优惠政策和有利时机，结合我县实际，加大跑项争资力度，为我县经济社会发展积蓄后劲。抓好营商环境。继续深化“放管服”改革，完善政府权力清单、责任清单、涉企收费清单，实现清单之外无收费。认真落实结构性减税和普遍性降费政策，兑现县级支持企业发展奖励措施，有效降低企业制度性交易成本。绘制“十四五”蓝图，着眼习总书记强调的“十四五”时期的发展政策，要坚持发展为了人民、发展成果由人民共享，“十四五”时期，聚焦发展不平衡不充分问题，以要素和设施建设为支撑，要在巩固脱贫成果方面下更大功夫、想更多办法，将“十四五”规划同乡村振兴有序衔接，尤其是同日常生活息息相关的交通设施、就医就学、养老社保等方面全覆盖贯彻。围绕我县实现高质量发展的短板弱项，积极跟踪对接“三个重大”（重大政策、重大改革、重大项目）。持续做好拉林铁路各项工作，积极对接区发改委将我县铁路线纳入到川藏铁路建设项目中，同时聚焦我县部分村居不通油路的问题，精心谋划好一批重要农村公路项目，建设更多的团结线、幸福路。

（三）抓治理，扮靓城乡容颜

抓好文明创建。结合创建文明城市、“3355”工作法、禁塑方案等，持续改善人居环境，继续实施厕所革命、供水管网改造，严厉打击各类环境违法行为，加快推进县城整体功能提升项目的实施。持续深化移风易俗，大力弘扬社会主义核心价值观，积极宣传道德模范、好人事迹，常态化开展新时代文明实践志愿服务活动。致力于乡村振兴。推进高标准农田和农田水利“最后一千米”项目建设，实现优质青稞种植面积达到预期目标。坚持“一村一品”“一乡一业”的发展格局，大力培育新型农业经营主体，大力发展合作社和家庭农场。推进农村人居环境整治三年行动，实施农村厕所、垃圾、污水“三大革命”，实现农村生活垃圾无害化处理，完成农村改厕任务。加快推进美丽乡村建设，力争完成全部村居的规划编制。完善城镇规划，坚持城乡统筹发展理念，以科学规划为引领，以发展城镇经济和增强城镇承载力为支撑，加快城镇化发展进程。按照“十四五”规划和2021年建设计划，加快城镇道路、水利、通信、环保等市政建设，完善城镇功能，增强城镇综合承载能力。

（四）促改革，释放发展活力

支持创新驱动。突出民族手工业园区建设，深化产学研合作，建立一批研发中心、工程技术中心、企业技术中心，引进创新型试点企业、高新技术企业，推动规下企业高速度增长。推进创新与产业深度融合，引导企业采用现代信息技术提高数字化、网络化、智能化水平。推动改革深化。推动各项管理改革纵深推进，深化农村土地制度改革，推进农村集体产权工作，贯彻落实农村土地承包关系稳定并长久不变的政策，推进承包地确权登记成果应用。完善医院运行机制，有效保障群众看病就医，促进医疗资源合理利用，建立科学有序的就医秩序，缓解看病就医存在的矛盾。

（五）惠民生，共享发展红利

巩固脱贫攻坚。持续巩固提升“两不愁、三保障”，加快推进产业就业扶贫、基础设施建设、易地扶贫搬迁后续帮扶、基本公共服务等重点工程加强就业和社会保障工作。大力实施积极就业政策，通过项目带动就业。提高公共服务水平。加快公共服务标准化均等化进程。深化教育综合改革，全力促进教育高质量发展迈上新台阶、师德师风呈现新气象、教育现代化实现高标准。积极引进优质医疗资源，加大全科医生、乡村医生培养力度，提高医疗服务水平，进一步提升居民的健康素养和水平。深入实施文化惠民工程，广泛开展群众性文艺活动，着力打造特色文化品牌。优化社会治理。深入推进依法治县，进一步规范行政执法，强化司法公正，推动全民守法。深化网格化服务管理工作。创新多元化纠纷解决机制，搭建司法调解、人民调解、行政调解一体化的平台。打好防范化解重大风险攻坚战，加强应急管理队伍建设，健全完善维稳工作新机制，全面管控各类风险，确保社会大局持续稳定。培育文化产业。充分发挥我县“中国民间文化艺术之乡”和“桑耶寺”历史文化美誉。深入挖掘和保护非物质文化遗产，培育新兴文化产业。挽救濒临失传的非物质文化遗产，加以引导和扶持。积极探索市场路子，拓宽销售渠道。

各位代表、委员，2021年，我们有信心在县委、县政府的领导下，在县人大的监督和支持下，不忘初心，牢记使命，扎实工作，与时俱进，开拓创新，力争实现“十四五”规划开门红，为扎囊经济社会高质量发展做出贡献！

扎囊县2020年财政预算执行情况和2021年财政预算(草案)的报告

——扎囊县第十三届人民代表大会第九次会议上

扎囊县财政局局长 巴 桑

(2021年1月15日)

一、2020年全县预算执行完成情况

2020年以来,在习近平新时代中国特色社会主义思想指引下,在市委、市政府和县委、县政府的正确领导下,在县人大常委会的有力监督和县政协的参政议政下,我们深入学习习近平总书记系列讲话精神,以新发展理念为引领,主动适应经济发展新常态,牢固树立创新、协调、绿色、开放、共享五大发展理念,坚持以供给侧结构性改革为主线,统筹抓好稳增长、促改革、调结构、惠民生、防风险、保稳定各项工作,紧扣积极财政政策落实落地,战役请、强保障、促发展,为夺取疫情防控和经济社会发展双胜利作出了财政新的贡献。

(一)2020年收入执行情况

1.2020年财政预算收入情况

2020年预算安排总财力为77105.5万元,比上年增加15274.33万元,增长24.7%。其中,本级财政收入预算安排3662万元,比上年增加124万元,增长3.5%;预算稳定调节基金864万元(去年超收部分),比上年减收612万元,减少41.46%。转移性收入72579.5万元,比上年增加15762.33万元,增长27.74%。其中,返还性收入1547万元,比上年增加100万元,增长6.91%;一般性转移支付收入63441.6万元,比上年增加16258.91万元,增长34.46%;专项转移支付收入7590.9万元,比上年减少596.58万元,减少7.29%。

2.2020年本级财政实际完成收入情况

2020年本级财政收入实际完成4394万元,完成年初预算数3662万元的119.99%,完成任务数4622万元的95.07%。同比减收8万元,减少0.18%。其中,税收收入2251万元,占总收入的51.23%,比上年减收681万元,减少23.23%;非税收入2143万元,占总收入的48.77%,比上年增加673万元,增长45.78%。

一般公共预算收入下降的主要原因:一是因新冠疫情影响及减税降费政策效应使得税收减收。二是虽然在盘活历年存量资金时大力组织非税收入,非税收入有一定的增长,但因税收收入的影响,财政总收入仍同比负增长。

(二)2020年财政支出执行情况

1.2020年财政预算支出情况

2020年预算安排一般公共支出77105.5万元,比上年增加15274.33万元,增长24.7%。其中,人员支出安排26592.02万元,23774.29万元,比上年增加2817.73万元,增长11.85%,占当年总预算财力的34.49%;商品和服务支出安排2018.07万元,比上年增加64.29万元,增长3.29%,占当年总预算财力的2.62%;专项支出安排48495.41万元,比上年增加12392.31万元,增长34.33%,占当年总预算财力的62.89%。

2.2020年财政实际支出完成情况

2020年财政支出共完成114385万元,同比增加13849万元,增长13.78%。其中,一般公共

服务支出 18338 万元，同比增加 3691 万元，增长 25.2%；国防支出同比减少 100%；公共安全支出 8629 万元，同比减支 140 万元，减少 1.6%；教育支出 20125 万元，同比增加 5366 万元，增长 36.36%；科学技术支出同比减少 100%；文化旅游体育与传媒支出 1446 万元，同比减支 3213 万元，减少 68.96%；社会保障和就业支出 9489 万元，同比增加 1750 万元，增长 22.61%；卫生健康支出 8881 万元，同比减支 177 万元，减少 1.95%；节能环保支出 2759 万元，同比减支 29 万元，减少 1.04%；城乡社区支出 1654 万元，同比增加 1299 万元，增长 365.92%；农林水支出 36616 万元，同比增加 4763 万元，增长 14.95%；交通运输支出 2208 万元，同比增加 2058 万元，增长 1372%；金融支出 3 万元，同比增长 100%；自然资源海洋气象等支出 353 万元，同比减支 2645 万元，减少 88.23%；住房保障支出 3437 万元，同比增加 870 万元，增长 33.89%；粮油物资储备支出 6 万元，同比增长 100%；灾害防治及应急管理支出 441 万元，同比增加 260 万元，增长 143.65%。

（三）本级政府性基金收支执行情况

2020 年本级政府性基金收入为 1654 万元，同比减收 658 万元，减少 28.46%；基金支出为 5602 万元，同比增加 2329.6 万元，增长 71.19%。

二、2020 年全县预算执行和财政工作主要特点

2020 年，面对新冠疫情影响，认真贯彻落实中央决策部署，全力推动财政政策提质增效，切实保障物资储备、工作正常运转及促进经济稳定发展。

（一）保市场主体，缓解企业经营困难

积极发挥财政职能作用，加大财政支持力度，按照上级要求，一是积极配合税务部门，全面落实减税降费各项政策，全年减税降费资金达 3908 万元；二是联系卫生和应急部门，及时安排落实抗疫物资储备资金 70 万元；三是采取强有力的措施，严格落实疫情防控主体责任，安排资金 200 万元，有效推动企业复工复产；三是在疫情期间政府要求关停的国有经营性商铺退回两个月房租共计 25.8 万元，让个体经营者感受到了党和政府的温暖。

（二）保基本民生，优先保障重点支出

在确保人员工资和正常工作的运转前提下，我们采取民生优先、统筹兼顾的原则，牢固树立“政府过紧日子、群众过好日子”思想，积极压缩一般性支出。一是扶贫及民生邻域投入资金共计 2612.69 万元；二是教育投入 1680.2 万元，三是社会局势稳定投入 373.22 万元，四是生态恢复投入 709.9 万元，五是创建文明城市投入 100 万元。

（三）狠抓预算执行，严格控制“三公经费”支出

2020 年，我们在勤俭节约精打细算的原则下编制了年初预算，在预算执行过程中，邀请第三方开展了 2019 年预算绩效工作，从而让各部门严肃财经纪律、规范资金用途，源头控制，厉行节约。全年三公经费总支出为 261.17 万元，同比减少 25.68 万元，下降了 8.95%。

（四）努力盘活财政存量资金，合理使用直达资金

为加大财政资金利用率，强化政府社会效益，促进资金发挥作用。2020 年，我们积极盘活存量资金，科学分配合理使用直达资金。一是根据财政部财预〔2015〕15 号文件《关于推进地方盘活财政存量资金有关事项的通知》的通知精神，我县对历年存量资金进行了清理。清理出全县存量资金共计 16107 万元，有依据并继续使用资金 8298 万元，盘活用于预算缺口资金 7809 万元，有效唤醒沉睡资金，激活资金沉淀，使资金流动起来，发挥财政资金的使用效益。二是按照国务院“六稳”“六保”的要求，合理分配和使用直达资金，全年收到上级直达资金共计 14210.2 万元，分解率达 100%，全年累计支出 11449.9 万元，支出进度达 80.6%。其中，正常转移支付 7870.2 万元，支出进度达 86.8%；特殊转移支付 2690 万元，支出进度达 100%；抗疫特别国债资金 3650 万元，支出进度达 52.8%。我们将加强直达资金监控跟踪督导，实时掌握资金管理使用情况，加快预算执行进度，推动资金切实有效落到实处发挥作用。

（五）扶贫资金落实及时，精准扶贫措施到位

2020年上级下达生态岗位资金总量1606.25万元，全年安排岗位3691个，按照人均3500元，已兑现资金1291.85万元，剩余资金314.4万元，用于2021年生态岗位。

2020年政策资金保障组共收到扶贫资金22637.5万元，其中统筹整合资金共计16993.6万元，整合资金支出16131.99万元，进度达到94.93%。

（六）强化各项监管措施，提高资金使用效益

一是邀请了第三方中介机构对2019年预算绩效考核工作，并以预算绩效管理事前评估、事中监控、事后评价结果考核工作为抓手，全力推动财政预算管理改革。二是扎实推进财政应收应付款清理处置工作，进一步加强政府债务和隐形债务风险防控管理，严控任何形式的新增债务，截止目前，政府债务2000万元已还清，应收款1174.43万元，已收回721.18万元，剩余资金453.25万元正在清理中；三是加强扶贫资金和直达资金动态监控管理工作，指导并督促相关部门认真做好监控数据录入及绩效考核工作。

三、2021年预算草案

2021年是中国共产党成立100周年，也是"十四五"规划的开局之年，我们要以习近平新时代中国特色社会主义思想为指导，全面贯彻党的十九大和十九届二中、三中、四中五中全会精神，认真落实中央经济工作会议决策部署，坚持统筹兼顾、突出重点，大力提质增效，实施更加积极的财政政策，扎实做好"六稳""六保"工作，加大对民生领域的保障力度，坚决落实政府过紧日子要求，开源节流、增收节支、精打细算，厉行节约编制好预算。

截至2021年1月7日，收到上级财力指标共计44487万元，预算收入安排69867.78万元，比上年减少25380.78万元，减少36.33%，主要是上级业务科室财力指标还未下达完。

预算支出安排为44487万元，其中，人员支出29459.3万元，占总支出的66.22%；商品和服务支出2199.7万元，占总支出的4.94%，专项支出12828万元，占总支出的28.84%（扶贫及支农财力指标还未下达）。

各位代表，2021年我们将坚持党对财政工作的领导，强化"财"服务于"政"的意识，认真落实本次人代会的决议，按照县委的决策部署，积极发挥财政职能作用，严格落实新冠肺炎疫情防控财政保障政策，坚持稳中求进，不断深化财税体制创新，积极组织财政收入，优化财政支出结构，全面完成财政各项工作任务。

大事记

1月

2日 扎囊县召开打击“黑车”非法经营政治工作专题会议，总结前期专项整治工作成果，部署下一步整治工作。

同日 农业农村部办公厅公布全国第四批率先基本实现主要农作物生产全程机械化示范县名单，扎囊县入围。

3日 扎囊县召开“走出大山”——农民自发赴祖国其他省旅游活动座谈会，县委书记雷丰出席会议并讲话。

4日 扎囊县召开驻拉萨退休干部职工“三大节日”慰问座谈会。县委副书记、人大常委会主任巴桑次仁出席会议并讲话。

7日 县委书记雷丰带领县委党支部党员深入扎其乡罗堆村贫困户嘎玛玉珍家中开展“同吃同劳动 尽心献真情”的主题党日活动，与群众同吃一锅饭、同干农家活、面对面谈心交流。

同日 湖南省第九批援藏工作队队员、扎囊县副县长言鹏率县方志办全体人员到湖南省株洲市委党史研究室（市地方志编纂室）交流学习方志工作。

13日 扎囊县召开政协第二届扎囊县委员会第八次常委会。县政协主席达娃出席会议，县政协常委会10名成员参与会议。

同日 扎囊县消防救援大队举行挂牌仪式。县委副书记、县长唐勇出席仪式并讲话。

同日 扎囊县召开政协第二届扎囊县委员会第八次常委会。县政协主席达娃出席会议，县政协常委会10名成员参加会议。

同日 扎囊县召开第十三届人大第十八次常委会。县委副书记、人大常委会主任巴桑次仁主持并讲话。

14日 扎囊县召开第十三届人民代表大会第七次会议预备会和政协第二届扎囊县委员会第六次会议第一次全体会议。

15日 政协第二届扎囊县委员会第六次会议举行选举大会，补选政协第二届扎囊县委员会常务委员。

同日 扎囊县第十三届人民代表大会第七次会议开幕，县委副书记、县长唐勇作政府工作报告。

17日 扎囊县召开“不忘初心、牢记使命”主题教育总结大会，县委书记、县委“不忘初心、牢记使命”主题教育领导小组组长雷丰出席会议并讲话。县委副书记、人大常委会主任巴桑次仁主持，市委第四巡回指导组副组长安政扬等到会指导。

19日 扎囊县召开第八批驻村工作总结表彰暨第九批驻村工作动员部署会。县委副书记、人大常委会主任巴桑次仁主持会议，县委书记雷丰出席会议并作讲话。

19—21日 县委副书记、人大常委会主任巴桑次仁带队，先后赴拉萨市、山南市、扎囊县等地慰问15名退休老干部。

21日 县政协党组书记、主席达娃带领扎其乡、政协办、民政局、退役军人事务局负责人等深入扎其乡藏仲村，通过走访入户、召开座谈会等方式，对扎其乡困难优抚对象、贫困户进行节前慰问。

20—22日 扎囊县开展为期3天的公共场所专项卫生监督检查工作。

22日 扎囊县召开干部职工大会，县委书记雷丰主持并讲话。

24日 县委书记雷丰代表四大班子看望慰问公安干警、驻村工作队和加油站工作人员，向大家致以诚挚问候和新春祝福。

26日 扎囊县中心医院开展“新型冠状病毒感染肺炎疫情应急处置”演练。演练分为预检分诊、发热门诊治疗、医护个人防护能力、疑似患者检查、疫情报告、患者留观、院内专家会诊、现场应急处置调查、疑似患者诊疗场所消毒等环节。

27日 扎囊县召开新型冠状病毒感染的肺炎群防群治指挥部第一次会议，县委书记雷丰主持并讲话。

29日 县委书记雷丰前往扎其乡派出所卡点，对卡点人员防控工作开展情况进行调研指导。

30日 自治区人大常委会副主任、山南市委书记许成仓深入扎囊县部分乡镇中心卫生院、留观点、检查站（点）、农贸市场，调研检查新型冠状病毒感染的肺炎疫情防控工作和物资供应情况，看望慰问坚守在一线的医务工作人员和干部职工。

同日 扎囊县召开第一次新型冠状病毒感染的肺炎疫情分析研判会，分析研究当前扎囊县疫情工作，部署下一步防控工作。

31日 县委书记雷丰深入扎其乡朗塞岭村、宗卡村、孟卡荣村、阿扎乡章达村，对村（居）疫情预防工作的开展情况进行调研指导，并对相关工作提出意见建议。

2月

2日 自治区人大常委会副主任、市委书记许成仓深入扎囊县基层一线和部分宗教活动场所调研检查疫情防控工作，看望慰问基层群众、寺管会干部职工和寺庙僧人。

4日 县委书记雷丰深入中心医院、乡镇卫生院、村卫生室指导防控工作，看望坚守在岗的一线干部职工。

5日 扎囊县“青年志愿者小喇叭”“巾帼志愿者小喇叭”“党员志愿者小喇叭”等疫情防控志愿宣讲队伍深入5个乡镇各村（居）开展活动。

9日 西藏山南天拓建设有限公司向扎囊县疫情联防联控指挥部捐赠10万元疫情防控资金及价值79100元的口罩、消毒液、方便面、矿泉水等一批疫情防控应急物资，支援疫情防控工作。

10日 县委书记雷丰，县委副书记、县长唐勇，县委副书记、人大常委会主任巴桑次仁，县政协主席达娃，县委常委、统战部部长支张带领慰问组深入扎囊县62个村（居），对各驻村（居）工作队开展慰问。

16日 县卫健委牵头，县中心医院、敏珠林寺利民诊所医疗技术精湛的骨干义务人员组成扎囊县义务诊疗队，队员携带电子血压仪、血氧饱和仪和日常藏西药品前往羊加村、扎加村、民主村、热瓦村等14个偏远村（居）和敏珠林寺卡点等开展“义务诊疗活动”。

18日 扎囊县召开县委理论学习中心组学习会，县委书记雷丰主持并讲话。

21日 山南市常委、市政协党组副书记、统战部部长丹增带领慰问组到扎囊县看望慰问政协委员，县政协党组书记、主席达娃参加慰问活动。

22日 扎囊县召开重点工作安排部署会，市委常委、统战部部长、市驻扎囊县疫情工作督导组组长丹增，桑耶寺管会书记罗桑平措出席会议，县委书记雷丰主持。

24日 扎囊县委副书记、县长唐勇到一线指挥部、县广播电视台、便民警务站、执勤民警卡点、桑叶镇人民政府、西普农业基地看望慰问藏历新年坚守岗位的一线干部职工，并向他们致以节日的问候。

25日 县委书记雷丰看望慰问节日期间坚守在防疫一线的公安干警、医护人员和驻村干部。

3月

2日　扎囊县召开县委常委(扩大)会,县委书记雷丰主持并讲话。

5日　扎囊县新时代文明实践中心(站)积极开展学雷锋各类志愿服务活动。

6日　亿利资源集团有限公司向扎囊县捐赠5吨84消毒液原液。

8日　扎囊县各单位、村居创新形式,开展庆祝“三八”国际妇女节系列活动。

13日　扎囊县五保集中供养服务中心107名老人自愿向湖北疫区捐款7744元。

25日　县委书记雷丰调研扶贫产业项目,详细了解企业、合作社复工复产,带动群众增收,存在的问题、困难等情况,并对产业发展运营、带动群众增收致富等工作进行指导。

26日　扎囊县召开2020年安全生产委员会第一次全体(扩大)会议,县委副书记、县长、县安委会主任唐勇出席会议并讲话。

28日　扎囊县广大干部群众开展升国旗唱国歌、“知识竞赛”、新旧西藏对比宣传教育、“我与祖国合影”等活动,以多种形式纪念西藏百万农奴解放纪念日。

29日　扎囊县干部职工深入各村(居)开展“一包到底”下沉活动,了解群众生产生活、家庭卫生、精神面貌及脱贫攻坚重点工作落实情况。

4月

3日　扎囊县按照“整治常态化、管理长效化”的总体工作要求,在全县范围内扎实开展环境卫生综合整治行动。

6日　扎囊县召开脱贫攻坚大督战大排查工作座谈会。市人大常委会主任王德文,市人大督战组主要负责人,措美县交叉大排查组全体成员,扎囊县党政主要负责人,脱贫攻坚指挥部各专项组组长、副组长以及相关部门负责人参加。

9日　扎囊县召开脱贫攻坚大督战大排查整改专题会议。

15日　扎囊县召开中共扎囊县第九届纪律检查委员会第五次全体会议,县委书记雷丰出席并讲话。县委常委、纪委书记、监委主任骆新主持会议。

同日　山南市人大常委会党组书记、主任王德文一行到扎囊县督战脱贫攻坚、安全生产等相关工作。市驻扎囊县大督战组副组长米玛次仁、常婵娟,山南市综合执法局副局长边巴,扎囊县人大常委会主任巴桑次仁陪同检查。

同日　县委国安办联合县委政法委、宣传部、法院、检察院、司法局、公安局、信访局、供电公司等多家单位及各寺管会、各乡(镇)派出所、各村(居)开展全民国家安全教育日宣传活动。

20日　扎囊县召开2020年统战民族宗教工作暨“遵行四条标准争做先进僧尼”教育实践活动部署会。

同日　县委副书记、人大常委会主任巴桑次仁带队,组织部分市、县人大代表对扎囊县执法部门贯彻实施《中华人民共和国交通安全法》《西藏自治区道路交通安全条例》的相关工作进行检查。

21日　扎囊县对教育改革相关审议意见贯彻落实情况进行跟踪调研。

23日　扎囊县新时代文明时间中心文化文艺服务分中心组织县文化局、教育局、新闻出版局开展“4·23”世界图书日系列活动。

24日　山南市人大常委会党组书记、主任王德文率调研组赴扎囊县就巩固脱贫攻坚成果、“三农”工作、人大工作等开展调研。市人大常委会党组成员、秘书长姜艳红,县委副书记、人大常委会主任巴桑次仁等陪同调研。

同日　扎囊县召开九届县委第八轮巡察工作动员部署会议。

25日　在第34个全国“儿童预防接种日”来临之际,县疾控中心开展以“及时接种疫苗　共筑健康屏障”为主题的预防接种宣传活动。

26日　扎囊县党员干部赴江北“万人万亩”义务植树点进行苗木集中浇水灌溉,切实提高幼苗成活率,巩固绿化成果。

同日 扎囊县召开抓党建促决胜脱贫攻坚会议。

27 日 扎囊县召开脱贫攻坚大排查意见反馈会。市人大常委会党组书记、主任王德文出席并讲话，市政府副市长王霞通报大排查发现的问题，扎囊县委书记雷丰作表态发言。

28 日 扎囊县召开全国民族团结进步创建工作推进会。县委副书记、人大常委会主任、县民族团结进步创建工作领导小组常务副组长巴桑次仁出席会议并讲话。

28—29 日 扎囊县举行决战决胜脱贫攻坚暨驻村干部综合业务培训会。

29 日 扎囊县召开县委常委（扩大）会议暨理论学习中心组集中学习会议，县委书记雷丰主持并讲话。

30 日 扎囊县召开宣传思想文化暨意识形态工作会议，县委书记雷丰出席并讲话。

5 月

7 日 扎囊县召开 2020 年第一次信访工作联席会议。县委常委、副县长扎西多布杰出席并讲话。

8 日 扎囊县召开欢迎湖南省株洲市第八批短期援藏干部人才座谈会。

11 日 扎囊县公安局开展“平安交通 · 百日会战”系列专项整治行动。

12 日 县委召开脱贫攻坚专项巡视“回头看”反馈意见整改专题民主生活会。县委书记雷丰主持并讲话。

14 日 湖南省政协副主席、农工党湖南省主委、南华大学校长张灼华，湖南省第九批援藏工作队总领队、山南市委副书记吴巨培，副总领队潘青春到扎囊县中心医院考察指导工作。

同日 县委召开脱贫攻坚工作监督检查部署会议。县委书记雷丰主持并讲话。

18 日 扎囊县召开扶贫开发领导小组第四次会议。县委书记雷丰主持并讲话。

19 日 市委副书记格桑赴扎囊县调研生态环境保护工作，副市长江嘎、扎囊县委书记雷丰一同调研。

22 日 扎囊县广大党员干部群众以各种方式收听收看十三届全国人大三次会议开幕式。

24 日 市委副书记吴巨培一行到扎囊县就农牧产业发展情况进行工作调研。

25 日 扎囊县召开县委全委会暨县委经济工作会议。县委书记雷丰作报告，县委副书记、政府县长唐勇作具体部署。

同日 扎囊县召开农村集体产权制度改革工作暨农村集体清产核资工作培训会。

25—27 日 县政协组织部分区、市、县政协委员等赴各乡（镇）、部分村居、寺管会、寺庙、学校、企业、县直机关开展“民族团结进步创建工作情况”专题调研。

29 日 市委宣传部调研员玉珍、山南报社藏编部主任索朗顿珠在扎囊县作“四讲四爱”暨脱贫政策示范宣讲，县委常委、宣传部部长陈奎胜一同宣讲。

30 日 卓于水库工程库底清理通过验收。

6 月

1 日 扎囊县开展“六一”慰问活动，县委书记雷丰出席活动。

2 日 扎囊县举办决战决胜脱贫攻坚暨驻村干部第二期综合业务培训会。

3 日 自治区政协文史委副主任李映洲、朗杰央宗率区文史委和学习委员会、区政协委员、区文化部门负责人一行 8 人到扎囊县对基层文化建设工作开展情况进行专题调研。

4 日 市政协社会法制外事教科卫体委员会主任王联率调研组赴扎囊县对提升基层公共卫生工作情况进行专题调研。

6 日 扎囊县召开新冠肺炎疫情常态化防控工作部署会。

8 日 扎囊县召开扶贫领域腐败和作风专项治理问题线索移送协调会，各乡镇、各相关部门负责人及县委脱贫攻坚督导组成员参加会议。县委常委、纪委书记、监委主任骆新主持并讲话。

8—16日　县政协组织政协委员、县委统战部、县司法局、扶贫办、“四讲四爱”活动办等相关部门工作人员赴全县部分村(居)、寺庙、学校开展“加强思想政治引领、广泛凝聚共识”巡回宣讲。

11日　自治区人大常委会副主任、市委书记许成仓深入扎囊县考察调研极高海拔地区生态搬迁、扶贫产业发展、城镇建设、环境整治等工作。

同日　扎囊县举办2020年度县(中)直机关党支部书记和村(居)第一书记政治教育及业务培训开班典礼。

12日　扎囊县召开“四讲四爱”群众教育实践活动第一节点总结暨第二节点“讲团结爱祖国”脱贫攻坚政策培训会。县委常务副书记欧雷主持,县委书记雷丰出席并作示范宣讲。

同日　县委书记雷丰带领调研组实地调研全国援藏扶贫现场会筹备情况。

同日　扎囊县安委会召开第二次全体(扩大)会议暨迎接国务院安委会2019年度省级政府安全生产和消防考核巡查工作部署会议,县政府副县长杨志军出席会议并讲话。

13日上午　自治区党委书记吴英杰采取“四不两直”方式,深入扎囊县易地扶贫搬迁集中安置点和寺庙,就扎囊县脱贫攻坚和寺庙管理工作情况进行调研。自治区人大常委会副主任、山南市委书记许成仓一同调研。

同日　国务院扶贫办主任刘永富到扎囊县调研脱贫攻坚工作。县委书记雷丰陪同调研。

15日　市人大常委会副主任松嘎带队的执法检查组到扎囊县开展检查工作。市相关部门负责人参与检查,县相关人员陪同检查。

16日　自治区副主席、市委副书记、市长普布顿珠到扎囊县扎其乡调研活畜交易市场和牛羊定点屠宰场项目推进情况,领导现场办公,协调解决当前企业面临的困难和问题。

同日　扎囊县召开县委理论学习中心组集中学习会,县委书记雷丰主持并讲话。会议传达学习习近平参加十三届全国人大三次会议内蒙古代表团、湖北代表团审议时的重要讲话精神、习近平在陕西调研时的重要讲话摘要、习近平给云南省贡山县独龙江乡群众的回信精神等。

同日　扎囊县开展“六月综治宣传周”和安全生产月系列活动,县委政法委、县应急管理局、县委宣传部、县公安局、县检察院、县法院等多家单位集中开展宣传活动。

17日　扎囊县各单位开展“三包五带五促”活动,党员干部深入各自“三包”区域,向“三包”对象宣讲讲解习近平新时代中国特色社会主义思想、党的民族工作方针政策、脱贫攻坚政策、“四讲四爱”、“3355”、文明“三字经”等内容。

19日　扎囊县举办村“两委”干部政治教育暨全县决战决胜脱贫攻坚业务素质提升培训班。

20日　“三级医院对口帮扶贫困县县级医院”调研组到扎囊县中心医院指导工作。

22日　扎囊县举行“共产党来了苦变甜”易地扶贫搬迁群众乔迁新居仪式。县委书记雷丰出席并讲话。

同日　副县长央拉带领调研组深入各乡(镇)、村(居),对扎囊县已组建的55个村级卫生院的医疗用房、设施设备、业务工作、村医在岗情况及疫情防控等工作开展情况进行调研指导。

23日　扎囊县举办2020年度全县机关发展对象和入党积极分子集中培训班开班典礼。县委常委、组织部部长李建斌出席开班仪式并讲话。

24日　县纪委监委召开“大学习、大提升”暨“从实战中来,到实战中去”活动动员部署会。

26日　扎囊县举行“大爱扶贫、决战决胜”——西普农业向扎囊扶贫基金捐赠仪式。县委书记雷丰出席并讲话。县委副书记、人大常委会主任巴桑次仁主持。

28日　扎囊县举办“团结鼓实劲、决战迎决胜”主题知识竞赛。

同日　扎囊县召开2020年第二次信访工作联席会议,县委书记雷丰出席会议并讲话,县委副书记、敏珠林寺管会书记、信访工作联席会议第一召集人李世能主持。

同日　扎囊县召开贯彻落实区党委组织部、山南市委组织部抓党建促决战决胜脱贫攻坚相关文件精神培训会，县委书记雷丰出席会议并讲话，县委常务副书记欧雷主持。

29日 县应急管理局联合县消防救援大队，深入扎囊县部分寺庙开展“消除事故隐患，筑牢安全防线”消防安全大检查。

30日 副市长索朗曲巴带队的检查组一行到扎囊县牛羊活畜交易市场调研项目建设进展情况。市、县相关领导及部门负责人一同调研。

7月

1日 扎囊县举办庆祝建党99周年暨新党员入党宣誓、老党员重温入党誓词活动。县委书记雷丰出席并讲话，县委常务副书记欧雷主持。全体县级干部、县直机关个党支部全体党员、退休党员代表、农牧民党员代表参加活动。

同日 扎囊县召开庆祝建党99周年暨“党建促脱贫、党员攻扶贫”、疫情防控工作先进集体和优秀个人表彰大会。县委书记雷丰出席并讲话。

同日 扎囊县各行各业、各战线30名党员开展“七一”党员政治生日会。会上，全体党员在党旗下重温入党誓词，集中学习《中国共产党章程》、习近平新时代中国特色社会主义思想。

2日 自治区人大财经委副主任委员曾华忠率队到扎囊县调研民营经济发展情况。市人大常委会党组副书记、副主任陈海清，县委副书记、人大常委会主任巴桑次仁，县人大常委会副主任张小武，副县长丹增平措以及市、县相关单位负责人一同调研。

同日 扎囊县召开县委理论学习中心组集中学习会。会议专题学习了中国共产党山南市第一届委员会第五次全体会议精神，县委书记雷丰主持并讲话。

同日 自治区“决战决胜脱贫攻坚、百乡千村惠民演出”活动在扎囊县举办，扎囊县新时代文明实践活动之“我心向党”“四讲四爱”群总文艺会演、扎囊县新时代文明实践之文化、科技、卫生、法律和爱国爱教宣传服务“五下乡”活动同步开展。

3日 扎囊县召开2020年党风廉政建设宣传教育月动员部署会。县委书记雷丰出席并讲话。

7日 扎囊县卓于水库工程蓄水阶段移民安置工作通过验收。市水利局工作人员及县（直）相关部门负责人一同验收。

8日 自治区广播电视局党组副书记、局长游胜苗率自治区“扫黄打非”专项行动联合检查组到扎囊县检查指导工作。市委常委、宣传部部长、县委常务副书记欧雷等一同检查。

10日 县委书记雷丰在桑普村对基层党组织标准化建设、软弱涣散整改落实情况开展“回头看”督查。

11日 扎囊县干部职工深入各村（居）积极开展“一包到底”下沉活动，了解近期群众生产生活、家庭卫生、精神面貌及脱贫攻坚工作落实情况，并向群众宣讲党的惠民政策、“四讲四爱”等内容。

13日 扎囊县开展“我与‘火焰蓝’同行”消防志愿者服务活动启动仪式，县委常委、副县长汤立出席活动并讲话。

14日 扎囊县各单位积极开展党风廉政建设宣传教育月活动。活动形式主要有参观廉政教育基地、重温入党誓词、观看警示片、廉政党课等。

同日 扎囊县新时代文明实践中心理论传习分中心组织县委宣传部、统战部、县司法局、扶贫办、“四讲四爱”活动办等部门的理论传习志愿者，深入桑耶居委会易地扶贫搬迁点开展理论政策巡回宣讲活动。

15日 由市委副书记、市信访工作联席会议第一召集人格桑率督导组一行6人到扎囊县督导信访领域工作，并召开信访领域工作汇报会。县委副书记、县长唐勇主持。

同日 扎囊县召开县委理论学习中心组学习会。会议专题学习了《中华人民共和国民法典》的内容，市委宣传部副部长杨立生等到会场巡听旁听并作点评指导，县委书记雷丰主持并领学。

16日 市委副书记吴巨培率队深入扎囊县，对农牧民增收、产业发展和人居环境整治工作进行督导检查。

同日 扎囊县召开创建全国文明城市推进会。市委常委、宣传部部长燕红出席会议。

17日 由市人大常委会党组成员、市人大常委会副主任扎西率队组成的调研组赴扎囊县调研就业创业工作。县委常务、副县长扎西多布杰,县人大常委会副主任张小武等一同调研。

同日 自治区党委党校(自治区行政学院)第27期中青年干部培训班学员及跟班工作人员一行43人到扎囊县围绕产业发展进行考察学习,市、县相关部门负责人一同考察。

同日 扎囊县举办寺庙僧尼知识竞赛活动。竞赛内容涵盖宗教领域“四条标准”和“四讲四爱”教育实践活动、“民族团结”、脱贫攻坚、疫情防控等。

18日 扎囊县中考顺利开考。全县共有801名应届毕业生参加中考。

21日 湖南中医药大学第一附属医院党委书记刘平安、副院长朱镇华一行7人到扎囊县藏医院调研指导工作,县委常务副书记欧雷一同调研。

同日 那曲市巴青县政协委员考察团一行到扎囊县考察学习。那曲市巴青县政协副主席次仁平措、市政协索朗央金、县政协主席达娃等一同考察。

22日 扎囊县第十三届人民代表大会第八次会议召开选举会议。大会以举手表决的方式通过了大会选举办法(草案)、总监票人和监票人员名单(草案),宣布了计数人名单;公布了县人大常委会副主任、委员和县人民检察院检察长正式候选人名单。

同日 县委书记雷丰主持召开县委理论学习中心组专题学习会,专题学习《习近平谈治国理政》第三卷。

23日 自治区高级人民法院联合山南市中级人民法院、县人民法院在桑耶社区易地搬迁点开展全区三级法院法官讲法以案释法巡回法治宣讲活动。

23—24日 扎囊县开展“扫黄打非”出版物和有害信息集中清缴整治专项检查行动。

24日 扎囊县创城办组织城市管理和综合执法局、林业和草原局、住建局、山南市生态环境局扎囊县分局、公安局、市场监督管理局、发改委、交通局、应急管理局、国泽公司等单位的主要负责人到琼结县学习考察城市建设管理工作。

28日 扎囊县开展以“积极预防、主动检测、规范治疗、全面遏制肝炎的危害”为主题的第十个“世界肝炎日”宣传活动。

8月

1日 县委书记雷丰、县委副书记李世能走访慰问驻地部队全体官兵,并向他们致以节日的问候。

6日 自治区副主席、市委副书记、市长普布顿珠到扎囊县扎其乡孟嘎荣村青饲玉米试种基地调研“三秋”农牧业生产工作。普布顿珠走在田间地头,认真查看农作物长势、颗粒饱满情况,详细了解粉垄栽培技术与传统播种技术的差距。山南市副市长索朗曲巴一同调研。

7日 扎囊县政协组织政协机关干部、各乡镇政协联络员前往山南市、桑日县参观学习政协工作。

10日 扎囊县召开创建全国文明城市推进会,县委书记雷丰主持并讲话。会议通报扎囊县创建全国文明城市工作当前存在的问题并部署下一步工作。

11日 国家烟草专卖局局长张建民调研扎囊县现代农牧业产业示范园。自治区副主席江白一同调研。

12日 扎囊县召开县委理论学习中心组学习暨《中华人民共和国民法典》专题辅导报告会。报告会邀请了西藏雅砻律师事务所律师秦康作辅导报告。

18日 扎囊县召开“四讲四爱”群众教育实践活动第三节点“讲贡献爱家园”宣讲培训会。县委常委、宣传部部长陈奎胜作示范宣讲。

同日 扎囊县召开秋冬季新冠肺炎疫情防控工作会议。县委副书记、人大常委会主任巴桑次仁出席并讲话。

20日 扎囊县召开第十三届人民代表大会常务委员会第二十一次会议,县委副书记、人大常委会主任巴桑次仁主持并讲话。会议听取和审议了扎囊县人民政府2020年财政预算调整方案的报告；县人民政府本级2019年财政决算（草案）的报告；县人民政府关于就业创业工作情况的报告；县人大常委会关于《扎囊县人大常委会关于〈山南市推进科技长足发展促进大众创业万众创新的调研报告〉的审议意见》贯彻落实情况跟踪检查报告；县人民检察院关于民事诉讼和执行活动法律监督工作的情况报告；县人民法院关于刑事审判工作情况的报告；县部分市级人大代表履职情况的报告等相关事项。

23日 市人大常委会党组副书记、副主任陈海清为组长的调研组深入扎囊县5个乡镇和部分代表小组活动室对县乡人大工作开展情况进行专题调研。

24日 自治区副主席、市委副书记、市长普布顿珠到扎囊县桑耶镇松卡居委会调研防汛救灾和产业发展工作情况。

26日 扎囊县召开县委2020年上半年意识形态工作专题会议，县委书记雷丰主持并讲话。

同日 县创城办、人民法院、信访局、商务局、城管局等部门开展文明交通劝导、发放分类垃圾桶、整治占道经营、对加油站安全检查等工作，助力扎囊县创城行动。

同日 扎囊县召开《习近平谈治国理政》第三卷学习推进会，县委书记雷丰主持并讲话。县级领导、各乡（镇）主要负责人、县（中）直各单位主要负责人参会。

27日 重庆市政协副主席、市信访办主任徐代银带领调研组到扎囊县调研。自治区政协社会法制外事委员会副主任强巴扎西、自治区政协办公厅后勤服务中心副主任索朗、市政协副主席洛桑扎西、市政协副秘书长次仁单增、县政协副主席达娃索朗等一同调研。调研组以"看、查、访、听"的方式到扎囊县氆雕工艺农民合作社和扎唐唐卡技艺学校就新经济新业态下灵活就业情况进行全面了解。

9月

3日 市委副书记格桑深入基层党支部工作联系点——扎囊县吉汝乡德吉林村党支部和扎囊县氆雕工艺非公党支部，调研指导软弱涣散基层党组织整顿工作，讲授专题党课，宣讲解读中央第七次西藏工作座谈会精神，就下一步抓好学习贯彻落实提出要求。

同日 扎囊县召开民族团结进步示范点"九个一"工程打造暨九月民族团结宣传月活动动员部署会。县委副书记、敏珠林寺管会党组书记李世能主持并讲话。

6日 共青团株洲市委党组书记、书记武挪强带领株洲市青年企业家协会部分爱心人士一行9人先后赴县中学和朗塞岭完小开展捐赠活动，县委常委、副县长汤立参加活动。

7日 扎囊县召开县委常委会（扩大）会暨理论学习中心组学习会专题学习中央第七次西藏工作座谈会精神，县委书记雷丰主持并讲话。

8—9日 由株洲市委副书记王洪斌带队的一行考察团到扎囊县进行考察，与扎囊县共同推动对口支援工作，看望援藏干部人才。扎囊县委书记雷丰，县委副书记、县长唐勇，县委副书记、人大常委会主任巴桑次仁，县委常务副书记欧雷等出席活动。

9日 国家督学、江西省教育厅原副厅长、调研组副组长杨慧文一行5人到扎囊县调研指导"三区三州"教育扶贫成效及"一村一幼"工作。

14日 扎囊县启动以"网络安全为人民、网络安全靠人民"为主题的网络安全宣传周活动。

17日 扎囊县召开2020年县委机构编制委员会第一次会议。县委书记、县委机构编制委员会主任雷丰主持。县委副书记、县长唐勇，县委常委、组织部部长黄健等参加会议。

同日 自治区副主席甲热·洛桑丹增到扎囊县为全县县级干部和县直部门主要负责人作专题宣讲。县委书记雷丰主持宣讲会。

21日 2020年扎囊氆氇文化旅游节在县文化体育公园开幕。该届氆氇文化旅游节以"天上氆氇锦绣扎囊"为主题，由中共扎囊县委员会、扎囊县人民政府主办。

22日 扎囊县举办"走进锦绣扎囊共享丰收

喜悦”农民丰收节。

27日 中国共产党扎囊县第九届委员会第六次全体会议召开，县委书记雷丰代表县委常委会讲话。大会宣读并通过《中共扎囊县委员会关于贯彻市委一届五次全会全面加强新时代党的建设实施意见（讨论稿）》。

28日 扎囊县召开民族团结进步表彰大会。县委书记雷丰出席并讲话。会议宣读了《中共扎囊县委员会扎囊县人民政府关于表彰2020年全县民族团结进步模范集体和个人的决定》。表彰了11个民族团结进步模范集体和15名模范个人。

10月

3日 西藏格尔增养殖有限责任公司举行开业典礼。县委书记雷丰、县人大常委会副主任、吉汝乡党委书记达娃出席活动。

5日 扎囊县新时代文明实践中心开展“保护雅江河畔扎囊志愿者在行动”志愿服务活动。县委书记雷丰等参加活动。

10日 县委书记雷丰主持召开县委常委会（扩大）会议暨理论学习中心组专题学习会，县委常委班子成员围绕学习贯彻中央第七次西藏工作座谈会精神，结合分管领域工作实际作发言。

12日 自治区党委政法委二级巡视员、宣教处处长刘文淼带队的自治区宣讲团到扎囊县开展中央第七次西藏工作座谈会精神宣讲工作。

13日 扎囊县召开全县基层党建暨强基础惠民生工作推进会。县委常委、组织部部长黄健主持并讲话。

20日 扎囊县召开“四讲四爱”群众教育实践活动第三节点总结暨第四节点部署会，县委书记雷丰出席并讲话。

21日 市委常委、组织部部长张定成赴联系点阿扎乡宣讲中央第七次西藏工作座谈会精神。阿扎乡全体干部、村“两委”班子、驻村工作队员及群众代表共40人参加会议。

同日 扎囊县召开县委政协工作会议，深入学习习近平关于加强和改进人民政协工作的重要思想，认真贯彻落实中共中央、区党委决策部署和市委工作要求，回顾政协工作成绩，总结政协工作经验，部署当前和今后一个时期扎囊县政协工作。

同日 扎囊县举行农村客运班线开通仪式。市道路运输管理局局长巴桑次仁、县委书记雷丰、县政府副县长次仁罗布出席。扎囊县农村客运班线的开通，切实解决广大农牧民群众“出行难、乘车难、乘车不安全”的实际问题。

22日 市委常委、统战部部长、政协党组副书记丹增深入扶贫联系点扎囊县扎其乡，以座谈形式宣讲中央第七次西藏工作座谈会精神。

23日 自治区人大常委会副主任、市委书记、市委“不忘初心、牢记使命”主题教育领导小组组长许成仓深入扎囊县部分乡镇、寺管会，以“问情况，看方案，查资料，翻台账”，与基层党员干部、广大群众、寺庙僧人交流座谈等方式，深入细致调研基层“不忘初心、牢记使命”主题教育开展情况。市委常委、秘书长赫沛陪同调研。

同日 扎囊县组织干部职工集中收听收看“纪念中国人民志愿军抗美援朝出国作战70周年大会”直播实况，干部职工认真学习领会习近平重要讲话精神。

25日 扎囊县召开基层党建工作现场会，现场督促、指导、点评、推动重点工作落实。县委书记雷丰出席并讲话。

26日 市委组织部常务副部长曹祖宇深入扎囊县桑耶镇乃卡村、阿扎乡阿扎村宣讲中央第七次西藏工作座谈会精神，县委常委、桑耶镇党委书记索朗多布杰，县委常委、组织部部长黄健，市委组织部组织科科长洛桑曲达出席宣讲会。

27日 扎囊县召开扶贫开发领导小组第七次会议，县委书记雷丰主持并讲话。

同日 扎囊县召开2019年度“秋冬季”村庄清洁行动表彰大会，市农业农村局二级调研员格桑扎西出席并讲话，县委书记雷丰作总结讲话，县委副书记李世能主持。

28日 扎囊县召开欢送湖南省株洲市第八批短期援藏专业技术人才座谈会。县委常务副书记欧雷出席会议并讲话，县委常委、组织部部长黄健主持。

29日 扎囊县召开《扎囊县志（2001—2010）》终审会，志书通过终审评审。山南市委副秘书长索朗格桑出席会议并讲话，县委常委、副县长扎西多布杰参加，县人大常委会副主任、扎唐镇党委书记赵永主持，各乡（镇）、县（中）直各部门负责人参加会议。

11月

2日 扎囊县举行2020年扎囊县农牧民自发赴祖国其他省“走出大山”活动启动仪式，县委书记雷丰出席并讲话，县委常委、副县长扎西多布杰主持。

同日 山南市人大常委会党组副书记、副主任陈海清赴扎唐镇宣讲中央第七次西藏工作座谈会精神，扎唐镇干部职工等72人参加宣讲会。

6日 新一代（新4代机）直播卫星接收设备在扎囊县测试成功，扎囊县成为全国第一个新一代直播卫星“户户通”接收设备测试县。

同日 “党的光辉照边疆边疆人民心向党”——山南市中央第七次西藏工作座谈会精神文艺巡回宣讲活动在扎囊县章达村易地扶贫搬迁点开展，市委宣传部副部长索朗德吉出席活动。

同日 扎囊县召开常态化新冠肺炎疫情防控工作推进会议，再次部署秋冬季新冠肺炎疫情防控常态化工作。

8日 扎囊县举行新一代（第4代机）直播卫星广播电视系统试点村设备发放安装仪式。山南市广播电视局局长严乃锦出席并讲话，县委常委、宣传部部长陈奎胜参加仪式。

10日 市委宣传部副部长扎西朗杰到扎囊县调研宣传思想文化工作。县委宣传部常务副部长白珍陪同。

同日 县委书记雷丰主持召开县委理论学习中心组学习会，深入学习中共十九届五中全会精神，并就扎囊县学习贯彻中共十九届五中全会精神进行再部署。县级领导、各乡镇主要负责人、县（中）直各单位负责人参会。

12日 县中心医院吉汝分院、阿扎分院揭牌仪式举行。县委常务副书记欧雷、副县长央拉出席仪式。

同日 扎囊县开展“拎起布袋子扔掉白袋子”主题宣传活动，大力宣传绿色环保理念和绿色生活常识。

13日 扎囊县召开市平安建设（综治）工作考评验收组意见反馈会。市编办副主任、市考评验收组组长边旦次仁出席并讲话。

同日 扎囊县召开平安建设（综治）工作专题会。县委常委、政法委书记、公安局局长索朗巴珠出席并讲话，相关部门主要负责人参加。

16日 扎囊县召开软弱涣散村级党组织巩固提升及党员群众服务活动中心功能提升现场会，县委书记雷丰，县委常委、组织部部长黄健出席现场会。

17日 扎囊县举办“党的光辉照边疆、边疆人民心向党”中央第七次西藏工作座谈会精神知识竞赛，活动由县委组织部、县委宣传部、团县委共同举办，共有9个党总支参赛。

同日 扎囊县开展以“疫情就是命令、防控就是责任”为主题的秋冬季新冠肺炎疫情处置应急演练。

19日 中国共产主义青年团扎囊县第八次代表大会召开，团县委书记丹增代表共青团扎囊县委员会作《高举团旗跟党走青春建功新时代团结带领团员青年践行使命共筑中国梦》的工作报告。

23日 扎囊县召开“遵行四条标准争做先进僧尼”教育实践活动观摩现场会。县委书记雷丰，县政协主席达娃，县委副书记李世能，县委常委、统战部部长尼玛次仁一同指导。

24日 中国共产党扎囊县第九届委员会第七次全体会议召开。县委书记雷丰代表县委常委会向全会作报告，县委副书记、县长唐勇主持。会议审议通过县委工作报告和《中共扎囊县委员会关于贯彻落实〈中共山南市委员会关于贯彻落实中央第七次西藏工作座谈会精神进一步推进山南长治久安和高质量发发展的实施意见〉的责任分解方案（讨论稿）》。

27 日 中共十九届五中全会精神自治区宣讲团到扎囊县宣讲。自治区宣讲团成员、区党委统战部副部长黄志辉作宣讲报告，县委副书记、人大常委会主任巴桑次仁主持。

28 日 扎囊县首届农民运动会在县体育公园拉开帷幕。自治区体育局群众体育处处长姚永，市总工会党组书记、副主席次仁，市农业农村局副局长王爱民，市教育（体育）局副局长贡布等出席，县委书记雷丰致辞。运动会为期 3 天，吸引扎囊县 5 个乡（镇）、62 个行政村（居）的 450 多名农牧民运动员参与角逐。

29 日 县委副书记、县长唐勇主持召开县委理论学习中心组学习会，就近期习近平关于各领域重要讲话和重要批示精神进行学习。

30 日 县委宣传部、县委政法委、县法院、县检察院等各普法成员单位开展以“深入学习宣传习近平法治思想大力弘扬宪法健精神”为主题的“12·4”国家宪法日法制宣传活动。

12月

6—13 日 应株洲市教育局邀请，副县长丹增平措带领扎囊县教育考察团到株洲市进行为期 8 天的考察学习。

9 日 扎囊县村（社区）“两委”换届前期准备工作动员部署会召开。县委常委、组织部部长黄健主持并讲话。

11 日 教育部民族教育司司长朱小杰等到扎囊县调研，自治区教育厅厅长尼玛次仁，市教育局党组书记、局长赤列边巴，扎囊县委副书记、县长唐勇等陪同调研。

16 日 扎囊县召开今冬明春新冠肺炎疫情防控工作调度会。县委副书记、人大常委会主任巴桑次仁出席并讲话。

同日 扎囊县妇女第八次代表大会开幕。县委副书记、政府县长唐勇出席并讲话，县委常委、组织部部长黄健主持，副县长央拉参加会议。

同日 以“党的光辉照边疆、边疆人民心向党”为主题的文艺下乡演出活动在久麦村开展，山南雅砻民族艺术团以群众喜闻乐见的文艺形式让中央第七次西藏工作座谈会精神深入人心。

17 日 中共十九届五中全会精神山南市宣讲团赴市第三高级中学宣讲。市委宣传部副部长索朗德吉出席，市委党校综合教研室副主任李园作报告。

22 日 扎囊县举行教育系统 2019—2020 年绩效考核先进单位会暨先进个人颁奖典礼。

24 日 扎囊县召开县委理论学习中心组学习会，就中央经济工作会议精神、近期习近平关于各领域重要讲话和重要指示批示精神进行学习，研究扎囊县贯彻意见，县委副书记、县长唐勇主持。

25 日 市政协副主席蒋明浩一行到扎囊县调研、宣讲中共十九届五中全会精神，县委常委、宣传部部长陈奎胜一同调研。

同日 扎囊县召开 2020 年度党组织书记抓基层党建工作述职评议会议，县委书记雷丰主持，市委组织部副部长刘猛到会指导。

同日 山南市委副书记、常务副市长汪华东到扎囊县宣讲中共十九届五中全会精神，县委书记雷丰主持，县级干部及相关单位负责人参加。

25—28 日 县委书记雷丰深入部分乡（镇）调研指导村（社区）“两委”换届工作。

扎囊概况

综述

【基本情况】 扎囊县位于雅鲁藏布江中游、山南市西北部、冈底斯山南侧。县境地跨北纬28°27′50″～29°34′53″、东经90°3′34″～90°38′6″。全县平均海拔3620米，地势中间低两边高，主要以山地为主，具有明显的高原河谷垂直气候。距西藏首府拉萨100千米，距山南市政府所在地泽当45千米。扎囊县总体气候属于高原温带半干旱季风气候，气候总体特征为冬长夏短、春秋相连，冬季寒冷干燥，冬春季多风沙且降水少。

2020年，全县辖3个乡、2个镇、62个村(居)，全县总人数39013人，总户数9793户。其中城镇人口1845户3334人；农牧民7948户35679人。全县总面积2173平方千米，主要以第二、第三产业为主，农业包括青稞、小麦(冬小麦)、油菜、豌豆等；畜牧业包括牦牛、黄牛、犏牛等。国家级野生保护动物有黑顶鹤、獐、鹿、褐马鸡等，已探明矿产资源有大理石、方解石、硅质岩、汉白玉、烙铁、锑、铜、铁、陶土等。主要旅游景点：西藏第一座佛法僧俱全的桑耶古寺AAAA级旅游景区一处、著名藏香生产地敏竹林寺AAA级旅游景区一处，扎央宗溶洞AA级旅游景点一处。特色产品有氆氇、虱雕、敏竹林寺藏香、手工藏帽和陶瓷等。

2020年，扎囊县全年完成地区生产总值18.02亿元，同比增长7.7%；分别完成一、二、三产增加值0.92亿元、11.39亿元、5.7亿元，同比增长8.8%、10.9%、0.9%；受S5项目影响，完成全社会固定资产投资12.84亿元，同比减少10.9%；实现社会消费品零售总额2.26亿元，同比下降1.7%；实现财政收入4394万元，同比减少0.2%；税收收入4772万元(其中减税降费3908万元)；农牧民人均纯收入达到14654元，同比增长13%；发放贷款3.4亿元，同比增长42.25%；全年供电量3369.51万千瓦时，同比增长19%；城镇登记失业率严格控制在3%以内。

【农牧产业】 2020年，在确保粮食安全的基础上，进一步优化调整种植结构，扎囊县2020年农作物面积达7.556万亩，粮食作物5.5741万亩、经济作物1.213万亩、饲草料0.769万亩。粮、经、饲比例调整为74∶16∶10。全县粮食产量2.595万吨，比2019年增长240.93吨。全县青稞面积3.58万亩，青稞产量14492.92吨，比2019年增长112.36吨。扎囊县种子田建设面积4700亩，均为二级种子田。全县二级种子田通过自治区级验收。扎囊县通过建设良种繁育基地等措施，推广藏青2000号、喜拉22、山青9号、山冬7号等一批优良品种，扩宽群众优良品种销售渠道，促进农业节本增效。全年预计销售种子75万公斤，实现增收450万元。山南市农业农村局及时解决种子、地膜、有机肥等折合人民币80万余元。扎囊县种植2367.06亩，其中桑耶镇900亩、阿扎乡350亩、扎其乡800亩、扎唐镇94亩、吉汝乡223.06亩。扎囊县与各村(居)签订计划任务责任书,其中项目实施的玉米种子和地膜有政府统一采购,并派专业技术人员进行技术指导。各村(居)种植、灌溉、防虫等各项田间管理工作,年底按每吨800元收购,按每亩产5.5吨,促进群众增收880万元。

【经济建设】 全年,开工建设项目89个,总投资113.30亿元,完成固定资产投资12.84亿元。在各行业部门的积极作为及通力协作下,拉林铁路(扎囊段)、易地扶贫搬迁、矮化苹果、卓普搬迁等重大项目稳步推进。在重点项目的支撑下,扎囊县2020年固定资产投资发展平稳,基础设施建设得到明显改善,有利促进推动经济社会快速发展。

【基础设施建设】 2020年,完成卓于水库搬迁点、桑耶阿扎新增易地搬迁点项目,株洲大道、友谊路全面升级改造。吉汝乡完小教职工宿舍及环形塑胶运动场等28个项目交付,惠及师生3932人。县城至吉汝乡公路、桑玉公路等8个交通项目建成通车。阿扎乡堤防工程等3个水利项目投入使用。桑耶镇洛村扶贫搬迁安置点林草兼种示范等3个项目通过验收。朗赛岭庄园安防、扎唐寺消防改造工程正式启用。桑耶幼儿园、县中心医院门急诊综合楼等7个项目加紧建设。雅江风光带旅游基础设施一期项目已竣工。全年落实计划内援藏资金2000万元,卓普村易地搬迁安置点项目完成工程总量的70%。

【教体事业】 2020年,扎囊县教体事业屡创新高,"五个100%"目标全面实现。小学、初中毛入学率、巩固率均达100%。资助大学生1764人次,落实资金1229.9万元。足额兑现"三包"经费,特别是延迟开学期间,全县中小学停课不停学,开展网络教学,师生参与率达100%。2020年,中考总成绩、小考体检录取人数居十二个县(区)第一名,创历史新高。举办首届扎囊县农民运动会,1400余名农牧民群众参与其中。

【医疗卫生】 2020年,扎囊县卫生工作质效双提,火速建设核酸检测实验室并投入使用。大力推进医联体建设,实施县、乡、村医疗卫生机构能力提升工程。大病集中救治人数达到2268人。农牧民免费健康体检1.8万人,门诊就诊7.78万人次,收治住院病人1092人。住院分娩420人,分娩率达100%。社会保障扎实推进。全面落实各项惠民政策,兑现临时救助、低保等各类补贴资金共计1221.08万元。落实各类优抚资金141.53万元。完成县域内医保系统单位、定点医疗机构等7个信息平台录入工作。

【文旅事业】 举办2020扎囊氆氇文化节。创作以"脱贫攻坚、民族团结"为主题的文艺作品6个。组建62个村(居)文艺演出队,全年开展文化活动155场;播放电影419场。打造藏草旅游休闲园等3处"网红打卡地",扎囊饭店被评审为三星级酒店。全年接待游客26.7万人次,创收3100万元。

【社会保障】 2020年,扎囊县社会保障扎实推进。全面落实各项惠民政策,兑现临时救助、低保等各类补贴资金共计1221.08万元。落实各类优抚资金141.53万元。完成县域内医保系统单位、定点医疗机构等7个信息平台录入工作。473名高校毕业生实现就业,就业率达99.79%。实现农牧民转移就业10723人,创收9394万元。

【生态环保】 2020年,扎囊县牢固树立"两山理论",以坚持打造生态文明高地为目标,注重"护"与"治"施策。广泛开展国土绿化行动和市、县两级"万人万亩义务植树"活动,植树造林1874亩。严格落实"河湖长制",地表水、饮用水水源地水质全面达标。环境空气质量持续保持良好,2019年县域生态环境保护考核获得优秀等次。严格执行耕地"占补平衡"制度,全县永久基本农田保护面积8.05万亩,耕地保有量10.35万亩。全县化肥、农药施用量保持"零增长"。完成134个固定污染源排污许可网上登记工作。深化生态环境"六大专项整治行动",人居环境明显改善。

【安全生产】 2020年，扎囊县开展安全生产执法检查26次，安全隐患排查46处，下发责令限期整改指令书5份，全部整改到位；全县各执法部门综合监管1064次，发现隐患582处，下发执法文书292份，停产整顿12家，处罚金额48400元，全部整改到位，全县形成“一级抓一级，层层抓落实，齐抓共管”的良好格局，有效促进了安全生产工作责任的全面落实。

【脱贫攻坚】 2020年，累计实现结对帮扶资金140万余元，解决实际困难问题230余件。统筹整合脱贫攻坚资金，实施基础设施建设项目24个，完成投资6552.71万元，带动260户1040人增收450万元。实现建档立卡贫困户就业2537人，创收1668万元。落实精准扶贫小额信贷349户1736万元。洛村2000亩矮化苹果种植项目完成投资近1亿元，带动400户1500余人增收750万元。大力扶持“小微企业”，分别创建农牧民专业合作社国家级2家、区级7家、市级7家、县级36家。西普农业捐款扶贫资金500万元，彰显企业担当。

【援藏工作】 2020年，援藏工作队始终把改善民生条件作为援藏工作的出发点和落脚点，全力推进援藏项目落地落实。实施了计划内投资2000万元的卓普村易地搬迁项目，推动实施了计划外投资240万元的村居组织建设能力提升项目和彩虹桥建设项目。同时，积极协调推动援藏“十四五”项目建设库，储备计划内项目14个，投资1.3亿元。

【招商引资】 扎囊县依托得天独厚的区位、交通、资源、产业等方面的优势，大力夯实招商基础、创新招商思路、转变招商策略，实现招商引资工作的新突破。2020年，成立扎囊县招商公司，利用招商平台公司进一步优化扎囊县招商工作。通过“走出去、引进来”的招商模式，累计接洽企业20余家，达成签约投资项目2个，协议总投资约19.1亿元，达成初步投资意向3个；坚持做好招商、引商、稳商工作，全年2020年开复工建设项目9个，新开工项目2个，分别是西藏涵丰农业科技有限公司扎囊县特大桥北区域造林绿化工程之经济林及苗圃建设项目，计划总投资1.7亿元，占地面积约1500亩；西藏绿之源现代农业科技股份有限公司扎囊县智慧农业建设项目，计划总投资2亿元，流转项目用地3500亩，现投资完成7200万元。

中国共产党扎囊县委员会

综述

【概况】 2020年，扎囊县委团结带领各族干部群众增强“四个意识”，坚定“四个自信”，做到“两个维护”，坚持以习近平新时代中国特色社会主义思想为指导，深入学习贯彻中共十九大和十九届二中、三中、四中、五中全会及中央第六次、第七次西藏工作座谈会精神，贯彻落实习近平关于西藏工作的重要论述和新时代党的治藏方略，贯彻落实区党委九届三次、四次、五次、六次、七次、八次全会精神，按照市委一届三次、四次、五次、六次全会部署要求，紧紧围绕全面建成小康社会的宏伟目标，坚持稳中求进工作总基调，坚持以人民为中心的发展思想，正确处理好“十三对关系”，全面加强新时代党的建设，统筹推进疫情防控和经济社会发展，各项事业取得了显著成效。

【理论学习】 年内，扎囊县委按照“学懂、弄通、做实”的要求，先后召开县委常委会会议、理论学习中心组学习会30次，深入学习《习近平谈治国理政》第一、二、三卷，习近平关于西藏工作的重要论述和新时代党的治藏方略，及时跟进学习习近平重要讲话和重要指示批示精神，结合扎囊县实际，认真研究贯彻落实意见，推动党员干部理论武装实现真学真懂、真信真用，不断提升用党的创新理论武装头脑、指导实践、推动工作的能力和水平。

【经济建设】 经济总量。全年完成地区生产总值18.02亿元，同比增长7.7%；全社会固定资产投资12.84亿元，同比减少10.9%；全社会消费品零售总额2.26亿元，同比下降1.7%；实现财政收入4394万元，同比减少0.2%；税收收入4772万元；农牧民人均纯收入达到14654元，同比增长13%；发放贷款3.4亿元，同比增长42.25%；全年供电量3369.51万千瓦时，同比增长19%；城镇登

2月4日，县委书记雷丰深入村（居）调研疫情防控工作

记失业率严格控制在3%以内。

战“疫”增收。坚持统筹推进新冠疫情防控和农牧民持续增收工作，制定《扎囊县关于在新冠肺炎疫情防控环境下促进农牧民增收工作方案》，提出“体内损失体外补、左手亏损右手补、年初收入年后补”的工作思路，通过采取“五个钱袋子”增收举措，投入资金94.07万元购买发放氆氇编制架190个，并对氆氇编织提出了“三个一”工作要求，即“每户都必须有一台氆氇机、每台氆氇机不能空闲一周以上、每台氆氇机每年创收一万元以上”；销售各类苗木37万株，劳务输出1000余人次，增收574万元以上；推广良种种植52496亩，实现增收510万元以上，完成青饲玉米种植2000亩，促进群众增收880万元以上；创新“以买代帮、帮买帮卖”等结对帮扶方式，促进群众增收120万余元；安排县工会优先采购藏式辣椒、藏鸡蛋、菜籽油、糌粑等本地企业扶贫产品，促进增收100.32万元；通过扶贫产业，为全县建档立卡贫困户1411户分红498.05万元；帮助群众以资金入股西普农业，每年按照入股资金的10%参与固定分红，实现“农民变股东、贫民变股民”和长期稳定增收的目标；接受西普农业捐款500万元；县商务局创新举措，邀请网红嘉绒姐姐阿娟进行网络直播，销售金丝帽等扶贫产品。县农行完成精准扶贫小额信贷发放349户1736万元；县邮政主动出击，为扎囊县扶贫产品搭建网络销售平台，为全县贫困群众发展生产、增收致富提供了坚强的支撑和保障。

11月19日，县委书记雷丰深入扎其乡调研脱贫攻坚工作

【社会建设】 教育事业。强势推进“教育强县”战略，持续加大本级财政投入力度，落实“三包”经费536.31万元、营养改善经费136.23万元、大学生资助1047.88万元。全面巩固控辍保学成果，送教上门率达到100%。积极开展疫情期间“停课不停学”活动，多平台、多形式开展网络教学。有效推进教育事业均衡化发展，教育质量稳步提高，实现了“重振旗鼓、奋起直追、再夺旗帜”的目标。2020年，夏如村和德吉新村幼儿园分别被评为市级一类、二类幼儿园。中考总成绩全市12个县（区）排第一名，小考体检全市12个县（区）录取人数第一名，创历史新高。

医疗事业。积极推进县域紧密型医共体建设，继续落实“一体化”服务和“先住院后结算”制度。深入开展健康扶贫工作，入户随访服务7964户23339人，签订家庭医生协议户7348户，实施家庭医生签约服务11948人，送医送药385人次。建设高海拔村居和寺庙“温馨氧吧”供氧设施，为高海拔驻村驻寺干部和广大群众创造一个温馨舒适的生活工作场所。加大与市人民医院、健民医院对接力度，包虫病、结核病、慢性病等防治救治工作得到全面加强，“两降一升”“两癌”筛查工作成效显著。特别是在疫情防控期间，各级医疗机构和医务人员讲政治、顾大局，坚守岗位、逆行而上、辛勤工作，为打赢疫情防控人民战争、总体战、阻击战做出无私奉献。

文化事业。全力打造氆氇之乡、智慧扎囊文化品牌，举办2020扎囊氆氇文化节暨农民丰收节，举办吉汝“阿布”文化节、松卡第二届“非遗·卓舞”民俗文化节，开展“非遗传承健康生活”主题系列活动，积极申报并获批市级非遗项目3个。加快推进新时代文明实践中心（所、站）和乡镇文化站建设，组建62支村级文艺演出队。大力开展文化市场综合整治等工作，通过“查制度、查管理、查隐患”，确保文化市场及其经营场所安全稳定。

社会保障。举办农牧民实用技能培训12期357人，实现转移就业9295人，其中建档立卡贫困群众2866人，创收7180.4万元，人均创收7725元，城镇登记失业率严格控制在3%以内。扎实推进2020年应届高校毕业生就业工作，就业率达到98.3%。兑现4683名60周岁以上老人养老金637.34万元，兑现城乡低保五保、残疾人“两项补贴”、临时救助等649.42万元。退役军人各项保障政策落实到位。全面推进“互联网+政务服务”平台建设。移动、电信通信信号实现全覆盖，并得到进一步加强。出资400余万元购买农村客运车辆，开通农村客运班线，超前完成建制村100%通车的要求，切实解决广大农牧民“出行难、乘车难、乘车不安全”问题。积极推进松卡沟、阿扎村减灾救灾和灾后恢复重建工作，最大限度降低山洪和泥石流灾害造成的损失，最大限度保障人民群众生命财产安全。

创城工作。围绕基础设施建设、环境综合整治、文明素质提升、未成年人思想道德建设等工作，组织实施株洲路改造提升、县城美化亮化、体育公园建设、农耕文化广场、新时代广场及沿江路彩虹桥建设等项目，全面推进藏语言文字规范使用，进一步改善了县城面貌，提升了城市功能和品位。积极开展“保护雅江河畔扎囊志愿者在行动”“烟头不落地扎囊更美丽”及感党恩教育等系列活动，充分利用微光公益爱心存折，对志愿者服务进行量化积分，志愿服务形成良性循环。组织农牧民开展“走出大山”赴其他省旅游活动，感受祖国繁荣发展，学习先进、开阔眼界，积极宣传西藏的好政策、好发展、好生活，不断增强“五个认同”。先后共有73名群众参加“走出大山”赴其他省旅游活动，发放奖励资金14.6万元。

【生态环境】 时刻牢记总书记“保护好青藏高原生态就是对中华民族生存发展的最大贡献”重要指示精神，把生态文明建设摆在更加突出的位置，坚决打好蓝天、碧水、净土三大保卫战，统筹推进山水林田湖草沙治理，持续巩固消除“无树村”“无树户”和“见缝插绿”工作成效，着力打造雅江中游“百里生态走廊”和“湘藏生态走廊”。严厉打击整治各类环境违法行为，完成134个固定污染源排污许可登记；从严从实履行河长制、湖长制责任，加快实施污染治理项目，污水处理厂顺利通过山南市环保竣工验收；化肥、农药施用量实现“零增长”；稳慎推进白鸡山、孤西鸟采石场生态修复工作。组织召开农村人居环境整治现场会，积极开展“美丽中国，我是行动者”等活动，对先进乡镇和村居进行表彰。积极实施重点区域、“两江四河”、拉萨周边防护林等生态安全屏障建设项目，实施国土绿化行动义务植树4次，植树约30万株。强力推进中央、自治区环保督察反馈问题整改，中央环保督察反馈问题整改已完成59个，达到序时整改9个；自治区环境保护督察整改

9月21日，县委书记雷丰在扎囊县氆氇文化节开幕式上致辞

销号6大项22小项,达到序时整改5项。通过自治区生态县建设考核验收,创建自治区级生态文明示范村1个,提档升级自治区级生态文明示范村2个。

【维护稳定】 牢固树立稳定意识。坚持把维护稳定作为第一位的工作任务,坚持“稳”字当头、稳定压倒一切的思想,准确把握和深刻领会中央、区、市对当前维稳形势的科学研判,以防患于未然为原则做工作、以防止出大事打基础做准备、以敢于担当落实责任为标准看干部,强化底线思维、增强忧患意识、发扬斗争精神,不折不扣落实维稳各项工作。

统筹抓好全面稳定。坚持党政军警民联防联控机制,积极发挥“双联户”“红袖标”“四护队”“平安志愿者”等群防群治力量作用,全力维护元旦、疫情、春节、藏历新年、全国“两会”、萨嘎达瓦节及十九届五中全会、中央第七次西藏工作座谈会等节点社会局势和谐稳定。

加强宗教领域管理。全面落实《宗教事务条例》、自治区“五项”宗教领域管理工作意见和“三个不增加”要求,加强寺庙和僧尼管理,深入开展“遵行四条标准、争做先进僧尼”“四讲四爱”等教育实践活动。

全面加强意识形态工作。严格落实意识形态工作责任制,召开县委常委会会议和意识形态工作领导小组会议,专题研究部署意识形态工作,牢牢把握意识形态工作领导权、话语权和主动权。按照“两个侧重”的要求,坚持把培育和践行社会主义核心价值观作为凝魂聚气、强基固本的基础工作,广泛深入开展感党恩教育,深入宣讲习近平和中共中央对西藏各族人民的特殊关怀,深入宣讲西藏和扎囊县各项事业取得的历史性成就,加强各类阵地管理和舆论引导,为全县改革发展稳定营造良好的舆论环境。

安全生产有效管控。坚持人民至上、生命至上,牢固树立安全生产底线红线意识,严格落实“两监督一促进”实施办法,多次组建联合检查组,加大对道路交通、建筑工地、消防安全、食品药品、娱乐场所等重点领域、重点行业、重点部位的排查力度,加强对油料供应和销售使用管理,开展各类安全生产检查40余次;从严强化疫情防控,对各学校、农贸市场、餐馆、超市、药店等开展执法监督2328户次,检查各类食品经营单位2121户次,没收过期、假冒伪劣、三无等商品30余种,确保人民群众生命安全和身体健康。

【脱贫攻坚】 加强领导固成果。先后召开县委常委会会议、领导小组会、指挥部专题会等22次,研究部署巩固提升脱贫攻坚成果,及时调整充实扶贫开发领导小组,并始终保持县、乡、村三级脱贫攻坚干部队伍稳定。突出加大易地扶贫搬迁点配套设施建设力度,积极稳妥推进“三岩”片区搬迁点矛盾纠纷处置工作,重点在“融入融合”上做文章下功夫,推进“住得下、能融入、促增收、创和谐”的格局。

统筹资源提成效。持续推进“五个一批”和“十项提升工程”,整合扶贫项目13个,总投资1.688亿元;三区三州项目13个,总投资1354.77万元;及时申报2021年扶贫项目10个,总投资8.5亿元。安排生态岗位3694个,兑现资金646.45万元。3个易地扶贫搬迁点全部建成并投入使用,搬迁入住率100%;投入758.22万元实施高海拔村居、偏远村组等安全饮水工程,惠及各族群众1300余人,146个水源点水质检测全部达标。

多措并举促转变。按照“四个不放过”工作要求,即:守住返贫底线不放过、抓住产业发展不放过、盯住群众增收不放过、揪住干部责任不放过,持续推进“十小进农家”、“3355”工作法、“文明三字经”、“一包到底”、“扶贫夜校”等工作,全面加强思想教育和正向激励,进一步消除“等靠要”思想和“红眼病”问题,不断增强了农牧民群众“我要富”的强烈愿望。

督促整改求实效。全面推进中央脱贫攻坚专项巡视“回头看”、国家烟草项目专项审计、市“大督战、大排查”等反馈问题整改工作,创新提出“八个不”“三除三换三做”“四个最后”“六个一次”及“12345”追责措施。实现“五个空前”,即群众生产生活条件得到空前改善;村容村貌及群众文明程度得到空前提升;干部群众关系得到空前加强;群众满意度、幸福感、安全感得到空前

10月28日，县委常务副书记欧雷在阿扎乡宣讲中央第七次西藏座谈会精神

提高；感党恩思想得到空前升华。按照“专门人员、专门办公室、专门经费、专门车辆”“四专”要求，组建县委脱贫攻坚监督检查办公室，对全县3个乡、2个镇、62个村（居）进行两轮全覆盖、拉网式督导检查，下发督查通报5期，发现问题286个，立行立改286个，消除了脱贫攻坚工作中存在的薄弱环节。

建立健全返贫机制。严格按照“稳定、巩固、提升”的工作要求，研究制定《扎囊县防止返贫十条措施》，建立健全防返贫监测预警机制和县、乡、村三级责任体系，动态完善防止返贫数据信息库。按照“精准施策”“分类施保”的原则，坚持“输血”与“造血”相结合，社会救助与精准扶贫相衔接，实施“渐退帮扶”措施，为建档立卡贫困户和低保户购买防止返贫保险，确保不产生新的返贫问题。

【党建工作】 民主政治建设。大力支持县人大常委会及专委会依法履行职能，县人大常委会深入开展执法检查、代表视察、干部任免、建议督办等工作。大力支持县政协履行政治协商、民主监督、参政议政职能，县政协共收到提案32件，立案32件，交办率100%，答复率100%、满意率91%。大力支持工会、团委、妇联、工商联、法院、检察院、司法、老干部局等部门立足职能、行使职权，民主政治建设得到强化。

基层组织建设。坚持把政治纪律和政治规矩挺在前面，巩固深化“不忘初心、牢记使命”主题教育成果，深入开展“不信教、不参教、做新时代合格党员”活动，集中开展政治教育培训5期，深化实施村居干部文化素质提升工程，累计培训580余人次。

规范组织建设。持续做好党的组织和工作全覆盖，规范“两新”党组织设置10个，企业党组织覆盖率100%；理清教育、寺管会领域党组织隶属关系。打造9个村居党建示范点、5个机关党建示范点、3个“两新”党组织党建示范点，全面完成10个软弱涣散基层党组织整顿工作。选优配强村居“两委”班子成员，推进村居“两委”干部县级联审常态化，将桑耶社区“三岩”片区搬迁的1名村干部和章达村易地扶贫搬迁的2名村干部吸收到搬迁点村干部队伍当中。

提升党建水平。及时召开党建述职评议会、重点任务现场观摩会和重点工作自查考评活动，全面压实党建工作责任。严格按照党员群众服务活动中心“四个一切”要求，即一切为了群众、一切方便群众、为了一切群众、为了群众一切。着力推进村居活动场所标准化建设，组织召开“双提升”现场会，即软弱涣散村级党组织巩固提升和党员群众服务活动中心功能提升现场会，创新提出提升村级组织活动场所使用率“十项要求”和活动场所便民服务“14+”标准。拓展疫情防控党员“三包”要求，采取“133”工作法，深入开展“三包五带五促”活动，推进党员包片包户包人工作常态长效。强基惠民工作有序推进。积极谋划村居“两委”换届工作，将表现优秀、符合条件的乡村振兴专干纳入村级后备干部重点培养。

从严治党。严格落实全面从严治党的主体责任和监督责任，组织召开县委常委会会议和九届县纪委五次全会，专题研究部署党风廉政建设和反腐败工作。从严开展3轮政治巡察工作，实现本届县委任期内所有单位全覆盖，并适时组织开展巡察工作“回头看”，对6个村居开展专项巡察。规范审计工作，全面加大对重点部门、重点项目、重点工作等监督力度。严格落实习近平厉行节约、坚决制止餐饮浪费行为指示批示精神，推进从“少浪费”到“零浪费”工作。持续巩固反腐败斗争压倒性胜利，深入推进扶贫领域腐败和作风问题专项治理及形式主义、官僚主义监督检查，正确运用“四种形态”，受理问题线索16件，立案4件4人，给予党纪政务处分8人，下发违纪违法典型案例通报6起，收缴违纪资金23287元。全面落实中央八项规定及其实施细则精神和区党委、市委贯彻实施办法，扎实开展违反中央八项规定精神自查纠治和资金收缴工作，持之以恒加大监督检查力度，驰而不息纠正“四风”问题，促进了党风政风和社会风气持续向好。

【疫情防控】 严格落实防控责任。县委坚持闻令而动，迅速成立了疫情防控领导小组，建立完善以县级干部为组长的工作专班，及时召开专题会议传达学习和掌握中央和区市的决策部署，研究制定了疫情防控方案、应急预案等。建立由“四大班子”主要负责人和县委常务副书记任指挥长的五大防疫战区，从严实施了乡镇干部包村居、村“两委”班子和驻村工作队包组的疫情防控责任制，充分发挥了基层党组织坚强战斗堡垒和广大党员先锋模范作用，切实加强了组织领导、明确了工作责任、细化了防控举措。

【着力实现“六个全面”提升】

全面提升公共卫生意识。通过疫情防控责任、工作、物资等落实，各级党政公共卫生意识得到有力加强；防疫战线医务人员专业医技医德得到有效提高；干部职工政治意识、组织意识、纪律意识得到有效提高；人民群众和社会各界疫情防控观念得到有效增强。

全面提升崇尚科学意识。积极引导各族群众“信科学、不信鬼神”，自觉抵制各种愚昧、迷信和歪理邪说，特别是教育群众营造学科学、讲科学、重科学的浓厚氛围，真正用科学知识淡化宗教消极影响。积极引导各族群众“信政府、不信谣言”，通过新闻媒体、官方公众号等多种途径，大力宣传科学防疫知识，及时转发全国疫情动态，不断提升政府公信力。

全面提升基层社会治理能力。各乡镇、村居积极响应号召，关停辖区内餐馆、娱乐场所等，有效防止人员聚集；各级联防联控、群防群治力量全面加大巡逻劝导力度，确保辖区内安全稳定。

全面提升村容村貌。组织农牧民党员2000余人对公共卫生区域进行拉网式打扫，清理各类垃圾10余吨。这次活动既对全县各族群众进行了一次深刻的环保教育，又全面提升了城乡面貌和村容村貌，实现了村居洁净、整齐、美丽。

全面提升党性修养。按照“党组织带领、党员带头”的要求，有力有序组织广大党员、积极分子、发展对象等赴疫情防控一线经风雨、壮筋骨、纯党性，用实际行动诠释共产党员的初心使命和责任担当。

全面提升感党恩、听党话、跟党走信心决心。在疫情防控期间，组织工作人员、统筹资金、保障物资等方面更加感受到特殊情况下党的无比关心、恩重如山，更加坚定了各族群众感党恩、听党话、跟党走的信心和决心。

【会议】 2020年，县委常委会（含扩大会议）会议共召开24次。县委全委会会议共召开3次，分别为县委九届五次全会、六次全会、七次全会。

县委九届五次全会。2020年5月25日，县委九届五次全会暨县委经济工作会议召开。其主要任务是，坚持以习近平新时代中国特色社会主义思想为指导，全面贯彻落实中共十九大和十九届二中、三中、四中全会精神，深入贯彻落实中央和区党委、市委经济工作会议精神，总结2019年经济工作，分析研判形势，部署2020年经济工作。

县委九届六次全会。2020年9月27日，县委九届六次全会召开。其主要任务是，深入学习贯彻习近平关于党的建设的重要论述和新时代党的建设总要求，深入学习贯彻中央第七次西藏工作座谈会精神和新时代党的治藏方略，深入学习贯彻区党委和市委关于加强新时代党的建设工作的决策部署，全面总结党建工作，深入分析存在问题，部署今后的工作，推动扎囊县党的建设工作高质量发展，为实现“两个一百年”奋斗目标提供坚强的组织保障。

县委九届七次全会。2020 年 11 月 24 日，县委九届七次全会召开。其主要任务是，深入学习贯彻中央第七次西藏工作座谈会、区党委九届八次全会和市委一届六次全会精神，审议通过《中共扎囊县委员会关于贯彻落实〈中共山南市委员会关于贯彻落实中央第七次西藏工作座谈会精神进一步推进山南长治久安和高质量发展的实施意见〉的责任分解方案》。

（玉　金）

【机构领导】

县委书记
雷　丰（藏族）
县委副书记、政府县长
唐　勇
县委副书记、人大常委会主任
巴桑次仁（藏族）
政协主席
达　娃（藏族）
县委常务副书记
欧　雷（湖南援藏）
县委副书记、敏珠林寺管会党组书记
李世能
县委常委、组织部部长
李建斌（8 月免）
黄　健（8 月任）
县委常委、统战部部长
支　张（藏族，6 月免）
尼玛次仁（藏族，6 月任）
县委常委、宣传部部长
陈奎胜
县委常委、桑耶镇党委书记
索朗多布杰（藏族）
县委常委、政府副县长
汤　立（湖南援藏）
扎西多布杰（藏族）
县委常委、纪委书记、监委主任
骆　新
县委常委、政法委书记、公安局局长
索朗巴珠（藏族）

5月25日，扎囊县召开2020年上半年经济工作会议

办公室工作

【概况】 2020 年以来，县委办公室以习近平新时代中国特色社会主义思想为指导，在市委办公室的正确指导和县委的坚强领导下，紧紧围绕县委的决策部署和全县中心工作任务，高标准地做好服务发展、服务决策、服务落实的“三服务”工作，为全县各项工作的推进落实提供了有效保障。

【办文办会办事】 坚持发挥承上启下、协调各方的枢纽作用，充分保障县委工作正常高效运转。

全力以赴办好文。坚持执行“三审三校”制度，各类公文从起草、送审、会签、复核、登记、印制、分发到归档，既做到程序流畅、责任明确，又促进相互交流、互相学习。2020 年，牵头起草大型材料 90 余份，上报市委信息 370 余篇；下发县委红头文件 76 份、县委办红头文件 37 份、会议纪要 24 期。

全力以赴办好会。坚持“提前准备、分工负责、面面俱到”的办会原则，高标准承办县委常委会、县委全委会、县委经济工作会议等重要会议，协助各部门办好各类会议，全市脱贫攻坚大督战大排查、2020 扎囊氆氇文化节等重要活动。

全力以赴办好事。认真完成

好上级以及各位领导交办的各项事情,带头深入宣传落实“3355”、“十小进农家”、“三字经”、“走出大山”、疫情防控宣传等活动,特别是围绕统筹疫情防控和经济社会发展建言献策、督促落实。同时,做好基层减负、中央八项规定自查自纠、保密等工作,较好地完成了全年工作任务,推动了各项工作实施。

【自身建设】

坚持抓好队伍建设。始终坚持“团结、互助”的氛围,按照“分工不分家”的工作原则,鼓励每位成员以诚相待,虚心学习各位成员的长处;坚持民主集中制,有效解决工作中存在突出问题,营造公平公正的工作氛围,形成各司其职、各尽其能的良好氛围。

坚持抓好作风转变。严格贯彻落实中央八项规定精神和区党委“约法十章”“九项要求”、市委“十项规则”,部署年度党风廉政建设和反腐败斗争工作,认真组织学习“三大节日”、中秋等节前通报文件,扎实开展违反中央八项规定精神问题自查清理纠治工作,有效推动了责任落实。

坚持抓好质量效率。坚持“日事日毕、日事日清、日事日结”的办事原则,切实将大大小小的事项明确到人,责任到人,确保相关值班、办文、办事、办会都有章可循,使工作不断走向规范化,减少了工作的随意性和盲目性。

【机构领导】

主　任

白玛次旺(藏族)

副主任、机要局局长、密码管理局局长

边巴曲杰(藏族)

副主任、保密委员会办公室主任、国家保密局局长

李　玉　来

副主任、档案局局长

米玛次仁(藏族)

组织 编办

【概况】 中共扎囊县委会组织部(以下简称“县委组织部”)加挂县公务员局、县委老干部局、县直属机关工作委员会、县委非公有制经济组织和社会组织工作委员会牌子。共核定编制8名,领导职数6名,2020年有人员9名。5个乡镇均有专兼职组织委员各1名。县委机构编制委员会办公室设在县委组织部,县委机构编制委员会办公室电子政务中心为县机构编制委员会办公室所属副科级事业单位,核定编制2名,领导职数1名,2020年有人员5名。

【党员队伍基本情况】 年内,扎囊县委组织部坚持把政治标准放在首位,严格落实政治审查制度,严把党员入口关,充分吸取琼结县档案完善试点工作的经验做法,深入开展党员档案规范工作。扎实开展发展党员违规违纪问题排查工作。稳妥有序开展不合格党员组织处置工作。探索实施党员积分制管理模式,加强流动党员的教育管理。加大党内激励关怀帮扶力度,做好困难党员、“三老”人员关心关爱工作。2020年,全县发展党员78名。截至2020年年底,全县共有党员4684人,其中男性3359人,占71.71%;女性1325人,占28.28%;汉族364人,占7.77%;农牧民党员3311人,占70.68%,干部职工党员1197人,占25.55%,退休党员84人,占1.79%,其他党员92人,占1.96%。

【干部队伍建设】 年内,扎囊县委组织部始终着眼改革发展稳定经济社会大局,推进建设一支忠诚干净担当的高素质专业化干部队伍,确保新时代“五个强县”战略目标顺利发展。把信念坚定、为民服务、勤政务实、敢于担当、清正廉洁作为前提基础,严格把握《党政领导干部选拔任用工作条例》中的六项基本条件和七项基本资格,特别是认真落实习近平关于民族地区好干部的“三个特别”(明辨大是大非立场特别清醒、维护民族团结行动特别坚定、热爱各族群众感情特别真挚)要求,全面深入考察德、能、勤、绩、廉,严把政治关、品行关、能力关、作风关、廉洁关,切实推进实现干部队伍革命化、年轻化、知识化、专业化,把分析研判和动议、民主推荐、考察、讨论决定、任职“五个环节”把严落地。严肃干部任前审核、突出政治审查,重视发挥纪委监委、信访、综治等相关职责部门作用,自觉接受党内监督、社会监督、群众监督,坚持推进落实“凡提四必”要求,避免了干部“带病提拔、带病上岗”。2020年,全县提拔调整干部119人,其中汉

族42人，占35.29%，进一步使用2人，转任同级领导职务12人，提拔11人，平职调整16人，免实职11人，免职4人，晋升职级63人。

【干部教育培训】 年内，扎囊县委组织部认真贯彻落实《中国共产党党员教育管理工作条例》，将培训工作列为党建工作的一项重点工作，制定全年教育培训计划，分批分期对党员进行教育培训，突出政治教育和政治训练。结合工作实际，将理论政策、脱贫攻坚、党建知识、发展党员等程序作为培训内容，以县中学等主要阵地，依托县委党校、湖南省株洲市援藏资源，整体推进党员干部的教育培训，提升党员干部能力素质。全年，共选派和组织200余名党员干部参加区、市各类业务培训。全县自行举办各类党建业务培训班培训党员干部2000余人次。举办发展对象和入党积极分子培训班78期。组织全县村（社区）“两委”班子成员、第一书记、驻村工作队开展扎囊县决战决胜脱贫攻坚暨驻村干部业务培训班2期，扎囊县村（社区）“两委”班子政治教育暨脱贫攻坚业务素质提升培训班2期，累计培训580余人次。组织村（社区）党组织书记赴湖南株洲参加村（社区）党组织书记能力提升区外培训班1期，培训12人次。

【干部监督管理】 年内，扎囊县委组织部认真贯彻落实中共中央办公厅的《干部选拔任用工作监督检查和责任追究办法》。全面落实从严管理干部要求，充分发挥干部人事档案在建设高素质专业化干部队伍中的作用，持续开展干部人事档案专项审核工作。截至年底，完成干部人事档案审核认定710个。其中，正科级干部档案116个，副科级干部档案209个，科员档案122个，事业管理人员档案33个，其他事业专技人员档案230个。

【老干部工作】 年内，扎囊县委组织部高度重视老干部工作，密切注视老干部生活、心理状态，坚持以人为本、服务为先的工作宗旨，全面落实老干部的政治、生活待遇，每季度向老干部征求意见，倾听老同志的困难和诉求，做到真心倾听老干部、细心帮助老干部、全心服务老干部，为老干部解决困难9件。发挥老干部余热作用，组织30名老干部植树400余株，积极为扎囊绿化、防风固沙做贡献。积极开展“三大节日”慰问，为164名老干部发放慰问金131200元，为4名去世老干部家属发放慰问金2000元。7月1日，为庆祝建党99周年，组织离退休老干部开展“七一”政治生日活动。12月9—23日，组织37名离退休干部职工赴海南省三亚市进行为期15天的参观疗养活动。

【党员队伍建设】 年内，扎囊县委组织部按照“控制总量、优化结构、提高质量、发挥作用”要求，科学发展新党员，积极探索在职党员、离退休党员、城镇和农牧区党员、生产一线党员分类管理，改进党员教育管理具体方法。不断健全完善党员领导干部“五联三包”制度，紧密结合“党员主题活动日”活动，深入开展“三包五带五促”、结对帮扶、无职党员设岗定责、党员公开承诺践诺活动，带领群众发展生产、脱贫致富、维护稳定，切实发挥好广大党员干部的先锋模范带头作用。

2020年3月20日，扎囊县委组工党支部召开“做新时代合格党员”会议

【基层党组织建设】 年内，扎囊县委组织部及时调整规范党支部设置。2020年，全县共有基层党组织248个，其中党委6个（乡镇党委5个、社区党委1个）；45个党总支（县直机关党总支部9个、乡镇党总支部1个、村〈社区〉党总支部33个、两新总支部1个、退休党总支1个）；197个党支部（县直机关党支部68个、乡镇机关党支部6个、村〈社区〉党支部113个、“两新”党支部10个）。

【强基惠民工作】 年内，按照区、市两级强基办工作部署要求，在县委、县政府的领导下，全县62个驻村（社区）工作队围绕中心、服务大局，聚焦稳定、发展、生态、强边“四件大事”，狠抓新时代干部驻村“七项重点任务”落地见效。为全县8个驻村点安装温馨氧吧，发放各类宣讲资料1.24万份，开展贫困群众技能培训13场次，组织农牧民群众参加实用业务技能培训12次，开展教育活动285场次，开展娱乐寓教的活动600余场次，讲党课385场次。

【援藏工作】 年内，湖南省株洲市援藏工作队坚持以习近平新时代中国特色社会主义思想为指导，全面贯彻落实中共十九大和十九届二中、三中、四中、五中全会精神以及中央第七次西藏工作座谈会精神，坚持“治国必治边、治边先稳藏”的战略思想和“依法治藏、富民兴藏、长期建藏、凝聚人心、夯实基层”的原则，以抓组织建设、制度建设、硬件建设、文化建设为重点，积极协调招商引资，推进民生项目建设，在湖南总队、株洲市委、市政府以及扎囊县委、县政府的领导下，各项工作承接有序、推进顺利、成效初显，为推进扎囊各项事业高质量发展贡献力量。2020年，打造生态文明小康示范点（卓普村易地搬迁项目），总投资2859万元，其中援藏投资2000万元。

【机构编制保障】 年内，扎囊县委组织部（编办）不断解放思想，转变观念，面向基层需要，面向事业单位发展需要，成立副科级全额拨款事业单位县医疗保障服务中心；成立正科级事业单位扎囊广播电视台，并核定所需编制。

【机构编制管理】 年内，扎囊县委组织部（编办）严守编制基数“红线”，严肃机构编制纪律，坚持人员调配在编内进行，从源头上杜绝超编进人，对超编单位严格按照“只出不进”的原则，一律不再受理人员用编申请；对满编单位严格执行“先出后进”的原则。对于已达到退休年龄人员及时办理相关手续；凡调出人员原则上除专业性强的岗位和有相关具体要求的工作人员以外，其余原则上同意放行，有效缓解超编现象。

【机构改革】 年内，扎囊县委组织部（编办）认真贯彻落实综合行政执法改革的部署要求，积极与市委编办汇报，全面梳理交通、市场、农业、文化4家单位执法职能并制定下发“三定”规定，完成4家执法机构挂牌和人员转隶工作。认真研究中央、区党委、市委有关改革精神，对标改革总要求，开展摸底调研，摸清梳理全县乡（镇）和事业单位的机构职能、人员编制、领导职数等基本情况，建立台账。

【主题教育】 年内，扎囊县委组织部坚持把“不忘初心、牢记使命”

2020年3月11日，扎囊县委组织部开展植树活动

作为加强党的建设的永恒课题和全体党员、干部的终身课题，严格落实“不忘初心、牢记使命”的制度，认真学习贯彻习近平新时代中国特色社会主义思想和习近平关于治边稳藏的重要论述，学习贯彻中共十九大和十九届二中、三中、四中、五中全会及中央第七次西藏工作座谈会精神，坚持不懈锤炼党员、干部忠诚干净担当的政治品格。在现有的红色教育基地上，充分挖掘西藏民主改革、中印边境自卫反击战等革命历史时期党组织和党员发挥战斗堡垒和先锋模范作用方面的先进典型和事迹，用红色故事、先进事迹教育引导党员干部强化初心使命。组织党员学习领悟党史、新中国史、改革开放史、社会主义发展史，使党员干部深刻认识中国共产党先进的政治属性、崇高的政治理想、高尚的政治追求、纯洁的政治品质，传承红色基因，坚定理想信念。

（杜　波）

【机构领导】

县委常委、组织部部长、县直属机关工作委员会书记

李建斌（8月免）

县委常委、组织部部长

黄　健（8月任，12月兼任县直属机关工作委员会书记）

组织部副部长、编办主任

尼玛次仁（藏族）

组织部副部长、老干局局长

阿旺玉珍（女，藏族）

组织部副部长、公务员局局长

德吉卓玛（女，藏族）

组织部副部长

德吉央金（女，藏族）

杨定州

宣传

【概况】 中共扎囊县委员会宣传部（以下简称“县委宣传部”）加挂县新闻出版局、县政府新闻办公室、县广播电视局牌子。人员编制7名，领导职数5名，现有人员17名，其中1名长期病假，文化市场执法大队1名。5个乡镇均有专（兼）职宣传委员各1名。县委网络安全和信息化委员会办公室设在县委宣传部，加挂县互联网信息办公室牌子。

【意识形态责任制落实】 年内，县委宣传部全面落实党委（党组）意识形态工作责任制和党委（党组）书记第一责任人责任，牢牢掌握意识形态工作领导权。持续开展“扫黄打非”和文化市场综合执法，严厉打击“藏独”反宣渗透。定期通报工作开展情况，将意识形态工作纳入巡查范畴。4月30日，召开全县宣传思想文化暨意识形态工作会议，传达学习全国、全区、全市宣传部长会议精神，总结工作、分析形势，部署下一步工作。7月8日，自治区“扫黄打非”专项行动联合组检查指导工作，对扎囊县“扫黄打非”工作给予充分肯定。8月26日，召开县委常委会，传达学习《中共中央办公厅印发〈党委（党组）意识形态工作责任制实施办法〉的通知》，听取意识形态专题汇报，总结经验、分析形势、部署下一步工作，推动意识形态工作责任制落实。

【理论武装】 年内，县委宣传部始终坚持以马克思列宁主义、毛泽东思想、邓小平理论、“三个代表”重要思想、科学发展观、习近平新时代中国特色社会主义思想为指导，制定下发《扎囊县委理论学习中心组年度专题学习重点内容安排》，把习近平系列重要讲话精神和重要指示批示精神作为各级党委（党组）学习重点内容，严格按照每月至少开展一次的要求进行集中学习研讨交流，不断巩固学习成果；为中心组成员统一配发学习笔记和《习近平谈治国理政》第三卷，全县党员干部人手一套《习近平谈治国理政》（第一、二、三卷），坚持读原著、学原文、悟原理，做到学思悟贯通、知信行统一，切实用习近平新时代中国特色社会主义思想武装头脑、指导实践、推动工作；召开《习近平谈治国理政》、中共十九届五中全会、中央第七次西藏工作座谈会精神专题学习研讨会，安排中心组成员讲心得、谈体会、讲党课，不断提升学习成效，推动习近平新时代中国特色社会主义思想走深走实、入脑入心。

【精神文明建设】 大力弘扬时代文明新风，印制张贴社会主义核心价值观“24字”、勤俭节约等公益广告，教育引导各族群众倡导科学文明、摒弃封建迷信，自觉抵制宗教消极影响。大力推进新时

6月4日，县委常委、宣传部部长陈奎胜在扎唐镇强巴林村参加"四讲四爱"第一节点查短补弱大讨论活动

代文明实践中心（所、站）建设，已挂牌运行实践中心1个、实践所5个、实践站62个，招募志愿者5543名，成立分类志愿服务队，大力开展理论政策宣讲、环境卫生清洁、敬老爱亲、文明交通等各类志愿服务活动。推荐慕育军为"感动山南十大人物"并入选，推荐德吉新村为西藏自治区2020年度全国学雷锋志愿服务社区并入选。深入开展"五下乡"讲文明树新风活动、"十小进农家"创建小康示范户活动和"3355"工作法，推动农村移风易俗、人居环境整治工作、讲文明树新风活动取得成效。

【新闻宣传教育】 年内，县委宣传部围绕习近平关于西藏工作重要论述和新时代党的治藏方略，大力宣传县委、县政府在全面深化改革、脱贫攻坚、思想文化建设、民生领域保障、生态文明建设等方面的具体举措和取得成效成就。配合《人民日报》等主流媒体到扎囊县采访活动。2020年，中央级媒体刊播扎囊县新闻稿件25篇，其中《新闻联播》播出5条。自治区级媒体刊播刊发40条，市级媒体刊播刊发176条。新开设扎囊县广播电视台抖音号，发布涉扎囊新闻164条，关注人数3.6万人。制作宣传片10部、政策性音视频9期、民族团结音视频4条、助力消费短视频1条，举办领导干部诵读《习近平谈治国理政》第三卷视频30期。

【"四讲四爱"群众教育实践活动】 年内，县委宣传部坚持既"管肚子"又"管脑子"，充分发挥各级宣讲团和骨干宣讲员作用，集中时间力量，分阶段、分步骤、分内容，针对广大农牧民群众的生产生活实际，深入田间地头、施工现场和群众家中开展走村入户宣讲、田间地头宣讲、融入生活宣讲、巡回宣讲，做到了宣讲面对面、点对点，增强了宣讲工作的吸引力、说服力和感染力。全年，开展宣讲2400余场次，受众人数9.6万余人次；实践活动1400余场次，参与人数6.9万余人次。安排骨干宣讲员录制中共十九届五中全会精神宣讲提纲音频，并刻录光盘，发放至62个村（居）。

【网络舆论监管】 年内，县委宣传部始终坚持党管媒体原则不动摇，履行好48字党的新闻舆论工作职责使命，严格按照《西藏自治区网络通信活动"二十禁"》，加大对微信公众号、微信群、政府新闻网等平台的管理，严格落实新闻宣传报道审批制度，始终坚持"谁主管、谁负责"的原则，加强对互联网等新兴媒体的建设和管理。对全县微信公众号登记造册并定期开展网络检查，针对发现的问题限时整改，较大提升了全县各级、各部门管网能力，积极遏制网络色情、暴力、欺诈、侵权、低俗等行为，规范网络舆论传播秩序，优化网络舆论生态，实现网络舆论监管全覆盖。

【公共文化服务体系建设】 2020年，全县5个乡镇均建有综合文化站，站内配备健身器材等设备，配有专职文化站站长，免费开放政策全面落实。62个村（居）综合文化服务中心建设完成，县级电影院建设完成。县新华书店进书5482册，出售20145册（包括库存），公共文化设施服务能力不断提升。完成62支文艺演出队组建工作，县民间艺术团及各村居文艺演出队开展文艺演出208场次，受众人数5万余人。桑耶居委会文艺演出队参演2020年山南市春节、藏历新年晚会。积极开展电影“六进”活动，共放映421部426场，受众达2.5万人次，进一步丰富了农牧民群众的业余文化生活。

【干部队伍建设】 年内，县委宣传部深入贯彻习近平提出的“四力”要求，加强干部教育培训，不断提升干部政治能力、理论素养、专业素质，改进工作作风。及时充实宣传思想干部队伍，新调入5名优秀干部。结合主题党日活动，认真开展各类学习研讨活动，不断提高干部综合素质。组织宣传文化系统干部职工赴克松居委会参观学习，开展党风廉政专题学习5次，增强干部廉洁自律意识，进一步增强“四个意识”，坚定“四个自信”，做到“两个维护”。

【创城工作】 城市功能大幅提升。组织实施了县城亮化工程、友谊路维修等项目，进一步改善了县城面貌、健全了城市功能、提升了城市品位；生态文明建设可持续发展。组织开展了“烟头不落地，扎囊更美丽”“美丽扎囊，我是行动者”等环保宣传活动；积极推进农村人居环境综合整治，在村居整治规划工作基础上，完成改厕2474个，完成率达47.81%；理想信念建设基础牢固。通过“四讲四爱”群众教育等实践活动，深入宣传贯彻习近平新时代中国特色社会主义思想，使党的创新理论家喻户晓、人人皆知；精神文明建设推进有力。通过在在县城内、主要交通路段、101省道、校园周边、各村（居）等醒目地段设立公益广告，广泛宣传“社会主义核心价值观”“讲文明树新风；继续开展“五下乡”“十小进农家”“3355”工作法，推动农村移风易俗、人居环境整治工作、讲文明树新风活动取得成效，群众性文明创建效果显著；加大新时代文明实践中心（站）试点县建设。发挥志愿者主体作用，不断推动基层宣传思想文化工作成果群众共享；文化品牌建设持续繁荣。积极充实文化底蕴。创作反映党的优惠政策、脱贫致富典型、大学生返乡创业等文艺作品9个，进一步丰富人民群众的文化生活。在全县范围内组建62个行政村文艺演出队，开展文艺进万家会演活动，丰富和活跃全县广大群众的精神文化生活。

7月3日，西藏自治区“决战决胜脱贫攻坚　百乡千村惠民演出”活动在扎囊县文化广场开展

【广电工作】 年内，完成吉汝村193户农牧民群众新一代（第4代机）直播卫星广播电视系统的信息录入和设备安装调试，用户将能收看到89套以上高清电视节目、33套以上高清广播节目，较传统设备多接收42套节目。建立以扎囊广播电视台应急广播机房为总站、各乡镇为分站、每个村居为应急广播点的应急广播系统，共建站点72个、音柱390个，实现每个村民小组覆盖无死角，全面提升应急处突能力。利用巡检和站点维修更新和更换“户户通”“村村通”“舍舍通”接收机700台、天线400套、高频摄像400个，保证全县农牧民群众能够正常收听收看广播电视节目。2020年，广播电视覆盖率达到100%。

（张小奇）

【机构领导】

县委常委、宣传部部长

陈奎胜

县委宣传部常务副部长

白　　珍(女,藏族)

县委宣传部副部长、县新闻出版局局长

次珍拉姆(女,藏族)

县委宣传部副部长、县政府新闻办公室主任

刘　　潇

县委宣传部副部长、县广播电视局局长

张 小 奇(女)

9月29日,扎囊县组织召开民族团结进步表彰大会

统一战线(民族宗教)

【概况】 2020年,在县委、县政府的正确领导下,在上级党委统战部(民宗局)有力指导下,全县统战民族宗教干部职工以习近平新时代中国特色社会主义思想为指导,紧紧围绕"治国必治边、治边先稳藏"重要战略思想和"加强民族团结、建设美丽西藏"重要指示,贯彻落实县委、县政府的各项决策部署,狠抓全县统战民族宗教工作、党外干部工作、藏胞管理工作等,为扎囊县经济发展、民族团结、宗教和睦、社会稳定做出了积极贡献。

【民族基本情况】 扎囊县常住人口以藏族为主,聚居着汉族、土族、回族、蒙古族、彝族、门巴族、满族、土家族等。其中,民族团结通婚家庭总数171户,机关干部民族通婚数24户,农牧民群众通婚数147户。

【宗教基本情况】 扎囊县属于山南市的宗教大县,有19个合法登记宗教活动场所,即:敏珠林寺、安孜拉康、顶古钦寺、亚庆拉康、堆荣寺、桑措拉康、查色寺、阿扎寺、措杰拉措拉康、帮久拉康、桑阿曲果林寺、充堆寺、扎塘寺、念多寺、白若嘎庆寺、强巴林寺、嘎子布寺、日吾朗杰、桑珠群宗寺;5个宗教活动点,即:宗贡布日追、响伦拉康、扎央宗日追、玛尼拉康、达杰曲林寺;3个修行区,即:青朴修行区、堆荣修行区、扎央宗修行区;1个学经班(敏珠林寺学经班)。全县大中型历史传统惯例的宗教佛事活动12个。

2020年疫情期间,全县僧尼、修行人员积极响应号召,向湖北武汉等疫情重灾地区捐款共37万余元。

【党外人士、驻寺干部工作】 年内,县委统战部通过走访、慰问党外人士、活佛、归国藏胞、驻寺干部,与他们促膝相谈,了解掌握他们的身体、生活状况。2020年,共提供慰问金折合人民币1.8万余元。统战部一直高度重视党外代表人士的参政议政工作,加强党外人士教育培养和使用力度,及时兑现党外人士生活补贴。详细制定了党外知识分子、党外干部、党外知识分子代表人士建档工作。2020年,全县党外知识分子409人、党外干部7人、党外知识分子代表人士4人。

【藏胞管理】 为了推进藏胞工作,以党建带藏胞工作的形式,结合党员主题活动日,县委统战部组织党员干部到归国藏胞家中开展扫除垃圾、整理内屋,帮助老人洗头、理发等,让归国藏胞充分享受党和政府的温暖。尤其是机改后为了进一步掌握藏胞具体情况,组织乡镇统战委员,利用个月时间,在全县范围内进行一次全面摸底调查工作。对统计内的扎囊县境外藏胞93人,进行全面核实,对漏登、失联的藏胞进行重新梳理。截至年底，去世人员共 15 人，失联人员 7 人，漏登人员 4 人，扎囊县实际境外藏胞共 75 人，均建有“一人一档”。

【宗教工作】 年内，县委统战部围绕和谐稳定，进一步强化宗教事务管理。2020 年，全县统战民宗干部始终牢记为民宗旨和以人民为中心的发展思想，认真履职尽责、敢于担当，有效确保了全县宗教领域和谐稳定。

【民族团结创建】 年内，县委统战采取“369”措施，扎实开展民族团结进步创建活动。“三个会议”即：动员部署会议、工作推进会议、进步表彰会议稳步推进民族团结创建工作。“六项宣传”即：形式多样，广宣传；专题讲座，促宣传；专题学习，推宣传；集中力量，深宣传；协同合作，创宣传；各尽其责，搞宣传来深入推进民族团结进步宣传教育工作。截至年底，制作悬挂十多条户外大型广告牌，制作县城街道 160 多处路灯广告条、20 个宣传栏，悬挂 70 多条横幅，制作 LED 屏横幅 40 余条，利用微信群和村广播站滚动播放《西藏自治区全国民族团结进步创建条例》音频 80 余场次，移动用户推送宣传短信 10000 人次，利用新兴媒体转载播报民族团结进步音视频资料 20 余次，县级干部带头深入联系乡镇、村居、学校、寺庙、企业进行宣讲，涉及 5 个乡镇、62 个村（居）、9 座寺庙、6 所学校、2 个企业，受教人数达 12000 余人。张贴民族团结进步宣传条幅十余条，发放藏、汉双语宣传资料 6000 余份（册）、宣传小礼品4600余件。“九个实体”即：打造民族团结示范乡（镇）——桑耶镇；打造民族团结通婚家庭示范村——扎其乡德吉新村；打造县中学民族团结示范学校——县中学；打造民族文化广场——扎囊县文化广场；打造扎囊县民族团结示范商贸街——扎囊美食街；打造民族团结示范寺庙——敏珠林寺、扎塘寺；打造民族团结示范景区——利用唐蕃古道、扎玛止桑宫；打造民族团结示范企业——西普农业；打造民族团结示范机关，有效促进民族团结创建工作。

【学教工作】 在县委、县政府高度重视下，在上级业务部门的具体指导下，在涉宗干部、干警共同努力下，以“四个保障”即：保障统一领导、强化责任担当，保障党性教育、提升引导能力，保障联系机制、增强管理能力，保障督促检查、巩固宣教成果为学教工作奠定基础；以“五种会议”即：动员部署会议、工作推进会、经验交流会、现场交流会、激励表彰会促进学教工作；以“六个”方式即：示范性宣讲、专题性宣讲、媒体性宣讲、巡回性宣讲、实物性宣讲、座谈性宣讲推动学教宣讲工作；以“五个一”措施丰富活动载体；以“七个”途径即：自己查、会商找、互相点、僧众提、家纺查、干部帮、测评核和“四帮”措施即：上级指导、干部引导、群众监督、自己认领等办法强化查摆整改和建章立制工作；以“三讲三严三守”推动活佛转世制度落实和宣讲工作。截至年底，各寺管会书记专题宣讲十余场次，乡镇党委书记宣讲 5 场次，宣传疫情防控知识 90 余次、广播播放 65 次、检查点温馨提示次数 113 次，参观活佛转世厅 12 次，召开现场观摩会 3 次，参观新旧对比展 12 次，组织寺庙高僧大德、执事人员召开座谈会 3 次，僧尼参加数 150 余人次。

3 年来，区市县宣讲共 549 场次，受教育人数达 8654 人次，制作宣传栏 412 个，悬挂横幅 101 条，发放宣传资料 3187 份，发放宣传品 125 种类，撰写僧尼心得体会 722 篇，参观爱国主义教育基地 25 场次，开展活佛转世政策宣讲 23 场次，受教育人数达 569 人次。全县宣讲覆盖率达 100%。

（索朗德吉）

【机构领导】
县委常委、统战部部长、民宗局局长
支　张（藏族，6 月免）
尼玛次仁（藏族，6 月任）
统战部常务副部长、四级调研员
尼玛洛桑（藏族）
统战部副部长、民宗局副局长
景　米（藏族）
王　川
洛桑达瓦（藏族）

强基惠民活动

【概况】 2020 年，扎囊县委、县政府高度重视强基惠民工作，突出强化工作组织保障，县、乡（镇）派驻的39个工作队和市（中）直派驻的23个工作队、215名驻村（居）工作队员，围绕中心、服务大局，聚焦稳定、发展、生态、强边“四件大事”，狠抓新时代干部驻村“七项重点任务”落地见效。

【驻村工作】 2020年，县委、县政府高度重视驻村工作，关心关爱驻村干部。在春节、藏历新年期间，为扎根基层一线的驻村干部送去价值3.1万元的各类日常生活必需品。同时，为每个驻点送去500元的慰问金，总计6.2万元，切实把县委、县政府对广大驻村干部的关心关爱送到了他们的心坎上。帮助罗布村、卓普村、沙布夏村、沙布奴村、念萨村、夏如村、扎加村、羊加村等偏远高寒村安装了高原弥散式制氧装置8台，每台2.1万元，安装温馨氧吧断桥封闭门和断桥窗户，安装温馨氧吧室地暖和排水管道花费资金6.558万元，修建江津村温馨氧吧室花费资金15万元，总计38万余元，受益干部群众达6000余人，切实让偏远高寒缺氧村居干部群众不离村、不离土随时随地能够吸收到氧气，有效激发了偏远驻村工作队干事创业的积极性和主动性。在县级财力极度紧张的情况下，安排10万元专项资金作为县强基办办公经费，安排101万元资金作为驻村工作队和第一书记办公经费、为民办实事经费。进一步严肃驻村纪律，强化日常管理，紧扣扎囊县驻村实情，制定下发《扎囊县干部驻村（居）工作管理办法》《扎囊县干部驻村（居）工作考核办法》《扎囊县创先争优强基惠民活动信息报送工作考评办法》和《扎囊县驻村工作队日常管理及注意事项》等文件，确保做到用制度管人管事。2020年，制作强基惠民督导检查组督导检查台账及县强基惠民领导小组办公室督导检查台账3本，开展巡回检查20余轮，下发督导检查通报2期、微信通报1期，在总结归纳问题后，提出整改意见10条。

2020年4月28日，扎囊县举行决战决胜脱贫攻坚暨驻村干部综合培训班开班仪式

【聚焦短板及时补齐弱项】 2020年，县强基办聚焦各级各类督导检查反馈问题、在日常工作中发现驻村工作队和第一书记工作中存在短板，对全体驻村干部和第一书记进行轮训，全县62个驻村（居）工作队和第一书记共计215人。举办“决战决胜脱贫攻坚暨驻村干部综合培训班”两期。持续强化因无技能无就业岗位人群培训力度，先后组织农牧民群众参加12次实用业务技能培训，培训人数达1.032万人次。2020年，总计向外对接输出外出务工岗位188个，进行劳务输出8205人，帮助群众创收334.86万元，不断织细织密织牢了广大群众的日常生活保障网。

【结对帮扶】 年内，县强基办严格按照区、市、县党委、政府关于脱贫不脱政策，一个季度对帮扶对象不少于1次帮扶要求，多措并举、全面发力，扎实稳步推进全县结对帮扶工作向纵深发展，积极引导全县2000余名结对帮扶干部用及时向农牧民群众解疑释惑、阐明政策，切实确保村民的满意度达到100%。2020年，各级干部职工帮扶全县建档立卡贫困户1303户5673人，帮助贫困群众研究制定帮扶措施、梳理群众生产生活方面存在的困难和问题143个，收集整理群众意见和建议56条，帮助解决困难和问题130个，帮助解决上学就业问题12件，切实确保结对帮扶工作力度不减、持续有效。

【方针政策宣讲】 年内，各驻村工作队倾心打造田间、工地和民嘴（群众宣讲员）“三个”课堂，深入浅出地为村民宣讲党和国家的惠农强农富农政策及扶贫领域的应知应会知识；着力推行农牧民党员、村“两委”班子、“双联户”户长“三支”宣讲队伍建设，充分利用农牧民群众宣讲内容贴近实际、贴近群众、贴近生活的优势，先后组织2000余名农牧民党员干部群众用通俗易懂的语言，为农牧民群众宣传中共十九大和十九届二中、三中、四中、五中全会精神，中央第六次、第七次西藏工作座谈会精神，区、市、县党委、政府各项会议文件精神。2020年，为农牧民群众发放各类宣讲资料1.24万份。举办专题讲座346场次，受教育群众达4万余人次。

【脱贫攻坚】 2020年，各驻村工作队紧扣村情民意，根据县委、县政府安排，详细制定具有较强可操作性的农牧民群众增收实施方案，提出“每户建档立卡贫困户必须有一台氆氇机、每台氆氇机不能空闲一周以上、每台氆氇机每年创收一万元以上”的增收方针，然后统一出售，坚决杜绝受新冠疫情影响导致返贫现象发生，共计为农牧民群众发放分红资金500.2万元。2020年，帮助所驻村兴办符合产业政策、市场前景、就业带动能力强的经济实体7个、专业合作组织5个，组织开展贫困群众技能培训13场次。帮助贫困群众转移就业3101人，增加现金收入274.13万元。

【精神文明建设】 年内，各驻村工作队积极培育和践行社会主义核心价值观，广泛开展文明乡村、文明家庭道德模范、民族团结家庭评选创建活动。大力推进餐巾纸、卫生纸、牙刷、牙签、卫生巾、垃圾桶、烟灰缸、果盘、花盆、拖把“十小进农家”活动及“3355”工作法，不断强化人居环境整治力度，促使全村群众改变陈规陋习，积极协助村“两委”班子举办好村级文艺表演队，每天在18:00—21:00组织村民开展红歌红舞、娱乐活动和民族传统舞蹈等寓教于乐的文体活动，不断促进广大群众实现物质脱贫和精神脱贫等双赢的新局面。2020年，针对农牧民群众存在的陈规陋习，开展教育活动285场次，受教育群众达30481人次，开展娱乐寓教的活动600余场次。

【村级党组织建设】 年内，各驻村工作队始终按照“指导不领导、到位不越位、帮办不包办”的工作要求，精心指导村“两委”班子认真开展好“主题党日活动”“三会一课”“组织生活会”等党内工作。在帮助村（居）干部提高素质、拓展思路、激发活力、创新创业上下功夫，不断发展壮大农牧民党员队伍，全面强化农牧民党员教育管理。2020年，帮助所在村（居）举办发展对象和入党积极分子培训班78期，帮助村“两委”班子上文化课620学时、讲党课385场次，进一步织牢了党在基层的执政根基。

【换届选举】 年内，各驻村工作队在深入调研的基础上，认真分析研判，深入细致考察，把好“投票关”，统一设立秘密写票处、代写处，要求选举当场领票、当场写票、当场投票，并在公开场合集中清点、集中统计、集中封存。始终坚持教育在先、警示在先、预防在先，充分利用微信公众平台、横幅、电子屏、广播等载体多渠道强化宣传教育，使广大党员群众对该次换届选举懂流程、晓政策、明重点，充分行使民主权利，真正做到家喻户晓、不留空白。2020年，共组织宣传活动193场次，悬挂横幅130条，张贴宣传标语962张，发布抖音视频20条，发放各种宣传资料927份，完成各村（社区）“两委”换届选举工作。

（嘎玛拉吉）

【机构领导】

主　任

黄　健

副主任

格桑德吉（女，藏族）

巡察工作

【概况】 根据《中共扎囊县委员会巡察工作领导小组办公室职能配置、内设机构和人员编制规定的通知》（扎委办〔2019〕42号）

2020年11月24日，县委常委、组织部部长黄健组织召开九届县委巡察领导小组第31次会议

文件要求，县委巡察办编制2名，实配办公室主任、副主任各1名，工作人员1名；常设巡察组2个，编制4名，实配组长2名、副组长2名。按照《中国共产党巡视工作条例》规定，扎囊县已建全建强人才库，坚持将素质高、作风硬、业务精的干部纳入巡察队伍中，巡察办每年均会对巡察组长库和人才库进行调整充实，把优秀干部选拔到“两库”中。截至年底，巡察组长库中有45名干部，人才库中有96名干部。另外，针对“交叉巡察”建立“交叉巡察”组长库，为每轮巡察合理配备人员提供人才保障。

【工作体系建设】 年内，县委巡察办充分借鉴区党委和市委巡视巡察相关制度，深入贯彻《中国共产党巡视工作条例》和区党委《关于建立市县党委巡察工作实施办法》，建立健全巡察领导体制和工作机制，对开展巡察工作的方向原则、对象范围、方式方法等提供了遵循。根据建立县（区）委巡察制度有关工作通知要求，制定了县委2020年巡察工作计划、修订了县委2017—2021年巡察工作全覆盖任务进展表，细化工作任务、明确工作目标。定期向县委书记及各副书记、巡察机构人员印制发放《西藏巡视巡察》期刊及参考文献等材料。对巡察材料及上级下发的文件进行分类整理、编写页码与目录、归档巡察材料、确保文件保存完成。

【履职能力建设】 年内，县委书记对巡察工作批示文件共计32个，书记专题会议共召开3次，巡察领导小组会议共召开9次。研究部署了九届县委第八轮、第九轮、第十轮巡察工作，听取审议了九届县委第八轮、第九轮、第十轮巡察情况汇报等。全年共抽调101人次组建9个巡察组，对县委宣传部等17家单位开展政治巡察，对桑耶镇等6家单位开展“回头看”，对扎唐社区等6个行政村（社区）开展直接巡村，共发现问题439个，向被巡察的29家单位反馈429个问题。提出问题线索2件2人，立案审结2件，给予党纪政纪处分2人。

【成果运用建设】 年内，九届扎囊县委巡察工作共开展10轮巡察，对全县59家被巡察单位开展全方位的“政治体检”，并按照总数15%的要求对8家单位开展巡察“回头看”，对6个村（社区）开展常规巡察，完成任务目标，实现了九届县委任期内巡察工作全覆盖。

（卿秋林）

【机构领导】

巡察办主任

卢红媛（女）

巡察办副主任

谭新文

巡察组一组组长

卿秋林（女）

巡察组一组副组长

琼　珍（女）

巡察组二组组长

多吉旺堆

巡察组二组副组长

旦　珍（女）

机关党建

【概况】 2020年，县直属机关工委坚持以习近平新时代中国特色社会主义思想为指导，深入贯彻落实中共十九大和十九届二中、三中、四中、五中全会以及中央第七次西藏工作座谈会精神，认真按照上级有关做好机关党建工作的各项部署要求，坚持和加强党的全面领导，坚持党要管党、全面从严治党，围绕中心任务，创新活动载体，创造性开展党建各项工作，不断激发基层党组织新的生机和活力，教育引导机关党员干部不断增强“四个意识”，坚定“四个自信”，做到“两个维护”。

【全面落实主体责任】 年内，县直属机关工委围绕“抓好党建是本职、不抓党建是失职、抓不好党建是不称职”这一理念，年初，召开党建工作部署会，与机关每个党支部签订党建工作目标责任书，制定下发了《2020年党建工作要点》，每月下发《党建工作任务清单》，明确目标、细化任务、压实责任；通过参加机关党组织“三会一课”“主题党日”活动等，及时了解机关各党组织工作开展情况、责任落实情况，及时指出工作中存在的问题，推动工作进展，持续加压；按照目标计划时间节点，严格监督考核，开展年中交叉考核、年底综合考核，召开机关党支部书记抓基层党建述职评议会，客观总结工作成效，充分肯定成绩，严厉指出存在的问题和不足，切实提出整改意见和建议，确保目标任务有效执行，责任落到实处。

【学习教育】 年内，县直属机关工委扎实推进“两学一做”学习教育常态化制度化和巩固“不忘初心、牢记使命”主题教育成果，把习近平新时代中国特色社会主义思想、中共十九大精神、中央第七次西藏工作座谈会精神、十九届二中、三中、四中、五中全会精神等作为各党组织的重要学习内容，通过每周固定学习日、“三会一课”、“主题党日”等，学习贯彻落实党的最新理论成果，全面提升机关党员政治素养、理论素养，不断增强“四个意识”，坚定“四个自信”，落实“两个维护”。全年各机关党组织开展集中学习1800余次。

【疫情防控】 年内，县直属机关工委广泛动员机关党员干部，机关党员累计捐款达70.3万余元；机关各党组织有效组织党员深入学校、寺庙、商铺、工地等，扎实开展摸排统计，及时掌握最新情况数据，多角度开展疫情防控宣传工作，大力普及疫情防控知识。

【党建工作】 年内，县直属机关工委严格按照《中国共产党章程》等，按时按程序做好党组织调整、报批等工作；全年新成立党支部2个，调整隶属关系党支部22个。采取现场指导、实地察看等方式，严格落实“三会一课”、“主题党日”、每周学习日、组织生活会和民主评议党员等工作；全年机关各党组织开展“主题党日”700余场次。坚持党员发展“十六字方针”，严格入党程序，全年发展预备党员28人，预备党员转正32人，确定入党积极分子14人。开展入党积极分子、发展对象集中培训1期，培训63人。开展县（中）直机关党支部书记和村（居）第一书记政治教育暨业务培训1期，培训143人，不断提高第一责任人业务水平。按照党组织自评、党员群众测评、上级组织评定的方式，确定机关软弱涣散基层党组织3个；严格落实“五个一”责任机制和“六个公示”要求，由县级干部包软弱涣散基层党组织，持续加压、持续督导，对照问题逐一落实整顿措施，抓好软弱涣散基层党组织整顿工作。按照上级要求，直属机关工委将县城划分45个片区，划分给县（中）直各支部，严格督促检查党员包片、包户、包人情况，确保活动落到实处。按照市委组织部相关通知精神，结合扎囊县实际，着力推动“十星党支部”创建活动，经初核，各支部均达到7星以上（达到10星的支部有1个）。

【问题整改】 年内，县直属机关工委针对2019年述职评议提出的3条问题主动认领责任，坚持“全面整改、扎实整改”原则，切实将整改工作内容纳入重要议事日程，积极研究制定具体整改措施，切实进行整改。

【机构领导】

县委常委、组织部部长、县直属机关工作委员会书记

李 建 斌（7月免）

县委常委、组织部部长、县直属机关工作委员会书记

黄　　健（7月任）

扎囊县人民代表大会

综述

【概况】 2020年，扎囊县人大常委会在县委的坚强领导和市人大常委会的有力指导下，坚持以习近平新时代中国特色社会主义思想为指导，全面贯彻中共十九大和十九届二中、三中、四中、五中全会和中央第七次西藏工作座谈会精神，深入贯彻习近平关于坚持和完善人民代表大会制度的重要思想、关于治边稳藏的重要论述，坚持党的领导、人民当家作主、依法治国有机统一，增强“四个意识”，坚定“四个自信”，做到“两个维护”，紧紧围绕稳定发展生态强边四件大事，主动担当作为，依法履行职责，为扎囊县长治久安和长足发展提供有力的法治保障。全年召开人民代表大会2次、常委会会议7次、主任会议13次，作出决定决议11项，依法任命3人，完成县十三届人大七次会议确定的各项任务。扎囊县人大常委会设有主任1名、副主任4名（其中2名兼任乡镇党委书记）；下设“一室三委”，其中，人大常委会办公室设有主任1名（正科）、副主任1名（副科）、工作人员2名；法制委员会、教科文卫委员会、财政经济委员会各设有主任委员各1名（正科）；5个乡（镇）设有人大主席各1名，配有1名人大副主席或人大专干。

重要会议及代表工作

【扎囊县召开第十三届人大第十八次常委会会议】 1月13日，扎囊县召开第十三届人大第十八次常委会会议。会议应到常委会组成人员21名，因事应病请假8名，实到13名，符合法定人数。“一府一委两院”及县委组织部相关负责人也应邀列席。会议听取和审议了县政府副县长央拉所作的《扎囊县人民政府关于扎囊县第十三届人大五次会议议案，建议、批评和意见办理情况的报告》和县人大常委会副主任、扎唐镇党委书记赵永所作的《扎囊县人民代表大会常务委员会2019年度工作报告（草案）》，听取了县人民政府人事任职的议案，任命单增贡布为扎囊县林业和草原局局长。

【扎囊县第十三届人民代表大会第七次会议】 1月14—16日，扎囊县召开第十三届人民代表大会第七次会议。会议出席代表84人。大会听取并审议县长唐勇代表县人民政府所作的《政府工作报告》；书面审查了《扎囊县2019年国民经济和社会发展计划执行情况及2020年国民经济和社会发展计划（草案）的报告》和《扎囊县2019年财政预算执行情况和2020年财政预算（草案）的报告》；听取并审议巴桑次仁所作的《扎囊县人大常委会工作报告》；听取并审议格桑次仁所作的《扎囊县人民法院工作报告》、县人民检察院检察长揣丽颖所作的《检察院工作报告》，并表决通过了上述报告的各项决议；听取并审议了县人民政府副县长央拉所作的《扎囊县人民政府关于扎囊县十三届人大五次会议议案，建议、

2020年4月20日，以山南市人大党组书记、主任王德文（右三）为组长的市人大常委会综合调研组一行在扎囊县开展调研

批评和意见办理情况的报告》。

【扎囊县召开第十三届人大第十九次常委会会议】 5月19日，扎囊县第十三届人民代表大会常务委员会第十九次会议在人大常委会会议室召开。大会应到代表22人，因事因病请假7人，实到15人，符合法定人数。会议传达了西藏自治区人民代表大会常务委员会关于贯彻《全国人民代表大会常务委员会关于全面禁止非法野生动物交易、革除滥食野生动物陋习、切实保障人民群众生命健康安全的决定》的实施意见、《西藏自治区人大常委会2020年工作要点》《其美仁增同志在自治区十一届人大常委会农环工委第八次联席会议上的讲话》等重要会议和文件精神。会议依次审议了扎囊县人民政府关于《扎囊县人大常委会对〈关于加快卫生计生事业发展推进健康山南建设〉的贯彻落实情况审议意见》的整改落实情况报告、扎囊县人大常委会关于对《中华人民共和国土壤污染防治法》贯彻实施情况的执法检查报告、扎囊县人民政府关于《扎囊县人大常委会关于开展〈山南市推进科技长足发展促进大众创业万众创新〉的贯彻落实情况审议意见》的整改落实情况报告、《扎囊县人大常委会对〈关于深化教育改革推进教育事业科学发展的意见〉专题调研报告的审议意见》贯彻落实情况跟踪检查报告、扎囊县人大常委会关于开展《中华人民共和国道路交通安全法》以及《西藏自治区道路交通安全条例》执法检查报告、扎囊县部分市级人大代表履职情况的报告等。会议指出，2020年县人大工作任务较重，有监督工作28项，讨论决定重大事项5项、代表工作17项，还有其他一些工作任务，都在《扎囊县人大常委会2020年度工作要点》及相关工作计划中明确了完成的时间节点。要在扎实做好常态化疫情防控的同时，整合力量，把各项工作抓紧向前推进，力求取得更大实效。

【扎囊县召开第十三届人大第二十次常委会会议】 6月30日，扎囊县第十三届人民代表大会常务委员会第十九次会议在人大常委会会议室召开。大会应到代表21人，因事因病请假5人，实到16人，符合法定人数。按照常委会议程安排，会议传达了十三届全国人大三次会议精神、洛桑江村在自治区第十一届人民代表大会常务委员会第十九次会议闭幕会上的讲话等重要会议和文件精神。会议审议了第十三届人民代表大会第八次会议召开时间和议程、县人民政府关于全县行政事业单位国有资产管理情况报告、扎囊县人民政府关于《山南市城市建设管理条例》学习宣传贯彻执行情况报告、扎囊县部分市级人大代表履职情况的报告、人事任免事项等相关事项，会议接受了县人大常委会副主任王建红和县人民检察院检察长旺久的辞职请求。

【扎囊县第十三届人民代表大会第八次会议】 7月22日，扎囊县召开第十三届人民代表大会第八次会议。会议应出席代表107名，实到代表88名，符合法定人数。大会以举手表决的方式通过了大会选举办法（草案）、总监票人和监票人员名单（草案），宣布了计票人名单；公布了县人大常委会副主任、委员和县人民检察院检察长正式候选人名单。随后，全体代表以无记名投票方式依法选举扎囊县第十三届人大常委会副主任、委员和县人民检察院检察长。县委书记雷丰，县委副书记、人大常委会主任巴桑次仁向新当选的两人颁发了当选证书，新当选的县第十三届人大常委会副主任、委员张小武和县人民检察院检察长揣丽颖面向国徽作宪法宣誓。

【扎囊县召开第十三届人大第二十一次常委会会议】 8月20日，扎囊县召开第十三届人民代表大会常务委员会第二十一次会议。大会应到组成人员21人，因事因病请假7人，实到14人，符合法定人数。按照常委会议程安排，会议传达了习近平2020年5月29日在十九届中央政治局第二十次集体学习时的讲话、洛桑江村在自治区十一届人大常委会第二十一次会议闭幕会上的讲话等重要会议和文件精神。会议依次听取和审议了扎囊县人民政府2020年财政预算调整方案的报告；县人民政府本级2019年财政决算（草案）的报告；县人民政府关于就业创业工作情况的报告；县人大常委会关于《扎囊县人大常委会关于〈山南市推进科技长足发展促进大众创业万众创新的调研报告〉的审议意见》贯彻落实情况跟踪检查报告；县人民检察院关于民事诉讼和执行活动法律监督工作的情况报告；县人民法院关于刑事审判工作情况的报告；县部分市级人大代表履职情况的报告等相关事项。会议以举手表决的方式通过了《扎囊县人民代表大会常务委员会关于批准扎囊县本级2020年财政预算调整方案的决议（草案）》和《扎囊县人民代表大会常务委员会关于批准扎囊县2019年本级财政决算的决议（草案）》。

【扎囊县召开第十三届人大第二十二次常委会会议】 8月22日，扎囊县召开第十三届人民代表大会常务委员会第二十二次会议。大会应到组成人员21人，因事因病请假6人，实到15人，符合法定人数。会议表决方式接受了多吉仁增辞去山南市第一届人民代表大会职务。

【扎囊县召开第十三届人大第二十三次常委会会议】 10月27日，扎囊县召开第十三届人民代表大会常务委员会第二十三次会议。大会应到组成人员21人，因事因病请假7人，实到14人，符合法定人数。按照常委会议程安排，会议传达了中央第七次西藏工作座谈会精神和西藏自治区十一届人大常委会第二十一次会议精神传达提纲。会议依次听取和审议了扎囊县人民政府关于扎囊县2020年上半年国民经济和社会发展计划执行情况的报告；扎囊县人民政府关于扎囊县2020年上半年财政预算执行情况的报告；扎囊县2019年环境质量状况和环境保护目标完成情况报告；扎囊县人大常委会关于《加快卫生计生事业，推进健康山南建设情况报告的审议意见》的贯彻落实情况跟踪检查报告；扎囊县人大常委会关于《中华人民共和国反家庭暴力法》贯彻实施情况执法检查报告；扎囊县人大常委会关于《中华人民共和国妇女保障法》《西藏自治区中华人民共和国妇女权益保障法办法》贯彻落实情况执法检查报告；扎囊县人大常委会关于《中华人民共和国工

2020年2月8日，县委副书记、县人大常委会主任、县疫情防控工作领导小组副组长巴桑次仁深入疫情防控基层一线督导检查疫情防控工作

会法》和《西藏自治区实施中华人民共和国工会法办法》贯彻实施情况执法检查报告；县部分市级人大代表履职情况的报告等相关事项。常委会组成人员一致认为，相关报告工作成绩和经验的总结实事求是，报告紧扣县委总体部署，全力抓好了各项工作落实，对存在问题的分析客观、准确。同时，对县人民政府关于就业创业工作情况的报告、县人民检察院关于民事诉讼和执行活动法律监督工作的情况报告、县人民法院关于刑事审判工作情况的报告进行评议，评议结果均为满意。还对部分市级人大代表履职报告进行评议。

2020年1月15日，县十三届人大七次会议第一次全体会议召开

【扎囊县召开第十三届人大第二十四次常委会会议】 12月29日，扎囊县召开第十三届人民代表大会常务委员会第二十四次会议。大会应到组成人员21人，因事因病请假6人，实到15人，符合法定人数。按照会议议程安排，会议传达了习近平在中央全面依法治国工作会议上的重要讲话精神、中央经济工作会议精神、西藏自治区十一届人大常委会第二十三次会议精神、市一届人大常委会第三十四会议精神、中国共产党扎囊县第九届委员会第七次全体会议精神。会议依次听取和审议了《扎囊县审计局关于对县卫生服务中心、乡镇卫生院2019年度财务审计查出问题整改落实情况的报告》《扎囊县人民代表大会常务委员会2020年度工作报告（草案）》《扎囊县人民代表大会常务委员会关于对县十三届人大七次会议代表所提部分建议进行督办情况的报告》《扎囊县人民代表大会常务委员会关于召开扎囊县第十三届人民代表大会第九次会议的决定（草案）》，会议补选桑杰群培为扎囊县出席山南市第一届人民代表大会代表。

【人大监督工作】 年内，县人大常委会始终坚持民生问题导向、资金使用导向、司法公正导向，完善监督方式方法，突出监督工作重点，努力提升监督实效。全年，听取和审议专项工作报告17个，开展执法检查4次、专题调研和委托调研5次，述职评议26人次，满意度测评6次。

聚焦民生热点监督。坚持把解决好人民群众最关心、最直接、最现实的利益问题作为工作的出发点和落脚点，加强对改善民生工作的监督力度，使改革发展成果更多地转向民生、惠及百姓。围绕教育事业问题，听取和审议了《〈关于深化教育改革推进教育事业科学发展〉专题调研报告的审议意见贯彻落实情况跟踪检查的报告》，督促政府全面贯彻落实《意见》精神，确保扎囊县推进教育改革，促进教育公平，提高教育质量，扎实推动教育事业稳步发展。围绕大众创业万众创新，听取和审议了《扎囊县人民政府关于〈山南市推进科技长足发展促进大众创业万众创新〉的贯彻落实情况的审议意见贯彻落实情况的报告》和《扎囊县人民政府关于就业创业工作情况的报告》，促进全县创业就业的问题。同时，县人大常委会就县政府关于就业创业工作情况开展首次专题询问，通过开展专题询问对下一步完善就业措施和加大就业工作力度等方面增进了共识，达到了在监督中支持、支持中监督的目的；围绕卫生健康问题，听取和审议了《县人民政府关于〈加快卫生计生事业发展推进健康山南建设的意见〉贯彻落实情况的审议意见贯彻落实情况的报告》,督促县政府和相关部门突破计生卫生事业发展难题,补齐发展短板,不断加大健康扎囊建设力度,努力为人民群众提供高质量、高效率的健康服务。

聚焦经济运行监督。坚持把促进宏观经济平稳运行放在重要位置,加强对预算管理的监督,督促县政府强化预算法定意识,不断提高依法行政和预算管理水平。在年初代表大会上听取和审议了2020年财政预算(草案)的报告、2020年国民经济和社会发展计划(草案)的报告,在县人大常委会上听取和审议了扎囊县本级2019年财政决算(草案)的报告、2020年上半年本级财政预算执行情况报告、2020年上半年国民经济和社会发展计划执行情况的报告,在肯定县政府有效应对新冠肺炎疫情冲击经济所做工作的基础上,要求县政府及相关部门从县情出发,采取得力措施,积极培植新财源、做实地方财政收入,切实增强财政资金使用透明度。

聚焦公正司法监督。坚持把公正司法和依法行政作为监督重点,积极推进依法治县。听取和审议了县人民法院关于刑事审判工作情况的报告、县人民检察院关于民事诉讼和执法活动法律监督工作情况的报告,在集中审议的基础上开展工作评议,并有常委会组成人员投票进行满意度测评,进一步深入推进公正司法,努力让人民群众在每一个司法案件中都能感受到公平正义。县人大常委会还对《中华人民共和道路交通安全法》《中华人民共和国反家庭暴力法》《中华人民共和国妇女权益保障法》《中华人民共和国工会法》4部法律的贯彻实施情况进行执法检查,促进了相关法律法规在扎囊县有效贯彻执行。围绕"普法宣传""法在我身边""人大制度宣传月""千名代表送宪法(法律)"等活动,由人大代表、人大干部、相关部门人员等组成的宣讲组,深入乡(镇)村(居)开展宣传,进一步提升了广大群众尊法学法守法用法意识和人大代表尊法、守法意识。并积极配合上级人大开展执法检查、立法评估、法律法规草案的征求意见等工作。

2020年5月8日,县人大常委会党组及机关召开党风廉政建设和反腐败工作专题会议

聚焦生态环保监督。坚持全面践行"绿水青山就是金山银山"的理念,坚持把生态环境保护摆在更加突出的位置。听取和审议扎囊县2019年环境质量状况和环境保护目标完成情况的报告,及时提出意见建议,为打好污染防治战和保护碧水蓝天提供了保障。督促环保部门大力宣传生态保护环境相关法律法规,加强对环境污染、环境破坏的生活垃圾、建筑垃圾、垃圾焚烧等方面进行重点监管,进一步提高全社会关心支持和参与环境保护的主动性和自觉性。

【代表工作】 年内,县人大常委会坚持以人民为中心,尊重代表主体地位,支持和保障代表依法履职,不断提升保障水平,代表工作活力持续增强,代表作用得到有效发挥。

持续提升代表素质能力。为使全体代表了解和掌握人大制度和人大工作的基本知识,了解和掌握与代表履职相关的法律法规,增强代表意识,切实履行代表职责,充分发挥代表作用,10月

2020年10月23日，县人大常委会邀请市人大常委会副秘书长鲁宝（湖南省人大农业与农村工作委员会办公室三级调研员）为全县人大系统干部进行业务知识培训

29日至11月1日，县人大常委会党组组织全县基层人大代表和乡（镇）人大工作者共50人到山南市委党校开展异地培训；县人大常委会和乡（镇）人大主席团先后组织市、县、乡三级人大代表60余人赴日喀则市、林芝市，山南市隆子县、乃东区、琼结县等地考察学习，充分借鉴兄弟县乡的先进工作经验和做法，不断提升县人大工作水平和代表们发现问题、反映问题、解决问题的能力；为进一步提升全县人大系统干部业务素质和能力，县人大常委会专门邀请市人大常委会援藏副秘书长鲁宝为全县人大系统干部进行人大业务知识专题培训，切实增强了人大干部的业务知识，提高了依法履职水平和能力。

积极组织闭会期间活动。依托“人大代表之家”“代表小组活动室”等平台，积极组织代表认真开展个人学习、工作述职、经验交流、联系选民、帮扶群众和“三聚”“八个一”“法在我身边”“千名人大代表送宪法（法律）”“民族团结从我做起”等活动，不断丰富代表闭会期间活动，进一步增强代表的履职意识和工作热情。县乡人大积极开展“民族团结从我做起”活动，组织法律法规宣讲达40余场次，发放各类宣传资料8000余册，共有200余名各级人大代表参加，受教育群众达3.2万余人次。

代表建议督办。对于县十三届人民代表大会七次会议上代表提出的58件建议，县人大常委会及时进行归纳分类，通过召开交办会，转交相关承办单位，明确办理要求和办理时限。改进督办方式，采取现场察看、办理部门现场解答，面对面向代表答复等方式，县人大常委会组成代表意见建议办理情况检查组，对会上代表提交的意见建议进行跟踪检查，不断推动代表意见建议的办理有效落实。58件建议中，已办理解决或正在办理解决的有18件，因条件限制一时难以实施要列入计划的有15件，确实难以解决要做好解释工作的有25件。

持续深化“双联系”工作。坚持常委会组成人员联系代表、代表联系人民群众制度，每个常委会组成人员直接联系3～4名代表，充分听取和吸纳代表提出的意见建议。扩大代表对常委会和专门委员会工作的参与，邀请代表列席常委会会议、参加执法检查和调研活动，全年共有152人次各级人大代表参加县人大常委会组织的执法检查、调研等活动。

精准联系乡（镇）人大工作。根据市人大下发的相关通知要求，深入持续开展县人大常委会联系、指导各乡（镇）人大工作；指导各乡（镇）人大依法召开人代会、代表闭会期间各项活动等；加强上下联系促发展，各乡（镇）人大、县人大常会办公室、各专门委员会交流沟通，互相学习借鉴好经验、好做法，促进乡镇人大工作提质增效；搭建履职平台，采取坚持邀请乡（镇）人大主席参加执法检查、视察、调研、座谈等活动，指导乡（镇）人大工作，为乡（镇）人大干部提供全面了解人大工作、学习人大工作方法的平台，推动乡（镇）人大各项工作规范化、制度化、上水平。

【重大决定事项】 年内，县人大常委会立足中心、服务大局，紧紧围绕县委重大决策和全县经济社会中全局性、根本性的重大事项开展视察调研、专项调研，及时作出决议决定。先后对《2019年度环境质量状况和环境保护目标完成情况的报告》和《扎囊县人民政府关于就业创业工作情况的报告》作出决议或决定，为全县经济社会持续健康发展打下了坚实的基础。

【人事任免】 县人大常委会坚持党管干部和人大依法任免干部的有机统一，确保县委提名人选通过法定程序任职，及时任命了县人大常委会班子成员、检察院以及相关部门的负责人，为扎囊县改革发展提供了组织保障。扎实落实了拟任命人员任前法律知识考试、拟任职表态发言、颁发任命证书、向宪法宣誓等制度，进一步增强了被任命人员的法律意识、责任意识、公仆意识。同时，县人大常委会加强对国家机关工作人员的任前审查，邀请“一府一委两院”的负责人和组织部门负责人，分别就拟任职人员情况在常委会会议上作说明。2020年，按照市、县委的提名，县人大常委会和“一府一委两院”的提请，依法任命干部3人次，其中人大1人次、“一府”1人次、检察院1人次。

【疫情防控】 2020年，县人大党组主动作为、积极履职，坚守岗位、靠前指挥，做到了守土有责、守土担责、守土尽责。县委副书记、人大常委会主任巴桑次仁担任县疫情防控工作领导小组副组长、指挥部办公室主任带头深入疫情防控基层一线督导检查疫情防控工作，以身作则，主动参与全县疫情防控；县人大常委会党组成员、副主任、吉汝乡党委书记达娃和县人大常委会党组成员、副主任、扎唐镇党委书记赵永严格落实疫情防控“第一责任人”责任，以上率下，对全乡疫情防控工作亲自部署，亲自抓落实，有力促进了疫情防控工作有序开展；县人大常委会副主任永才主动担任全县疫情防控宣传引导组组长，自觉坚守岗位，主动承担任务，带头深入群众参与宣传，坚持奋战在疫情防控第一线。疫情防控期间，全县各级人大代表253名，共计捐款128757元。特别是自治区人大代表西若维色在疫情防控中的先进事迹被“学习强国”平台采用。

2020年10月29日至11月1日，县人大常委会组织基层人大代表履职能力培训班到山南市委党校开展异地培训

【自身建设】 年内，县人大常委会把学习贯彻习近平新时代中国特色社会主义思想作为首要政治任务，突出党的政治建设引领作用，努力推动全面从严治党向纵深发展。将“不忘初心、牢记使命”主题教育常态化制度化与“五查五增质效提升”活动有机结合起来，精心组织开展党组中心理论组学习会议，学习党章党规、学习业务知识，提升能力、提升标准、提升效率。常委会领导班子成员带头讲党课，以普通党员身份主动参加所在党支部活动，教育党员干部始终保持对党绝对忠诚。截至年底，“不忘初心、牢记使命”主题教育期间检视的问题领导班子已整改11条，整改率达95%；班子成员已整改14条，整改率达100%。

2020年，县人大从常委会联系代表办法入手，在原有的基础上进一步修改完善了《扎囊县人民代表大会常务委员会组成人员守则》《扎囊县人民代表大会常务委员会代表视察办法》《扎囊县人大常委会关于切实加强和改进全

2020年11月4日，县人大常委会组织部分县乡人大代表到日喀则市进行考察学习

县各级人大代表工作充分发挥闭会期间代表作用的决定》等18项制度，明确人大业务，促进县人大工作规范化建设。

县人大常委会积极推进人大机关“两学一做”学习教育和“不忘初心、牢记使命”主题教育常态化制度化，以“不忘初心、牢记使命”主题教育和全市人大系统中进一步开展的“五查五增、质效提升”活动为契机，深入学习贯彻习近平关于坚持和完善人民代表大会制度的重要思想、关于治边稳藏的重要论述和一系列重要指示批示精神，切实强化政治统领，始终牢记“业务之中有政治”，旗帜鲜明讲政治，深入开展反分裂斗争，从主要矛盾和特殊矛盾并存的客观实际出发来推进各项工作，进一步提升了人大机关工作者的能力和水平，依法履职、服务大局的能力得到进一步提升。

县人大党组成立党风廉政建设责任制工作领导小组，全面实行“一岗双责”，持续深化中央八项规定及其实施细则相关要求，将党风廉政建设责任制工作列入重要议事日程，同部署、同落实、同检查。2020年，县人大班子成员按照分工，层层签订党风廉政责任书，坚持从严控制和压缩“三公”经费支出，坚持个人重大事项报告制度，坚持带头开展述责述廉，坚持强化县人大机关党费规范化收缴管理。全年，县人大党组组织召开专题民主生活会1次，以普通党员身份参加所在支部活动18次，着力整改自身存在的问题，不断强化作风建设。

（达瓦次仁）

【机构领导】

县委副书记、县人大常委会主任

巴桑次仁（藏族）

县人大常委会副主任、吉汝乡党委书记

达　娃（藏族）

县人大常委会副主任、扎唐镇党委书记

赵　永

县人大常委会副主

任永才（藏族）

县人大常委会副主任

张小武（7月任）

县人大常委会办公室主任

达瓦次仁（藏族）

县人大常委会办公室副主任

张程宣

县人大法制委员会主任委员

达　珍（女，藏族）

县人大教科文卫委员会主任委员（人选）

樊　蓉（女）

县人大财经委员会主任委员

普布洛桑（藏族）

扎囊县人民政府

综述

【概况】 2020年是“十三五”规划收官之年，是全面建成小康社会、决战决胜脱贫攻坚之年。扎囊县坚持以习近平新时代中国特色社会主义思想为指导，统筹推进疫情防控和经济社会发展，扎实做好“六稳”工作，全面落实“六保”任务，凝心聚力、攻坚克难，较好地完成了扎囊县十三届人大七次会议确定的各项目标任务。全年完成地区生产总值18.02亿元，同比增长7.7%；分别完成第一、二、三产业增加值0.92亿元、11.39亿元、5.7亿元，可比价增长8.8%、10.9%、0.9%；受S5项目影响，完成全社会固定资产投资12.84亿元，同比减少10.9%；实现社会消费品零售总额2.26亿元，同比下降1.7%；实现财政收入4394万元，同比减少0.2%；税收收入4772万元（其中减税降费3908万元）；农牧民人均纯收入达到14654元，同比增长13%；发放贷款3.4亿元，同比增长42.25%；全年供电量3369.51万千瓦时，同比增长19%；城镇登记失业率严格控制在3%以内。

【疫情防控】 坚持人民至上、生命至上的理念。注重“人”与“物”联防。本级财政安排160万元抗疫经费用于保障疫情支出。及时成立7个专项小组，全县4684名党员、2281名公安干警、208名医务人员迅速到位，奋战一线。累计排查5.2万人次、隔离人员2350人次，接送到扎囊县人员811人，储备口罩24万只、消毒液8吨，设置隔离点11处，安排床位380余张。全面落实复工复产各项举措，贯彻执行企业纾困政策，落实中央直达资金1.42亿元，实施项目14个，抗疫特别国债资金3650万元，实施项目4个。积极开展部门对企业“点对点”服务，确保全县重大项目和企业有序复工。

在疫情防控这场大考中，扎囊县人民顾大局、识大体，扎囊县干部有担当、讲奉献，株洲人民捐物资、献爱心。同时，扎囊县自发向湖北捐款151.52万元抗疫资金。

【基础设施建设】 年内，完成卓于水库搬迁点、桑耶阿扎新增易地搬迁点项目，株洲大道、友谊路全面升级改造。吉汝乡完小教职工宿舍及环形塑胶运动场等28个项目交付，惠及师生3932人。县城至吉汝乡公路、桑玉公路等8个交通项目建成通车。阿扎乡堤防工程等3个水利项目投入使用。桑耶镇洛村扶贫搬迁安置点林草兼种示范等3个项目通过验收。朗赛岭庄园安防、扎唐寺消防改造工程正式启用。桑耶幼儿园、县中心医院门急诊综合楼等7个项目加紧建设。雅江风光带旅游基础设施一期项目竣工。全年落实计划内援藏资金2000万元，卓普村易地搬迁安置点项目完成工程总量的70%。

【脱贫攻坚】 年内，累计实现结对帮扶资金140余万元，解决实际困难问题230余件。统筹整合脱贫攻坚资金，实施基础设施建设项目24个，完成投资6552.71万元，带动260户1040人增收450万元。实现建档立卡贫困户就业2537人，创收1668万元。落实精准扶贫小额信贷349户1736万元。洛村2000亩矮化苹果种植项目完成投资近1亿元，带动400户1500余人增收750万元。大力扶持“小微企业”，分别创建农牧民专业合作社国家级2家、区级7家、市级7家、县级36家。西普农业捐款扶贫资金500万元，彰显企业担当。

【生态环境】 年内，广泛开展国土绿化行动和市、县两级“万人万亩义务植树”活动，植树造林1874亩。严格落实“河湖长制”，地表水、饮用水水源地水质全面达标。环境空气质量持续保持良好，2020年，县域生态环境保护考核获得优秀等次。严格执行耕地“占补平衡”制度，全县永久基本农田保护面积8.05万亩，耕地保有量10.35万亩。全县化肥、农药施用量保持“零增长”。完成134个固定污染源排污许可网上登记工作。深化生态环境“六大专项整治行动”，人居环境明显改善。

【民生改善】 坚持改善民生、增进福祉，注重“实”与“惠”融合。教体事业屡创新高。“五个100%”目标全面实现。小学、初中毛入学率、巩固率均达100%。资助大学生1764人次，落实资金1229.9万元。足额兑现“三包”经费。特别是延迟开学期间，全县中小学停课不停学，开展网络教学，师生参与率达100%。2020年，中考总成

2020年1月29日，县委副书记、县长唐勇在县人民医院发热门诊对防控工作开展情况进行实地调研指导

绩、小考体检录取人数居十二个县（区）第一名，创历史新高。举办首届扎囊县农民运动会，1400余名农牧民群众参与其中，充分展示了扎囊县农牧民群众良好的精神面貌和健康的生活品质。卫生工作质效双提。火速建设核酸检测实验室并投入使用。大力推进医联体建设，实施县、乡、村医疗卫生机构能力提升工程。大病集中救治人数达到2268人。农牧民免费健康体检1.8万人，门诊就诊7.78万人次，收治住院病人1092人。住院分娩420人，分娩率达100%。社会保障扎实推进。全面落实各项惠民政策，兑现临时救助、低保等各类补贴资金共计1221.08万元。完成全县退役军人信息采集工作，退役军人权益得到全面保障。落实各类优抚资金141.53万元。完成县域内医保系统单位、定点医疗机构等7个信息平台录入工作。473名高校毕业生实现就业，就业率达99.79%，实现农牧民转移就业10723人，创收9394万元。文旅事业蓬勃发展。举办2020扎囊氆氇文化节。创作以“脱贫攻坚、民族团结”为主题的文艺作品6个。组建62个村（居）文艺演出队，全年开展文化活动155场；播放电影419场。打造藏草旅游休闲园等3处“网红打卡地”，扎囊饭店被评审为三星级酒店。全年接待游客26.7万人次，创收3100万元。两轮地方志编撰工作接近尾声，为全县经济社会发展和社会进步提供重要史料。

【建议、提案办理】 2020年，扎囊县人民政府自觉接受人大法律监督和政协民主监督，办理人大代表建议58件、政协委员提案34件。

【自身建设】

强化政治建设。把讲政治贯穿到政府工作全过程，把政治建设摆在首位，牢固树立“四个意

识”,坚定“四个自信”,做到“两个维护”,始终在思想上政治上行动上同以习近平为核心的中共中央保持高度一致,看齐落实中共中央决策部署,对标落实自治区党委、政府、市委、市政府和县委的工作要求,做到令行禁止。

坚持依法执政。自觉运用法治思维和法治方式推动工作,将法治理念贯穿到经济社会发展各环节、各领域。积极推进政务公开,及时主动“官宣”社会关切、群众关心的问题。自觉接受各类监督,用心用力用情办好人大代表建议和政协委员提案。

全面转变作风。大力弘扬“老西藏精神”“两路精神”,以海拔高、境界更高的自觉,困难多、方法更多的作为,树牢全心全意为人民服务的宗旨意识,破除故步自封、小进即满的思想,树立逆水行舟、不进则退的危机意识,切实转变工作作风,增强干事创业的凝聚力,释放奋发进取的正能量,为扎囊县经济社会发展贡献力量。

加强廉洁自律。认真开展“政治标准要更高、党性要求要更严、组织纪律性要更强”专题教育。严格落实全面从严治党主体责任,坚决扣好廉洁自律的“第一粒扣子”,管好身边的人,当好清正廉明的排头兵。严格落实中央八项规定及其实施细则和区党委实施办法精神,扎实推进财政绩效管理,严格财政预算编制执行,加强审计监督,确保非刚性和非重点支出减少3%。

【政府法治建设】 年内,扎囊县始终以习近平关于法治政府建设的重要指示精神为指导,及时准确把握法治政府建设在全面依法治国中的战略地位,建立健全结构完备、科学规范、运行有效的依法行政制度体系和科学、民主的决策机制,进一步加强行政规范性文件制定和监督管理,严格规范公正文明执法,提升行政执法的公信力,形成了社会公平正义的良好氛围。

依法全面履行政府职能。全面推行行政审批制度改革。依照国家行政审批、机构改革进程,调整落实权责清单制度,做好各项行政审批事项的落实和承接工作,并向社会依法公示行政审批事项清单和流程,进一步提升规范化管理和操作流程,及时向社会公布本级政府行政审批事项清单。

优化政府组织结构体系。依照法律法规程序,设立、撤销或调整机构(包括机构名称、权限范围、人员编制等)。截至年底,在落实机构改革工作中各项任务的同时,对县财政局、卫健委、行政审批和便民服务局,供电公司等专业性机构进行优化提升。

完善依法行政制度体系。加强完善政府规章制度。严格落实立法规定,坚持立改废释并举,建立健全法律法规及各项制度,增强政府立法的及时性、系统性、针对性、有效性。完善立法项目向社会公开征集,充分听取各方意见,对不适应当前经济社会发展形势要求的法律规章和规范性文件进行及时依法修改和废止。废除地方保护、抑制市场经济发展的政府规章或规范性文件,在改善市场环境、促进招商引资等方面成效显著(包括车厘子基地、江北生物、苗圃基地等沿江经济产业走廊项目)。提高制度建设公众参与度。为进一步提升政策制度的合理性、科学性,涉及人民群众和团体切身利益的行政规范性文件,依法向企业、人民团体、行业协会、人民群众公开征求意见。针对人大代表、政协委员关于行政立法的建议、提案,回复率达100%,做到无遗漏、不延迟。

规范重大行政决策法定程序。进一步完善各类会议制度,按照“三重一大”决策部署机制,依法依规邀请县人大、政协、纪检监察部门参与,按照“公众参与、专家论证、风险评估、合法性审查、集体讨论决定”的原则严格执行,真正做到决策制度科学、程序正当、过程公开、责任明确,相关记录清晰归档,确保行政决策经得起法律的检验。重大行政决策做到集体讨论率达100%。完善重大决策实施跟踪制度。完善项目建设相关机制,尤其是国家重大项目行政决策公布后的宣传、解读、跟踪。采取监督检查、实地调研等方式,跟踪重大决策进展情况,主动了解关注群众及利益相关方对决策实施的意见和建议。县纪委监委,审计局适时对扶贫专项资金等民生资金进行督查,并通过“智慧扎囊”微信公众平台、广播电视等新闻媒介向社会公布。

规范行政执法公正文明。规范执法检查行为,严格按照国家有关法律法规，规范程序、用准条款、规范执法文书，做到依法执法、文明执法、人性化执法。坚持推行规划执法检查，出发决定制度有效分离，各司其职，相互独立相互监督，执法职责层层分解，落实到具体岗位和执法人员，基本形成权责明确，相互配合相互制约，高效运行的执法机制。推行执法全过程记录制度。执法机关通过文字、音像等形式，实现全过程记录归档，做到行政执法活动文字记录合法规范、客观全面、及时准确，执法案卷填写规范、归档完整。行政权力制约监督科学有效。

完善监管体系建设。完善政府内部监督，改进上级行政机关对下级行政机关的监督，自觉接受党内监督，人大政协监督，新闻媒介监督。加强民主监督、司法监督、审计监督、社会监督方式和手段，建立健全常态化、长效化监督制度。紧密围绕政府中心工作，制定以各乡（镇）、各部门主要负责人为“第一责任人”的政府内部层级监管办法，县监察委员会成员单位结合本部门业务工作，加强完善行业的监管工作机制，针对违规、违纪、违法人员进行相应处罚，并通过纪委系统、平台向社会公布处罚情况，有关举报箱、电子信箱、热线电话等监督渠道保持畅通。

组织领导落实到位。以各乡（镇）、各部门党政主要负责人为“第一责任人”，把法治政府建设作为全县重点工作来抓，加强对法治政府建设的领导。坚持围绕大局、服务大局、坚持科学规划、统筹安排，深入推进依法行政，加快建设法治政府步伐，将法治政府建设工作考核纳入年终综合考评中，确保法治政府建设工作有序开展。坚持将推进法治政府“第一责任人”履职尽责情况纳入年度考核中，年底述职述廉报告中，对工作不力、推动成效不显著的分管领导适时进行谈话。各乡（镇）、各部门党政主要负责人不定期向县委、县政府主要领导汇报本单位近期法治政府建设推动情况，形成一级抓一级，层层抓落实的良好局面。

社会矛盾纠纷依法有效化解。贯彻落实人民调解法，健全人民调解组织网络，实现村（居）人民调解组织全覆盖，推进企事业单位、乡镇、社会团体、行业组织中人民调解组织建设。重点协调解决消费者权益、劳动关系、医患关系、婚姻家庭等矛盾纠纷，促进当事人平等协商、公平公正解决矛盾纠纷。截至年底，已实现城乡居民公共法律服务体系、县法律援助中心、村（居）法律顾问全覆盖。

【党组会议】 2020年，扎囊县人民政府党组共召开党组会议3次。

7月14日，县委副书记、政府党组书记、县长唐勇主持召开第十三届扎囊县人民政府党组会议。会议研究县人社局提交《关于聘任白玛拉珍等2名同志初级职称的请示》《关于聘任朗追等2名同志初级职称的请示》《关于聘任刘玉洁等3名同志初级职称的请示》《关于罗桑旺久等6名合同制工人退休的请示》《关于调整工作人员岗位的请示》《关于调整公益性岗位的请示》等相关事宜。

9月21日，县委副书记、政府党组书记、县长唐勇主持召开第十三届扎囊县人民政府党组会议。会议研究县人社局提交的《关于半脱产人员次旺多吉解聘申请的请示》《关于聘任次旦白珍同志初级职称的请示》《扎囊县2020年政府购买公益性岗位安置请示》《扎囊县2020年政府购买公益性岗位补录安置请示》等相关事宜。

11月30日，县委副书记、政府党组书记、县长唐勇主持召开第十三届扎囊县人民政府党组会议。会议研究县人社局提交《关于申报达娃卓玛等6名同志聘任中级职称的请示》《关于聘任顿追等11名同志初级职称的请示》等相关事宜。

【常务会议】 2020年，共召开政府常务会9次。

3月3日，县委副书记、县长唐勇主持召开政府常务会议。会议研究县嘉博投资有限责任公司提交《关于西普休闲观光农业发展有限公司借款500万元的请示》的相关事宜。

7月20日，县委副书记、县长唐勇主持召开政府常务会议。会议研究县发改委提交《关于请求提前实施县城整体功能提升建设项目的请示》、县卫生服务中心提交《关于粮食局新院交由卫生服务中心的请示》等相关事宜。

8月7日，县委副书记、县长

唐勇主持召开政府常务会议。会议研究县农业农村局提交《关于请求山南市牛羊活畜交易市场项目减免处罚并补办施工许可证的申请》、县政府办提交《关于扎囊县人民政府上半年经济运行情况分析及下半年重点工作计划安排报告》等相关事宜。

8 月 10 日，县委副书记、县长唐勇主持召开政府常务会议。会议研究县发改委、水利局提交《关于审核〈西藏自治区扎囊县农村供水工程税费收缴工作方案〉的请示》等相关事宜。

9 月 21 日，县委副书记、县长唐勇主持召开政府常务会议。会议研究县教育局提交《关于解决购买教育服务人员岗位资金的申请》、县农业农村局提交《关于农村土地承包经营权确权登记颁证工作资金的申请》、县卫健委提交《关于解决购买卫生服务人员岗位资金的申请》等相关事宜。

11 月 30 日，县委副书记、县长唐勇主持召开政府常务会议。会议研究县农业农村局提交《关于解决农牧民补助奖励政策（草奖）资金缺口的申请》《关于 2020 年产粮大县奖励资金实施方案的请示》等相关事宜。

12 月 17 日，县委副书记、县长唐勇主持召开政府常务会议。会议研究县发改委提交《关于请求解决桑耶司法所及桑耶居委会会议室建设项目资金的请示》、县住建局提交《关于自来水厂整体划转嘉博公司的请示》、县人社局提交《关于聘任索朗白珍等 3 名同志初级职称的请示》《关于申报旦增卓玛等 4 名同志聘任中级职称的请示》、县行政审批和便民服务局提交《关于拨付扎囊县电子政务外网线路及运行费用的请示》、县民政局提交《关于解决五保集中供养中心阳光房建设及供暖项目资金的请示》等相关事宜。

2020年4月7日，县委副书记、县长唐勇在检查点现场检查指导疫情防控工作

【县长办公会】 2020 年，县委副书记、县长唐勇共主持召开县长办公会 11 次。

3 月 4 日，县委副书记、县长唐勇主持召开县长办公会。会议研究县农业农村局提交《关于解决扎囊县扎其乡西卡学村蔬菜生产基地温室维修资金的报告》等相关事宜。

4 月 18 日，县委副书记、县长唐勇主持召开县长办公会。会议研究吉汝乡提交《关于扎囊县吉汝乡购买车辆的请示》的相关事宜。

5 月 9 日，县委副书记、县长唐勇主持召开县长办公会。会议研究县总工会提交《县总工会关于疫情防控工作中继续加大基层工会职工集体福利用于消费扶贫的力度助力打赢脱贫攻坚战的通知》等相关事宜。

6 月 16 日，县委副书记、县长唐勇主持召开县长办公会。会议研究县总工会提交《县总工会关于疫情防控工作中加大基层工会职工集体福利用于消费扶贫的力度助力打赢脱贫攻坚战的请示》等相关事宜。

7 月 14 日，县委副书记、县长唐勇主持召开县长办公会。会议研究桑耶镇提交《关于桑耶易地搬迁点安装监控设备所需资金的报告》、县卫健委提交《关于请求追加扎囊县疾病预防控制中心附属建设资金的请示》《关于申请吉汝乡、阿扎乡卫生院房屋改造及地面硬化资金的请示》、县农业农村局提交《关于申请解决白鸡山矿区底下实施林草兼作项目民工工资及机械台班费的报告》、县委宣传部提交《关于解决外宣楼新闻发布厅功能提升资金的请示》、县消防救援大队提交《关于提请县政府解决消防救援大队新建队站建设变更经费的请示》等相关事宜。

9月21日，县委副书记、县长唐勇主持召开县长办公会。会议研究县公安局提交《扎囊县公安局关于购买公务用车的请示》、县文化局提交《关于请求解决广播电视台机房搬迁等项目资金的请示》、县城市管理和综合执法局提交《关于解决市政维护、城管巡逻设备的报告》、县统计局提交《关于解决扎囊县第七次人口普查工作经费的请示》、桑耶镇提交《关于解决垃圾清运费的申请》、县农业农村局提交《关于吉汝乡卓普村大畜到户项目变更的的报告》等相关事宜。

10月26日，受县委副书记、县长唐勇委托，县委常委、政府副县长汤立主持召开县长办公会。会议研究县财政局提交《关于未分配直达资金分配建议的请示》、县总工会提交《关于疫情防控工作中加大基层工会职工集体福利用于消费扶贫的力度助力打赢脱贫攻坚战的请示》等相关事宜。

11月9日，受县委副书记、县长唐勇委托，县委常委、政府副县长汤立主持召开县长办公会。会议研究县后勤服务中心提交《扎囊县机关食堂初步运行方案》、县医疗保障局提交《关于提请实行医疗救助起付线分级制度的情况报告》等相关事宜。

11月30日，县委副书记、县长唐勇主持召开县长办公会。会议研究县教育局提交《关于解决朗塞岭完小35千伏扎线211#–124#杆迁改项目资金的申请》、县医疗保障局提交《关于解决2019年度医保资金缺口的请示》、县扶贫办提交《关于脱贫攻坚干部疗养的请示》《关于解决扎囊县氆氇厂环评验收费的请示》、市生态环境局扎囊分局提交《关于开展声功能区划分工作经费的请示》、县文化局提交《关于申请追加氆氇文化节资金的报告》《关于申请县级非遗传承人及县级野外看管人员补助并纳入预算报告》、桑耶镇提交《关于申请解决灾后耕地修复资金的申请报告》、扎唐镇提交《关于拉林段供电工程的线路补偿协议》、县农业农村局提交《关于解决园艺病虫防控示范项目缺口资金的请示》《关于聘请第三方机构开展农村集体产权制度改革工作资金的报告》《关于申请解决2020年度农村人居环境整治“秋冬季”村庄清洁行动表彰资金及工作经费的报告》等相关事宜。

12月17日，县委副书记、县长唐勇主持召开县长办公会。会议研究县委组织部提交《关于解决相关培训费用的请示》、县人社局提交《关于卫生防疫津贴调标的请示》《关于解决劳动监察制服费用的报告》、县住建局提交《关于解决2020年度公房维修资金缺口的报告》《关于申请株洲大道城市街区改造提升项目缺口资金的报告》《关于申请老工商局装修工程预算的请示》《关于请示阿扎乡生活垃圾转运站建设项目结余资金上缴的报告》《关于申请友谊路（折木路至玉荣卡路段）路面维修项目南侧路段拓宽征地补偿资金的请示》、县农业农村局提交《关于农产品监测站相关资金纳入到财政预算及解决相关经费的申请报告》《关于申请解决视频会议系统安装费的报告》、县卫健委提交《关于申请PCR核酸检测实验室运行资金的请示》、县文化局《关于请求解决广播电视台机房搬迁等项目资金的请示》、县教育局《关于解决教育事业人员住房补贴补助部分的申请报告》等相关事宜。

12月21日，县委副书记、县长唐勇主持召开县长办公会。会议研究县总工会提交《关于疫情防控工作中加大基层工会职工集体福利用于消费扶贫的力度助力打赢脱贫攻坚战的请示》的相关事宜。

【专题会议】 2020年，扎囊县人民政府共召开专题会议25次。

3月9日，受县长唐勇委托，就扎囊县关于“两江四河”流域造林绿化工程2019年作业设计变更相关事宜召开专题会议。

3月30日，政府县长唐勇主持召开扎囊县解决部分群众医疗费用相关事宜专题会议。

同日，受县长唐勇委托，副县长丹增平措就吉汝乡吉汝完小学生宿舍建设项目整合实施相关事宜召开专题会议。

4月2日，政府县长唐勇召集县桑耶镇、自然资源局、发改委、生态环境局、交通局、人社局、林草局、水利局、公安局、财政局、税务局、住建局有关负责人召开征地领导小组专题会议。

4月20日，受县长唐勇委托，县委常务副书记欧雷、副县长杨志军召集吉汝乡、卓普村“两委”及驻村工作队、县自然资源局、发改委（受援办）、水利局、设计单位有关负责人召开卓普村易地搬迁专题工作座谈会。

4月28日，受县长唐勇委托，副县长丹增平措就关于确定县供电公司发展用地事宜召开专题会议。

5月20日，县委副书记、县长唐勇组织各乡镇、县发改委、自然资源局、交通局、住建局、水利局、林草局、农业农村局、生态环境局等部门负责人就扎囊县自然保护地整合优化和自然保护区调整需求事宜召开专题会议。

5月28日，县委副书记、政府县长唐勇主持召开扎囊县新增建设用地土地有偿使用费上缴相关事宜专题会议。

7月12日，县委副书记、政府县长唐勇主持召开扎囊县2019年度脱贫攻坚项目结余资金相关事宜专题会议。

7月31日，受县长唐勇委托，副县长刘志刚就关于扎囊县“十三五”易地扶贫搬迁评估核查自评报告相关事宜召开专题会议。

8月10日，受县长唐勇委托，副县长刘志刚就强巴林取土场恢复事宜召开专题会议。

8月26日，受县长唐勇委托，副县长丹增平措召集扎囊县国有建设用地挂牌出让委员会成员单位就扎囊县3宗国有建设用地挂牌出让事宜召开专题会议。

9月6日，县委常委、副县长汤立就青朴景区旅游基础设施建设项目和扎央宗旅游基础设施提升改造项目终验、局部核量变更等事宜召开专题会议。

9月7日，受县长唐勇委托，副县长丹增平措召集扎囊县城乡规划委员会成员单位就扎囊县城整体功能提升建设项目事宜召开专题会议。

9月20日，受县长唐勇委托，副县长次仁罗布组织相关部门就扎囊县2020年普利文化节暨农民丰收节相关事宜召开专题会议。

10月9日，副县长央拉组织相关部门在县政府一楼小会议室就拆除扎囊县粮食局新院内所有建筑房屋及移交使用权事宜召开专题会议。

10月15日，受县长唐勇委托，副县长刘志刚组织相关职能部门就政府视频会议室采购音影视频设备、桌椅相关事宜召开专题会议。

10月16日，受副县长言鹏委托，县政府办（外事办）副主任次仁拉姆召集县政府办全体干部职工在县政府一楼小会议室就提高政府大院门卫保安查珠个人薪资问题进行研究。

11月26日，受县长唐勇委托，县委常委、副县长汤立就扎囊县村级购买农机具相关事宜召开专题会议。

11月30日，受县长唐勇委托，县委常委、副县长汤立就敏珠林景区项目终验、局部核量、变更等事宜召开专题会议。

12月11日，副县长刘志刚召集扎唐镇、县委宣传部、政法委、县发改委、教育局、公安局、住建局、交通局、林草局、城管局、电信公司、移动公司、联通公司、供电公司、养护段、羊嘎村、哲木居委会、监理单位、施工单位有关负责人召开县城整体功能提升建设项目协调会。

12月15日，受县长唐勇委托，副县长丹增平措就扎囊县1宗国有建设用地挂牌出让相关事宜召开专题会议。

12月16日，受县长唐勇委托，副县长李合国就扎囊县污水处理厂尾水提升与应急雨水泵站及配套管网工程项目资金事宜召开专题会议。

12月18日，受县长唐勇委托，副县长丹增平措就扎囊县征收农用地区片综合地价制定项目成果听证召开专题会议。

（李文溅）

【机构领导】

县委副书记、政府县长

唐　勇

县委常委、政府副县长

汤　立（湖南援藏）

扎西多布杰（藏族）

政府副县长

丹增平措（藏族）

央　拉（女，藏族）

次仁罗布（藏族）

言　鹏（湖南援藏）

刘志刚

杨志军

李合国

办公室工作

【概况】 2020年，扎囊县政府办公室围绕县政府中心工作，认真履行办公室职能，发挥办公室的中心枢纽作用，有效保障各项工作的有序正常运转，促进全县经济社会又好又快发展。扎囊县政府办共有工作人员11名，其中主任1名、副主任2名、四级主任科员3名、科员1名、工勤人员1名、专技人员2名、志愿者1名。

【办文办公办事】 年内，充分发挥县政府办的协调职能，主动加强对重点项目、重大活动、重要工作的综合协调。加强对办文办公办事全流程管理，全力提高办文办公办事的效率和质量。2020年，共组织政府党组会议3次、政府常务会议9次、县长办公会议11次、政府专题会议25次，承办区、市、县各类会议300余次。加强对办事各环节的管理，健全批示件办理、印章管理等制度。2020年，以扎囊县人民政府名义发文159件，其中批复27件、函37件、请示13件、通知39件、报告12件、其他文件31件；以扎囊县政府办名义发文34件；接受办理各类公文907件。认真做好公务接待工作，严格落实安全保卫、值班、卫生等工作。

【信息、督查、议案提案办理】 年内，向市政府办报送信息共130余条。通过电话、暗访等多种形式切实抓好领导批示件办理，在及时交办的基础上，加大催促力度，并力求在第一时间内件督查结果反馈与有关方面。2020年，共协助人大办理议案58件、政协提案34件。

【地方志工作】 1月6日，由县地方志办公室分管领导带队赴湖南省株洲市委党史研究室（市地方志办公室）交流学习工作，在株洲市地方志办公室专家的悉心指导和帮助下，完成《扎囊年鉴（2020）》一书内容的收集、整理、编撰等工作，全县各单位人员认真校对、查漏补缺，县方志办工作人员认真修改完善，5月20日在山南市通过复审会评审；10月28日，在扎囊县召开并通过终审会评审。11月8日，县方志办对接湖南省株洲市委党史研究室（市地方志办公室），邀请两位专家对志稿进行修改，撰写了部分篇下序、章下序，对概述、大事记、序言进行了认真修改，11月正式出版，于年底报自治区方志办验收。。

（李文溅）

【机构领导】

政府办公室（外事办）主任

阿旺曲达（藏族）

政府办公室（外事办）副主任

薛伟强（6月免）

孙　浩

次仁拉姆（女，藏族）

行政审批和便民服务

【概况】 扎囊县行政审批和便民服务局是县人民政府工作部门，2019年3月正式挂牌成立，主要负责组织、协调、监督各窗口集中开展行政审批和公共服务工作；指导各乡镇（街道）做好便民服务中心及村（社区）便民服务代办点建设工作；负责政府集中采购工作；承办上级交办的其他事项。2020年，有行政编制3名，事业编制3名。

【政务服务】 年内，县行政审批局政务服务大厅共涉及22个行政审批事项，接待到访约8360人次，受理事项8013件，办结8013件，办结率100%，其中婚姻登记417件、食品经营类1023件、身份证及户籍业务类1991件、不动产权登记12件、医保类4066件、施工许可类40件、保险类464件。新增中国人民财险股份有限公司山南分公司进驻政务服务大厅，增加大病保险、政策性涉农保险、意外伤害保险、交强险、野生动物肇事险5个服务事项。本着建设标准化、规范化的扎囊县政务服务中心的出发点，紧跟山南市“互联网+政务服务”建设步伐，开拓全县政务服务大环境，调研乡镇便民服务大厅运作情况3次，形成全县体系化的政务服务环境。通过召开推进会、下发指标任务、下村指导督办等形式，截至年底，发布实施清单总数596个，实施清单发布率99.17%；情形化梳理事项总数493个，情形化梳理完成比率82.72%；发布事项网上可办数595个，网上可办率99%。三级标准办理深度达到49%，符合市级要

5月29日，株洲援藏队在扎囊县政务服务中心督导运行情况

求，梳理扎囊县100个高频事项清单。截至年底，录入历史办件和电子证照采集8841件，办件总量达到13480件。

【政府采购】 年内，县行政审批局为提高政府采购资金的使用效益，保护政府采购当事人的合法权益，以《中国政府采购法》作为法律依据，结合扎囊县实际情况，通过各单位征求意见后，制定《扎囊县政府采购管理办法》，规范了扎囊县政府采购行为。全年，共开展政府集中询价采购（5万～20万元以下）项目20个，包括乡镇卫生院及村卫生室更新维修宣传栏项目、德吉新村幼儿园设备采购项目等，共计节省政府资金52680元。开展招标采购项目33个。其中，邀请招标共计5个项目，包括2020年商品有机肥采购项目、2020年便捷式有源音响采购项目等；询价招标共计23个项目，包括2020年生态环境应急预案编写采购项目、2020年乡村一体化基层卫生院信息平台设配采购等；竞争性谈判共计13个项目，包括2020年氆氇、卡垫编织架采购项目；公开招标共计2个，包括2020年中型客车采购项目。2020年，各项目预算资金2382.6186万元，实际采购资金2347.467万元，节省政府资金35.1516万元。

（其米玉珍）

【机构领导】

局　长

唐晓峰（藏族）

副局长

达普琼（藏族）

副局长

韩飞妮（女）

应急管理

【概况】 扎囊县应急管理局是县人民政府工作部门，为正科级。行政编制4名，实有6名（其中1名为工人）。2020年，扎囊县应急管理工作在县委、县政府的坚强领导下，在市安委会和市应急管理局的有力指导下，深入学习贯彻区、市、县三级安全生产工作会议精神，加强和健全组织领导，不断深化安全生产领域改革，全面履行职能，统筹规划应急管理工作，努力提高保障公共安全和处置突发事件的能力，预防和减少自然灾害、事故灾害、公共安全和社会安全事件。全县各部门按照认真贯彻“安全第一、预防为主、综合治理”的工作方针，紧紧围绕“科学发展、和谐发展、安全发展”的主题，强化安全生产监督管理工作，使扎囊县安全生产保持了平稳运行的态势，未发生较大以上安全生产事故。

【贯彻会议精神】 年内，扎囊县应急管理局以抓好安全生产责任落实为重点，按照“一岗双责”要求，层层落实安全监管责任。及时召开安全生产工作总结大会，总结2019年安全生产各项工作开展情况，分析形势，研究部署2020年安全生产各项工作；每季度召开一次安全生产全体（扩大）会议，通报一季度的安全生产事故，安排部署下一步重点工作，全年共召开4次安全生产全体（扩大）会议；建立健全安全生产责任制，层层签订安全生产责任书，县政府分别与5个乡镇、42个安委会成员单位签订《2020年安全生产目标管理责任书》；结合扎囊县实

8月14日，自治区应急管理厅党委委员、副厅长拉增到扎囊县辉言气体督导检查安全生产工作

际情况，制定下发了《扎囊县安全生产专项整治三年行动方案》《扎囊县开展重点行业领域安全生产专项整治工作方案》《关于进一步做好汛期安全生产工作的紧急通知》等一系列工作方案，开展了全面安全检查，确保了扎囊县安全生产局势平稳。

【安全生产宣传】 在6月安全生产月期间，县安委会制定了《2020年“安全生产月”和“安全生产扎囊行”活动实施方案》，以安全生产宣传教育“九进”为主线，以“落实企业安全生产主体责任”为重点，以增强全民应急意识、提升公众安全素质、提高防灾减灾能力、遏制生产安全事故为目标。活动期间，在县城主要干道悬挂主题横幅30条；各企业悬挂横幅、条幅25条；发放宣传资料16800余份，受教育群众达15000余人。县委宣传部在《智慧扎囊》刊登活动开展情况4次。以“5·12”防灾减灾日和“安全生产月”活动为契机，结合扎囊县实际开展了应急救援演练工作，做到行业领域应急预案与实际演练有机统一，达到演练效果，有效推动应急演练活动的开展。先后组织相关部门在山南市第三高级中学、卓玉水库、顶峰加油站、中交二局等地开展应急救援演练活动。全年共开展应急演练8次，参与人员达860余人次。

【行业监管】 年内，按照《扎囊县安全生产专项整治方案》；全县各执法部门综合监管1064次，发现隐患582处，下发执法文书292份，停产整顿12家，处罚金额48400元，已全部整改到位，全县形成了“一级抓一级，层层抓落实，齐抓共管”的良好格局，有效促进了安全生产工作责任的全面落实。

【安全生产隐患排查整治】 年内，扎囊县应急管理局为深入学习贯彻区、市、县三级召开的安全生产工作电视电话会议精神，坚持“安全第一、预防为主，综合治理”总体方针，严格落实安全生产责任，深入非煤矿山、危险化学品等重点行业领域，扎实开展安全生产隐患排查整治工作。辖区内2家非煤矿山企业，开展隐患

7月22日，县应急管理局联合县消防大队在敏竹林寺开展重点寺庙灭火救援实战演练

排查14次，下达执法文书4份，发现安全隐患38处，已全部整改到位；辖区内危化领域7家，开展隐患排查9次，下达执法文书5份，发现安全隐患43处，已全部整改到位。2020年入汛以来，扎囊县辖区内遭暴雨、洪涝侵蚀，群众生产生活受到不同程度的影响，经实地排查、统计，共造成2083人受灾。农作物受灾情况：农作物受灾共计209.168公顷，其中轻灾196.358公顷、绝收面积50.793公顷，造成经济损失约1104777.6元。为了使受灾群众安全过冬，通过与上级部门积极衔接，中央下拨的口粮、取暖资金全部已兑现。

（巴桑罗布）

【机构领导】

局　长

赤　　来（藏族）

副局长

巴桑罗布（藏族）

次仁杰布（藏族）

刘 宪 宁（女）

消防救援

【消防概况】 2020年1月，扎囊县消防救援大队正式挂牌。大队营房于2009年开工建设，5月完工并投入使用，新队站2018年完工并投入使用。2020年，大队有14人，其中干部4人、消防员3人、专职消防队员6人、消防文员1人。接处警情况：2020年，扎囊大队接处警75起，出动车辆158辆次，出动警力1100人次。

【党建工作】 年内，扎囊县消防救援大队深入学习贯彻上级指示精神，多次组织全体指战员学习《消防救援局关于学习贯彻习近平总书记重要指示精神反对浪费行为培养节约习惯的通知》、《关于向陈陆同志学习的决定》、《习近平谈治国理政》（第三卷）、《十九届五中全会精神》等，不断增强大队指战员思想觉悟。扎实开展“践行训词精神，担当神圣使命，坚持五个不动摇”教育实践活动，通过个人主动学、支部集中学、交流探讨等多种方式，不断将理论往深学、往实学。大队坚持问题导向，抓住关键、紧盯难题，在求实上下功夫，突出党建示范引领，不断加强队伍思想建设。加强队伍的廉政建设，确保队伍清正廉洁，大队领导班子高度重视党风廉政建设工作，并将其列入了重要的议事日程和年度工作目标。结合工作实际，成立并及时调整了党风廉政建设领导小组，切实加强对党风廉政建设工作的领导，以落实党风廉政建设责任制为重点，大力推进党风廉政建设，努力塑造消防新形象，促进了消防监督检查的清正廉洁和工作效率的提高，在抓学习、抓组织、抓落实、抓制度建设上下功夫，营造了廉洁清明的执法环境。

【隐患整改工作】 年内，扎囊县消防救援大队致力于维护社会面火灾形势稳定。完成了春节、藏历新年、“两会”、敏珠林寺“珠巴嘎杰”佛事活动、扎囊县氆氇文化节等重要节日的执勤安保任务。大队以全县消防安全专项整治工作为牵引，精准实施、靶向防控，部署开展了人员密集、易燃易爆、寺庙文博、电气火灾、九小场所5个专项整治行动，完成“双随机、一公开”消防监督检查402家次，开展夜查行动86次，对辖区旅游景区、液化气站、加油站、寺庙、KTV

1月13日，扎囊县消防救援大队举行挂牌仪式，县委副书记、县长唐勇出席仪式并讲话

11月9日，扎囊县消防大队开展“119”关注消防 生命至上”消防宣传月活动

等场所进行消防安全联合检查36次，共发现火灾隐患695处，下达法定文书394份，有效消除了部分火灾隐患。

【宣传工作】 年内，扎囊县消防救援大队以提高全县火灾防范意识和遵守消防法律法规意识入手，完成“119”“关注消防生命至上”消防宣传月活动启动仪式和“我与火焰蓝同行”消防志愿者服务活动，组织寺管会人员、学校师生、娱乐场所负责人、社区、农牧区、派出所等开展消防安全培训28次，提升了辖区人员消防安全意识，有力地促进了消防宣传工作的开展，共发放宣传资料4000余份。

（杨　彬）

【机构领导】

大队长

　　秦　康

信访工作

【概况】 2020年，扎囊县信访局共有工作人员6名，其中局长1名、副局长2名、四级主任科员2名、科员1名。截至年底，扎囊县信访局共接待处理群众来访42（批）次71人次。其中，集体访1（批）次5人次，妥善解决信访问题35（批）次64人次。

【信访工作联席会议】 年内，扎囊县信访局组织召开4次信访工作联席会议，信访联席会议召集人、信访工作联席会议成员单位参会。会上，传达上级信访工作联席会议精神、中央、区、市领导重要讲话精神及上级文件精神，通报扎囊县存在的突出信访隐患，部署重要敏感节点信访工作，深刻分析扎囊县信访工作面临的新形势、新任务，对梳理出的未解决的信访事项进行通报，明确责任单位、责任人、办理时限。

【矛盾纠纷排查工作】 年内，扎囊县信访局按照属地管理原则，动员各乡（镇）、各单位对各自属地及管辖区域开展矛盾纠纷排查化解工作，加大对重点领域、重点人员的排查，加大对项目领域拖欠民工工资、工程款、机械租赁款、车队运输费等纠纷排查力度。对排查出的问题进行梳理，密切关注信访人员思想动态，加强思想教育疏导，坚持把问题解决在基层，化解在萌芽状态。

【摸底排查工作】 年内，扎囊县信访局联合县人社局前往各项目点围绕企业用工相关资质、劳动合同签订情况、农民工实名制登记情况、民工工资保障金缴纳情况、劳动报酬支付情况等开展摸底排查，向农民工发放《信访条例》《信访明白卡》《保障农民工工资支付条例》《农民工维权温馨提示卡》等，向农民工讲解信访知识、讲解如何维护自身合法权益。

【网上信访系统登录情况】 年内，扎囊县信访局按照“应录尽录”原则和“来访必登”要求，将信访事项一一录入网上信访系统，规范登记办理和处理答复各环节。规范来访接待工作，引导群众树立依法信访、违法必究法制意识。认真落实中办、国办关于依法处理涉法涉诉信访问题的意见，做好群众解释工作，对于涉法涉诉事件，引导上访群众通过司法诉讼途径解决，做到履职尽责。

7月15日，市委副书记、市信访工作联席会议第一召集人格桑一行到扎囊县听取信访领域工作汇报

【基础业务规范工作】 年内，扎囊县信访局邀请市信访局领导到扎囊县举办信访基础业务规范化培训1次，规范网上信访受理、办理、答复等环节，全面提升扎囊县网上信访工作规范化、标准化水平。

【三级信访工作】 年内，县级领导接访19批次88人次，下访2次，化解12批次62人次。

【上级督查调研】 年内，上级部门到扎囊县信访局开展督查调研4次。督查调研围绕信访工作开展情况、信访信息系统应用情况、上级转送、交办信访事项办理情况、信访积案化解情况等开展督查调研，指出存在问题，听取信访工作中存在的困难，对信访工作提出指导性意见和建议，听取信访领域工作汇报1次。

【信访督办工作】 年内，县信访局按照“属地管理”和“谁主管、谁负责”原则，将上访件转送交办至相关单位、责任部门处理，对信访件处理及办理情况进行督察督办，实现信访工作稳步推进。

（张　莉）

【机构领导】

局　长

普布卓玛（女，藏族）

副局长

格桑仓决（女，藏族）

张　　莉（女）

藏语文工作（编译）

【概况】 2020年，扎囊县藏语文工作委员会办公室（扎囊县编译局）编5人，其中科级编制3人、事业编制2人。全县藏语文工作按照《中华人民共和国国家通用语言文字法》《中华人民共和国民族区域自治法》《西藏自治区学习、使用和发展藏语文若干规定》《山南市社会用字管理办法》等法律法规要求，开展各项工作，进一步加大藏语文文字工作宣传力度，宣传好藏语文工作在经济建设、社会建设、文化建设和精神文明建设以及加强民族团结和维护社会稳定的良好氛围。

【学习使用藏语文社会用字工作】 年内，县编译局针对只使用一种文字，错译、多字、漏字、比例失调等问题分别在县城、各乡镇、各学校、旅游景点、安全提示牌和重点部门开展定期不定期的藏语文社会用字检查整改工作，采取日常巡查、突出检查、集中检查、联合检查等形式，检查单位和各种商户门牌、路标、广告牌、LED显示屏共计30余处，存在问题的有15处，即知即改的4处，发放《扎囊县藏语文社会用字管理办法（试用）》50份，下发整改通知书9多份，并要求立即整改。全年检查督导单位和商户共280个，规范程度达到97%以上，确保社会用字规范、文明、优美、正确，逐步消除了社会用字混乱现象，并不断加大宣传力度，努力营造藏语文社会用字规范化工作，确保藏语文工作不断迈上新台阶的重要途径和保障。同时，采取上级相关文件下发、深入各乡（镇）、各学校、向广大人民群众宣传藏语文社会用字规范化工作的重要性，进一步提高了广大人民群众对藏语文社会用字工资的认识，推动了扎囊县藏语文社会用字规范化工作的有序开展。

9月3日，县编译局工作人员在桑耶镇检查藏语文社会用字使用情况

【藏汉翻译工作】 年内，县编译局在县委、县政府的正确领导和在区、市藏语委办（编译局）大力指导下，认真完成四办和县直（中）相关单位、学校、驻村点、复印店以及群众个人的文件资料翻译工作。截至年底，县编译局共翻译文件25份，字数达23万多字，宣传标语、横幅、广告标语、旅游景区、商铺和单位门牌匾、街道名称等翻译字数达12836字，全年翻译字数达133286字。为推进扎囊县经济社会发展，增进民族团结，确保政令畅通，同时积极为广大农牧民提供了有力的服务平台。

【业务培训】 年内，县编译局办公室工作人员积极参加自治区、市里组织的翻译人员培训班2次。

（边　珍）

【机构领导】

副局长

边巴卓嘎（女）

档案工作

【概况】 2020年，扎囊县档案局（馆）编制3人，实有3人，人员均为本科以上文化程度，其中1人为档案专业院校毕业。县档案馆为县委办公室管理的事业单位，副科级。县委办公室对外加挂先档案局牌子。馆藏档案涉及政治、经济、科学文化、教育、卫生、宗教活动、农牧林业生产、民族手工业等领域。

【档案管护工作】 年内，县档案局贯彻落实档案库房的安全管理制度，采取措施，落实好“八防”要求，提升人防、物防、技防“三位一体”档案安全防范体系水平，确保档案的绝对安全，并继续抓好馆藏重点档案保护和开发利用工作，常态化排除安全隐患，每日坚持做好库房内温湿度的监控工作，以防档案资料霉变。不定期对库房进行大规模的清洁工作，为保持库房环境卫生，整齐清洁，平时每半月全面清洁一次，同时，督促各档案室注意做好档案安全保护工作。

【档案法宣传工作】 年内，县档案局为扩大档案工作的社会知晓度和影响力，提升档案工作能力，增强社会档案意识，让档案工作更好地服务社会、服务民生。6月16日上午，扎囊县开展了“国际档案日”宣传活动。活动中，县档案局悬挂横幅、发放档案法律法规宣传资料30余份，接受群众咨询10人次。

【档案利用】 年内，县档案局开展多形式的档案利用服务，做好档案利用鉴定，严格档案管理和利用。严格执行档案借阅利用制度，档案借阅利用需开具单位介绍信，办理借阅登记和利用效果登记。档案保管做到规范有序、安全保密、方便利用，符合国家和区、市相关规定，档案库房无零散文件，档案均上架，热情接待每一位前来查档的利用者。2020年，接待利用者97人次472卷，复印667份，利用组织史54本，照片档案121张，实物档案58人次，为全县经济建设、编写地方志、人事等方面提供了重要依据和可借鉴的资料。

【档案事业年报统计】 全县共统计了1个档案局（馆）、35个档案室档案情况，按时报送到了市档案局。

【档案接收】 2020年度，共接收2011—2018年到期文书档案：永久119盒3016件，定期30年92盒2949件，定期10年2盒90件。整理会计档案工作：记账凭证615盒，明细账45盒。

【档案业务指导】 年内，县档案局高度重视档案规范化建设，深入县直部门、乡镇、寺管会开展档案监督指导工作。截至年底，对县委、县政府、人大、人社、民政局、林业局、交通局、各寺管会等单位进行档案指导工作，做到应建尽建、应归尽归、应收尽收档案归档整理要求。

（玉 金）

【机构领导】

局 长

米玛次仁（藏族）

档案馆馆长

格桑玉珍（女，藏族）

后勤服务

【概况】 2020年，扎囊县党政机关后勤服务中心（以下简称"扎囊县机关后勤服务中心"）以深入贯彻落实习近平新时代中国特色社会主义思想，紧紧围绕县委、县政府、县人大、县政协工作重心，始终坚持以"以人为本""为人民服务"为宗旨，以"服务政府、服务部门、服务群众"为原则，积极发挥后勤保障服务作用，完成了后勤保障工作及其他各项工作任务。

2020年，扎囊县机关后勤服务中心在职在编干部职工24人（含公益性岗位7人、大学生1人），设1正、2副、3名专业技术人员、1名大学生就业、10名驾驶员、1名维修人员、2名工勤人员、3名厨师、1名县级干部住宿区门卫。

【制度确立】 年内，扎囊县机关后勤服务中心通过深入调查以及广泛征求单位全体干部职工意见，结合本单位工作职能，制定、修改或完善驾驶员及车辆管理制度、工勤人员管理制度、财务管理制度、公务接待制度、干部职工考勤制度及请销假制度，签订驾驶员、工勤人员管理责任书，这些制度都有力地促进各项工作全面、协调和可持续发展。

【接待工作】 年内，扎囊县机关后勤服务中心为深入贯彻落实中共十九大精神，严格执行《西藏自治区本级国内公务接待经费管理办法》和中共中央八项规定重要精神，本着"热情周到、勤俭节约、规范高效"的原则，不断提高公务接待的质量和水平。根据来访工作组的人数、行程等方面的基本情况，认真制定出细致的就餐、住宿方案，确保每一批工作组能够满意扎囊县的食宿安排。2020年，接待次数共计250次，接待人数共计7739人。

【车辆管理】 扎囊县机关后勤服务中心现有车辆12辆，其中专车5辆、机动车5辆、"柯斯达"牌商务车1辆、服务中心生活用车1辆。修改或完善驾驶员及车辆管理制度并严格执行，要求驾驶员定期检查车况，确保行车安全。在节假日期间或无出差任务时，要求驾驶员将车辆停放在指定车库，车辆钥匙由县机关后勤服务中心统一管理，不得公车私用。车辆保养及维修采用定点保养、维修的方式，保养及维修时需前往与县机关后勤服务中心签订

2月19日，后勤服务中心主任次仁多吉在结对帮扶户家中开展疫情防护宣传工作

4月28日，九届县委第八轮交叉巡察组巡察党政机关后勤服务中心工作进驻动员会

保养、维修合同的修理厂，在保养及维修过程中严禁发生驾驶员及修理厂协商吃回扣现象。2020年，车辆安全出行280660千米。

【驾驶员管理】 年内，扎囊县机关后勤服务中心定期组织驾驶员学习《中华人民共和国道路交通安全法》等法律法规及车辆管理制度，观看《交通事故案例》，教育驾驶员自觉遵守交通安全法的各项法律法规，规范驾驶员驾驶行为，要求驾驶员牢固树立“安全第一、预防为主”的思想观念，避免发生交通事故，保证行车安全。同时，签订机关后勤服务中心驾驶员责任书，以警示驾驶员不得有疲劳、饮酒、醉酒等危险驾驶行为、增强驾驶员安全意识。驾驶员执行出差任务后及时填写车辆派车单，并由申请派车方单位负责人核实相应内容并进行签字，不得拖延时间。

【卫生、绿化管理】 年内，扎囊县机关后勤服务中心按照中心有关卫生、绿化管理规定，对扎囊县委、政府、人大及政协办公区域及县级干部住宿区域卫生进行分工负责。定期对四办大院办公区域及县级干部住宿区域内草坪进行修剪、检查及维修水电设备。2020年，共修剪四办大院办公区域及县级干部住宿区域内草坪69次、草坪灌水50次，水电设备维修及检查9次。

【党建、党风廉政建设工作】 年内，扎囊县机关后勤服务中心根据县纪委、县委组织部、县直属机关工委关于党风廉政建设及党建工作的相关要求，制定年度工作计划并严格执行，指派专人负责党风廉政、党建工作，以主题党日、“三会一课”、“不忘初心、牢记使命”主题教育为载体，组织本支部全体党员开展习近平新时代中国特色社会主义思想、中共十九届五中全会、中央第七次西藏工作座谈会精神、中纪委、区纪委、山南市纪委及县纪委的相关文件精神的学习活动及党员实践活动，加强党性修养，提高政治觉悟和政治素养，时刻绷紧防腐神经，认真学习典型案例，筑牢拒腐防变思想。年内，未出现一起腐败事件和有消极影响的事件，进一步推动了后勤支部党风廉政建设及党建工作的完成。

【综治维稳工作】 扎囊县机关后勤服务中心维稳工作在县委、县政府的统一安排部署下，深入学习相关维稳会议精神，充分认识维稳形势的严峻性、复杂性，切实增强政治使命感和责任感；严格纪律，加强值班备勤工作，特别是在重大节点期间；积极配合县综治办开展社会管理综合治理活动，做好法制宣传工作。以3月综治宣传月、6月综治宣传周、9月综治宣传日及12月法制宣传日为契机，积极推进各项法律、法规宣传，实现了“三不出”“三无”和“四无”的工作目标，为扎囊县的社会局势持续稳定提供坚强保障。

【为民办实事】 扎囊县机关后勤服务中心严格按照县委、县政府关于脱贫攻坚工作的部署，积极开展结对帮扶工作。年内，4次前往桑耶镇桑耶新村、扎唐镇强巴林村、吉林村、施贡村、吉汝乡沙布夏村、岗白村、木那村等村的结对帮扶户中了解他们的生产生活情况。同时，开展宣传政策、教育引导、新冠疫情疫情防护宣传等活动，同时送去慰问品及慰问金。此外，多次对后勤服务中心驻村点驻村队员进行慰问。

【新冠疫情防护工作】 年内，为深入贯彻落实县委、县政府对新型冠状病毒感染和肺炎疫情的重要指示和批示精神，扎囊县党政机关后勤服务中心加强组织领导，成立中心新型冠状病毒感染肺炎疫情防控工作领导小组，确保职责明晰、分工明确、实行全天候保障工作，全体干部职工在岗在位，听从指挥，服从调度。在结对帮扶户及包村点形成全面联控机制，并利用横幅、标语、微信群等方式进行全覆盖、无缝隙宣传新型冠状病毒感染的肺炎预防知识，及时客观向结对帮扶户传达疫情走势态势和防控工作进展情况，引导群众不信谣，不传谣，不随意、恶意造谣惑众，做到疫情防控形势人人知晓，防控行动人人参与，着力营造打好新型冠状疫情防控攻坚战的浓厚舆论氛围。

12月10日，后勤党支部开展重温入党誓词主题党日活动

【机构领导】

主　任

次仁多吉（藏族）

副主任

吾金卓嘎（女，藏族）

龙　　丹（女）

中国人民政治协商会议扎囊县委员会

综述

【概况】 2020年，中国人民政治协商会议西藏扎囊县委员会（以下简称“扎囊县政协”）机关编制6名，实有人数9人，县政协领导职数5名，主席1名、副主席4名（其中1名副主席兼扎其乡党委书记、1名副主席兼敏珠林寺寺管会副主任）。县政协办领导职数2名，正科级2名（其中1名政协办公室主任、1名政协综合委员会主任）、工作人员3名、工勤人员1名。

重要会议及主要工作

【常务委员会议】

政协第二届扎囊县委员会常务委员会第八次会议：政协第二届扎囊县委员会常务委员会第八次会议于2020年1月7日在扎囊县政协常委会议室召开，县政协主席达娃主持会议。会议应到常委委员13人，实到常委委员11人，会议审议通过政协第二届扎囊县委员会常务委员会第八次会议议程（草案）；研究讨论关于召开政协第二届扎囊县委员会第六次会议的决定（草案）；听取政协第二届扎囊县委员会第六次大会筹备情况（草案）；研究讨论政协第二届扎囊县委员会第六次会议议程（草案）；研究讨论政协第二届扎囊县委员会第六次会议日程（草案）；听取政协第二届扎囊县委员会第六次会议常务委员会工作报告起草说明（草案）；听取政协二届五次会议以来常务委员会关于提案情况工作报告起草说明（草案）；研究讨论政协第二届扎囊县委员会第六次会议分组讨论召集人及成员名单（草案）；研究讨论政协第二届扎囊县委员会第六次会议临时提案审查委员会组成人员名单（草案）。

政协第二届扎囊县委员会常务委员会第九次会议：政协第二

1月13日，政协第二届扎囊县委员会常务委员会第八次会议

届扎囊县委员会常务委员会第九次会议于2020年1月15日在扎囊县政协常委会议室召开,县政协主席达娃主持会议,会议应到常委委员13人,实到常委委员12人。会议审议通过县政协二届九次常委会议议程(草案);审议通过关于召开县政协二届六次会议的决定(草案);审议通过县政协二届六次会议议程(草案);审议通过县政协二届六次会议日程(草案);审议通过政协常委会工作报告(草案)及报告人;审议通过提案工作情况报告(草案)及报告人;审议通过分组讨论召集人及成员名单(草案);审议通过政协第二届扎囊县委员会第六次会议临时提案审查委员会组成人员名单(草案)。

【全体委员会议】 政协第二届扎囊县委员会第六次会议:2020年1月13—15日,中国人民政治协商会议第二届扎囊县委员会第六次会议在扎囊县政府会议室召开。会议由县政协副主席、扎其乡党委书记边巴次仁主持,大会应到委员64人,实到委员57人,符合《政协章程》规定。会议听取并审议《政协扎囊县委员会常务委员会工作报告》《政协第二届扎囊县委员会第五次会议以来提案工作情况报告》列席扎囊县第十三届人民代表大会第七次会议;听取和讨论《扎囊县政府工作报告》;审议通过《政协扎囊县委员会常务委员会工作报告决议》《政协第二届五次会议以来提案工作情况报告决议》《政协第二届扎囊县委员会第六次会议政治决议》。会议期间收到委员提案30件,经临时提案审查委员会审查立案29件。会议听取《政协扎囊县二届六次会议提案审查情况报告》,县政协主席达娃作闭幕讲话。

【政协主席会议】 1月15日,扎囊县政协党组书记、主席达娃主持召开政协主席会议,会议传达学习了市政协主要领导讲话精神和党的建设、党风廉政建设相关文件精神及审议通过政协第二届扎囊县委员会第六次会议的相关准备工作。

【慰问活动】 1月21日,扎囊县政协党组书记、主席达娃组织扎其乡、县政协办、民政局、退役军人事务局、藏仲村工作队负责人深入扎其乡藏仲村,通过走访入户、召开座谈会等方式为扎其乡困难优抚对象、贫困户进行了慰问活动,并积极宣传新时期党的各项惠民利民政策。该次活动共计慰问困难优抚对象、贫困户51名,发放慰问金4万余元。

2月15日,扎囊县政协深入5个乡(镇)组织开展节前委员慰问活动,向政协委员致以真挚的问候和新春祝福,并就针对防范新型冠状病毒感染的肺炎疫情工作提出了要求,活动共计发放慰问金3.6万元。

【委员提案交办会】 2月19日,扎囊县政协副主席马忠福主持召开政协第二届扎囊县委员会第六次提案交办会议。出席会议的有县委办、县政府办、县政协办、县政协综合委员会等单位负责人及县交通局、县水利局等承办单位负责人。

【提案督办】 3月23日,扎囊县政协主席达娃组织政协综合委员会负责人、乡(镇)政协联络员、政协委员深入全县5个乡(镇)对县政协二届六次会议以来的部分委员提案开展实地查看。在提案点听取提案可能后,对提案的真实性、可行性进行实地视察。

【政协考察学习工作】 8月7日,扎囊县政协组织政协办党员干部及各乡(镇)政协联络员8人先后前往山南市政协展厅、山南市文史资料馆、桑日县葡萄基地、绒乡政协委员之家等地进行考察学习工作。11月11日,县政协组织政协机关干部、各乡镇政协联络员8人赴拉萨市堆龙德庆区开展围绕党的建设、党风廉政建设、制度建设、走廊文化建设等方面的考察学习。

【委员培训】 9月30日,扎囊县政协党组副书记、副主席、二级调研员达娃索朗围绕中国政治协商会议的由来、政协性质、特点、职能、作用和制度等方面的内容,对县级委员31人、市级政协委员(应邀)5人、各乡镇政协联络员5人、政协办公室、综合委员会6人,共计47人进行培训。

【党风廉政建设】 2月23日,扎

囊县政协办党支部组织全体党员干部召开专题学习会议。会议传达学习《关于转发陈希同志在组织部门贯彻落实习近平总书记重要指示精神和党中央决策部署电视电话会议上的讲话通知》《关于转发陈永奇同志在全区组织部门做好疫情防控工作电视会议上的讲话通知》《市委组织部门关于在疫情防控中党组和党员发挥作用督导到检查情况通报》。5 月 11 日，县政协组织全体党员传达学习《关于三期违反中央八项规定精神典型问题的通报》《雷丰、骆新同志在中国共产党扎囊县第九届纪律检查委员会第五次全体会议上的讲话和报告》。

【宣讲教育】 6 月 8—16 日，扎囊县政协党组书记、主席达娃以“四进”（进村居、进农户、进学校、进寺庙）方式，以“加强思想政治引领、广泛凝聚共识”为主题深入 5 个村居 1 个学校、1 个寺庙、10 家农户进行巡回的宣讲活动。10 月 26—27 日，扎囊县政协党组书记、主席达娃，政协党组副书记、副主席达娃索朗，分别深入扎其乡朗赛林村、扎加村、扎唐镇羊嘎村乡为群众宣讲了中央第七次西藏工作座谈会精神。

（土旦群培）

【机构领导】

政协扎囊县委员会主席
　　达　　娃（藏族）
政协扎囊县委员会副主席
　　阿旺单增（藏族、党外）
政协扎囊县委员会副主席
　　达娃索朗（藏族）
政协扎囊县委员会副主席
　　边巴次仁（藏族）
政协扎囊县委员会副主席
　　马 忠 福
扎囊县政协办主任
　　土旦群培（藏族）
扎囊县政协综合委员会主任
　　罗布旺杰（藏族）

纪律检查（监察）

综述

【概况】 中共扎囊县纪律检查委员会与扎囊县监察委员会合署办公，实行一套工作机构、两个机关名称，履行党的纪律检查和国家监察两项职责，受县委和市纪委监委双重领导。扎囊县纪委监委内设5个副科级行政机构、1个下属事业单位。2020年，核定编制总数21名，其中行政编制18名，事业编制3名、领导职数4名，内设行政机构科级领导职数5名。实有干部16名，其中行政编制13名、事业编制3名；少数民族干部7名、汉族干部9名。

重要会议及主要工作

【中国共产党扎囊县第九届纪律检查委员会第五次全体会议】 2020年4月15日上午，中国共产党扎囊县第九届纪律检查委员会第五次全体会议召开，县委书记雷丰出席会议并作重要讲话。县委常委、纪委书记、监委主任骆新代表县纪委常委会作工作报告，会议总结2019年纪检监察工作，研究部署2020年工作任务。县委、人大、政府、政协县级领导及各乡镇、各单位负责人参加会议。

【党风廉政宣传教育】 下发制止餐饮浪费监察建议书2份，立行立改问题11条，健全完善制度6项；对普法宣传中的明显错误，及时提醒1人。下发违纪违法典型案例通报9起；组织指导5个乡镇党委和62家县直单位党委（党组）检视违反中央八项规定精神问题342条，提醒谈话相关责任人71名，清退违规资金173.4万元。运用典型案例开展警示教育2次，270余人次参与，发送廉政短信4条，覆盖党员干部6000余人次。开展18次“四风”问题日常监督检查，督促整改8起公车管理不规范的问题。

11月10日，山南市纪委常委、市监委委员饶睿到扎囊县宣讲中央第七次西藏工作座谈会精神

4月15日，中国共产党扎囊县第九届纪律检查委员会第五次全体会议召开

【监督检查】 通报批评违反会风会纪的4名单位主要负责人。对11家宗教场所开展“未批先建”“批小建大”监督检查；协助完成耕地“非农化”反馈问题整改6条；聚焦稳定中心工作，严肃维稳纪律督查，对落实维稳纪律不严的2名干部移交相关部门处理。2020年，运用监督执纪“四种形态”处理42人次，其中运用第一种形态处理26人次，占比61.9%；运用第二种形态处理13人次，占比31%；运用第四种形态处理3人次，占比7.1%。

【扶贫监督】 召开4次会议听取5个乡（镇）纪委书记、16家行业职能部门扶贫领域工作开展情况汇报，督促责任落实。聚焦巡视巡察，督查反馈问题重点，紧盯职能部门履职尽责和“四个不摘”要求，成立督查专班，对3个乡镇、9个村（居）开展扶贫领域腐败和作风问题专项治理工作，对发现的7个方面的问题督促整改落实，压实整改责任。严肃查处扶贫领域腐败和作风问题，处置扶贫领域问题线索4件（含上年遗留的1件），初核了结1件，立案审结2件，给予党纪政务处分3人，组织处理13人，通报曝光扶贫领域典型案例通报3起5人，为持续巩固脱贫攻坚成果提供有力的纪法保障。

【扫黑除恶】 抓实中央扫黑除恶督导组反馈意见整改落实，对1起涉黑涉恶问题线索进行核查，受理公安机关移交党员、公职人员参与“黄赌毒”问题4件，给予党纪处分5人。

【专项整治】 开展违规出借财政资金长期未收回的问题整改工作，督促职能部门清理应收账款46项，涉及资金1174.4万元，已收回资金721.2万元；紧盯水利部门利用章达采石场废弃石料构筑防洪堤坝项目开展监督，提出2条监督建议，督促修复白鸡山生态环境；紧盯防汛抢险和安全生产，派出防灾减灾监督检查组深入灾情点实地监督，反馈2类4个问题。贯彻落实全市易地扶贫搬迁工作专题会议精神，靠前监督，9次督导桑耶搬迁点、洛村安置点施工进度、工程质量、配套设施，2次监督检查安置点项目建设进展、落实支持保障政策情况，及时反馈问题，跟踪督促整改。聚焦脱贫攻坚统筹整合项目、三区三州项目，反馈项目建设缓慢和资金拨付不及时2类问题，督促整改到位。加强行业乱象整治，制定《关于开展重点行业领域突出问题专项整治监督执纪问责工作方案》，督促行业部门围绕社会治安等10个重点领域开展专项整治。

【案件查办】 2020年，共处置问题线索29件，立案审查调查7件，立案审结9件，给予党纪政务处分16人，其中乡科级干部5人，收缴违纪违法资金11.04万元。

【巡察工作】 2020年，共对县委宣传部、市场监督管理局等23家单位开展政治巡察，试点对6个村（社区）开展了常规巡察。三轮巡察共发现问题429个，移送县纪委监委2条问题线索，在推进巡察工作规范化运行中提升巡察监督质效。截至2020年年底，对59家党组织开展了政治巡察，并按照总数15%的要求开展了巡察“回头看”工作，九届县委任期内巡察全覆盖工作完成。

6月5日，县纪委监委召开扶贫领域腐败和作风专项治理问题线索移送协调会

【队伍建设】 组织开展“大学习、大提升”学习活动20余次，撰写心得体会90余篇，总结交流发言5次。安排县、乡两级纪检监察机关干部15人次到上级纪委参与执纪审查调查、案件审理、信息宣传。2020年，纪检监察及巡察共晋升职级干部3人、交流到系统内2人、到系统外1人。

（王小婉）

【机构领导】
县委常委、纪委书记、监委主任
骆　新
纪委副书记、监委副主任
罗　布（藏族）
纪委副书记、监委副主任
罗　玲（女、藏族）
监委委员
旦增卓嘎（女、藏族）

人民团体

工会

【概况】2020年，扎囊县总工会在市总工会和县委、县政府的领导下，高举中国特色社会主义伟大旗帜，以习近平新时代中国特色社会主义思想为指导，深入贯彻学习中共十九届四中全会精神，维护广大工会会员合法权益。结合本单位实际，紧紧围绕县委、县政府中心目标各项工作，积极组织开展丰富多彩的工会活动，为干部职工送上温暖，使其找到归属感，促进了县总工会工作又快又好地发展。

2020年，扎囊县总工会共有编制2人，现有干部职工5人（1人驻村）；工会组织81个，会员2924名，其中县直机关基层工会及5个乡镇工会组织共33个，会员1121名；农民工工会组织30个，会员1234人（2019年农民工入会情况：扎其乡150人，吉汝乡15人，阿扎乡36人）；非公企业工会组织21个，会员613人。建档的困难职工2020年2月脱困2户，现有困难职工6户。

7月2日，扎囊县举办庆建党99周年干部职工迎“七一”十个一文体活动

【工会活动】年内，县总工会在喜迎建党99周年之际，为充分展示扎囊县广大干部职工良好的精神风貌，为更好地发挥好特长，展示自我的形象，搭建良好的平台，从而建强体魄为打造健康扎囊，共筑疫情防控基石，加强民族团结，积极营造氛围共庆节日，本着“友谊第一、比赛第二”的原则，举办职工文体比赛活动，活动以“奋斗红色韶华、共筑时代之梦”为主题，有“团结鼓实劲、决战迎决胜”主题教育知识竞赛和乒乓球、台球、书法、象棋、踩气球、跳绳、羽毛球等体育比赛。7月9日，扎唐镇工会联合县工会组织开展系列趣味文体活动。镇工会为各个比赛项目优胜者颁发奖品，价值9500元，由县工会支付活动经费。8月6日，县总工会组织2名干部到市总工会参加“时代新人说——决胜小康奋斗有我”主题

演讲选拔赛。8月18日、19日，县总工会联合中心医院开展送医送药、健康宣传、演讲比赛、优秀医生表彰会及丰富多彩的娱乐活动，活动费用8000元，由县工会支付活动经费。9月，吉汝乡开展以“健康生活快乐工作勇攀高峰”为主题的干部职工文体活动。吉汝乡工会为各个参赛选手发放奖品给予奖励。该次活动的经费共计9600元，由县工会支付活动经费。工会干部积极参加县委支部植树活动，在扎囊县江北“万人万亩义务植树”点，工会干部紧紧围绕县创建“文明、绿色、生态、和谐”的主题活动，掀起了春季植树造林热潮。

【理论学习】 年内，县总工会利用召开支部集中学习、听取宣讲团宣讲等形式多次组织工会干部、会员学习中共十九届四中、五中全会及习近平系列重要讲话精神、中央第七次西藏工作座谈会精神，以深入贯彻落实好科学发展观为首任，充分认识新时期工会工作的地位和作用，积极探索新时期工会工作的新路子，不断提高工会工作的新水平。通过集中学习和自学，让工会干部清楚地认识到工会工作的重要性和必要性，鼓励其适应时代要求，弘扬求真务实精神，大兴务实之风。为增强干部职工廉洁自律意识，明确自身权利和义务，县总工会组织工作人员对《关于违反中央八项规定典型问题》《扶贫领域腐败和作风问题典型案例通报》《共产党员和国家公职人员参与赌博性质的娱乐活动》等文件及时进行学习，共开展学习十余次。加大学习力度，深入领会其精神实质。通过学习，大家表示要以两个反面教材为典型，时刻警示自己要坚定不移的贯彻中央八项规定，严格落实中纪委“四个严禁”工作要求，全面进行对照反思，切实吸取教训，坚决纠正“四风”，始终把纪律规规矩挺在前，堂堂正正做人，清清白白做事。

【帮扶困难职工】 县总工会在“三大节日”开展送温暖活动县工作干部慰问活动，8名在档困难职工，按照每人1000元标准，发放慰问资金8000元，慰问金以转账形式转入困难职工卡上。

【“送温暖”活动】 年内，县总工会为进一步加快产业扶贫，充分发挥消费扶贫在脱贫攻坚中的助力作用。根据山南市总工会机关关于转发《西藏自治区总工会、西藏自治区扶贫开发办公室关于疫情防控工作中继续加大基层工会职工集体福利用于消费扶贫的力度助力打赢脱贫攻坚战的通知》的通知，县总工会要将职工集体福利用于消费扶贫助力打赢脱贫攻坚战，通过公开询价的方式，购买全县干部职工“五一”、端午、中秋和2021年元旦集体福利。县总工会为全县工会会员发放五一福利：农产品——糌粑、藏鸡蛋、菜籽油，发放1104人，按300元/人标准，共计331200元。端午节福利发放县残疾人就业创业基地加工的棉花被、县罗布特色产业开发有限责任公司的阿酷索那巴辣椒，发放1115人，按300元/人标准，共计334500元。为全县工会会员发放中秋节福利：农产品——糌粑、菜籽油，共发放1121人，按300元/人标准，共计336300元。发放工会会员生日蛋糕券1121人，按299.5元/人标准，共计335739.5元。县总工会为

8月6日，扎囊县总工会组织干部参加市工会举办的主题演讲比赛

全县工会会员发放国庆节福利生活用品，共发放会员1121人，按300元/人标准，共计336300元。2021年元旦集体福利——农产品羊肉，会员1121人，按300元/人标准，336300元，12月28日发放完成。

根据《市总工会机关疫情防控领导小组关于划拨第一批专项工会经费用于新型冠状病毒感染肺炎防控工作的通知》（山工发〔2020〕3号）精神，结合扎囊县实际，慰问参与防控工作的医护人员、公安干警等一线工作人员及其封闭工作和疫情期间无法照顾的直系亲属20人，每人发放慰问金500元，物资慰问品价值10000元，共计2万元。为体现干部职工对扎唐、扎其、结对帮扶的关怀和牵挂，更为了把党和政府的关心和温暖送到每名结对帮扶户心中，1月、3月、6月、9月、11月，县总工会干部前往扎唐杂玉村阿宁家、扎其塔巴林村久米加措和格桑多吉家庭看望慰问结对帮扶户，送去价值4200元的慰问金和慰问品，价值1300余元，鼓励他们尽早的脱贫致富。为体现单位对驻村工作队的关怀和牵挂，更好地把党和政府的关心和温暖送到驻村工作队心中，县总工会前往德吉新村看望慰问驻村工作队，驻村任务重，工作要求高，为了使驻村干部安心、踏实地投入到各项工作中，也为体现单位对驻村工作队的关心、关怀，县总工会为驻村工作队送去菜、肉、水果等价值1500余元的生活用品和现金1000元。2020年11月28日至12月9日，扎囊县总工会开展职工区外疗休养工作，参加疗休养的干部职工24名。11月27日下午，县总工会召开疗休养行前座谈会。县总工会与疗养干部职工签订外出参观疗养安全承诺书。县工会干部对该次干部职工外出疗养活动纪律进行强调，注意交通安全，做好疫情防护。疗休养开展活动既增强了职工凝聚力、向心力，又充分体现了工会组织对干部职工关心关爱，对激发广大职工工作热情和责任感起到了积极作用。

6月16日，扎囊县总工会开展安全生产宣传活动

【宣传活动】 年内，县总工根据扎囊县委及相关行业要求，认真开展“综治宣传月”、“女职工维权月行动”、“安全生产月”、“环保宣传日”、“综治宣传周”、“9·16”平安宣传日、“12·4”国家宪法日等宣传活动，以悬挂横幅、发放《农民工进城务工知识问答》《工会法》等宣传册（单）、展览图片等形式宣传；共宣传6场次，发放宣传资料500余份、宣传袋350余个。9月16日，县总工会开展慰问修建拉林铁路扎囊段工地一线工人活动。向工作在高温、露天生产第一线的修建拉林铁路扎囊段工人和农民工工人们发放健康应急包、月饼、饮料等，开展宣传法律、政策宣讲活动，发放了宣传资料《劳动法》、《高原保健法》、《农民工进城务工知识问答》、安全生产等手册，发放安全生产宣传袋。活动中共发放价值3000余元的慰问品，发放120份宣传手册和宣传单，受益的一线工人60余人。9月18日，县总工会开展慰问环卫工人活动。在活动现场，向环卫工人们发放健康应急包、菜籽油、月饼、饮料等，开展宣传法律、政策宣讲活动，发放宣传资料《劳动法》、《农民工进城务工知识问答》、疫情防控宣传手册、安全生产等手册，发放安全生产宣传袋。共发放价值4100余元的慰问品、60份宣传手册和宣传单，受益的

环卫工人22人。

【职工维权】 年内,县总工会两次前往县林管站、桑耶农场等地调查在档困难职工,做好在档困难职工档案精准识别和动态管理工作。通过入户走访,听取困难职工本人的想法和对邻里了解情况,对全县在档困难职工进行了一次全面、细致的摸底调查。对生活改善的两户困难职工脱困,现有困难职工6户。9月1日,扎囊县人大常委会副主任张小武一行调研检查县总工会贯彻落实《中华人民共和国工会法》和《西藏自治区实施〈中华人民共和国工会法〉办法》情况。执法检查组实地走访了调研了扎唐镇工会工作情况,查看工会开展工作材料,听取了扎囊县总工会贯彻落实"一法一办法"情况的汇报。了解县总工会组织架构、职工收入、福利待遇、工会活动开展等情况。检查组一行对县总工会贯彻落实"一法一办法"情况给予肯定,并对下一步"一法一办法"贯彻实施工作提出了指导性的意见。

【寻找"西藏工匠"活动】 年内,扎囊县开展寻找"西藏工匠"活动。截至年底,寻访的工匠有5人。其中,扎囊木雕(扎囊虱雕)匠人白玛占堆,自治区级工艺美术大师自治区级传承人;扎董匠人普布次仁,市级非物质文化遗产传承人;敏竹林寺藏香匠人当曲丹增,自治区级非物质文化遗产传承人;杂玉陶器匠人阿尼次仁,市级非物质文化遗产传承人;氆甲制作匠人洛布桑珠,市级非物质文化遗产传承人。2020年,拟推荐新时代雪域高原文明职工1人(扎囊县供电公司援藏干部曾珠文)。

【职工互助保障】 扎囊县总工会开展干部职工生病住院慰问工作,慰问41人,每人给慰问金800元,共计32800元。

【职工培训】 年内,工会干部积极参加区总、市总工会安排的培训。2020年,区外培训1人次、区内培训2人次。通过学习,工会干部清楚地认识到工会工作的重要性和必要性。

【劳动竞赛】 年内,扎囊县2名干部紧扣"时代新人说——决胜小康奋斗有我"主题,把握正确的政治方向、舆论导向、价值取向,通过推动经济发展的真实故事、典型事例,以小切口展现大背景、以小故事反映大时代,用真挚情感打动听众、感染听众。经过激烈的角逐,桑耶镇人民政府央金卓嘎演讲的《奋斗在这片我生长的土地上》荣获第一名;吉汝乡人民政府桂彩云演讲的《中国梦我的梦——决胜小康一路有我》荣获第三名。8月18日,县中心医院医教科牵头,组织医院骨干医务人员8人在县农行前开展"免费义诊(送医送药)暨健康宣传"活动;现场诊疗120余人次,免费发放胃药、感冒药、降压药、小儿药及藏药等常见病药品十余种,共计3000余元,得到了群众的高度赞扬。下午,由中心医院工会牵头,组织开展以"弘扬抗疫精神、护佑人民健康"为主题的演讲比赛;参赛选手结合自身业务、疫情防控工作开展等情况,进行了慷慨激昂的演讲,随后,医教科组织援藏专家以强化病历质量、提高病历内涵为抓手,开展优秀病历评比大赛,比赛评出一等奖1名、二等奖2名、三等奖3名。

(央　珍)

【机构领导】

主　席

甘万香(女)

副主席

央　珍(女,藏族)

共青团

【概况】 2020年以来,在县委、县政府的正确领导下,在上级团委的关怀指导下,团县委深入学习贯彻习近平新时代中国特色社会主义思想,中共十九届四中、五中全会精神,中央第七次西藏工作座谈会精神,团的十八大精神,区党委七次、八次全会精神,市委一届五次、六次全会精神,扎实推进团县委工作。

共青团扎囊县委员会设有办公室、组织与青年发展部、学少部和西部计划大学生项目办,2020年有编制2个,在职人员3个,均为中共党员。

【团组织建设】 2020年,共青团扎囊县委员会专职团干部3人,

11月18—19日，召开共青团扎囊县第八次代表大会第一次全体会议

基层团干部（兼职）83 人，有下级团组织 64 个。其中，乡镇团委 5 个，中学团委 1 个，团支部 58 个（村居团支部 49 个，中学团支部 4 个，县中直团支部 4 个，非公企业领域团支部 1 个），团员 1170 名；少先大队 7 个，中队 78 个，少先队员 2952 人；青年文明号 6 家，青少年维权岗 3 个，14 ～ 35 周岁青年 8621 人。

【疫情防控工作】 根据党委、政府的号召，及时组织“青年志愿者小喇叭”，自备干粮集中利用 3 天奔赴 10 个偏远村居，通过深入田间地头、走街串岗、走村入户等方式，开展小喇叭喊话讲解、发放宣传手册、现场示范等多种形式的疫情防控知识宣讲活动普及防疫知识，宣传相关政策。志愿者自筹资金，多渠道购置 1000 余个口罩免费发放给群众，同时，团县委组织 3 名志愿者在菜市场、超市、压面房等人员相对较多地方免费发放口罩 550 个。利用好上级团委下拨的团费和本级团费，给各卡点、集中留观点把最紧缺最迫切需要的消耗品（乳胶手套 110 副、84 消毒液 12 桶、一次性口罩 1000 个）发放到执勤点上。

【团建工作】 11 月 18—19 日，共青团扎囊县第八次代表大会召开。大会对团县委五年来的工作进行了总结，部署今后五年共青团工作。选举产生了共青团扎囊县第八届委员会委员、常务委员、书记、副书记；积极组织召开基层团组织工作和少队工作会议，对扎囊县基层团组织和少队工作进行部署，同时对去年结转资金进行进一步安排。在县青少年活动中心党团校，团县委书记为 15 名团员青年授课，进一步落实好“团干部上讲台”主题团课；为加强扎囊县易地搬迁安置点团组织建设，团县委先后深入扎囊县易地扶贫搬迁点阿扎乡章达村、桑耶镇扎若村、桑耶居委会搬迁点，积极组织开展易地扶贫搬迁安置点基层团组织建设、青少年思想状况和青年数据等工作调研，了解易地扶贫搬迁安置点总体建设情况及搬迁群众、青少年和团员分布情况，与搬迁安置点干部、驻村工作队进行面对面的交流，深入了解搬迁给群众思想、生活带来的新变化，了解搬迁群众、青少年所思、所想、所需、所求、所获，掌握易地扶贫搬迁安置点共青团工作的第一手资料。

【少先队工作】 团县委在“六一”儿童节期间赴阿扎完小开展“迎接少代会，争做好队员”主题队日活动；围绕“六知、四会、一做”（“六知”：知道队名、队旗、红领巾、队礼的意义、队的领导者和队的作风；“四会”：会戴红领巾、会行队礼、会唱队歌、会呼号；“一做”：入队前按队章要求做一件好事）对新入队的少先队员进行了少先队知识培训，讲授了少年先锋队相关知识，带领大家了解少先队队史，理解队旗、队徽的含义，学习红领巾的正确系法，学唱队歌等。积极对接共青团株洲市委，分别向扎囊县中学和朗塞岭完小捐赠 4 万元用于县中学心理咨询室、广播站和朗塞岭完小少先队活动室、鼓号队的建设，加快推进扎囊县团组织建设和少先队工作。

【关爱重点青少年工作】 年内，围绕“脱贫攻坚”，共开展“送教上门”活动 3 次，为 10 名残疾儿童送去学习用品、生活必需品等，共计2000元。2020年，慰问服刑人员未成年子女两次，共计13人次，送去水果、牛奶、慰问金、学习用品等共计3150元；5月下旬，赴吉汝完小对10名贫困留守儿童开展慰问，送去学习用品共计1500元；在“六一”儿童节时，为罗堆村幼儿园的14名学生送去节日礼物和共计价值1330元的学习用品；为让农村留守儿童度过一个丰富有趣的假期生活，创造一个健康、快乐、平等、和谐的成长环境，组织青年志愿者深入桑耶镇扎若村、桑耶新区搬迁点开展“七彩假期格桑花开”——关爱留守儿童志愿服务活动，向留守儿童宣传假期自护、防疫知识。同时，通过开展各类文体活动增加互动，共有46名留守儿童参加活动，发放了价值970元的学习用品。2020年以来，团县委先后两次对扎囊县重点青少年群体进行排查。

【综治、预防青少年犯罪工作】 年内，团县委先后两次赴扎囊县氆氇民族手工业园区开展“安全生产月”宣讲活动，通过现场为大家讲解、定制、发放宣传资料等形式向职工普及生产、生活、网络安全知识、扫黑除恶法律法规等，进一步提高广大合作社职工尤其是青工的安全生产意识和自我保护意识。共向职工发放《中华人民共国安全产法》《青年安全生产示范（监督）岗学习手册》30余份，并为青安岗制作工作台账。为缓解初三学生考前压力，积极组织开展“缓解压力轻松备考”考前减压活动。活动从如何克服疫情影响、缓解焦虑情绪、放松心情、轻松应对考试等方面对学生进行了讲解。在中学团委书记的带领下开展了各种趣味活动，同时为学生们发放笔、笔记本等学习用品，共计2000余元；为进一步提高干部职工的消防安全和责任意识，增强自防自救能力，特邀请政安消防西藏分中心教官普布扎西讲授消防安全知识；为进一步加强扎囊县预防青少年违法犯罪工作力度，明确成员单位及其职责，10月16日，召开扎囊县2020年预防青少年违法犯罪工作暨青少年违法犯罪数据动态共享、分析研判会。参加会议的有县委常委、政法委书记、公安局局长索朗巴珠，预青专项组各成员单位负责人，团县委全体干部职工。

【志愿服务】 以学习雷锋日为契机结合疫情防控工作，发扬“党有号召、团有行动”的优良传统，积极组织青年志愿者和平安志愿者组成志愿服务队，深入一包到底村居——扎其乡扎加村，开展“学雷锋精神、展青年风采”为主题的学雷锋系列活动；组织青年志愿者和西部计划志愿者开展“6·5”世界环境日生态环境保护——“美丽中国我是行动者”宣传活动，进一步强化了青年的环保意识；积极组织青年志愿者先后深入县中学、阿扎完小、县域内餐馆开展“制止浪费节约粮食”主题宣传活动，共发放200张倡议书、42张宣传标语，进一步营造了节约光荣、浪费可耻的浓厚氛围；增强西部计划志愿者的责任感和光荣感，召开2020年西部计划志愿者总结表彰暨座谈会，对两名离岗志愿者为扎囊发展稳定所做出的奉献与努力表示感谢和肯定，并向县级优秀志愿者颁发了证书。

【脱贫攻坚】 年内，团县委到村居

7月2日，工青妇党支部组织开展迎七一书法比赛

8月18日，团县委联合县总工会、县妇联积极组织4名青年志愿者、3名巾帼志愿者在桑耶新区搬迁点开展“七彩假期　格桑花开”——关爱留守儿童志愿服务活动

开展一包到底工作，扶贫夜校，政策宣讲、入户宣传，培养政策明白人等工作。征订“文明三字经”宣传海报入户张贴，制作36张“文明三字经”宣传海报，讲解内容并嘱咐好改变陈规陋习，过好今生幸福的生活；团委结对帮扶共4户8人，截至年底入户20次，入户时主要宣讲党的各项惠民政策，制定脱贫计划，购买或帮助销售农副产品6800元左右，送去“十小进农家”物品及大米、食用油、鸡蛋等生活用品。结对未就业大学生5人，及时了解家庭情况、诉求及思想状况，为他们推荐就业岗位（其中实现就业3人），未就业准备公考2人；开展“千校万岗”创业就业宣讲活动，更好地引导了大学毕业生合理规划职业生涯，树立正确的就业观和择业观，进一步提高就业技能、职业素养，提升学生的综合就业能力，促进实现更充分更高质量就业。共有15名大学毕业生参加活动。

【希望工程】 年内，整合团内各类资源，争取各方资金，加大对贫困生的助学力度，帮助贫困学生完成学业，积极组织各乡镇、各学校落实“芙蓉学子”“国酒茅台”“金穗圆梦”“碧桂园”“国资委”等助学申请工作，9名大学生、3名小学生领取到相关助学金，共计4.9万元。积极组织开展2020年共青团援藏扎囊县贫困中小学生助学金活动，已申报助学金共有24名中小学生，其中4名中学生、20名小学生，助学金共计2万元，为迫切需要帮助的贫困家庭子女尤其是建档立卡贫困户家庭，起到了雪中送炭的作用。

【群团工作】 为纪念中国共产党成立99周年、新中国成立71周年、西藏民主改革61周年，县委组织部牵头，联合团县委、工会和妇联举办了“团结鼓实劲、决战迎决胜”主题知识竞赛；7月初，联合县委组织部、工会、妇联开展了书法、象棋、踩气球、跳绳、羽毛球等一系列活动，增强了青年干部队伍的凝聚力与向心力，营造了团结和谐的氛围；团县委联合县委组织部、县委宣传部举办“党的光辉照边疆、边疆人民心向党”中央第七次西藏工作座谈会精神知识竞赛。

（次仁央珍）

【机构领导】

团委书记

丹　　增（藏族）

团委副书记

旦增曲吉（女，藏族）

妇联

【概况】 2020年，扎囊县妇联编制3人，实有3人，其中主席1人、副主席1人、二级主任科员1人。全县有“妇女之家”84个，其中党政机关妇委会5个、乡（镇）妇女之家5个、村（居）妇女之家62个、“两新”组织妇女之家9个、尼姑寺庙妇女之家3个。

【扎囊县妇女第八次代表大会】 2020年12月16日，扎囊县妇女第八次代表大会召开。大会选举产生第八届妇联领导班子。其中，格桑白珍任主席，次旦卓玛任副主席，兼职副主席3名：拉措姆、王冰枝、德吉曲珍，挂职副主席1名：白珍，常委会委员9名：格桑白珍、次旦卓玛、王冰枝、达瓦卓嘎、德吉曲珍、拉措姆、白珍、央珍、次仁德吉，执行委员会委员17名：格桑白珍、次旦卓玛、王冰枝、达瓦卓嘎、德吉曲珍、拉措姆、白珍、央珍、次仁德吉、扎西杰姆、次仁央金、任建梅、普布拉姆、贵桑德吉、江阿珍、阿旺玉珍、巴桑。

【基层组织建设】 年内，县妇联完成10个"两新"组织妇联改革：扎囊县扎唐镇羊嘎村藏式帽子次仁金果农民专业合作社妇女联合会，选举产生执委5人，主席、副主席各1人；扎囊县古今民族传统手工纺织有限公司妇委会，选举产生执委5人，主任、副主任各1人；扎囊县虱雕藏式木雕产业发展有限责任公司妇女小组推选组长1人；扎囊县班巴农民施工队妇女小组推选组长1人、副组长2人；扎囊县甘露宝瓶草药种植有限责任公司妇女小组推选组长1人、副组长2人；扎囊县扎其乡藏仲村农民施工队妇女小组推选组长1人、副组长1人；扎囊县吾金帮扶农牧民施工队妇女小组推选组长1人、副组长2人；山南市利民建筑有限责任公司妇女小组推选组长1人；扎囊县罗布特色产业开发有限责任公司妇女小组推选组长1人、副组长1人；扎囊县桑耶苗木基地（边久园林绿化有限公司）妇女小组推选组长1人、副组长2人）。延伸妇女组织建设，重点在农村合作社、非公经济组织、女农民工等新领域、新群体新建妇女组织，最大限度引领、联系、服务联系务工妇女。

【系列活动】 年内，开展"三八"国际妇女节系列活动，县妇联以"巾帼心向党·奋进新时代"为主题，开展了有奖趣味比赛、"雷锋精神与时代同行，志愿服务与文明同在"学雷锋志愿日集中清扫、"喜迎三八情暖老人"慰问五保户、"三八维权月"宣传、"巾帼平安志愿者骑行巡逻"等活动。

开展"烟头不落地·扎囊更美丽"志愿服务活动，3月27日下午，组织扎囊县直各单位70余名志愿者对周边环境卫生进行清扫，通过新时代文明实践志愿者的表率作用，对广大群众进行一次环境卫生提升宣传、教育，引导他们自觉爱护环境卫生，主动参与到活动中，助力巾帼力量。

为实施以"神圣国土守护者、幸福家园建设者"为主题的乡村振兴战略，营造健康、文明、和谐的氛围，展现农牧区妇女的精神风貌，6月22日，扎囊县"魅力乡村活力阿佳"系列活动正式启动。要求基层妇联干部面向妇女，积极宣传法律法规和卫生健康常识，选树身边最美人物，用先进文化、榜样力量，提升乡风文明，形成妇女群众人人参与、广泛喜爱的氛围。引导农牧区广大妇女群众培育和践行社会主义核心价值观，用丰富多彩的活动吸引妇女群众，凝聚人心，消除陈规陋习，崇尚健康文明、积极向上的生活追求，为实施以"神圣国土守护者、幸福家园建设者"为主题的乡村振兴战略营造健康、文明、和谐的氛围，展现扎囊县农牧区妇女的精神风貌。

【维护妇女儿童合法权益】 3月25日，县妇联与警务站联合打造"扎囊县妇女儿童维权服务岗"，形成推动"妇女儿童维权服务岗"工作合力，让"扎囊县妇女儿童维权服务岗"成为妇女儿童维权的"驿站"、心灵的"港湾"和反映社情民

12月16日，扎囊县妇女第八次代表大会投票选举县妇联新一届领导班子

意的“窗口”,成为保稳定、促和谐的示范基地。3月19日,首次与乃东区妇联联合调解一起家庭暴力案件,取得了良好的成效。

【妇女儿童关爱行动】 3月5—6日,扎囊县妇联以学习雷锋纪念日为契机,到扎其乡8个村为10名贫困母亲发放“母亲邮包”,小小“母亲邮包”让贫困母亲感受到了党和政府的温暖,让他们对未来的生活充满了信心。3月28日,在县妇联的大力争取下,市妇联党组书记、主席徐梅带队前往扎囊县德吉新村,以“3·28”百万农奴解放纪念日为契机,市妇联兼职副主席洛珠、众创空间董事长次仁卓嘎看望慰问德吉新村24户(包括自愿脱贫2户、依靠双手发家致富3户、尊老爱幼1户、婆媳关系和睦3户、因重大疾病困难户10户、积极配合村务5户),为这24户及德吉新村幼儿园发放价值53700元的洗衣机、电饭煲等生活用品。市妇联党组书记、主席徐梅及市妇联兼职副主席、洛珠民族手工艺公司董事长次仁卓嘎以自身的致富经历为例,教育大家要感党恩,听党话,跟党走,要“撸起袖子,加油干”,改变“等、靠、要”的依赖思想,激发脱贫致富的内生动力,真正脱贫致富。并深入扎其乡羊加村看望慰问残疾女童彭某,为她送去价值400余元的轮椅、电饭煲、被子等生活用品及700元现金。6月1日,开展“六一”帮扶贫困学生活动,扎囊县教育妇委会主任拉措姆带领80名女党员组成7个慰问小组分赴6所完小,结对帮扶151名贫困学生,为他们购买了价值6.09万元的衣物、鞋帽、学习和生活用品等。

12月16日，扎囊县第八次妇女代表大会会议现场

【精准扶贫】 年内,县妇联先后到精准扶贫结对帮扶村、帮扶户重点以救助贫困妇女儿童,开展了解民情、掌握情况,把党和政府的关怀送到心坎慰问活动。全年看望慰问结对帮扶户12次,送去价值6700元的慰问品。前往强巴林村、阿雪村、久村、热正岗村、强巴林寺、扎唐寺等走访慰问,为16名贫困母亲、13名村妇代会主任、8名驻寺女干部、10名“两癌”妇女、1名老三八红旗手,发放慰问金共计16600元。

【情系救助金、为梦远航】 年内,县妇联为2名困难女大学生发放金凤工程助学金4000元。为朗塞岭村、章达村、久村、卓玉村、松卡村共6名符合救助条件的农村贫困母亲兑现6万元“两癌”救助金,为推动农牧区贫困妇女“两癌”免费检查项目的顺利实施,有效地帮助患病贫困妇女解决治疗问题。为3名女童兑现4200元的春蕾生资助金。

【传递妇联声音,宣传格局不断扩大】 2月5日,县妇联为响应自治区、市、县号召,落实扎囊县疫情防控指挥部的部署,依托扎囊县“巾帼志愿者小喇叭”积极行动,通过流动小喇叭、发放宣传手册、悬挂横幅标语、入户面对面讲解等“接地气”的做法,真正把疫情防控宣传送到群众家中,送到群众耳边,教育引导群众提升防护意识,营造众志成城阻击疫情的浓厚氛围,实现精准宣讲“十要”“十不要”,效果达到宣传覆盖率100%、宣传册发放率100%、宣传知晓率100%的目标。县妇联立足全媒体时代的新形势,以队伍建设和阵地建设为重点,大力培育妇联的舆论引导能力。积极组织妇联干部参加全国妇联网络及新媒体工作专题培训，增强网络和新媒体宣传工作意识，提升工作能力；加强新闻媒体的联系与合作，加强与在山南网、扎囊县电视台、智慧扎囊、走进扎囊等媒体的沟通，积极用好宣传主阵地。全年媒体共报道县妇联工作17次。截至年底，共上报各类简报信息100期，展现了扎囊县妇女群众“立足新时代、争做新贡献”精神生活新面貌。

【宣传工作】 年内，县妇联借助“3·8”妇女节、“三八”维权周、“法制宣传月”、“法律宣传周”、“法律宣传日”、“六一”儿童节、“11·25”反家庭暴力等活动为契机，加大普法宣传力度，通过设立法律咨询台，散发传单等形式开展宣传活动，宣传《妇女权益保障法》《未成年人保护法》《婚姻法》《宪法》《反家庭暴力》等法律法规，发放相关宣传5400余份。

（苏新越）

【机构领导】

主　席

格桑白珍（女，藏族）

副主席

次旦卓玛（女，藏族）

工商联

【概况】 2020年，扎囊县工商联在县委、县政府的正确领导下，在市工商联和县委统战部的精心指导下，坚持以习近平新时代中国特色社会主义思想为指导，认真学习贯彻中共十九大、十九届五中全会及中央第七次西藏工作座谈会精神，切实发挥工商联统战性、经济性、民间性的优势和桥梁、纽带、助手的作用，大胆创新、锐意进取，为促进全县非公有制经济发展做出了积极贡献。

【疫情防控】 年内，成立县工商联新型冠状病毒感染的肺炎疫情防控工作领导小组，明确任务、落实责任，切实履行好工商联的职能职责。为迅速把思想和行动统一到习近平关于“疫情就是命令，防控就是责任”的重要指示精神上来，工商联高度重视，通过召开领导班子会议，组织干部职工认真传达学习中央关于对新型冠状病毒感染的肺炎疫情防控工作的决策部署和区、市、县党委的有关要求，第一时间向工商联会员企业发出倡议书，通过积极倡议，正确引导，形成全社会支持参与新型冠状病毒感染的肺炎疫情防控工作的强大合力，真正以强烈的使命感、责任感和紧迫感参与疫情防控。通过网络、媒体等各种正规渠道收集新冠肺炎相关知识及防范措施，通过微信工作群转发相关防疫知识，并通知会员企业做好企业及其员工的教育引导和宣传工作，要求机关全体干部及会员企业要积极应对、科学防范，做好自我防范、自我保护。疫情期间不走亲串友、不聚餐聚会，做正能量的传播者和守护者，不信谣、不传谣。根据单位实际，在办公区域配备了充足的消毒液、洗手液等防护用品。员工上班期间一律佩戴口罩，对办公区域进行全面集中消毒。主要领导率队到企业检查指导疫情防控和复工复产工作，对坚守在一线的人员表示慰问，同时鼓励企业按要求、按程序做好复工复产，确保做到“疫情防控、恢复生产”两不误。向

4月25日，县工商联工作人员到会员企业开展安全生产检查

11月4日，县工商联联合县司法局开展民营企业中央第七次西藏工作座谈会宣讲

工商联会员企业发出《关于全力支持打赢疫情防控阻击战的倡议书》，号召会员企业在守护好企业和员工自身安全的同时，积极弘扬优秀企业家精神、光彩精神及发挥“一方有难、八方支援”的精神，积极向全县抗击新冠肺炎疫情奉献爱心、捐款捐物。据不完全统计，全县共有13家民营企业及湖南省援藏单位向疫情防控捐赠700926元，其中，捐赠现金603000元，捐赠物资折合人民币97926元，极大地缓解了全县疫情防控工作的压力。

【商(协)会建设】 年内，县工商联以基层商会为重点，高度重视会员发展工作，加强基层组织建设，不断提升工作水平和服务能力。针对“五好”县级工商联建设取得的成绩以及存在的不足，到会员企业实地进行走访调研。扎囊县商会、建筑协会在市工商联正确指导和大力支持下，按照相关程序实现合法化建设。

【非公经济】 年内，县工商联积极参与构建“亲”“清”新型政商关系，不断营造良好的营商环境，激发市场主体活力和社会创造潜力，为实现高质量经济发展打下坚实基础。县工商联引导非公有制经济人士自觉加强企业文化建设，着力构建符合社会主义核心价值体系的健康向上、内涵丰富、特色鲜明、员工认同的企业文化，使之成为恪守诚信美德，做义利兼顾的实践者和依法经营的自律者。加强与株洲市工商联的交流与合作，积极探索建立了适应市场经济要求的服务载体和机制，整合政府、社会、企业等优势资源，以需求为导向，为会员企业资源互补、合作发展提供全方位的服务和支持。通过积极为非公有制企业提供信息、法律、融资、技术、人才等方面服务，帮助全县非公有制企业更好地推进结构调整和自主创新，不断增强市场竞争能力、抵御风险能力和可持续发展能力。密切与非公有制经济人士的联系，多次召开企业家代表座谈会，并通过电话、走访、问卷调查、微信群意见征集等多种渠道了解他们的诉求，把非公有制经济发展中遇到的问题、困难和意见建议，进行梳理汇总，及时反映给各级决策部门，回应非公有制经济人士的关切，促进了非公有制经济发展市场环境、政策环境、法治环境和社会环境的改善。同时，建立完善了信息反馈机制，及时反映企业家关注的热点、难点问题和利益诉求，并加强跟踪培养，不断提高非公有制经济代表人士队伍的政治把握能力、参政议政能力、合作共事能力。县工商联重点围绕党委政府和企业家关心的热点、难点课题深入调研。充分发挥非公有制经济人士特别是企业家副主席(副会长)的作用。通过调动社会各方面的积极性，抓好党委、政府支持非公有制经济发展的各项政策法规的落实。营造发展诚信、法治、开放、效能、担当的非公经济发展态势和优良环境。良好的服务，科学的引导，使工商联会员企业不断扩大。截至年底，全县非公企业发展到77家，从业人员达1113人。

【非公企业健康发展】 年内，组织全县15家会员企业参加《中华人民共和国民法典》专题讲座，深刻了解编撰《中华人民共和国民法典》的目的、意义、基本内容和亮点。企业家率先带头学习，进一步推动《中华人民共和国民法典》的宣传、贯彻、实施，促进会员企业把《中华人民共和国民法典》的学习列入企业的重要学习内容。结合工作实际专题学、系统学，做到学懂弄通、学深悟透；以《民法典》为依据，更新完善企业各项规章制度，严格把握各项规章制度的合法性，切实维护好广大职工的合法权益。作为企业家，必须遵循《民法典》的规范，养成自觉守法的意识，形成遇事找法的习惯，培养解决问题靠法的意识和能力，让《民法典》真正走到群众身边、走进群众心里。组织会员企业及干部职工传达学习十九届五中全会及中央第七次西藏工作座谈会精神。深入学习习近平重要讲话精神，准确把握新时代党的治藏方略，准确把握中共中央关于做好西藏工作和四省涉藏工作的系列决策部署，增强“四个意识”，坚定“四个自信”，做到“两个维护”，切实把思想和行动统一到习近平重要讲话精神和中共中央关于西藏工作的战略部署上来，深刻领会把握新时代党的治藏方略和中共中央对西藏工作形势的科学判断，进一步发挥党支部战斗堡垒作用，凝聚人心、夯实基础，全力推动扎囊县民营经济健康发展。工商联提高政治站位，全面深入抓好《习近平谈治国理政》第三卷的学习宣传，做到学思用贯通、知信行统一。积极担当作为，贯彻落实好习近平在企业家座谈会上重要讲话精神，大力加强民营企业家队伍建设、切实深化服务民营企业各项制度机制的完善和落实，凝心聚力做好“六稳”工作，落实“六保”任务，助推全县民营经济实现高质量新发展。

【精准扶贫】 年内，县工商联充分发挥联系广泛的优势，积极引导、鼓励非公有制企业和非公有制经济人士参与脱贫攻坚工作，成效明显。年内，县工商联认真开展“百企帮百村”精准扶贫行动，组织会员企业走进村(居)，开展“民企扶村”调研活动，实地了解村情村况，围绕如何科学实施精准扶贫规划进行探讨，找准精准帮扶的结合点，拿出切实有效的帮扶措施，采取就业帮扶、捐赠帮扶等多元化的帮扶模式，助力贫困户脱贫致富。

8月19日，工作人员在吉汝乡会员企业开展疫情防控及安全生产检查

【干部队伍建设】 不断丰富学习教育形式，加强领导班子和干部日常教育管理，通过机关会议进行干部思想政治教育。组织党员干部关注“雪域清风”“法治西藏”“清廉山南”“西藏组工”等微信公众号。坚持会前学法制度，学习了《中华人民共和国宪法》《中华人民共和国保守国家秘密法》《中华人民共和国政府采购法》等法律法规，着力打造一支知法懂法守法用法的干部队伍。建立和完善各项制度，逐步健全党员干部日常管理监督机制。实现由“人管人”向“制度管人管事”的转变，做到凡事有人负责，有人监督，有章可循，有据可查，形成长效机制。

（洛桑曲珍）

【机构领导】

工商联主席

米玛扎西(藏族)

工商联副主席

达娃布次(女，藏族)

军 事

扎囊县人民武装部

【概况】 2020年，扎囊县武装部深入学习贯彻中共十九大和十九届二中、三中、四中、五中全会精神及各级党委扩大会议精神，以习近平新时代中国特色社会主义思想和强军思想为指引，深入贯彻落实军委主席负责制，在分区党委的坚强领导和有力指导下，在县委、县政府的领导支持下，着眼有效履行人武部使命任务，按照“聚焦强军目标、扎实打牢基础、巩固创新发展”的工作思路和“五抓五打”（抓作风建设、抓队伍建设、抓依法治军、抓规范落实、抓改革创新，打牢思想、组织、训练、安全、保障基础）的具体抓手，始终强化党的建设，聚焦备战打仗，注重打牢基础，狠抓末端落实，较好地完成了年度各项任务，有效提升了现实军事斗争准备和服务经济社会发展的组织动员、快速反应、支援保障能力。

【党管武装】 年内，扎囊县武装部坚持党对武装工作的集中统一领导，健全和落实军地双重领导、党委议军会、武委会例会等制度；严格落实《西藏自治区专职人民武装干部资格认证实施办法》，优化专武干部队伍结构，保持基层武装机构稳定；改进民兵思想政治教育内容和形式，扎实开展“传承红色基因、担当强军重任”主题教育活动，抓好基干民兵分队党组织预建，确保国防后备力量始终置于党的绝对领导之下。

【政治工作】 年内，扎囊县武装部坚持把理论学习作为武装官兵头脑、坚定理想信念的有效途径，作为部队思想政治建设的“基础工程”“灵魂工程”紧抓不放。始终把学习贯彻习近平新时代中国特色社会主义思想和习近平强军思想作为理论学习的重点，积极参加分区党委中心组带机关和人武部理论学习以及党委班子轮流上党课活动，扎实抓好主题教育，踩实重要环节步骤，注重加强经常性学习教育，共参加分区党委机关、人武部理论学习12次，开展党委班子成员轮流上党课10人次，组织专题学习12次，撰写心得体会40余篇，官兵思想政治觉悟和政治理论水平进一步提高。

【民兵整组】 年内，扎囊县武装部认真落实中共中央、国务院、中央军委决策部署，以深化民兵调整改革为主线，以提高民兵队伍整体素质为重心，坚持“政治标准是首位、质量标准是核心、科学规范是保证”的工作要求，认真整改往年整组工作中退伍军人、党（团）员、行业编兵、专业力量比例偏低和编力不实、重复编兵等问题，在2019年的基础上进行民兵队伍结构调整。

【征兵工作】 年内，扎囊县武装部严格按照《中华人民共和国兵役法》规定和自治区人民政府、西藏军区《2020年夏秋季征兵命令》《山南市2020年夏秋季征兵工作实施计划》及上级征兵工作的指示精神，坚持高起点筹划、高标准落实，注重建强组织，深入思想发动，军地全力推进，严格审核审查，经过县征兵办全体工作人员、相关业务部门和基层专武部的共同努力，完成男性应征青年的征集任务。因征兵工作完成出色，被山南市评为2020年征兵工作先进单位。

【民兵军事训练】 年内，扎囊县武装部以习近平新时代强军思想为引领，深入贯彻新军事战略方针，坚持和发展人民战争思想，积极适应军队作战体系重塑新形势、民兵结构编成改革新变化和职能使命新拓展，着眼平时服务、维稳应急、战时应战需要，根据《民兵军事训练大纲》规定，坚持依法施训、按纲组训，坚持上下结合、统分结合，采取“农闲练兵、农忙练官”的训练思路，区分3次扎实推进训练任务落地落实，集中开展了民兵军事训练，进行了整组、征兵、兵役登记等业务知识辅导和队列、防暴、枪械等基本技能训练，组织了实弹射击，有效提高了民兵军事训练实战化水平和应急应战能力。

【安全维稳】 年内，扎囊县武装部坚持做好民族团结，积极落实县委、县政府工作要求，深入开展“军民联合处置突发事件组织实施”演练，组织应急民兵排常态化备勤，积极协助县公安局做好巡逻和安全隐患排查工作，全力做好县重点区域安全防范工作，充分发挥了应急民兵安全维稳的重要作用。

（次仁顿珠）

武警山南支队执勤三大队扎囊中队

【听党话、跟党走】 年内，县中队深刻学习领会习近平改革强军系列重要讲话精神，坚决贯彻落实各级党委决策部署和首长指示精神，围绕“夯实基础，竖起标准、稳中求进、争创先进”的工作目标，全面抓建设，扎实打基础，逐步强养成，中队全面建设有了新进步、新发展。

【贯彻党委扩大会议精神】 年内，突出学习贯彻三级党委扩大会议精神，在学习领会上级会议精神中谋好篇、布好局。对照队部建设规范，深刻分析查找制约中队发展的瓶颈，研究形成了年度总体工作思路，为各项工作有序开展确定了方向，年终被评为“四铁”先进单位。

【维稳执勤】 年内，根据扎囊县维稳指挥部和支队统一部署，完成春节、藏历新年县城武装巡逻、县城武装巡逻、克西乡机动备勤、国庆武装巡逻等任务。任务中，执勤官兵严格遵守群众纪律和宗教习俗规定，做到依法执勤、正规执勤、文明执勤，以昂扬的精神状态、优良的战斗作风、严整的警容警姿展示了执勤官兵的良好形象，赢得了地方党委、政府和人民群众的高度赞誉。

【警营文化生活】 “五一”“十一”期间，广泛开展丰富多彩的文体活动，丰富警营文化生活，营造良好文化氛围，使官兵度过了一个愉快、和谐、安全的节日。

【完成山南市第三高级中学军训任务】 9月8日至9月15日，中队完成山南市第三高级中学军训任务，进一步增强了学生的国防观念，陶冶了学生的爱国主义情操，培养了他们集体荣誉感、遵章

7月30日，扎囊县武警中队党员官兵重温入党誓词

守纪意识和吃苦耐劳精神。官兵们严整的军容、过硬的素质、严明的纪律、优良的作风受到校领导和师生的高度赞扬，为军民共建共创和谐谱写了新篇章。

【县领导看望慰问中队官兵】 “八一”期间，县委副书记、县长唐勇到中队慰问官兵。9月1日，县各级领导到中队慰问退伍老兵，并派车将退伍老兵送至集结地。

【深入学习抗美援朝精神】 年内，县中队通过观看抗美援朝纪录片、开展微课小讲堂等方式，激发了广大官兵的爱国情怀，切实把官兵前途命运和国家发展联系起来，把抗美援朝和保家卫国联系起来，积极发扬抗美援朝精神，为国家建设贡献自己的一份力量。

（章友斌）

法　　治

政法委及综治

【概况】 中共扎囊县委员会政法委员会(以下简称“政法委”)编制4人,实有6人,分别为书记1名,副书记3名,其中1名正科级副书记,副主任科员1名,四级主任科员1名,科员1名。2020年,扎囊县政法、综治、维稳、“先进双联户”创建工作在县委、县政府的坚强领导下,在上级业务部门的具体指导下,以中共十九大、十九届二中、三中、四中、五中全会精神及中央第七次西藏工作座谈会精神为指导,全面落实中央、自治区、山南市政法工作会议及各级文件精神,以“抓稳定、保平安、建和谐、促发展”为主线,以深化“平安扎囊、法治扎囊”为目标,以实现执法公正为追求,全面加强和改进政法队伍建设,创新工作思路,落实工作措施,提升服务水平,有效提高平安建设、“先进双联户”“扫黑除恶·打非治乱”工作水平和成效,确保了在全县境内社会治安持续和谐稳定,实现“三不出”,为经济跨越式发展营造了良好的社会环境。

【平安建设】 年内,扎囊县政法委在深化“平安扎囊”工作上,始终以提升群众安全感和满意度为目标,以加强综治基层基础建设为保障,着力严打严防、着力部门联动、着力机制建设、着力宣传引导、着力夯实基础,扎实开展基层系列平安创建活动,确保了全县社会政治稳定和治安持续平稳。

着力严打严防,公众安全感明显提升。年内,公安机关共立刑事案件37起,其中电信诈骗21起,破获刑事案件17起,抓获犯罪嫌疑人19人,刑事拘留7人,取保候审12人。共审核行政案件8起,行政拘留24人,办理行政复议1起,审核交通类行政案件14起。审核刑事案件立案37起,提请批准逮捕7起、移送审查起诉14起(交通类5起)。共办理行政案件10起,结案10起,其

9月16日,县委副书记、人大常委会主任巴桑次仁在“9·16”平安宣传日活动现场检查指导工作

中调解6起，拘留6人，罚款4100元。检察机关共受理公安机关提请逮捕8件20人，经审查，批准逮捕5件7人，不批准逮捕3件13人，受理公安机关不批准逮捕复议案件1件2人（经审查维持原决定），侦查活动监督案件1件，向侦查籍贯发出纠正违法通知书1份。受理移送审查起诉案件14件14人，经审查，提起公诉7件7人，不起诉5件5人，正在办理2件2人。检委会案件2件，制作电子卷宗14件，案件信息公开45条，案件程序性信息公开57条，接待律师申请阅卷1件1人。法院共受理各类案件248件，审执结193件，未结55件，综合结案率77.82%（其中刑事案件17件、民事案件149件、行政案件1件、执行81件）。全年当场登记立案率达到90%以上。案件调撤率达到81%以上，司法局累计接收社区服刑人员42人，已期满解矫24人。截至年底，在册社区服刑人员9人；刑释解教安置帮教人员在册27人，安置1人，帮教率100%。

11月3日，县委常委、政法委书记、公安局局长索朗巴珠主持召开平安建设（综治）专题会议

着力部门联动，增强社会治安防控能力。根据流动人口居住特点，按照《租赁房屋治安管理规定》以及“谁主管谁负责、谁受益谁负责”的原则，全面施行居住证管理制度，切实加强“以证管人、以房管人、以业管人”。截至年底，全县共有暂住人口679人，其中新登记257人、居住半年以上422人。切实加强了对重点部位、治安乱点的排查工作整治。对辖区个体商户（朗玛厅、旅馆、茶馆）、出租房进行了全面检查，与房主签订《治安管理责任书》，对不符合相关规定的场所坚决予以取缔，对吉汝乡、扎其乡、桑耶镇等重点区域加强社会面巡逻防控，积极开展清网检查行动，有效遏制了治安案件上升的趋势。多次对寺庙、学校、厂矿、旅馆及公共场所内的消防器材、电路设施及安全通道进行排查，在各中小学开展消防事故演练，演示各类器材的使用专项活动，师生反应良好。检查中对各单位存在的灭火器过期、设施不齐全、线路不规范穿管及安全通道不畅通等问题提出了整改意见，切实为消除火患打下了坚实基础。多次深入辖区行政村进行逐一走访排查，重点检查家庭用电、用火、用油、燃气灶使用及干柴、饲草料的堆放等情况，在乡镇及驻村工作组的协助下，为村民就地宣传了基本消防知识和逃生技巧，并要求群众要定期检查燃气灶、线路等，排除消防隐患。

着力机制建设，有效化解各类社会矛盾。始终把矛盾纠纷排查调处作为维护社会稳定的一项重要基础性工作来抓，紧紧围绕保障和改善民生工作，大力加强建筑施工、道路交通、征地拆迁、资源开发等领域专业性行业性人民调解组织建设，进一步健全人大代表、政协委员、律师等第三方参与矛盾纠纷排查调处机制，规范县、乡、村三级温馨调解组织建设，不断完善人民调解、行政调解、司法调解相互衔接的“三调联动”机制，实现矛盾纠纷排查调处工作经常化、制度化、规范化，确保了全选社会局势持续和谐稳定，进一步提升了社会治安环境。截至年底，共排查调解矛盾纠纷20起，调处成功20起。

着力宣传引导，增强群众法制意识和观念。围绕综治主题宣传活动，利用宣传车、新闻媒体、群众文艺宣传队等形式，特别是积极向《西藏日报》《西藏法制报》等媒体发表工作动态，既向农民群众广泛宣传综治、“双联户”、“扫黑除恶·打非治乱”专项斗争及相关惠民、惠农政策和相关法律法规知识，又让上级领导和业务部门了解、汇报全县综治、“双联户”工作开展情况，形成了人人关心、支持、参与综治工作的良好局面，有效提升扎囊县的知名度和对外影响力。

着力夯实基础，提升基层平安创建水平。按照城镇道路交叉口无死角、主要道路关键节点无盲区、人员密集区域无遗漏以及要害部位、案件高发区域、治安复杂场所主要出入口全覆盖的要求，6月28日至7月3日，县委政法委会同重庆信科设计有限公司对山南市公安安全视频监控建设联网应用项目——扎囊县分项各新建、改建点位进行了实地考察，拟建前端点位95处，其中人脸卡口34处（球机8处、枪机26处），MAC集成人脸卡口57处（球机34处、枪机23处），车辆卡口3处（微卡口3处），云台1处。截至年底，建成连接县、乡、村覆盖的公共安全视频监控传输网络，实现主要公共区域、人员密集场所、治安复杂场所和重点单位等视频监控点位全覆盖。

【“扫黑除恶·打非治乱”】 全县各扫黑除恶成员单位要严格按照全国扫黑办第九次主任会议精神，结合扎囊县扫黑除恶专项斗争的形势特点和辖区实际情况，突出问题导向，全面动员、全力以赴开展好“六清”行动，建立健全工作方案，任务清单，用足用好“三书一函”工作制度，注重标本兼治，真正实现“清彻底、清到底、清干净”的目标，推动扫黑除恶专项斗争从深挖根治向长效常治目标推进。

加强组织领导。年内，根据山南市扫黑办的总体部署及要求，及时制定扎囊县《关于中央扫黑除恶第13督导组督导“回头看”反馈问题整改工作方案》《扎囊县“六清”行动工作方案》《扎囊县扫黑除恶专项斗争“六清”分解任务》，并多次召开2020年扫黑除恶专项斗争工作部署会、工作推进会，及时传达学习上级相关会议、文件精神，确保专项斗争有序推进。

狠抓六清工作。线索清零。年内，共接收摸排线索50条（其中群众来电、来信、来访举报线索15条，公安机关自身摸排线索30条，上级部门转交线索5条），均已核查完毕。根据《山南市扫黑办关于开展“六清”行动工作方案》要求，对所有线索进行再梳理，切实做到了线索核查准确，举报人反馈到位。

“逃犯清零”。自扫黑除恶工作部署以来，扎囊县无逃犯。“案件清结”。自工作开展以来收到线索共计50条，线转案16条，2条正在办理中。对于赌博、扰乱单位秩序等类线索中涉及党员、公职人员、村“两委”班子的，均已移交县纪委监委（其中党内警告9人，行政警告2人，党内严重警告3人，开除党籍1人，移交市纪委1人）。“黑财清底”。自扫黑除恶工作部署以来，扎囊县无涉黑涉恶等违法行为。扎囊县公安局坚决依法按程序予以收缴罚没，共收缴赌资29万余元，收缴的赌资已全部交于国库。“行业清源”。县公安局向行业监管部发出公安提示函共计3份，检察院发出检察建议书11份，均已办结。信访局累计接待来访20（批）次39人，办结信访案件11（批）次23人，共兑现436.3954万元（其中农民工工资263.3975万元、机械费132万元、运输费32.9979万元、其他8万元），其他信访案件正在办理当中。市场监督管理局出动执法人员109人次、执法车辆40台次，检查各类经营户1644户次，没收过期变质食品、假冒伪劣、三无等商品共计30余种，价值13802元，检查特种备使用单位4家，检查特种设备8台（套），未发现特种设备隐患，下发责令整改通知书7份。文化局对全县娱乐场所开展联合检查3次，出动工作人员16人次，出动车辆3台，检查歌舞娱乐场所5家，网吧、网咖2家，其中1家歌舞娱乐场所文化经营许可证过期，该场所负责人已更换文化经营许可证。统战部开展法律宣讲活动20场，受教育人数300余人，围绕《涉宗领域扫黑除恶打非治乱专项斗争摸排方案》与疫情防控工作，累计摸排23次，发现存在问题5项。交通局联合山南市交通综合执法局、县交警大队，在县城重点路段开展打击“黑车”非法运营整治活动，累计检查车辆1300余辆，出动执法车辆120台次、执法人员290人次，查获疑似非法运营车辆27辆，其中法律教育20台，移交山南市综合执法局7台。自然资源局开展矿山巡查16次，检查矿山企业7家；开展汛前地质灾害隐患排查6处，委派第三方专业机构对全年开展汛前排查1次；邀请市自然资源局专业单位对正在生产采矿企业进行排查，并下发责令整改通知书2份；协同县公安局查处一起偷采偷挖案件，正在处理；查处一起农村违建案件，正在办理当中。

6月16日，扎囊县开展“六月综治宣传周”和安全生产月系列活动

【“先进双联户”创建工作】 年内，扎囊县政法委始终把“先进双联户”创建活动作为巩固平安建设、筑牢维稳防线、促进社会和谐的有力抓手，团结带动各族干部群众加强社会建设、创新社会治理、维护社会稳定，组织发动群众参与治安巡逻、矛盾排查、信息收集、隐患整治等群防群治活动，实现了大街小巷有人管、村村户户有人看，不断筑牢了平安稳定的根基。

形式多样抓宣传。以综治主题宣传活动为载体，大力宣传“双联户”“10+1”工作任务、联户长“十八员”职责、“先进双联户”创建标准及“联户增收、联户平安、联户扶贫”工作中的成果成效，切实做到家喻户晓、人人皆知，有效提升联户长参与社会治理的积极主动性。各乡（镇）丰富宣传形式，增强宣传影响力，切实做到“先进双联户”创建活动宣传好、引导好、推动好。如：桑耶镇利用第十三届人民代表大会第七次会议，千户长在人大代表中大力宣传“先进双联户”创建评选工作及相关公考、高考加分政策。桑耶镇桑普村第十五联户单位联户长旦巴平措受邀到桑耶完小“四讲四爱”新旧西藏对比思想教育大会中进行宣讲，并为桑耶完小捐赠15000元。依托中央第七次西藏工作座谈会、“四讲四爱”“争创全国文明县城”等主题教育活动，扎囊县广泛开展了各类宣讲宣传，不断加强广大联户长理论素质和政策水平，进一步强化联户长“十八员”职责任务，全面营造了爱核心、爱祖国、爱家园、爱生活、信科学、重今生、破迷信、改陋习的良好氛围。截至年底，开展“四讲四爱”宣讲活动2120余场次，教育联户群众人数达23250余人次，宣传科普知识37场次，受教育群众达1960余人次，组织文艺演出120场次、新旧西藏对比27场次，放映爱国主义电影179场次，组织文化下乡20场次。

加大培训强本领。采取集中培训、组织轮训、以会代训等方式，进一步加大了对联户长的教育培训，重点学习党的路线方针政策、强农惠农富农政策、维护社会稳定和社会治安综合治理措施、科学知识、农牧业实用技术知识等，有效提升联户长履职尽责能力。2020年，共开展各级培训75次。

凝聚力量抓防疫。根据《关于进一步发挥“双联户”等群防群治组织在藏历新年期间疫情防控作用的紧急通知》精神，紧紧围绕“疫情就是命令、防控就是责任”的工作要求，组织动员广大联户长协助做好了全县新冠疫情防控工作。深入贯彻中央、区党委、市委、县委关于疫情防控工作的部署要求，通过入户、微信沟通等形式，引导联户群众不信谣、不造谣、不传谣，引导群众过年期间同亲朋好友不串门、不聚众、不请客、不搞聚集性活动。依托联户单位,大力开展“爱国卫生运动”,深入开展卫生整治活动,确保垃圾日产日清,并积极协助村“两委”、驻村工作队、乡村医生在辖区房屋、干道等进行消毒消杀工作,最大限度地降低了新冠疫情的传播风险。充分发挥第一道防线作用,发动群众、组织群众,立足源头、预防为主,及时排查涉疫矛盾纠纷。2020年,开展卫生环境整治13594次,开展卫生评比1882次。针对居家隔离人员,按照乡镇监督员、派出所监督员、村居监督员、双联户监督员、户主等人员组成的每日体温检测体系,认真落实日监督和报平安制度。协助村“两委”和相关部门做好了辖区各娱乐场所、茶馆、餐厅等的关停工作,确保辖区公共场所不发生人员聚集情况。切实加强联户单位内流入流出人员的登记摸排管理力度,确保排查无死角、人员全覆盖、信息无遗漏。

夯实根基抓维稳。年内,县委、县政府始终把“先进双联户”创建活动作为打基础利长远的富民工程、安民工程来抓,充分发挥各族群众的主体作用,真正把维稳各项措施落到实处,真正让群众把维护社会和谐稳定当作自己的事,形成了从“要我稳定”到“我要稳定”。根据县委、县国安指挥部维稳工作部署要求,严格按照《扎囊县维稳工作手册》《扎囊县维稳工作“五化”要求》,真正把维稳各项措施落到实处,真正让群众把维护社会和谐稳定当作自己的事,真正形成了以“联户小平安”积“社会大平安”。紧紧围绕“10+1”工作任务,充分发挥联户长“十八员”职责作用,加强做好了联户单位内的防控工作,确保辖区社会局势和谐稳定。2020年,共开展安全隐患排查2531次,整治92处,组织治安巡逻11842次,巡逻人数达46596人次,登记外来人口9255人次,矛盾纠纷排查1249次,走访重点人员410人次。

【脱贫攻坚】 扶持项目助脱贫。进一步健全完善联户增收点,有效把分散弱小的农户结成了利益共同体,有效提高了产业组织化、规范化,进一步提高了抵御市场风险能力,产生了明显的效应,为发展当地农村经济找到了助推器,促进了联户单位的持续增收。截至年底,全县联户增收扶持项目实现经济效益50.6万元,纯利润24万元,解决就业人数达35人,累计发放工资15.6万元。

自筹项目助脱贫。以综治主题宣传活动为契机,大力宣传“双联户”工作开展以来,在“联户增收、联户扶贫”方面取得的成效,引导广大农牧民群众杜绝“等、靠、要”思想,积极借鉴和学习市、县联户增收扶持项目的成功经验和典型做法,结合精准扶贫工作优势,坚持自主择业,真正做到摆脱贫困奔小康、做到精准脱贫。桑耶镇桑普村第七联户单位联户长扎西平措自筹资金成立山羊养殖合作社。2020年,共举行分红仪式2次,户均分红40000元。

(次　罗)

【机构领导】

县委常委、政法委书记、公安局局长
　　索朗巴珠(藏族)
政法委常务副书记
　　游　光
政法委副书记
　　旦　巴(藏族)
　　次　珍(女,藏族,12月免)
　　次　罗(藏族,12月任)

公安

【概况】 扎囊县公安局地处于扎囊县株洲路26号,下辖3个乡、2个镇,共计62个行政村。2020年,公安局有9个内设机构、5个行政派出所、3个寺庙派出所、2个寺庙警务室、6个110便民警务站。

2020年,扎囊县公安局深入学习习近平新时代中国特色社会主义思想特别是习近平关于新时代政法工作和治边稳藏的重要论述,牢记“四个意识”,坚定“四个自信”,做到“两个维护”,践行“四句话”十六字总要求,牢牢把握书记吴英杰“三句话”总原则,贯彻落实各级党委、政府和上级部门的决策部署,有力维护了全县社会大局持续稳定。

2020年,扎囊县公安局法制室荣获自治区级集体标兵称号;受到自治区公安厅先进个人表彰2人,受山南市公安局表彰先进集体2个,记个人三等功7人,嘉奖16人,获先进个人6人,绩效考核山南市排名第二名。

【案件侦破】 年内,县公安局把

上级部门部署开展的“三打击一整治”“两抢一盗”“电信网络新型犯罪”作为贯穿一年重点工作，有效打击了各类刑事犯罪活动。成功侦破以陈某等人为首的多次跨区域系列敲诈勒索案，涉案资金高达30万元，有效维护了群众的合法权益和财产安全；4月，桑耶镇“三岩”片区扶贫搬迁点的“4·15”案件，公安局高度重视立即抽调精干民警，成立了由市公安局督办“4·15”专案组，在市公安局的业务指导和全体参战民警两个多月的调查取证。下一步将在县委、县政府的领导下对“4·15”案件进行侦办和“三岩”片区扶贫搬迁点隐患开展整治工作；2020年，共立刑事案件50起，其中电信诈骗25起，破获刑事案件28起（其中电信诈骗10起，追回被骗资金93万余元），抓获犯罪嫌疑人50人，移送审查起诉15起，18人次。共受理行政案件32起，行政拘留34人，行政罚款22人，共计9800余元，调解4起。交通类刑事案件立案5起，起诉6起，一般行政案件14起，简易处理78起。

11月28日，扎囊县委常委、政法委书记、公安局党委书记、局长、四级高级警长索朗巴珠（左二）在扎囊县农民运动会安保现场指导工作

【打击黄赌毒】 年内，县公安局为进一步净化扎囊县社会环境，维护社会秩序，促进社会主义精神文明建设，构建社会主义和谐社会，根据上级公安机关要求，结合辖区实际，制定相关的工作方案。公安局治安大队、各行政派出所积极与文化、工商等部门密切协作，积极配合，集中时间，集中力量，全面开展打击整治黄赌毒专项行动，全面提升公众安全感和政法部门满意度，为建设创业、宜居、平安、生态、创造良好的社会治安环境。

【社会治安治理】 年内，县公安局认真结合“矛盾纠纷排查大化解大治理”专项行动，并结合“百万警进千万家”活动，组织民警深入乡村开展法律宣传及矛盾纠纷排查化解工作，实地调研矛盾突出及复杂场所的监管问题，并使用“民警手机”App对务工人员身份信息进行采集；积极主动排查化解“三岩”片区跨市整体易地扶贫搬迁点矛盾纠纷。为严防发生和及时应对处置“三岩”片区易地扶贫搬迁安置点的矛盾纠纷和突发事件，民警深入搬迁点排查矛盾纠纷，共排查出矛盾焦点13项，将问题及时反馈县委、县政府及相关部门。1月以来，累计出动警力2000人次、警车150台次。截至年底，共开展集中统一清查行动10次，投入警力600余人，全力确保社会面局势稳定。为切实加强全县危爆物品安全隐患排查整治工作，提高危爆物品安全管理，使用单位的安全防范能力，结合县城实际情况，对危险化学品使用单位共检查30次，出动警力55人次，在检查过程发现存在的问题19条，均已全部整改完毕。审批民爆物品23次，审批炸药205152公斤、导爆管116200发、导爆索77000米、电雷管16000发。共检查施工工地32处（次）。不定时对各类场所进行突击检查，对部分使用香蕉水的店铺已做了相关登记，其间，未发现私自存储及非法购买行为。共审批汽油12310升、柴油390吨，检查各类汽修场所36处（次）、商铺190家、茶馆41家、网吧3家、特种行业5家。加大管制刀具清查整治力度。1月以来，共检查商铺、超市、五金店21家，寄递物流业2家、学校8所，收缴管制刀具60

9月21日，扎囊县公安局完成氆氇文化节安保活动

把。对治安重点人员进行摸排走访，掌握人员信息和思想动态，严格落实管控措施和责任。公安局积极贯彻落实“昆仑2020”行动部署要求，与县市场监督管理局、教育局等部门开展联合检查，排查整治食品经营单位、保健食品、餐食农产品、中小学幼儿园食堂、屠宰场等领域内是否存在的违法犯罪行为。全年，共检查食品经营场所423家，对发现的问题隐患已提出相应整改措施，收缴过期食品27种，共计885件。

【执法建设】 年内，县公安局继续加强执法规范化工作，以执法规范化建设、执法检查“回头看”、执法质量考评为载体，持续抓好执法规范化建设，不断加强执法队伍建设，提高全体执法民警的办案质量和执法水平。全年开展法制培训11次，检查受立案改革制度落实情况2次，检查执法规范化工作开展情况1次，开展执法质量考评2次。以“两统一”工作为契机，切实做到每一起案件统一由法制审核，法制出口，全年接受其他行政执法部门移送的涉嫌犯罪案件3起，立案1起。同时，加大执法办案场所的改扩建工作，2020年，公安局投入资金82万元改建了扎唐派出所、吉汝派出所两个派出所的办案场所，并针对办案场所“四个一律”要求对一线执法办案民警培训，切实做到在每一起案件依法办理中，每一件事情处理中每一名群众都能感受到公平、公正。

【队伍建设】 年内，县公安局始终把政治建设摆在首位，教育引导全体民警及时学习了解掌握中共中央的新思想、新论断、新举措。认真结合“坚持政治建警全面从严治警”教育整顿活动及全警实战大练兵工作，贴合实际以“最小单元作战”“暴力对抗”“模拟警情”等为重点开展培训，增强了民警讲政治、顾大局、守规矩意识。全年组织开展全警实战大练兵培训5期；组织各类业务培训6次，参训456人次；组织警务实战大比武12期，参训120人次；依法使用武器警械训练2期，参训160次，邀请株洲市公安局警务实战专职教官训练（共5天）563人次参训；邀请山南市公安局防炸中心民警训练1期，56人次参训。公安局结合自身实际，组织民警开展各类突发事件应急演练，增强民警应急处突能力，2020年，共开展各类应急处突演练20余次。

【扫黑除恶专项斗争】 年内，县公安局扫黑办入户村居摸排线索有30余次，已核查线索45条。8月25日，组织召开专题会议部署全县盗沙情况，抽调精干力量组成专班，制定侦查措施，采取查询调查、踩点守候等方式，经过大量摸排工作，发现扎其乡存在严重偷采盗沙的情况，工作人员在扎其乡充堆村附近蹲点。8月26日下午，当场抓获运输砂石的大车4辆、装载机1辆，并对其行为作出相关处理。2020年8月29日晚，组织民警开展突击行动，将扎西巴珠餐馆内的赌博人员一网打尽，该茶馆内有2桌参赌人员，现场抓获10人，其中参赌人员8名、围观人员2名，收缴赌资146760元。扩大宣传覆盖面，提高群众知晓率，共宣讲13场（次），发放宣传资料1500余份。局扫黑办组织民警到各辖区内进行清理扫黑举报箱，未发现群众举报信。

【基础工作】 年内，县公安局突出疫情防控阻击战、春节、藏历新年、全国“两会”及各重要节日期间维稳工作，各警务站充分发挥职能作用，对县城各娱乐场所、重点部位、重点街区，分时段、分批次进行动态巡防的同时，不断加大出租房屋、流动人口、消防安全、校园安全及隐患排查力度，强化社会面防控体系，全年参与巡逻民警15200余人次，开展法制宣传35次，有效维护了社会面良好秩序。2020年，县公安局认真贯彻上级业务部门有关工作部署和文件精神，以维护群众合法权益，构建和谐警民关系为指引，创新完善信访工作机制，重点解决信访突出问题。在疫情期间，向市信访办上报工作开展情况汇报材料60余期，帮助农牧局解决1起拖欠运输费用的信访事件，解决运输费用20万元。

（次仁吉宗）

【机构领导】

县委常委、政法委书记、公安局党委书记、局长

索朗巴珠（藏族）

公安局党委副书记、政委

卢　　露

公安局党委委员、副局长

丹　　增（藏族）

格桑多吉（藏族）

检察

【概况】 2020年，扎囊县人民检察院有编制20个，实有21人，其中四级高级检察官3名、一级检察官5名。全院设有办公室、公诉科、侦查监督科、民事行政检察科、控告申诉检察科、刑事执行检察局6个内设科室。2020年，扎囊县人民检察院坚持以习近平新时代中国特色社会主义思想为指导，团结带领全院干警深入学习贯彻中共十九大和十九届二中、三中、四中、五中全会精神、中央第七次西藏工作座谈会精神，持续增强“四个意识”，坚定“四个自信”，做到“两个维护”，围绕中心大局，聚焦党的建设和检察业务两个主责主业，充分发挥职能作用，统筹融合，稳中求进，以高度的政治自觉、法治自觉、检察自觉，落实好上级决策部署和各项法定职责，为深化平安扎囊、法治扎囊、美丽扎囊、幸福扎囊建设持续提供有力司法保障。

【队伍建设】 年内，扎囊县人民检察院坚持以制度正行，以学习塑能，以作风育人，把党的建设融合到检察工作全方面，把队伍建设成效作为检验党建成效的重要标准。以制度为抓手坚持全面从严治检。全年，向县委和市检察院党组请示报告3次，定期不定期向人大报告工作，积极做好过问或干预、插手检察办案等重大事项记录报告工作，严格落实“一岗双责”，责任同担，工作统抓。统筹推进党建、党风廉政建设、意识形态等工作与检察业务的融合互促，确保各项工作同部署、同进步。严格依规启动检察委员会审案程序，共办理4件。积极推进检察官业绩考评工作，有效提升案件质量；以学习为抓手持续提高综合素能。全年，组织参加最高检组织的线上培训3人次，积极组织干警参与“学习强国”“中检网院”等线上学习，积极开展党组班子讲党课、党组理论中心组学习、《中华人民共和国民法典》专题学习等，每月组织集中学习4次；以作风为抓手持续确保廉洁公正。全年，案件信息公开工作依法依规有序推进，制作电子卷宗29件，公开法律文书17份，接待律师阅卷3次，公开案件程序性信息67条。“服务‘六稳’‘六保’护航民企发展”“学习习近平法治思想，强化新时代法律监督”等检察开放日活动有序开展，强化法律政策及职能宣传的同时，主动对接各群体法治需求，广泛听取意见建议；以受援为抓手持续发掘自身潜力。积极对接湖南省三级检察机关来藏指导、交流等工作，积极组织干警前往湖南省株洲市两级检察机关交流学习，做好“输血”与“造血”的转化，学习先进经验做法的同时，积极发掘自身潜力，内外合力，提高受援质效，推动工作进步；以基建为抓手持续强化凝心聚力。年内，完成了办公区域供暖工程，各条线基础设施配备得到进一步增强，党建和未成年检察工作区域及相关活动板块改造已经动工。

【刑事检察】 年内，扎囊县人民检察院着力强化优化刑事检察工作。依法打击刑事犯罪，着力提升认罪认罚从宽制度适用率。全

4月19日，自治区人民检察院党组调研组一行到扎囊县检察院督导调研

年，共受理审查逮捕案件10件22人，批准逮捕6件8人，不批准逮捕4件14人。受理公安机关不批准逮捕复议案件1件2人，经审查维持原决定。向侦查机关发出纠正违法通知书1份。受理移送审查起诉案件18件20人，经审查，提起公诉10件10人，不起诉5件5人，正在办理3件5人。着力提升认罪认罚从宽制度适用率，着力降低“案—件比”，着力实现不起诉案件公开听证全覆盖。全年，适用认罪认罚10件10人，公开听证1次；持续优化刑事诉讼程序监督。年内，依法审查刑事判决裁定10件，开展庭审监督10次，有效促进了司法公正。利用统一业务应用系统对社区矫正人员建册15人，其中已解除4人，在册9人，交付执行1人，社区矫正检查21次，未发现脱管漏管现象。以集中授课与互动交谈相结合的方式对社区矫正人员开展“心理疏导＋法律宣传”工作。同时，通过向县人民医院、县发展和改革委员会等单位发出检察建议，积极提升社会综合治理效能；着力推进未成年人检察工作良性发展。全年，办理未成年检察案件1件1人。综合考虑各种因素，作出不起诉决定并对当事人进行了跟踪回访，鼓励重塑自信心和树立正确三观，彰显法治温度。通过经常性的深入网吧、KTV等场所进行摸排和开展“同舟互济，检护明天”检察开放日等，优化未成年人健康成长的法治环境。

【民事检察】 年内，扎囊县人民检察院着力细化优化民事检察工作。持续加强对生效民事裁判、调解书的监督。调取审查县人民法院2019年生效民事裁判文书共83份，其中民事判决书13份、民事调解书44份、民事裁定书21份、支付令5份。审查率达77%，未发现错误；持续强化民事执行监督。调取审查县人民法院2018—2019年生效的执行卷宗共77册，针对其中6册存在引用法条不全面、文书制作不规范等问题，向县人民法院发出检察建议1份，县法院高度重视并及时进行了整改回复。

【行政检察】 年内，扎囊县人民检察院行政检察工作力求突破。以实现案结事了政和为着眼点，以促进执法规范，有效提升地方治理效能为出发点，着力做好行政检察工作。针对适用法律法规不全面、文书制作不规范等问题向有关行政执法单位制发检察建议1份，督促依法规范履职。

【公益诉讼检察】 年内，扎囊县人民检察院着力深化优化公益诉讼检察工作。以开展“四个最严”“源头防控”“遏制农村乱占耕地建房”等专项行动和公益诉讼回头看工作为契机，与相关政府职能部门协调联动，进行实地检查督导，公益诉讼共赢理念进一步得到深化，公益诉讼工作所涉领域的齐抓共管大格局得到进一步扩大；探索开展公益诉讼特聘检察官助理聘任工作，聘请人大代表、政协委员和政府各职能部门中专业知识扎实、技能过硬的14人担任公益诉讼检察官助理，以专业外脑充实检察智慧，助力工作质效提升；积极开展公益诉讼诉前磋商和检察建议公开送达等工作，有效提高检察建议刚性，多措并举，构建检察公益诉讼更强大的支持阵营。全年，共办理检察公益诉讼案件41件，其中涉及生态环境和资源保护领域8件，食品药品安全领域28件，国有土地使用权出让领域1件，“等”外领域案件4件。共发出检察建议6份，均被涉案单位采纳并及时整改回复。

【履职尽责促和谐稳定】 年内，扎囊县人民检察院在各节点、各环节贯彻落实上级各项决策部署，履职尽责落实具体工作的同时，充分发挥检察平台优势，多角度发力，确保社会持续和谐稳定。坚决打赢疫情防控阻击战。团结带领全院干警始终坚定信心，通过创新办案模式、参与法律宣传、慰问一线工作人员、爱心捐款等方式，在履职尽责中为扎囊县打赢疫情防控阻击战和复工复产复学提供检察助力；做好维护稳定和矛盾排查化解。全力维护国家安全和社会稳定，出动检力150余人次，出动警车60余台次，做好值班带班、治安巡逻等各项工作，合理有序安排人员调度，保证业务、维稳两不误。结合结对帮扶、就业帮扶等工作，积极开展矛盾纠纷排查，化早、化小矛盾，消除隐患，有力促进社会局势持续和谐稳定；深入推进“扫黑除恶、打非治乱”专项斗争。通过参加专项培训、集中学习等提高队伍决战专项斗争的执法专业化水平，1名副科级干警继续参与县“扫黑除恶、打非治乱”专项斗争领导小组办公室工作，有力支持县专项斗争工作推进；与相关部门形成合力，在各法治宣传节点，共同开展多层次、多阵地、全方位扫黑除恶专项斗争宣传，集中宣传6次，发放各类宣传材料800余份，多措并举构建专项斗争更强大的社会支持阵营。同时，在法制宣传和办案中积极开展涉黑涉恶线索摸排；持续优化法治环境。持续做好释法说理，持续在服务中心大局中融入更多法制宣传元素。参与县集中普法活动7次，结合公益诉讼等业务工作开展，以打赢疫情防控阻击战、支持复学复工复产为主题，深入街边店铺、企业、学校等开展普法活动5次，结合“一包到底”、结对帮扶、爱心助学等活动，以决胜脱贫攻坚战、中央第七次西藏工作座谈会等为主题，开展普法宣传6次。

4月30日，检察院组织开展“助学扶智 助力脱贫”发放爱心成长金助学金活动

【结对帮扶】 年内，扎囊县人民检察院3名干警参与驻村工作，为村民群众解决困难问题、发放帮扶物资价值22000元，积极组织干警集中开展结对帮扶4次，帮扶17户87人，提供帮扶物资价值26000元，深入联系点开展“一包到底”系列活动2次，开展爱心助学活动1次，发放爱心助学金51200元。

（张灿炎）

【机构领导】

党组书记、检察长
旺　久（藏族，9月免）

党组书记、检察长
揣丽颖（9月任）

党组副书记、副检察长
普布顿珠（藏族）

党组成员、副检察长
李文平

党组成员、民事行政检察科科长
次旦卓嘎（女，藏族）

党组成员、一级检察官
达娃央宗（女，藏族）

法院

【概况】 2020年，扎囊县人民法

院在扎囊县委的坚强领导下在县人大及其常委会的监督、县政府、政协和社会各界的支持和上级法院的有力指导下，坚持以习近平新时代中国特色社会主义思想为指导，学习贯彻中共十九届五中全会、中央第七次西藏工作座谈会精神、中央政法工作会议精神、中央全面依法治国工作会议、深入贯彻落实习近平关于西藏工作重要论述和新时代党的治藏方略，按照县委和上级法院的工作部署以及县第十三届人民代表大会第七次会议决议，结合工作实际，充分发挥审判职能作用，统筹推进疫情防控期间的审判执行工作，确保完成扎囊县决战决胜脱贫攻坚目标任务，全面建成小康社会提供有力司法服务和保障。2020 年，共受理各类案件 289 件，审执结 266 件、综合结案率 97.72%。相比 2019 年同期案件受理情况，增幅 37.02%，综合结案率同比上升 10.91%。其中，桑耶人民法庭受理案件 33 件，结案 33 件，占全院案件比重的 11.42%。

11月10日，扎囊县人民法院党组书记、院长格桑次仁宣讲中央第七次西藏工作座谈会精神

【立案工作】 年内，县人民法院推进一站式多元解纷和诉讼服务体系建设。着力打造立体化、集约化、信息化“庭网线巡”一站式诉讼服务中心。采取建机制、定规则、搭平台、推应用，推送最高人民法院诉讼服务指导中心信息平台机制规则 18 个。立案大厅开通“12368”服务热线，全年接待群众 70 余人次；实施网上立案、跨域立案服务工作。2020 年，网上（跨域）立案 13 件，网上送达率 100%，在线调解平台调解案件 24 件。

【刑事审判】 年内，县人民法院受理各类刑事案件 20（含旧存 4 件）件 31 人，结案 20 件，结案率 100%。案件类型主要涉及盗窃、诈骗、危险驾驶罪、故意伤害等。在开展扫黑除恶专项斗争中坚持“一案三查”工作制度，推进案件排查摸排与宣传并进工作，进一步巩固专项斗争成果。2020 年，受理刑事案件未发现涉黑涉恶情况。

【民商事审判】 年内，县人民法院受理各类民商事案件 179 件（含旧存 12 件），结案 160 件，结案率 89.39%。其中，调撤案件 101 件，调撤率63.12%。其中督促程序（支付令）办结案件 20 件，案件类型主要涉及买卖、民间借贷、运输、承揽、劳务、租赁、建设工程等合同类纠纷和家庭婚姻（抚养）类纠纷案件。

【行政审判】 2020 年，县人民法院充分发挥行政审判职能，依法解决行政争议、维护和谐社会管理秩序。依法保护行政相对人合法权益，推动行政争议实质化化解，监督和支持行政机关依法行政。全年，受理行政案件 1 件，结案 1 件。

【执行工作】 年内，县人民法院受理执行案件 89 件（含旧存 8 件），已结 85 件，结案率 95.51%。结案方式主要以执行完毕和终结执行为主。案件类型主要涉及合同纠纷、婚姻家庭纠纷和刑事罚金类案件。2020 年，列入失信名单被执行人 18 名，限制高消费 20 人，拘留 1 人。处置 1 起担保人对执行法官辱骂、威胁事件，依法对担保人罚款人民币 3000 元。为巩固执行联动工作机制成果，进一步健全和完善联动机制，调整充实联动成员单位，加强各职能部门对法院执行工作的协作配合力度，组织召开扎囊县执行联动联席工作会议1次。

【社会治安综合治理】 年内，县人民法院积极贯彻落实县委关于维护社会稳定、疫情防控、脱贫攻坚、强基惠民、结对帮扶、矛盾纠纷排查调处等方面重大决策部署。落实维稳措施，合理安排院领导常年参与县国安指挥部带班值班工作和村居督导检查工作；全力做好重要时段单位值班带班和巡逻工作，有效落实维稳制度，努力营造和谐稳定社会环境。

【党风廉政建设】 年内，县人民法院加强纪律作风和反腐倡廉建设。落实党风廉政建设主体责任和监督责任，完善组织机构，压实主体责任，落实工作部署，确保党风廉政建设工作和反腐败工作落到实处。组织开展“两个坚持”“三个以案”和“三个规定”专项整治活动，努力营造法院良好的政治生态、司法生态和确保司法公正廉洁。全年，召开党组专题研究部署会4次，开展集中学习会13次，针对张坚违反中央八项规定等违纪违法案件通报召开研讨发言5次，组织干警集中观看警示教育片2次，办理专栏1期。围绕领导班子建设、公正廉洁司法、经费使用管理、庭审纪律和法官形象等六个方面内容开展司法巡查，围绕“五个聚焦”28项具体内容开展审务督察工作。开展贯彻落实八规自查自纠工作，抓好问题自查、落实整改工作。做好执行审判机关与纪委监委工作衔接机制，落实反腐败工作领导小组联席会议制度。

【队伍建设】 年内，县人民法院加强业务能力建设。组织干警参加上级法院各类业务培训，选派干警到其他省法院或上级法院跟案学习、跨县、跨市组织庭审观摩、参观学习、案件质量评查，提升法官和司法辅助人员法律适用、庭审驾驭、文书制作能力。全年，先后有12人次参加培训、交流学习。

【党建工作】 年内，县人民法院全面推进党建工作五项工作制度要求，以“抓党建带队建促审判”工作思路，不断加强人民法院党的政治建设，严守党的政治纪律和政治规矩，增强“四个意识”，坚定“四个自信”，做到“两个维护”。加强党组对院党支部工作的指导，层层落实支部党建工作各项指标，确保党建工作抓实抓细，适时督促检查或过问党支部开展党建工作情况，对党建工作中发现的问题提出整改落实要求，以此推进党支部创新工作。召开党组（扩大）会，及时研究部署本院“三重一大”和审判执行工作。适时组织党组理论学习中心组和全院干警大会传达学习中央、区、市、县和上级法院相关会议精神，不断提升领导班子自身能力和素质，全年，召开理论中心组学习会11次、干警大会12次。

【疫情防控工作】 年内，县人民法院统筹推进疫情防控期间的审判执行工作。采取网上立案、跨域立案和网上送达、调解、庭审、宣判等在线诉讼活动全力助推扎囊县疫情防控期间的复工复产工作。在疫情防控期间，县法院还积极响应县委号召，动用本院“天平爱心基金”，为疫情防控捐款24200元。

6月9日，扎囊县人民法院党支部组织全院干警开展“抓党建促决战决胜脱贫攻坚考试”

4月29日，扎囊县人民法院党支部书记组织全体党员到桑耶社区村史馆参观新旧西藏对比展

【结对帮扶】 年内，县人民法院在全县脱贫攻坚工作中，积极开展脱贫攻坚“一包到底”和结对认亲工作，为全县决战决胜脱贫攻坚目标任务尽一份微薄之力。全年，共开展集中下沉工作46人次，走访结对帮扶对象24户，宣讲扶贫政策、检查“3355”和“十小进农家”等工作，送去慰问金13800余元。

（仁增卓嘎）

【机构领导】

党组书记、院长

格桑次仁（藏族）

党组副书记、副院长

达娃卓嘎（女，藏族）

党组成员

达　　娃（藏族）

司法行政

【概况】 2020年，扎囊县司法局在县委、县政府的正确领导及市司法局的正确指导下，以中共十九大，十九届二中、三中、四中、五中全会和深入学习贯彻习近平新时代中国特色社会主义思想为指导，紧紧围绕全县中心工作，立足司法局依法治县、法治政府建设、社区矫正、刑释解矫安置帮教、人民调解、公共法律服务、行政执法监督、司法行政队伍建设、助力精准扶贫等工作，充分利用自治区“七五”普法总结验收时段，全面推动法律进机关、进寺庙、进学校、进村居，不断增强群众知法守法意识，全力推进公共法律服务体系建设，坚持服务大局，充分履职，以创促新，积极适应新常态、新要求，各项工作取得明显成效，为推动构建社会主义法治社会打下坚实基础，为扎囊县社会局势和谐稳定创造良好条件。

【依法治县】 年内，扎囊县组建县委全面依法治县委员会及其办公室，成立了立法、执法、司法、守法普法4个协调小组，制定了县委全面依法治县委员会工作规则、协调小组工作规则、依法治县办工作细则等规章制度，拟定了县委全面依法治县委员会工作要点及立法、执法、司法、守法普法4个协调小组工作要点，对照依法治县工作任务、标准要求、完成时限等全力推进依法治县各项工作开展。

【法治政府建设】 年内，扎囊县各部门始终坚持习近平关于法治政府建设的重要指示精神为指导，及时准确把握法治政府建设在全面依法治国中的战略地位，建立健全结构完备、科学规范、运行有效的依法行政制度体系和科学、民主的决策机制，各部门进一步加强行政规范性文件制定和监督管理，严格规范公正文明执法，提升行政执法的公信力，形成了社会公平正义的良好氛围。

【社区矫正工作】 年内，扎囊县司法局组织召开社区矫正工作领导小组联席会议，相关成员单位参会。大会传达了《中华人民共和国社区矫正法》出台的相关政策与法律法规及扎囊县2020年社区矫正工作实施方案，会议指出相关成员单位将进一步落实社区矫正工作中职能作用，切实将扎囊县社区矫正工作水平再上台阶，为平安扎囊、和谐扎囊提供最大保障。扎囊县司法局将按照坚持标准，创新发展模式，切实加强对特殊人群的监督管理工作。规范工作档案、工作流程、工作制度，确保社区矫正工作规范有序开展。强化对社区矫正对象的监督管理。加强集中教育学习，认真落实公益义务劳动制度，加强社区矫正对象的行为和心理矫正，开展不同程度的帮扶活动，帮助解决就业等问题，实施人性化改造。2020 年，共接收社区矫正对象 13 人，解除矫正 7 人，变更执行地 2 人，集中教育 12 次，公益劳动 12 次。

【刑满释放解除矫正安置帮教】 年内，扎囊县司法局为准确把握刑满释放人员救助管理 2020 年度工作总体要求，推进刑满释放人员救助管理工作创新发展，促进刑满释放人员更好地融入社会。扎囊县司法局组织召开刑满释放、解除社区矫正对象安置帮教工作领导小组联席会议，相关成员单位参会。会议第一项，由扎囊县副县长言鹏传达《进一步加强刑满释放人员救助管理工作的实施意见》，文件指出，要进一步完善落实衔接措施，加强对刑满释放、解除矫正人员的管理；进一步创造有利条件，建立健全对刑满释放人员的救助扶持机制和落实各项救助政策；进一步加强思想教育，完善对刑满释放人员帮扶机制；进一步提高管理能力水平，加强对刑满释放人员救助管理工作的组织保障。会议第二项，扎囊县司法局局长旦增要求各成员单位要转变观念，增强工作主动性，创新帮教理念、创新工作思路，努力构建与社会环境相适应的安置帮教工作新格局。从救助管理、技能培训、就业安置、社会保障、子女教育、创业扶助等方面入手，千方百计帮助刑满释放人员解决生活、就业、创业中遇到的实际困难，最大限度地调动刑满释放人员回归社会的积极性、主动性。截至 2020 年年底，扎囊县下辖 5 个乡镇、62 个村（居），在册即安置帮教期未满的刑释解矫对象共计 31 人。2020 年，扎囊县新接收安置帮教对象 9 人，解除安置帮教对象 8 人，因户籍地变更移交帮教对象 1 人。扎囊县司法局已全覆盖走访在册刑释解矫安置帮教对象共计 62 人次，衔接安置 1 人，帮教率 100%。

【人民调解】 年内，扎囊县司法局紧紧围绕构建平安扎囊的总体目标，以化解社会矛盾纠纷为主线，以创新机制为突破口，进一步学习推广“枫桥经验”，全力推进基层人民调解工作创新发展，基层维稳防线进一步筑牢，为维护扎囊县社会和谐稳定做出积极贡献。截至年底，全县共完善各级人民调解委员会 77 个。其中，县级人民调解指导中心、乡镇调解指导中心共 6 个，村（居）级调委会 62 个，专业性行业性调委会 6 个，婚姻家庭调解委员会 1 个，企事业调解委员会 2 个，经人员调动变更后共有人民调解员 410 人，人员全部持证上岗。2020 年，扎囊县司法局及各乡镇司法所共调处治理矛盾纠纷 20 件，并建立有完善的卷宗档案，其中 13 件婚姻纠纷、4 件劳动争议纠纷、1 件经济纠纷、1 件土地纠纷、1 件抚养纠纷、调解成功率达 100%。专业性行业性矛盾纠纷调解 9 起，均为建筑施工领域拖欠工资矛盾纠纷，其中 8 起纠纷已经调处完毕，共计追回欠款 1572000 元，调解成功率达到 95% 以上。

11月24日，扎囊县司法局局长旦增在扎其乡走访在册社区矫正对象

【"七五"普法】 2020年是"七五"普法的收官之年。2020年8月26日上午,西藏自治区级"七五"普法考核检查第四组到扎囊县考核检查第七个五年普法工作开展情况。考核检查组一行围绕扎囊县"七五"普法工作开展期间的组织领导和保障、普法工作队伍及法律明白人建设情况、学习宣传习近平总书记关于全面依法治国新理念新思想新战略情况、《宪法》学习宣传教育情况、《民法典》宣传情况、中国特色社会主义法律体系和党内法规宣传情况、疫情防控专项法治宣传情况、领导干部学法用法情况等30多个普法工作任务指标进行详细的考核检查,并一同观看扎囊县司法局自制的《扎囊县"七五"普法工作速览》短视频。经过考核检查第四组一行几名领导对扎囊县部分单位、场所进行考核检查后,对扎囊县"七五"普法工作开展给予了一定的肯定。截至年底,扎囊县普法办在每个法律宣传节点共开展50场次宣讲,发放宣传手册、普法宣传资料共计55400余件,受教育人数达40500余人。

【法律援助】 年内,扎囊县司法局法律援助中心立足"法律服务咨询、矛盾纠纷化解、困难群众维权、法律服务指引和提供"的功能定位,统筹整合公共法律服务资源。2020年11月23日,在扎囊县武装部、武警中队挂牌"法律援助工作站"。工作站的成立,将为扎囊县军人及其他优抚对象提供免费诉前调解、法律咨询、法律指导、法律援助、矛盾化解等,进一步拓展扎囊县公共法律服务领域,逐步建成覆盖全县军人法律援助的网格化服务体系,从专业角度帮助军人和其他优抚对象解决法律问题,完善扎囊县军人服务保障工作。扎囊县司法局将法律援助、法制宣传、人民调解、法律服务等司法行政职能对接,及时回应群众诉求。2020年7月,新任援藏律师进行交接任职后,截至12月底,扎囊县法律援助中心共受理法律援助办结刑事案件9起、民事案件2起、代写法律文书50份、解答群众咨询100余人次,挽回经济损失30万余元。

3月28日,沙布夏村召开扶贫大普查及法律宣讲会议

【行政执法监督】 年内,扎囊县司法局结合《山南市行政执法人员需求统计的通知》相关要求,对执法机关执法依据进行梳理。对执法人员进行清理,依法确认执法资格。经梳理确认,22家单位具备行政执法主体资格。在此基础上,为执法相关单位发放了《西藏自治区行政执法教程》30余册。按照"双随机、一公开"要求,执法部门在制定公示年度检查计划时,列明检查对象、检查频次和时间安排。同时,在执法过程中基本履行了公示责任,对亮明执法证件、告知执法内容和出具执法文书进行要求。行政执法力度进一步加大。结合疫情防控工作,各单位普遍加大了执法力度,人民群众比较满意。如卫健委以落实"三项制度"为抓手开展执法检查专项行动,同时开展传染病防治法、突发事件应对法等与疫情防控相关的法律法规,引导广大人民群众配合支持疫情防控工作,群众反映良好。

【司法行政队伍建设】 年内,县司法局着力解决突出问题,纯洁司法干警队伍,通过集中学习教育、观看警示教育片等方式教育引导司法干警严守党的政治纪律和政治规矩。各乡(镇)均配备有司法所所长或专职司法助理员。其中,扎其乡配备有1名司法所所长、1名专职司法助理员,吉汝乡配备有1名司法所所长,扎唐镇配备有1名司法所所长,桑耶镇配备有1名司法所所长、1名专职司法助理员,阿扎乡配备有1名司法所所长。为逐步推进司法所标准化建设,2020年7月,桑耶司法所建设项目正式开始动工建造,于年底竣工验收并于2021年投入使用,其余乡镇也将逐步进行标准化建设的前期相关准备工作,为实现扎囊县基层司法行政队伍标准化建设全覆盖不断发力。

【精准扶贫】 年内,扎囊县司法局党支部在对包村点吉汝乡沙布夏村结对帮扶工作开展过程中,时刻以依法维护村级集体经济,增加农牧民收入为目标,与结对村、建档立卡贫困户宣讲精准扶贫政策,采取多元化帮扶措施,不断加大帮扶工作力度,有力地促进了结对村村级经济的发展和村容村貌的改变,进一步密切了与结对村、户之间党群关系。截至年底,扎囊县司法局先后开展一包到底活动六场次,干警个人结对帮扶走访慰问共计36次,会议宣讲、入户宣讲扶贫政策知识、《宪法》、《婚姻法》相关知识,累计受教育人数600余人次。

(扎西旺拉)

【机构领导】

局 长

旦 增(藏族)

副局长

达娃卓玛(女,藏族)

蔺 智 虹(女,藏族)

王 军 鸿

经济管理

发展和改革

【概况】 2020年,扎囊县发展和改革委员会(经济和信息化局、粮食和物资储备局)在市委、市政府和县委、县政府的正确领导下,在市发改各业务部门的大力支持和精心指导下,坚持以习近平新时代中国特色社会主义思想为指导,统筹推进各项事业高质量发展,全面贯彻中共十九大和十九届二中、三中、四中、五中全会,以及中央经济工作会议和中央第七次西藏工作座谈会精神,坚定不移"谋大局、不折腾、打基础、补短板、争进位"的工作理念,围绕幸福扎囊建设目标,真抓实干,保持定力,掀起了扎囊建设发展的热潮,迈出了幸福扎囊经济发展的坚实步伐。扎囊县发展和改革委员会(经济和信息化局、粮食和物资储备局)位于扎囊县城株洲路34号,总编制为7人,实际干部职工12人,工人6人,中共党员12人,政府购买岗位大学生2人,现有领导职数4人(主任1名、副主任3名)。

【经济概况】 2020年,地区生产总值180166.5万元,同比增长7.7%。第一产业9156.3万元,同比增长8.8%。第二产业113888.5万元,同比增长10.9%。其中,工业增加值4447.9万元,同比增长20.2%;建筑业增加值109440.6万元,同比增长10.5%。第三产业57121.7万元,同比增长0.9%。全社会固定资产投资完成128372万元,同比下降10.9%。社会消费品零售总额22639.6万元,同比下降1.7%。财政收入4394万元,同比下降0.2%。税收收入4772万元,同比下降31.3%。农村居民人均可支配收入14654元,同比增长12.5%。

【重点工程、重大改革举措、重大项目建设】 年内,县发改委全面贯彻落实中共十九大和十九届二中、三中、四中、五中全会以及中

3月18日,分管发改委副县长刘志刚召集各项目单位召开项目进度会议

6月8日，扎囊县发改委主任加措在工地检查施工质量和安全生产工作

央第六次、第七次西藏工作座谈会精神，深入贯彻新时代党的治藏方略，坚持新发展理念，坚持稳中求进工作总基调，落实自治区党委、自治区政府工作部署和市委、市政府工作安排，正确处理“十三对关系”，突出抓好“四件大事”，以“建设平安、幸福、美丽、智慧扎囊”为总领，统筹规划、布局合理、功能完善、特色突出。同时，本着“促发展、惠民生”的方针，使一批重点建设项目有序稳步推进。

项目建设稳步推进。发改委积极与上级部门衔接和协调项目，同时督促项目各行业主管部门。全年开工建设项目 89 个，总投资 113.30 亿元，完成固定资产投资 12.84 亿元。在各行业部门的积极作为及通力协作下，拉林铁路（扎囊段）、易地扶贫搬迁、矮化苹果、卓普搬迁等重大项目稳步推进。在重点项目的支撑下，扎囊县 2020 年固定资产投资发展平稳，基础设施建设得到明显改善，有利促进推动经济社会快速发展。

项目储备工作进展顺利。为了能让更多、更好的符合扎囊县发展需求的项目能够落地，按照职责积极对接区、市两级发改委，储备谋划了一批项目，并按要求将项目录入国家重大建设项目库。截至年底，录入项目总数 197 个，总投资 28.18 亿元。在应对新冠肺炎疫情大环境下，为了能够持续做好稳定经济增长，积极对接各行业部门结合国家发改委扩内需政策、抗疫国债发行的契机谋划储备了县城功能提升项目、卫生服中心建设项目等 51 个项目，总投资达 8.27 亿元，并完成录入国家重大建设项目库工作。截至年底，总投资 4700 万元的县城功能提升项目资金已到位，项目招投标工作已完成，计划 2021 年 3 月开工建设；总投资 1100 万元的卫生服务中心项目已开工建设。向上级申请了提前下达 2021 年部分财政预算内以工代赈计划资金 1500 万元用于扶贫搬迁点和中小型基础设施项目建设，进一步发挥了以工代赈政策作用，实现了巩固扩展脱贫攻坚成果同乡村振兴的有效衔接。

【产业转型升级】 2020 年，地区生产总值 180166.5 万元。其中，第一产业 9156.3 万元，第二产业 113888.5 万元，第三产业 57121.7 万元，比例由 2019 年的占比 5：60：35 变为 2020 年的 5：63：32。农牧业及粮食稳步发展。2020 年，农作物播种面积达 7.557 万亩，粮食作物 5.574 万亩，经济作物 1.213 万亩，饲草料 0.769 万亩，粮经饲比例调整为 74：16：10。粮食总产和单产双增。青稞总产达到 1.457 万吨，同比增产 200 吨，粮食总产达到 2.595 吨，同比增产 240.93 吨，种植青饲玉米 2367.06 亩，增收 880 万元。畜牧业发展态势良好。2020 年，牲畜存栏 9.4 万头（只、匹），牲畜出栏 2.21 万头（只、匹）。春秋季动物疫病和非洲猪瘟免疫率达 100%，全年未发生任何重大疫病。同时，完成黄牛改良 8007 头，改良率 100%。

【党建工作】 委党组和党支部基本情况。扎囊县发改委党组共 3 人，其中党组书记 1 名、委员 2 名。此外，党支部与统计局联合成立，全称扎囊县发改委和统计局联合党支部，班子成员 4 名，其中支部书记 1 名、组织委员 1 名、宣传委员1名、纪律委员1名。截至年底，共发展12名共产党员。工作开展情况。2020年，县发改委党组和党支部在第一时间召开了全年党建工作部署会议，签订《党建目标责任书》，调整充实了党建工作领导小组，制定下发《2020年党建工作要点》。组织开展党员思想政治教育，教育引导广大党员干部坚定理想信念、提升党性修养。坚持“三会一课”、“四议两公开”、组织生活会、谈心谈话、民主评议党员等党内组织生活制度，推进党建工作科学规范有效开展。继续开展主题党日、党员固定活动等，依托“学习强国”“党建云”等App，积极推广党课等党建载体，安排好组织生活，开展“三包五带五促”丰富组织生活方式，规范组织生活记录，不断提升机关党内组织生活的吸引力、感召力和针对性、时效性。坚持把政治标准放在首位，落实政治审查制度，严把党员发展标准，严格党员发展程序，建立年度发展党员工作台账，加强分类指导和跟踪管理。严格按照县委组织部每月台账，及时开展各项党建工作、每月按时交纳党费，把党的政治建设摆在首位，组织党员干部学习，学习贯彻落实中共十九大、十九届二中、三中、四中、五中全会以及中央第六次、第七次西藏工作座谈会精神，深入贯彻新时代党的治藏方略等重大决策部署。全年，共召开20余次学习会议，开展12次“主题党日”活动。

【脱贫攻坚】 年内，扎囊县发改委认真贯彻落实上级有关决策部署，稳步开展易地搬迁工作，已建成搬迁安置点3个，已全部投入使用，搬迁入住率100%；依托西普农业、矮化苹果、藏草、江平等大型项目需要大量劳动力的优势，以乡镇为单位组建贫困户务工联队，成立5个乡镇级联队，1000余名群众（其中建档立卡贫困群众150人）通过参与联队实现务工增收，累计务工人次达到3.5万余人次，合计增收560万元，人均增收5250元。

【招商引资】 年内，成立扎囊县招商公司，利用招商平台公司进一步优化扎囊县招商工作。通过“走出去、引进来”的招商模式，加上2020年累计接洽企业20余家，完成投资2.46亿元，达成签约投资项目2个，协议总投资约19.1亿元，已达成初步投资意向3个；坚持做好招商、引商、稳商工作，全年开复工建设项目9个，新开工项目2个，分别是：西藏涵丰农业科技有限公司扎囊县特大桥北区域造林绿化工程之经济林及苗圃建设项目，计划总投资1.7亿元，占地面积约1500亩；西藏绿之源现代农业科技股份有限公司扎囊县智慧农业建设项目，计划总投资2亿元，流转项目用地3500亩。截至年底，投资完成7200万元。

【援藏工作】 年内，扎囊县援藏工作队始终把改善民生条件作为援藏工作的出发点和落脚点，全力推进援藏项目落地落实。实施计划内投资2000万元的卓普村易地搬迁项目，推动实施计划外投资240万元的村居组织建设能力提升项目和彩虹桥建设项目。同时，积极协调推动援藏“十四五”规划项目建设库，储备计划内项目13个，投资1.42亿元。

【民生福利改善】 教育事业。全年建设项目26个，用于改善各学

3月6日，发改委联合后勤服务中心向疫情防控卡点配送应急物资

校基础设施，总投资1.42亿元。全年资助大学生1764人次，兑现资助金1229.9万元；资助建档立卡大学生49人，发放补差资金15.9424万元；中小学升学率达到100%。中考总成绩、小考体检录取人数居全市十二个县（区）第一。

卫生健康事业。县域紧密型医共体建设和县乡村一体化建设推进，组建了扎囊县中心医院，并通过紧密型医共体建设，进一步完善和优化县域基本医疗和公共卫生服务体系，提高县域医疗卫生资源配置和使用效率，加快提升基层医疗卫生服务能力，推动落实分级医疗，建成了目标明确、权责清晰、分工协作的新型县域医疗卫生服务体系，逐步形成服务、责任、利益、管理的共同体。

社会保障。积极完成社会保险扩面任务，基本养老保险、城镇职工基本医疗保险、城镇居民基本医疗保险、失业保险、工伤保险、生育保险等参保率均达100%，各类社会保险参保人数2.29万人次，参保资金8369.88万元。在编僧尼参加城镇居民养老保险，参保率100%；落实政策保险资金261.2万元，同比增加48.12%。新型农村合作医疗参保人数3.47万人次，参保率达99.29%，参保资金3193.5万元。兑现各类政策资金1.48万人次5411.3万元。累计兑现扶贫保险救助49户253人，共计43.37万元。

疫情防控。严格落实早发现、早报告、早处置制度，坚决执行"日"报告及"零"制度，自防控工作开展以来，设立7个监测卡点，组织医务人员开展疫情诊疗、防护服穿脱流程、流行病学调查等培训。

就业保障。积极落实就业和再就业政策，坚持稳定就业和扩大就业并重，就业再就业工作稳步推进。全面落实大学生结对帮扶工作机制，应届高校毕业生实现就业473人，就业率达到99.79%。开展农牧民技能培训662人，实现农牧民转移就业10723人，创收9394万元。城镇失业登记率严格控制在3%以内。500万元以下的项目，交付当年农民施工队建设，带动农牧民群众就近就便增收。让农牧民群众切实享受到发展带来的红利。

文化事业。按照"建设公共文化服务平台为工作重点、提升文化影响力为工作方向、加强全民共建为工作目标"的要求，积极开展文化事业各项工作。举办2020年氆氇文化旅游节、民主改革61周年、建国71周年活动等文庆活动；积极申报报批市级非遗4个和市级非遗名录已批3个；组建62支政村文艺演出队，满足了广大群众的需求。

道路交通网络完善。扎唐镇S101至桑玉村改建公路工程、扎其乡宗卡六组桥新建工程等8个项目，全年总投资3822.74万元，全部交付使用；扎囊县吉汝乡、阿扎乡综合运输服务站建设项目完成98%，已开通12条客运班线，购买7辆客运汽车。

（平　措）

【机构领导】

主任（局长）

加　措（藏族）

副主任（副局长）

欧珠次仁（藏族）

谢　亮

兰　川

工业和经济化

【概况】2020年以来，在市委、市政府，县委、县政府的正确领导下，在山南市经信局的业务指导下，扎囊县经信局紧紧围绕务实、高效、便民服务宗旨，以优质高效服务为目标，坚持以制度抓管理，以创新抓服务，以纪律作保证，勇实践，不断探索，规范各项管理，增强服务意识，提升服务水平，突出全面从严治党主体责任，以"党建引领经信工作"战略，优化营商环境，始终坚持高标准，严要求完成各项工作取得实效。

【工业概况】全年，地区生产总值180166.5万元，同比增长7.7%。其中，第二产业113888.5万元，同比增长10.9%（工业增加值4447.9万元，同比增长20.2%）。工业产品主要以敏珠林藏香厂、氆雕工艺农民合作社、扎囊县藏式帽子次仁金果农民专业合作社为代表。特别是近年来藏草生态、亿利生态、江平生物等大型农牧生产企业落户江北，引进了辉言气体、江雅有机肥厂、徽煌工艺、沙渠防水卷材厂等制造企业落户江南，初步形成了江北绿色发展、江南新型工业生产的格局。随着全县经济社会不断发展，民营企业如雨后春笋不断落地发展，特色产业逐步与现代销售接轨，形成了网络销售和线下销售相结合的模式。

【工业园区建设】 突出民族手工业园区建设，深化产学研合作，建立一批研发中心、工程技术中心、企业技术中心，引进创新型试点企业、高新技术企业，推动规下企业高速度增长。推进创新与产业深度融合，引导企业采用现代信息技术提高数字化、网络化、智能化水平。全力推进清欠工作，确实减轻民营企业负担。采取“三全三规三强”清欠模式，出色完成清欠任务。“三全”统筹推进，增强工作使命感（全程靠前指挥，全力压实主体责任，全方位联动协作）；“三规”同步发力，破解清欠工作难题（规范摸底排查，规范联审制度，规范偿还规程）；“三强”优化管控，强化清欠后续管理（强监管，防范新增拖欠项目；强考评，确保高质量完成任务；强巩固，做好举报电话管理）。全年，累计清理拖欠民工工资 528.65 万元，已清偿欠款 528.65 万元，清偿比例为 100%。

积极完成碘盐配送工作。已完成 2020 年碘盐配送工作，涉及农牧民人数 35973 人，配送碘盐 197.8515 吨。

【招商引资】 突出扎囊县得天独厚的区位、交通、资源、产业等方面的优势，大力夯实招商基础、创新招商思路、转变招商策略，实现了招商引资工作的新突破。一是成立扎囊县招商公司，利用招商平台公司进一步优化扎囊招商工作。通过“走出去、引进来”的招商模式，累计接洽企业 20 余家，达成签约投资项目 2 个，协议总投资约 19.1 亿元，已达成初步投资意向 3 个；二是坚持做好招商、引商、稳商工作，全年开复工建设项目 9 个，新开工项目 2 个，分别是：西藏涵丰农业科技有限公司扎囊县特大桥北区域造林绿化工程之经济林及苗圃建设项目，计划总投资 1.7 亿元，占地面积约 1500 亩；西藏绿之源现代农业科技股份有限公司扎囊县智慧农业建设项目，计划总投资 2 亿元，流转项目用地 3500 亩，现投资完成 7200 万元。

（平 措）

财政

【概况】 2020 年，扎囊县财政局积极推行政务公开制度，在规范管理的同时，公开机关办事程序、领导班子成员分工职责、各项管理制度和政府预算、决算，并在财政预决算公开工作上进行积极探索，公开经本级人大审议批准的政府收支预算和安排明细，统一格式、细化内容（除公检法等涉密单位），真实反映了县本级财政收支情况。2020 年，财政局扶贫及民生领域投入资金共计 2612.69 万元，教育投入 1680.2 万元，社会局势稳定投入 373.22 万元，生态恢复投入 709.9 万元，创建文明城市投入 100 万元。财政局不设置内设机构，人员编制 7 人，实有 11 人（含公益性岗位 1 人）。

【保市场主体】 年内，县财政局按照上级要求，积极配合税务部门，全面落实减税降费各项政策，全年减税降费资金达 3908 万元；联系卫生和应急部门，及时安排落实抗疫物资储备资金 70 万元；采

6月10日，财政局副局长次仁措姆带领干部职工开展及对帮扶活动

取强有力的措施，严格落实疫情防控主体责任，安排资金 200 万元，有效推动企业复工复产；在疫情期间，县政府要求关停的国有经营性商铺，退回两个月房租，共计 25.8 万元。

【预算执行】 年内，县财政局在勤俭节约精打细算的原则下编制了年初预算，在预算执行过程中，邀请第三方开展了 2019 年度预算绩效考核工作，从而让各部门严肃财经纪律、规范资金用途，源头控制，厉行节约。全年“三公”经费总支出 261.17 万元，同比减少 25.68 万元，下降了 8.95%。

【资金盘活】 年内，县财政局为加大财政资金利用率，强化政府社会效益，促进资金发挥作用。2020 年，积极盘活存量资金，科学分配合理使用直达资金。根据财政部财预〔2015〕15 号文件《关于推进地方盘活财政存量资金有关事项的通知》，全县对历年存量资金进行了清理。清理出全县存量资金共计 16107 万元，有依据并继续使用资金 8298 万元，盘活用于预算缺口资金 7809 万元，有效唤醒沉睡资金，激活资金沉淀，使资金流动起来，发挥财政资金的使用效益。按照国务院“六稳”“六保”的要求，合理分配和使用直达资金，全年收到上级直达资金共计 14210.2 万元，分解率达 100%，全年累计支出 11449.9 万元，支出进度达 80.6%。其中，正常转移支付 7870.2 万元，支出进度达 86.8%；特殊转移支付 2690 万元，支出进度达 100%；抗疫特别国债资金 3650 万元，支出进度达 52.8%。

10月28日，扎囊县委巡察一组在财政局召开巡察“回头看”财政局进驻动员会

【精准扶贫】 年内，上级下达生态岗位资金总量 1606.25 万元。全年安排岗位 3691 个，按照人均 3500 元，已兑现资金 1291.85 万元，剩余资金 314.4 万元用于 2021 年生态岗位。2020 年，政策资金保障组共收到扶贫资金 22637.5 万元，其中统筹整合资金共计 16993.6 万元，整合资金支出 16131.99 万元，进度达到 94.93%。

【其他工作情况】 年内，县财政局邀请了第三方中介机构对 2019 年预算绩效考核工作，并以预算绩效管理事前评估、事中监控、事后评价结果考核工作为抓手，全力推动财政预算管理改革。扎实推进财政应收应付款清理处置工作，进一步加强政府债务和隐形债务风险防控管理，严控任何形式的新增债务。截至年底，政府债务 2000 万元已还清，应收款 1174.43 万元，已收回 721.18 万元，剩余资金 453.25 万元正在清理中。加强扶贫资金和直达资金动态监控管理工作，指导并督促相关部门认真做好监控数据录入及绩效考核工作。

【财政收入执行情况】 年内，县财政局本级财政收入实际完成 4394 万元，完成年初预算数 3662 万元的 119.99%，完成任务数 4622 万元的 95.07%。同比减收 8 万元，减少 0.18%。其中，税收收入 2251 万元，占总收入的 51.23%，比 2019 年减收 681 万元，减少 23.23%；非税收入 2143 万元，占总收入的 48.77%，比 2019 年增加 673 万元，增长 45.78%。

【财政支出执行情况】 年内，县财政局本级财政支出共完成 114385 万元，同比增加 13849 万元，增长 13.78%。其中，一般公共服务支出18338万元，同比增加3691万元，增长25.2%；国防支出同比减少100%；公共安全支出8629万元，同比减支140万元，减少1.6%；教育支出20125万元，同比增加5366万元，增长36.36%；科学技术支出同比减少100%；文化旅游体育与传媒支出1446万元，同比减支3213万元，减少68.96%；社会保障和就业支出9489万元，同比增加1750万元，增长22.61%；卫生健康支出8881万元，同比减支177万元，减少1.95%；节能环保支出2759万元，同比减支29万元，减少1.04%；城乡社区支出1654万元，同比增加1299万元，增长365.92%；农林水支出36616万元，同比增加4763万元，增长14.95%；交通运输支出2208万元，同比增加2058万元，增长1372%；金融支出3万元，同比增长100%；自然资源海洋气象等支出353万元，同比减支2645万元，减少88.23%；住房保障支出3437万元，同比增加870万元，增长33.89%；粮油物资储备支出6万元，同比增长100%；灾害防治及应急管理支出441万元，同比增加260万元，增长143.65%。

【本级政府性基金收支执行情况】 2020年，本级政府性基金收入1654万元，同比减收658万元，减少28.46%；基金支出5602万元，同比增加2329.6万元，增长71.19%。

【财务培训】 年内，县财政局共组织开展3次全县财务人员培训，覆盖全县各部门财务人员。主要覆盖“一卡通”管理使用，对C6系统培训，预决算系统培训，规范了各单位财务工作。

（普　巴）

【机构领导】

局　长

巴　　桑（女，藏族）

副局长

次仁措姆（女，藏族）

旦增平措（藏族）

马　　丽（女）

税务

【概况】 2020年，扎囊县税务局认真贯彻落实市局党委和县委、县政府的部署要求，正确把握新形势，聚焦新目标，不断加强党对税收工作的领导，突出确保减税降费政策措施落地生根这个主题，聚焦完成税费收入任务这一主业，统筹推进优化税收执法方式与加快健全完善税务监管体系这条主线，深入推进全面从严治党。结合“智慧扎囊”以及基层县局实际，打造了“智慧税务”党建工作品牌、提炼了“忠诚、法治、智慧、发展”的税务文化理念，为基层税务机关党的建设注入新动能、新活力、新内涵，激励新时代税务人坚守初心使命，努力担当作为。

2020年，扎囊县税务局人员编制人数7人，行政编制7人。实有干部职工7人，共产党员7人。

【收入完成情况】 年内，国家税务总局扎囊县税务局完成组织收入4771万元。分税种完成情况：增值税3413万元，企业所得税499万元，个人所得税238万元，资源税3万元，印花税37万元，城市维护建设税223万元，车辆购置

7月1日，扎囊县税务局党委书记、局长格桑尼玛在扎囊县“党建促扶贫、党建攻脱贫”表彰大会上发言

税166万元，耕地占用税33万元，教育费附加95万元，地方教育费附加64万元。收入分级次情况：中央级收入2329万元，自治区级收入118万元，地市级收入28万元，县级收入2296万元。全年完成社保费收入10083万元。其中，企业职工基本养老保险费571万元，失业保险费132万元，基本医疗保险费2186万元，工伤保险费24万元，生育保险费127万元，城乡居民基本养老保险费267万元，城乡居民基本医疗保险费640万元，机关事业单位基本养老保险费5259万元，机关事业单位职业年金877万元。

5月15日，扎囊县税务局开展首个“个税汇算清缴”动员仪式

【纳税服务】 年内，扎囊县税务局大力推进“智慧税务”建设，打造“智慧”服务平台，建设“智慧”税收平台、实施“智慧”数据平台，积极推进新时代“智慧税务”建设。坚持以纳税人和缴费人为中心，推进“互联网+税务服务”，全面推广电子税务局，切实做到使纳税人和缴费人“多跑网路，少跑马路”。持续优化营商环境，以全国税收宣传月为契机，围绕“减税费有服务助复产促发展”为主题的税收宣传月，开展了税务宣传月启动仪式，县委书记带政策进企业，开展减税降费调研、“进企业、问需求、送政策”等一系列活动，帮助企业解决实际困难。2020年，按照“网上办税为主、自助办税为辅、办税服务厅兜底”思路，大力推行“电子税务局”、发票“线上申领、线下配送”等“非接触式”办税新模式。年内，电子税务局、机关事业单位社保费客户端推广率和使用率均达到100%，进一步提高了税费服务信息化、规范化、便利化水平，切实降低纳税人办税缴费负担。

【税收征管】 年内，扎囊县税务局聚焦完成税费收入任务这一主业，按照稳中求进工作总基调，牢牢把握组织收入的主动权，牢固树立“预算就是任务”“全区是一盘棋”的观念，坚持组织收入原则和“四个坚决”要求，严肃组织收入纪律，依法规范征税收费，继续压实收入提高质量，坚持税费同征同管，将社保费、非税收入和税收工作同安排、同落实、同考核，确保做到税费收入量质兼优。

【减税降费】 年内，扎囊县税务局积极主动向地方党委、政府请示汇报，积极建言献策，加强与地方相关部门协调，推动构建减税降费协同共治良好格局，在确保疫情期间出台的新政策精准落地、应享尽享的同时，巩固和拓展已有减税降费政策的工作成效，帮助纳税人及时全面懂政策、能申报、会操作，减轻了纳税人（缴费人）的纳税负担，全身心投入经营，为民送福利，让纳税人（缴费人）轻装上阵，无后顾之忧。

【疫情防控】 年内，扎囊县税务局认真贯彻落实自治区和山南市税务局党委、县委、县政府决策部署，切实把遏制疫情蔓延当作首要政治任务，通过电话、纳税服务微信群和扎囊县官方微信公众号下发了倡议书，引导纳税人选择通过电子税务局、社保客户端等“非接触式”途径办理涉税（费）事项的同时帮助纳税人、缴费人及时掌握疫情预防知识；充分发挥自主能动性，积极同县防疫指挥部协调解决了口罩、消毒液、温度计等防疫物资，坚定不移的把上级党委的疫情防控部署落到实处。

【队伍建设】 年内，扎囊县税务局始终坚持以人为本的理念，践行“倾情带队、严管善待”的理念，建立了“党委中心示范、支部堡垒延伸、党员日学日讲”的常态化学习机制，充分利用“纳税人学校”，每月结合纳税人和缴费人的需求开课，给予干部最大的发展空间；派纪检组长和党务工作者参加地方党建业务培训，学习地方党委经验；充分发挥纪检组长职能作用采取定期与不定期、明察与暗访相结合的方式对干部职工工作纪律、工作作风等方面进行督察以达到“严管”效果。

【党建工作】 年内，扎囊县税务局党委始终强化政治建设，自觉拉高政治站位，以党委中心组理论学习、“三会一课”、主题党日活动为抓手，带头深入学习贯彻《习近平谈治国理政》（第三卷）相关内容和中央第七次西藏工作座谈会、十九届五中全会精神，严格贯彻落实区局、市局党委以及县委、县政府各项决策部署，时刻对标对表，持续抓严抓实，确保用习近平新时代中国特色社会主义思想武装头脑，确保各项决策部署落在实处，以实际行动进一步增强“四个意识”，坚定“四个自信”，切实做到“两个维护”。

【廉政建设】 年内，扎囊县税务局党委主要领导分别以“税务工作者如何做一名合格党员”“结合工作实际如何加强税务岗位廉政教育工作”“立足税收岗位如何发挥党员作用”“青春奉献基层——践行老西藏精神”等专题，为全体党员干部上了党课。党委专题研究，专门部署，切实把“忠诚干净担当”、“整治四风”、治理“慵懒散浮拖”等专题教育同聚焦扎囊县税务局“智慧税务”发展结合起来，同干部教育培训结合起来，细化活动方案，召开专题会，组织交流研讨，撰写心得体会，把各项学习教育实践活动落到实处。通过严格党内政治生活制度、党的政治纪律和政治规矩，整治不严不实、为官不为等突出问题，持续推进作风建设，实现专题教育与整改落实有机衔接，不断强化理论武装，增强税务干部和全体党员改革创新意识和法治理念，不断巩固和扩大教育实践活动成果。

（扎西央金）

【机构领导】

党委书记、局长

格桑尼玛（藏族）

党委副书记、副局长

次仁白珍（女，藏族）

党委委员、纪检组长

陈 俊 梅（女）

商务

【概况】 扎囊县商务局编制共4人，设1正、3副，其中正科级1人、副科级3人、四级主任科员1人。2020年，县商务局扎实开展2020年氆氇文化节、雅砻文化节、第40届雅砻物资交流会，拓宽扎囊县特色产品等商务领域内各项工作，商户进住率明显提高，商品展销区内商户总数553户，从业人员765人，其中外来商户177户、本地商户376户，外来从业人员429人、本地从业人员315人，参展商品600余种，商品总额1000

9月16日，市商务局局长索朗仁增在扎囊县格尔林企业展区指导检查

8月6日，县商务局局长刘芳（左一）在山南市云闪付消费活动宣传现场

余万元，成交总额669.5万元，协议订单达580万元。

【疫情防控】 年内，县商务局深入学习贯彻习近平对疫情防控期间重要指示精神和县委、县政府重要决策部署，树牢“生命重于泰山、疫情就是命令、防控就是责任”“稳市场，就是稳人心”的意识，以高度责任感，积极主动做好扎囊县商务领域相关工作。按照县委、县政府及上级业务部门相关要求和县物资保障组的统一安排下成立了以分管县长为组长，局长为副组长的领导机制，领导小组组长负总责，副组长及成员按照工作分工各司其职，明确疫情防控任务，压实工作责任。同时，制定一系列关于扎囊县疫情防控、藏历新年期间生活必需品保供、销售、农牧民增收等应急预案、实施方案、采购和供应计划。在发生市场供应紧张的情况下，商务局迅速启动了应急预案，第一时间组织应急商品的投放，满足群众生活需要，保障市场稳定，确保扎囊县市场保供工作。由县商务局牵头，积极协同县市场监督管理局等相关部门，研究确定县城内及5个乡镇辖区内疫情防控期间的物资保障供应商户，划分为传统物质销售商户3家及各类生活必需品物资供应销售商户24家。为了便于各商户物资顺利调运，商务局在疫情防控期间实行24小时值班制的便民服务工作机制，为各商户办理物资运输通行证并积极沟通衔接拉萨、泽当等各检查站，确保各类物资正常调运。按照上级业务部门相关要求，每日前往县境内各大超市、农贸市场登记排查每日商品、蔬菜、成品油等物资存量及价格监测工作，杜绝出现囤积居奇、哄抬物价等违法行为。联合相关部门开展执法检查15次。

【项目申报】 年内，县商务局按照县发改委及上级业务部门相关要求，共上报2个项目。分别为：扎囊县生活必需品储备库建设项目，总投资540万元，建设规模为新建储备库2000平方米及附属设施。扎囊县冷链储备库建设项目，总投资1000万元，新建储备库2000平方米及附属设施。截至年底，完成前置手续办理工作，待资金到位后组织实施。

【雅砻文化节工作开展情况】 年内，县商务积极组织扎囊县特色企业（合作社）参加2020年雅砻文化节商品展销活动，因疫情防控工作需要按照市商务局要求每县区只限10个参展名额，商务局积极衔接上级业务部门多争取3个商铺。与此同时，组织筛选全县特色商户前来报名，参加该次文化节商品展销活动。经筛选扎囊县13个企业（合作社）顺利参加该次展销活动，在活动上各商户充分展现扎囊县的特色民族手工业产品和独特民俗文化，让各地商户及群众了解扎囊，进一步扩大扎囊与区内外的经贸协作和文化交流。9月10日商户入场以来，扎囊县特色产品受到各级领导及广大农牧民群众的关注，商户的日成交额不断攀升。具有民族特色的申藏水磨糌粑、木碗、藏药、蜂蜜、菜籽油等产品的销量远远高于其他同类产品，尤其是扎囊蜂蜜、藏香、羊嘎金丝帽、菜籽油及第一次参展的申藏水磨糌粑的销量遥遥领先于其他县同类产品。该次雅砻文化节商品展销会上，13家商户参加，参展商品有绿

10月16日，县商务局组织各乡镇乡村专干、企业负责人开展电子商务进农村人才培训工作

之源有机蔬果、藏香、辣椒、藏药、蜂蜜、木碗、菜籽油等。参展的扎囊县商户总成交额29.5万元，协议订单达580万元。

【氆氇文化节】 该届氆氇旅游文化节在扎囊县体育公园举行，为期4天。共设置50个特色展位，吸引全县35家企业（合作社）（含招商引资企业4家），展出特色农产品7家，参展商品有万余品种和民族手工业产品100多种，参展商户358户、本地商户181户，外来商户177户，共接待干部群众5万余人次，销售额达330万元。

【雅砻第40届物资交流会】 该届物资交流会严格按照疫情防控工作要求，全县共吸纳企业（合作社）、共182家，其中特色展位23家、普通展位159家，展出商品品种32种，农牧民参展人数达631人次。商品总额540万元；商品交易总额310万元。

【电子商务】 年内，县商务局在已申报电子商务示范县材料的基础上，积极前往市、区争取电子商务人才培训等相关资金，争取21.15万元，并于10月16—25日组织扎囊县部分企业负责人、未就业大学生、乡村振兴专干等35人在拉萨集中开展电子商务进农村人才培训工作；督促企业入驻“832平台”助力扎囊县特色农产品等企业入驻在线平台实现增收致富。截至年底，有2家企业入驻该平台，已完善企业、产品信息。

【脱贫攻坚】 年内，县商务局深入对口结对帮扶户家中10次，分别下沉到扎其乡罗堆村、扎唐镇施贡村、久麦村、桑耶镇桑耶居委会开展入户宣讲和居民收入统计工作，向群众宣传党和国家脱贫攻坚政策知识、“3355”工作法、“十小进农家”“三字经”等，教育引导群众自力更生、自主脱贫。同时，商务局干部通过“以买代销”，以送大米、菜籽油、面粉、砖茶、蔬菜等生活必需品等方式进行帮扶，累计价值4000元。通过一系列为民服务活动，进一步拉近了商务局干部和群众之间的联系。积极鼓励企业开展网上销售，拓宽区内外市场，对企业进行网上销售产生的运费进行补贴。

【执法检查】 年内，县商务局切实抓好安全生产隐患排查工作，全面贯彻落实上级业务部门通知要求，确保扎囊县成品油领域市场持续安全稳定，结合商务监管职责。商务局安排专人至少每月开展一次成品油市场安全生产专项隐患排查；每季度组织相关部门开展联合执法检查，特别是在国庆、十九届五中全会期间，重点检查企业安全生产责任是否落实、风险管控和隐患治理是否落实、消防器材是否完好有效、实名制登记管理情况及阿扎服务区南北加油站各类手续办理进度情况等，同时，要求各加油站认真落实主体责任，加强日常检查，健全相关安全制度；加强对从业人员的安全培训，提高安全生产意识，做好散装油、汽油、柴油实名制登记，严格各项安全防范措施，确保扎囊县成品油领域市场持续安全稳定，杜绝出现安全生产类事故。

【调研活动】 5月10日，自治区商务厅党组成员、供销合作社主任龙大克一行到扎囊县开展促消费、商贸领域环保整改和消费扶贫等调研活动。调研组一行在顶峰加油站，通过实地查看、翻阅资料、现场询问的方式，详细了解顶峰加油站在升级改造过程中的油气回收处理情况及春节、藏历新年期间的油气销售情况。

【促消费】 5月，商务局与县工会积极协调沟通，通过工会购买本地企业产品菜籽油、糌粑、鸡蛋等农产品共计331200元。对受疫情影响扎囊县政府承租的个体工商户门面，实行房租减免2个月政策。利用节庆店庆等机会，开展满减、满送等促销让利活动，鼓励商家与农行联合，利用周三农行网上银行会员日，开展让利活动。按照市商务局相关要求开展消费扶贫（云闪付）活动宣传和统计上报工作，刺激拉动全县经济。

（吾金平措）

【机构领导】

局　长

刘　　芳（女）

副局长

吾金平措（藏族）

边　　珍（女，藏族）

格桑卓玛（女，藏族）

审计

【概况】 2019年3月，县审计局在机构改革调整中正式挂牌成立，核定行政编制3名。2020年，扎囊县审计局在县委、县政府的坚强领导下，在上级审计机关的指导支持下，紧紧围绕县委、县政府中心工作，认真履行审计监督职责，充分发挥审计监督在维护财经秩序、提高资金效益、推动反腐计、服务经济发展等方面的作用。

【主要工作】 扎囊县审计局成立以来，对照“三定”方案认真履行审计法定职责，加强业务培训和业务学习，提升审计人员业务素质。认真组织学习全国、全区、全市审计工作会议精神。制定年度培训计划，积极组织人员参加审计署、自治区审计、市审计局组织的各类培训。以审代训加强审计实战能力，参与洛扎县预算执行审计、审计厅赴日喀则江孜县进行经济责任审计、山南市审计完成2019年度扎囊县脱贫攻坚政策情况落实审计、山南市中央直达资金专项审计。

【审计监督】 年内，根据上级审计部门统一部署，县审计局配合山南市审计局开展扎囊县疫情防控资金和捐赠款物专项审计；根据山南市审计局的开展大数据审计工作的要求，为切实做好扎囊县财政审计和部门预算执行审计工作全覆盖，对全县51家预算单位开设银行账户情况进行统计；根据《中华人民共和国审计法》第十六条规定和年初审计工作计划，派出审计组对扎囊县阿扎乡人民政府、扎唐镇人民政府进行财政预算执行及其他财务收支情况，重点审计财务收支管理情况，时间为90天，通过审计涉及问题16个，涉及资金3384564.81元，出具审计报告2份。在履行审计监督职能方面，充分发挥“经济卫士”和“审计铁军”作用，保障扎囊县经济秩序平稳运行。

【审计质量控制】 年内，县审计局全面贯彻落实审计署下达的相关审计制度，不断完善和加强对审计项目质量的全过程控制，审计质量总体呈现不断提高的态势，审计执法工作持续保持“零投诉、

6月24日，审计局召开扎囊县任期经济责任审计进点会

7月3日，审计局在家干部学习习近平七一重要讲话精神

零复议、零诉讼”态势。不断提高审计业务素养；坚持以提升审计平为目标，把握审计工作的新求，加大审计力度，改进审计方法，创新审计方式，优化审计管理流程，完善审计质量控制制度，提升审计工作整体水平；严格实行“三级复核”制度，做到定性准确，处理恰当，规范审计行为，提升审计成效。注重审计结果运用，加强审计整改，健全责任机制，由审计局局长对审计整改情况进行跟踪督促，确保审计整改工作落到实处。着力构建整改联动机制，及时将审计整改的进度情况向县委、县政府报告，会同相关部门组成联合督查组对整改落实不及时的单位进行督查，对账销号，增强审计整改合力。

【审计公开】 年内，县审计局明确审计结果公开的基本要求、编审流程、时限等，扩大审计公开的范围，提高审计公开操作的规范性，审计文化与管理得到提升。

（次旦央吉）

【机构领导】

局 长

杨泽平

副局长

次旦央吉（女，藏族）

曲 珍（女，藏族）

统计

【概况】 扎囊县统计局原是扎囊县发展和改革委员会下属部门，根据《中共山南市委办公室山南市人民政府办公室关于印发〈扎囊县政府职能转变和机构改革方案〉的通知》，于2017年6月设立扎囊县统计局（社会经济调查队），正科级，为扎囊县人民政府工作部门。经原县发展和改革委员会（统计局、工业和信息化局）承担的统计职责划入县统计局（社会经济调查队）。县统计局（社会经济调查队）核定编制总数7名。其中领导编制3名（行政编制3名）、事业编制4名。根据西藏自治区编委《关于加强基层统计机构和人员编制的通知》，为扎囊县加挂社会经济调查队牌子（业务上由市统计局指导，人、财、物由扎囊县统计局统一管理），作为扎囊县统计局增加事业编制的依托，核定事业编制4名，用于配备事业人员。县统计局是（社会经济调查队）扎囊县人民政府的职能部门，负责对全县国民经济和社会发展情况进行统计调查、统计分析，提供统计资料和统计咨询，实行统计监督。为政府安排人民生活提供翔实数据。2020年，有工作人员9名。

【基本职能】 贯彻实施《中华人民共和国统计法》《西藏自治区统计条例》及其配套的法规和规章，组织领导和协调管理全县统计工作；组织实施全县第一产业、第二产业、第三产业各有关行业统计调查制度；组织实施社会发展水平、县域经济发展等统计监测，收集、整理和提供统计数据；组织完成国家部署的普查任务，会同有关部门组织完成国家、自治区、山南市和本级重大普查和抽样调查；组织各部门、各乡镇社会经济调查，汇总、整理全县基本统计资料，对国民经济、社会发展和科技进步等情况进行统计分析、统计预测和统计监督，向县委、县政府及有关部门提供信息咨询建议；统一核定、管理、公布、制定全县性基本统计资料，定期发布全县国民经济和社会发展情况统计信息，组织建立统计信息共享制度和发布制度。

【统计基础工作】 2020年，在县委、县政府的正确领导下，在上级统计部门的精心指导下，在县人大及其常委会的监督下，县统计局坚持以习近平新时代中国特色社会主义思想为指引，认真贯彻落实中共十九届五中全会和中央第七次西藏工作座谈会精神，以围绕服务全县经济和社会发展为重点，牢固树立和贯彻新发展理念，全面提高服务高质量发展的水平和统计数据质量，进一步创新工作思路，强化基础工作，加大执法力度，狠抓队伍建设，充分发挥统计数据是判断经济形势晴雨表的作用，全方位提升统计工作的整体服务水平，为推进全县经济社会转型跨越发展提供了坚实的统计保障。围绕统计体制改革为中心，狠抓质量，有效地完成了各类统计数据报送，严格要求，认真抓好统计报表，准确、及时、全面、完整地上报；完成各类统计年报工作，农牧民人均可支配收入入户调查，省级月度劳动力调查及各项抽样调查。统计局在最短时间内组织人员，及时、准确、有效的掌握了基层第一手数据，并积极配合县委、县政府及其他业务部门服务工作。

【生产总值】 2020年，地区生产总值达到180166.5万元（现价绝对额），比2019年同期增长12.2%（不变价计算累计总量同比）。三次产业增加值分别为：第一产业9156.3万元，比2019年同期增长11.9%；第二产业113888.5万元，比2019年同期增长18.2%（其中，工业增加值4447.9万元，比2019年同期增长20.4%；建筑业增加值108696.7万元，比2019年同期增长18.1%）；第三产业57865.6万元，比2019年同期增长2.1%。

9月15日，县长唐勇在县统计局开展扎囊县第七次全国人口普查培训

【全社会固定资产投资】 2020年，全县固定资产投资累计完成128372万元，同比减少10.9%。其中完成招商引资24573万元，同比减少42.2%。

【城乡居民人居可支配收入】 2020年，全县实现农村居民人均可支配收入14654元，比2019年同期增长12.5%；可实现城镇居民人均可支配收入36693.8元，比2019年同期增长10%。

【社会消费品】 2020年，全县累计实现社会消费品零售总额22639.6万元，同比增长48.7%。

【地方财政收入及税收收入】 2020年，全县实现地方财政收入累计完成4394万元，同比减少0.2%。全县税收累计完成4771.69万元，同比减少31.3%。

【农牧业生产】 2020年，农、林、牧业总产值15864.95万元，同比增长13.77%。其中，农业产值7631.94万元，同比增长16.5%；林业产值904.23万元，同比增长5.27%；牧业产值6862.29万元，同比增长12.62%；农、林、牧服务业产值466.49万元，同比增长5.65%。2020年，全县粮食总产量25949.1吨（其中青稞产量14659.22吨）、油菜产量1138.1吨、蔬菜产量8046.74吨，牲畜总数81384头（只、匹）。

【第七次全国人口普查】 2020年，全力以赴做好第七次全国人口普查工作。一是摸清普查区域概况，结合县情划分普查小区162个。二是加强组织领导，强化两员选聘，保障资金落实，县长唐勇亲自挂帅及时成立扎囊县七人普领导小组，积极选聘65名业务能力强综合素质高的普查工作人员，本级财政共配套普查专项经费30万元。三是开展入户登记和数据修改。

【工业抽样调查】 年内，做好非目录企业核查工作，结合第四次经济普查对企业的经营状态进行摸排比对，剔除关停并转等无法上报企业，对样本非目录企业进行增补，确保新增企业符合实际要求。结合第四次经济普查工作，通过实地走访和问卷调查加强同企业的联系，及时掌握企业实际经营动态变化。数据质量上，加强数据质量控制。对直报企业数据，利用平台模板，加强对报表指标之间的逻辑审核，做到即报即审，一旦发现问题，及时联系企业核实，查明实际原因，保证上报数据的准确性和规范性。

【党组织建设】 2020年，组织全体党员开展了集中学习，按时召开了民主生活会和组织生活会，全体党员干部进一步树牢“四个意识”，坚定“四个自信”，坚决做到“两个维护”。紧密结合统计工作实际，把学习教育、调查研究、检视问题、整改落实、统计服务贯穿党建工作全过程，让统计干部通过主题教育，理论学习有收获、思想政治受洗礼，进一步统一了思想认识，激发了干事创业的精气神。

【党风廉政】 2020年，认真贯彻执行中央八项规定，认真传达学习贯彻县纪委全会精神，履行落实党风廉政建设“两个责任”“一岗双责”。从严加强干部日常监督管理，强化工作纪律、政治纪律和生活纪律，加强公车管理使用、公务接待等制度管理，使机关管理制度化、科学化、规范化。

【精准扶贫工作】 2020年，深入贯彻落实县委、县政府脱贫攻坚工作要求，扎实开展精准扶贫工作。统计局全体干部每季度到吉汝乡沙布夏村、江果村帮扶点开展帮扶工作。走访过程中，统计局一行每到一户贫困户家中，都与他们深入交流，仔细询问他们在农业生产、畜禽养殖及子女教育等方面存在的具体困难，确切掌握他们面临的问题和重点需求，宣讲精准扶贫有关政策，认真查看完善扶贫手册，粘贴结对帮扶公示牌，方便群众与帮扶干部沟通联系，并与村干部座谈交流，全面掌握贫困户致贫原因，积极帮助贫困户想办法、出主意，并鼓励他们要增强自信，坚定信念，争取早日脱贫致富。

（潘博浩）

【机构领导】

局　长

王冰枝（女）

副局长

彭　琼（女，藏族）

洛桑曲珍（女，藏族）

自然资源

【概况】 扎囊县土地管理局成立于1996年，为副科级建制，隶属于扎囊县农牧局。2002年机构改革，更名为扎囊县国土资源局，副科级单位，隶属于扎囊县城乡建设和环境保护局。2004年机构改革，更名为扎囊县国土资源和环境保护局，副科级单位。2011年机构改革，更名为扎囊县国土资源局，正科级单位。2016年机构改革，更名为扎囊县国土自然资源局（不动产登记局）。2017年机构改革，更名为扎囊县国土资源和规划局（不动产登记局）。2019年机构改革，更名为扎囊县自然资源局。2020年，领导编制4人，科员2人。

【耕地保护】 年内，扎囊县自然资源局严格执行“耕地占补平衡制度”“国土资源执法动态巡查制度”，严肃查处各类违法用地，确保了扎囊县耕地保有量、基本农田保护面积不减少、质量有提高。

切实保证全县永久基本农田保护面积8.0455万亩，耕地保有量10.3499万亩。建设用地报件共上报2个批次，即贡泽公路单独选址建设项目和江北公路单独选址建设项目。建设项目用地预（初）审共办理11宗，面积112.05亩。出具用地权属证明108宗。

【执法监察】 年内，扎囊县自然资源局加大巡查力度。土地管理下乡检查、巡查达25次，共下达责令停止违法行为通知书4份。矿山管理方面，开展日常巡查17次，共下达责令整改通知书3份。

【地质灾害防治】 2020年4月，自然资源局积极配合第三方专业队伍（四川煤田一四一建设投资有限公司）开展扎囊县2020年汛前、中期、后期地质灾害隐患排查。经排查，扎囊县地灾隐患点130处，其中新增隐患点1处。另外建议核销8处。专业队伍排查报告建议将1处地灾隐患点移交水利部门，49处地灾隐患点移交交通部门，2处地灾隐患点移交林草局部门，70处由自然资源部门管理。6月和7月，积极开展地灾演练2次，分别在扎唐镇久麦村和羊嘎村，250人参与。8月，阿扎乡杰绒组因暴雨导致泥石流和桑耶镇松卡沟受灾导致乃卡村地质灾害防治项目全部损毁，县自然资源局及时将受损情况和防灾情况上报区、市两级自然资源部门。与此同时，积极为阿扎乡杰绒组申请了自然资源厅应急救灾项目。

7月6日，县自然资源局工作人员开展宅基地放线工作

【不动产登记】 年内，按照自治区、市、县关于全面推进不动产统一登记发证工作的各相关文件精神，县自然资源局就全县不动产统一登记积极开展相关工作。自2016年年底，在首发10本不动产权证书的基础上，2019年，将中心城区2.5千米内的400宗不动产纳入不动产修补测工作中，现因绝大部分房屋存在历史遗留问题（权属证照不全、实际测量面积与原证有出入）导致修补测发证工作推进滞后。2020年，共颁发6本不动产权证书、5张不动产权证明。及时发放阿扎和桑耶易地扶贫搬迁建档立卡户房屋登记卡149份，其中桑耶137份、阿扎12份。

【城乡增减挂钩工作】 2020年，扎囊县自然资源局安排专人积极配合山南市自然资源局委托的安徽地质测绘院对扎囊县城乡建设用地增减挂钩项目进行调查测绘工作。截至年底，完成部分踏勘测绘工作。2020年，纳入的有300余亩。2018年，拆旧复垦项目（113亩）已完成。2019年，拆旧复垦项目（283亩）进入评审阶段。

【城乡规划】 年内，扎囊县自然资源局严格按照各类现行规划，严格把控各类建设项目的规划许可，确保各类项目合法合规落地建设。截至年底，各类项目办理建设选址意见书共计66本、建设用规划许可证15本、建设工程规划许可证14本、乡村建设规划许可证52本。

（曲英久美）

【机构领导】

局　长

闫　欣

副局长

达娃次仁（藏族）

巴桑次仁（藏族）

陈中强

社会事业

民政

【概况】扎囊县民政局是县政府主管社会行政事务的职能部门。主要负责城乡低保、特困老人、社会组织管理、基层政权建设、社会福利和社会事务、临时救助、孤儿、事实无人扶养抚养儿童、婚姻登记、殡葬管理、区划地名等社会保障和管理工作。2020年，全县民政工作在县委、县政府的正确领导下，在区、市民政部门的大力支持和精心指导下，紧紧围绕"以民为本、为民解困、为民服务"的民政工作宗旨，始终坚持"民政为民、民政爱民"工作理念，认真履行"维护民利、解决民生、落实民权"的职责，从人民群众最关心、最直接、最现实的问题入手，把握重点，攻克难点，打造亮点，补强弱点。通过完善社会救助体系，城乡居民基本生活最后一道保障网编织成形；通过加快社会福利社会化发展步伐，服务各类福利对象水平明显提高；通过不断拓展社会行政事务服务领域，服务社会建设功能明显增强，在民与政架起了一道坚实的桥梁。

【城乡低保】2020年，全县建档立卡低保贫困户128户258人，非建档立卡50户185人，其中有50户185人只享受低保政策不享受扶贫政策，其中55户70人是因残低保。城镇低保标准为847元/月，低于标准实行差额补贴，全年兑现37户58人，共计285449元；兑现"十大民心"资金37户58人，共计146200元；兑现1—6月"临时价格补贴"39户63人，共计55237.14元。农村低保标准为4713元/年，低于标准实行差额补贴。全年兑现178户543人，共计1315484.84元；兑现"十大民心"资金182户560人，共计160800元；兑现1—6月"临时价格补贴"173户516人，共计195584.64元。低保对象全年共计发放各类资金2161973.62元。

5月11日，自治区残联副理事长拉姆次仁慰问困难残疾人员

【残联工作】 年内,共计发放困难残疾人“两项补贴”1486人,标准为100元/人/月,共计1752600元;发放重度残疾人“两项补贴”557人,标准为200元/人/月,共计1303400元。发放一级残疾人“十大民心”148人,标准为300元/人/月,共计发放519300元;发放二级残疾人“十大民心”409人,标准为250元/人/月,共计发放1196500元;发放三级残疾人“十大民心”456人,标准为200元/人/月,共计发放1072800元;发放四级残疾人“十大民心”472人,标准为100元/人/月,共计发放564500元;发放重症精神障碍患者监护补贴71人,每人2400元/年,共计发放170400元。发放山南市扶持残疾人自主创业金3户55000元;发放扎囊县扶持残疾人自主创业金5户75000元。残疾人家庭无障碍改造40户,每户发放3500元补助资金,共计140000元;发放残疾人事业发展补助(阳光家园)资金35户,每户1500元,共计52500元;配发残疾人辅助器具228人,在山南市残疾人康复中心托养3名残疾儿童;为扎囊县残疾人创业基地发放残疾人文化“五个一”进家园项目资金16500元。

7月16日,扎囊县扎唐镇施贡村格桑索列肢体二级改造后

【临时救助】 年内,县民政局按照“应救尽救、适度救助”原则,将所有遭遇突发事件、意外伤害、重大疾病或其他特殊原因导致生活陷入困境,其他社会救助制度暂时无法覆盖或救助之后基本生活仍有严重困难的家庭或个人,不论户籍、不分城乡,根据困难情况纳入临时救助范围。经入户调查核实,全年共救济254人次,总资金488217元。

【特困人员集中供养中心】 年内,县民政局发挥社会组织力量、加大基础设施建设投入力度,规范服务特困人员集中供养中心保障工作。按照藏政发〔2017〕42号文件要求(集中847×1.3×12=13213.2元每人每年,分散4713×1.5=7669.5元每人每年),落实发放集中供养老人供养金172人,每人每年13213.2元,共计发放2298939.6元;落实分散供养老人供养金159人,每人每年7069元,共计发放1118083元;“十大民心”每人每年发放6000元,共计334人,发放2004000元。

【孤儿】 年内,扎囊县共有孤儿32名,均在山南市儿童福利院集中供养。2020年,争取资金32000元对扎囊县孤儿开展集中慰问,每人发放慰问金1000元。

【事实无人抚养儿童】 年内,扎囊县共有实施无人抚养儿童4人,全年共计发放生活补贴28800元,发放“价格补贴”4264.2元。

【婚姻登记】 年内,扎囊县民政局办理婚姻492对,其中办理结婚394对、办理离婚98对。

【殡葬项目】 敏珠林天葬台建设内容及规模:改扩建钢架桥1座;垃圾池57.27平方米及附属工程,核定本工程概算300万元,其中,建筑安装工程费用265.51万元,建设其他费用25.75万元,预备费8.74万元;青浦天葬台建设内容及规模:核定新建祈福室75.4平方米、停尸房34.03平方米及附属设施。核定本工程概算400万元,其中:工程直接费343.36万元,建设其他费用 37.59 万元，预备费 19.05 万元。

（孟　昊）

【机构领导】

局　长

丁　勇

副局长

尼玛德吉（女，藏族）

孟　昊

次　吉（女，藏族）

残联理事长

单增卓嘎（女，藏族）

人力资源和社会保障

【概况】 2020 年，扎囊县人力资源和社会保障工作在县委、县政府的正确领导下，在区、市人社部门的精心指导下，按照年初既定的目标任务，紧紧围绕全县中心工作，一手抓疫情防控、一手抓工作落实，就业创业、社会保障、人事人才、劳动关系、脱贫攻坚等工作有序推进，较好地完成了各项年度目标任务。

【党建工作】 年内，扎囊县人社局认真学习贯彻落实习近平新时代党的建设总要求，全面履行从严管党治党政治责任，牢固树立“四个意识”，坚定“四个自信”，坚决做到“两个维护”，确保中央、区、市、县四级党委政府各项决策部署在人社部门得以认真贯彻落实。充分发挥党组领导核心作用，完善议事决策规则，严格落实“三会一课”制度，充分发挥党组推动工作的领导核心作用。严格落实“三会一课”“主题党日”等制度，按时召开组织生活会。2020 年，组织集中学习 40 次，召开主题党日 12 次，召开支委会 11 次，召开党员大会 4 次。

【党风廉政建设】 年内，扎囊县人社局始终坚持把反腐倡廉建设摆在首要位置，认真落实党风廉政建设责任制，加强廉政风险防控，确保落到实处。将党风廉政建设工作同业务工作同安排、同部署、同落实。开展单位党风廉政教育，执行廉洁自律各项规定，集中学习《准则》《条例》以及习近平系列重要讲话精神，在节假日等重要时间节点，通过学习纪委下发的通报、通知等，强调纪律作风，使全体干部职工不断增强责任感、敬畏感。落实民主集中制，资金使用、培训项目安排、人事调配等均经过局长办公会议进行研究。对技能培训承办学校实行公开评审，同时，强化培训过程的监督。执行财务制度，规范财务收支程序，增强财务工作的透明度。落实车辆管理制度，抓好了本单位车辆管理，办公用车统一调配使用。

【疫情防控】 年内，扎囊县人社局根据县委、县政府统一安排和疫情指挥部统一部署，开展各项疫情防控工作。做好局机关疫情防控、干部管理、疫情期间区外干部职工思想教育和返藏要求的落实，疫情期间，人社局无未经同意私自返藏人员；抓好做好全县公益性岗位人员、全县退休职工摸排、思想教育和管理工作，及时向指挥部提供人员在藏、返藏情况；抓好用工单位、农民工疫情防控工作，及时向各用人单位、农民工宣传疫情防控政策，发放《倡议书》《温馨提示》420 余份；复产复工期间，对接用工企业，掌握了解用工企业用工现状、返扎囊

10月22日，扎囊县召开高校毕业生就业创业工作推进会

农民工情况、困难问题，及时向县委、县政府反馈，解决用工困难问题。

【高校毕业生就业创业】 年内，扎囊县人社局开展全县2020年高校毕业生应届毕业生摸底清查工作，为开展2020年高校毕业生就业创业工作提供了坚实的基础信息基础；拟订《2020年应届高校毕业生结对帮扶方案》，为每一名应届高校毕业生安排了结对帮扶责任人；积极动员企业、高校毕业生参加区市联合举办的在线招聘工作；充分挖掘岗位，发布岗位信息，开展对接活动。全年，发布岗位信息27条，开展企业和高校毕业生对接活动（专场招聘会）4次；发挥政府兜底安置高校毕业生作用，开展公益性岗位招录和政府购买岗位安置高校毕业生工作。截至年底，共招录7名高校毕业生到公益性岗位，以政府购买岗位形式安置42名未就业应届高校毕业生到县各机关事业单位就业。2020年，473名高校毕业生实现就业，就业率达99.78%。

【技能培训】 年内，扎囊县人社局跟各乡（镇）沟通，拟定了《扎囊县2020年建档立卡贫困户技能培训方案》和《扎囊县2020年一般农牧民技能培训方案》。全年，共开展技能培训22期，培训农牧民661人，其中开展建档立卡贫困户技能培训3期106人，开展一般劳动力技能培训19期555人（其中建档立卡贫困户107人），主要培训工种为厨师（烹调）、民

2020年3月4日，县人社局召开建筑施工领域实名制工作推进会

族手工业、氆氇编织、生态岗位、汽车驾驶等。

【农牧民转移就业】 年内，扎囊县实现农牧民转移就业10723人（其中建档立卡贫困户2741人），创收93945000元，人均创收8761元。

【人事工作】 年内，扎囊县人社局开展了2020年度事业单位工作人员和工勤人员提前退休和离岗休养工作；开展了事业单位专业技术人员职称聘任和申报工作；完成了164名机关事业单位在职及退休工人档案梳理工作；做好了59名企业退休职工和31名企业死亡职工档案整理移交工作；做好2020年11名“三支一扶”工作人员派遣工作；做好6名合同制工人退休手续办理工作。

【社会保险】 年内，扎囊县人社局积极对接县财政局完成各项保险。2020年度预算工作；严把数据关，全力开展2014年10月至2018年12月清算统计工作，全面完成基数清算和基金清算工作；完成了99名退休、调出、辞职人员的2014年10月至2018年12月期间机关事业单位养老保险、职业年金清算、系统录入及补缴工作；开展了机关事业单位社保转移接续工作，做好了148人的社保转移接续；完成了43名机关事业单位合同制工人的账户返还申报工作；对全县待遇领取人员进行了生存认证，完成了待遇申报工作；衔接税务局，完成全县机关事业单位社保数据推送工作；严格审核，全面落实提标，及时发放城乡居民养老金。全年，发放60岁以上人员养老金及丧葬补助费13478000元，涉及4879人。

【劳动监察】 年内，扎囊县人社局通过在人员密集街道设立宣传点、深入建筑施工工地、企业等大力开展宣传活动，加大对《中华人

民共和国劳动法》《中华人民共和国劳动合同法》《保障农民工工资支付条例》等劳动保障相关法律法规的宣传；大力开展日常巡察和专项检查，全力整治全县建筑施工领域、服务行业、制造业等领域违法违规情况；极推进用工实名制工作，联合县住建局，邀请市住建局领导及西藏银行专家，组织全县建筑施工领域行业主管部门开展了用工实名制登记管理平台和工资银行代发制度业务培训，要求各行业主管部门，全面督促推行用工实名制登记工作；联合县住建局邀请平台公司、西藏银行到扎囊县蹲点办公，办理了扎囊县用工实名制登记、民工工资专户等工作；全面清退2016年、2017年缴存的民工工资保证金；妥善处理群众来信来访，做到了投诉一起，受理一起，解决一起，确保扎囊县社会大局和谐稳定。

【机构领导】

局　长

多　吉（藏族）

副局长

拉　姆（女，藏族）

侯　东

肖　向

卫生健康

综述

【概况】 2020年不仅是“十三五”规划的收官之年，还是全面决胜小康之年。扎囊县卫健委在县委、县政府的正确领导下，以“疫情就是命令，防控就是责任”的担当，全力打好了疫情防控阻击战。同时，以落实健康扶贫工作为抓手，稳步推进国家基本公共卫生服务项目，狠抓工作落实，服务能力不断增强，各项工作有序推进。扎囊县卫生健康委员会共有编制5名，其中4名行政编制、1名事业编制。实有7名，其中行政管理人员4名。下属4个县直医疗机构（中心医院、藏医分院、疾控中心、妇幼保健站），5个乡镇分院（吉汝分院、扎唐分院、扎其分院、桑耶分院、阿扎分院），55个村卫生室。

11月17日，卫健委组织开展秋冬季新冠肺炎疫情防控应急演练

【疫情防控工作】 年内，自新冠疫情防控工作开展以来，扎囊县疾控中心及中心医院、藏医分院共设立7个监测卡点，投入医护人员数123人，组织医务人员开展疫情诊疗、防护服穿脱流程、流行病学调查等培训，共开展培训24次、应急演练7次，培训人次达785人。为各村居、寺管会、敬老院、公安干警、环卫工人、各乡镇卫生院及农牧民群众免费发放价值81888.00元的防疫藏药；免费为全县医护人员和环卫工人、农牧民群众发放“九味防瘟散”2200袋；对7个体温检测卡点、各集中留观点免费发放一次性医用口罩等价值7000余元的防护物资。

严格按照国家、自治区的要求，采取更严格的措施，强化疫情监测应对，密切关注疫情上报信息，做到早发现、早报告、早处置，坚决执行“日”报告及“零”制度，累计报告422次。

对部分返县人员流行病学调查累计349人，累计体温检测52218人次，对疑似发热病人、武装部新兵入伍、返扎囊的干部职工核酸检测累计107份，其中3份为进口冷链食品样本，结果均为阴性，对农贸市场、集中隔离点等重点场所进行消杀消毒，累计消杀消毒达228次，同时负责收集各个集中隔离点医用垃圾及生活垃圾，累计收集垃圾678.7公斤。

【疾病防治工作】 2020年，扎囊县网络直报系统共报告法定传染病105例，无甲类传染病报告，乙类传染病报告发病4种91例，丙类传染病1种7例，其他传染病4例，无死亡病例，总报告发病率228.85/10万。2020年，全县常住人口应接种8008人次，实种5046人次，接种率63.01%；流动人口接种2069人次。

2020年，辖区内登记管理高血压患者2546人，规范管理2538人，规范管理率达99.80%，最近一次随访血压达标人数2123人，管理人群血压控制率83.65%；登记管理糖尿病患者17人，规范管理17人，规范管理率达100%，最近一次随访血糖达标人数17人，管理人群血糖控制率100%；登记管理65岁以上老年人2870人，接受健康管理人数2860人，健康管理率为99.65%；登记在册的确诊重性精神障碍患者89人，按照规范要求进行管理的重性精神障碍患者89人，规范管理率100%。

辖区同期内经上级定点医疗机构确诊并通知基层医疗卫生机构管理的肺结核患者63人，已管理的肺结核患者45人，肺结核患者管理率71.43%；同期辖区内已完成治疗的肺结核患者16人，按照要求规则服药的肺结核患者16人，肺结核患者规则服药率100%。

【健康扶贫工作】 年内，县卫健委周密安排，加强组织领导。通过制定并完善《扎囊县家庭医生签约服务团队方案》《扎囊县健康扶贫三年巩固提升实施方案》等，细化工作措施，成立了由分管副县长担任组长、卫健委主任担任副组长、各医疗卫生单位负责人任成员的扶贫攻坚领导小组，明确工作任务，召开专题会议安排部署各项工作，规范健康扶贫工作流程，有效提升了健康扶贫领导小组成员的工作积极性和主动性；扎实推进“三个一批”工作。为扎实有效推进健康扶贫“三个一批”工作，2020年，对全县建档立卡户大病患者，组织卫生专家进行疾病分析并开展集中救治工作。对建档立卡贫困户尤其对高血压、糖尿病、脑中风康复期、65岁以上老年人、重性精神病在家康复者、肾病综合征维持治疗的患者、长期卧病在床患者按照健康档案病种管理要求，开展有针对性地免费随访，指导康复等专项帮扶服务，家庭医生签约服务，签约率达100%，做到了“签约一人，履约一人，做实一人”的工作要求。对重大疾病患者，其医疗费用通过新农合大病统筹、医疗保险、医疗救助、十大民心工程予以解决，剩余部分提交县政府专题研究解决，有效减轻贫困户自费负担。进一步规范家庭医生签约服务。通过“分片包干”工作模式进一步推进整改工作，由委领导班子成员包乡、乡镇医务人员包村，深入村居、深入农户再次进行健康排查，宣传健康扶贫政策、健康宣教、签约家庭医生服务协议，同时争取政府资金11万元，为1465户建档立卡户及全县大病、慢病、重病、计划生育特殊家庭、65岁以上老人、孕产妇、儿童、残疾人、严重精神障碍患者、结核病患者等人群制定家庭医生随访服务记录栏，张贴于每户家庭中，并与家庭

5月20日，卫健委在朗赛林完小开展食品安全宣传

医生服务手册同步使用，使每次随访服务更加清晰、规范。

【"两癌"筛查工作】 按照县委、县政府及市卫健委统一部署，县卫健委紧密筹划，从各部门、县藏医分院、各乡（镇）分院抽调骨干医护人员57人，分两组开展为期90天的健康体检及"两癌"筛查工作，受疫情的影响，体检率仅达到47%。

（边巴阿旺）

【机构领导】

主任（四级调研员）

扎西次仁（藏族）

副主任

德吉曲珍（女，藏族）

洛　曲（女，藏族）

李青龙

医疗保障

【概况】 扎囊县医疗保障局主要承担全县医疗保障政策落实、医疗保障服务经办和基金监督管理职能。为县政府工作部门，正科级单位，行政编制3名，领导班子职数3名，实有人员6名。

【参保管理】 年内，扎囊县全县城乡居民参保人数共计35229人（不含干部职工），参保率92%（其中建档立卡4521人、6065人员3931人、特困供养113人、低保497人、重度残疾352人、孤儿14人、孤寡老人2人、县级优秀僧尼66人、市级优秀僧尼99人）。

3月26日，县医疗保障局局长黎藜带队到桑耶镇"三岩"片区易地扶贫搬迁点开展专题调研工作

【医保待遇支付】 年内，享受城乡居民基本医疗保险待遇共计2366人次，报销各类医疗费用资金1717.42万元。其中，干部职工医保待遇支付116人次96.8万元，生育医保待遇支付115人次167.81万元，城乡居民医保待遇支付1535人1299.96万元。

【医疗救助】 年内，扎囊县救助对象经基本医疗保险、大病保险报销后，政策范围内个人负担部分，一般救助对象按照70%的比例给予救助、重点救助对象按照100%的比例给予救助，年度最高救助限额6万元；建档立卡年度基金封顶10万元（对重特大疾病亟待解决的个案不受封顶线限制）。全年，为特困供养人员、低保、重残、孤寡老人、孤儿共979人代缴（资助）参保金24.48万元。全年救助待遇支付600人次152.85万元。

【医保扶贫】 2020年，全县建档立卡户应参保人员5667人，实际参保5622人（就业、迁出、异地参保等92人，去世26人，"三岩"片区搬入73人）。为建档立卡贫困人员代缴医疗保险费113.21万元，参保率100%。全年医保待遇支付共127人次94.48万元，有效解决了建档立卡贫困人口"因病致贫、因病返贫"问题。先后深入5个乡镇、12个重点村居开展医疗保障政策宣传，发放《山南城乡居民医疗保险政策宣传册》《扎囊县城乡居民基本医疗保险政策问答》共计13000余份，确保医保扶贫政策"应知尽知"。

【基金监管】 年内，县医保局以规范医药服务行为和维护基金安全为目标，按照医保服务协议，结合"打击欺诈骗保、维护基金安全"专项治理行动，对县域内4家定点医疗机构和定点零售药店，就药品收费、挂床住院、医药票据、医疗服务设施费用、报销比例和刷医疗保险卡套取现金、购买非药品物品、虚开发票等行为及药品的进销台账、售药系统、门诊系统等方面进行了监督检查，定点医药机构的医药服务行为持续向好。

（黎　藜）

【机构领导】

局　长

黎　藜

副局长

拉巴卓玛（女，藏族）

边　吉（女，藏族）

扎囊县中心医院

【概况】 扎囊县中心医院始建于1959年，是一所集医疗、教学、预防、保健、急救于一体的综合性二级甲等医院和爱婴医院。截至年底，医院占地面积32.70亩，总建筑面积15368.8平方米（包括藏医院），业务用房有综合门诊楼、综合住院楼、传染病楼、医技楼、急诊部、供应室、制氧供氧中心、藏医院办公楼、藏药制剂中心、药库房以及小型附属用房。医院编制床位30张，现有规划床位120张，实际开放50张床位。中心医院及藏医分院、各乡镇分院、疾控中心、妇保站全部职工共计162人。截至年底，共有副高职称2人，中级职称21人（县中心医院14人、藏医分院5人、乡镇分院2人），初级职称33人（县中心医院16人、藏医分院5人、乡镇分院12人）。

扎囊县中心医院下设党政办公室、人力资源部、财务部（医保办）、医疗质控部、后勤保障部（中心务科、设备科、保卫科）、院感科、药械科、公共卫生科、信息化管理科9个部委符合二级甲等医院要求的相关职能科室。截至年底，县中心医院配置的设备有X光DR诊断仪、美国G E双排C T、多功能麻醉机、多参数心电监护仪、心电图机、多普勒彩色超声仪、飞利浦多普勒A-30彩超仪、奥林巴斯电子胃镜、迈瑞-800型全自动生化检测仪、免疫发光仪、手术电子刀、微波治疗仪、胎心监测仪、婴儿暖床、心肺复苏仪、洗胃机、阴道镜以及多功能急救车等多种医疗使用设备。

2月10日，县中心医院举行抗击新型冠状病毒肺炎疫情宣誓活动

【工作开展】 2020年，县中心医院门诊总就诊61870人次（其中县中心医院就诊33757人次、县藏医分院就诊7510人次、桑耶镇分院就诊2835人次、吉汝乡分院就诊10929人次、扎其乡分院就诊2511人次、阿扎乡分院就诊1411人次、扎唐镇分院就诊1906人次）；县中心医院收治住院病人759人、县藏医分院收治住院病人252人；县中心医院开展外科大型手术55例，放射DR及CT检查8517人、各种检验33312人、彩超7908人、胃镜497人、心电图639人，住院病人治愈率58.5%，好转率39.79%，病床使用率78.72%。

【县、乡、村一体化管理新模式】 根据国卫基层函〔2019〕121号《关于推进紧密型县域医疗卫生共同体建设通知》、《罗梅副主席在2019年全区卫生健康工作会议上的重要讲话精神》、山南党办通报〔2018〕第20期《许成仓同志、普布顿珠同志在全市卫生与健康大会上的讲话》及《山南市推进县乡村医疗卫生一体化管理工作实施方案》等文件，县委、县政府高度重视，结合扎囊县卫生系统的实际情况，成立以扎囊县人民医院为龙头，整合县藏医院、县疾控

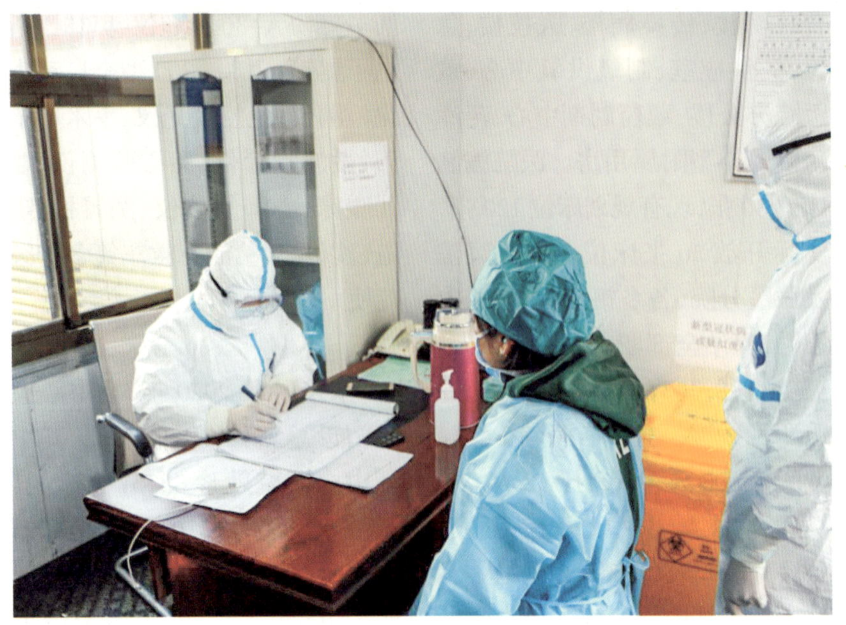

2月7日，县中心医院组织疫情防控专班组开展“新冠肺炎处置应急演练”

中心、县保健站、各乡镇卫生院推进紧密型县域医疗卫生共同体建设。

【疫情防控】 年内，根据中共中央、自治区、市、县等上级疫情防控要求，县中心医院成立扎囊县中心医院新冠病毒疫情防控工作领导小组，具体负责各项工作开展。自防控工作开展以来，县中心医院及藏医分院共设立7个监测卡点，投入医护人员数123人，组织医务人员开展疫情诊疗、防护服穿脱流程、流行病学调查等培训共27次，开展应急演练4次，开展新冠肺炎危重患者抢救演练1次，培训1940余人次（含乡镇及村居卫生室医务人员培训）。

为各村居、寺管会、敬老院、公安干警、环卫工人、各乡镇卫生院及农牧民群众免费发放价值81888.00元的防疫藏药，对7个体温检测卡点、各集中留观点免费发放一次性医用口罩等价值7000余元的防护物资；免费为全县医护人员和环卫工人、农牧民群众发放“九味防瘟散”2200袋，藏医分院组织医务人员精心熬制了藏药催散，为来院就诊人员免费发放催汤4000克，受益人次达到1000余人。

2月10日，扎囊县中心医院组织县藏医分院、各乡镇分院医护人员共计88人，利用“党员主题活动党日”为契机，举行了抗击新型冠状病毒肺炎疫情宣誓、签名活动。

新冠肺炎疫情防控工作中，县中心医院严格落实早发现、早报告、早处置制度，坚决执行“日”报告及“零”制度，全年累计报告319次。对自驾、中风险地区、复工复产返县人员流行病学调查累计349人，对疑似发热病人、武装部新兵入伍核酸检测累计36人次结果均为阴性，对农贸市场、集中隔离点等重点场所进行消杀消毒，累计消杀消毒达228次，同时负责收集各个集中隔离点医用垃圾及生活垃圾，累计收集垃圾678.7公斤。

【卫生服务】 1月16日上午，在桑耶镇易地搬迁点为搬迁群众开展免费健康体检工作。体检人数共达到11户78人，并为他们建立健康档案；根据扎囊县委、县政府指示精神及县卫健委统一部署，由扎囊县中心医院牵头组建医疗服务队，在县委书记雷丰的带领和指导下，于2月17—19日、7月2日、7月11日数次深入偏远村居，为百姓群众、驻村工作队开展送医、送药、送健康活动。3月，组织各乡镇分院骨干医护人员开展辖区村（居）家庭医生签约活动，对慢性病进行深入摸底，签约到人，对慢性病进行细化管理；3月，上线了移动支付，改善患者缴费方式；6月，上线移动医疗、移动护理智能信息化管理系统，较大程度方便了县中心医院医护人员日常工作所需，有效的提升医疗服务质量；分管副县长央拉带领县卫健委、中心医院的人员深入各乡镇、村居实地调研村卫生室运转情况，对部分村居卫生室硬件建设、人员调配等情况进行了完善，为下一步村卫生室的工作运转提供了保障；8月，县中心医院组织援藏专家及各科室业务骨干人员为全县100余名退休干部职工开展了免费健康体检工作；9月，组织县中心医院及乡镇优秀医务人员完成了2020年度城乡居民及在编僧尼免费健康体检、孕前检查、出生缺陷、“两癌”

筛查工作；10月，俞梦孙院士工作站与阿扎乡、吉汝乡分院连通分级诊疗系统；11月12日，扎囊县中心医院吉汝分院、阿扎分院揭牌仪式分别在吉汝乡和阿扎乡举行，进一步加快和推进了全县县乡村“紧密型医共体”建设，改善了基层群众“看病难、看病远”的医疗服务条件；11月，完成对县中心医院、藏医分院及5家乡镇分院预检分诊红外线测温仪招标工作，已正式投入使用。

【PCR核酸检测实验室】 根据《生物安全实验室建筑技术规范》（GB50346-2011）、《实验室生物安全通用要求》（GB19489-2008），《建筑设计防火规范》（GB50016-2014）、《医学生物安全二级实验室建筑技术标准》（T/CECS662-2020）等相关标准，12月13日，由山南市卫健委组织，自治区疾控中心、山南市人民医院、山南市疾控中心专家组成新冠病毒核酸检测生物安全二级实验室评估验收组到县中心医院开展PCR核酸检测实验室验收工作。全年核酸检测人数达57人。

【医疗援藏工作】 2020年，县中心医院及藏医院短期援藏专家5人，长期援藏专家2人，“组团式”援藏专家6人，三级医院对口帮扶援藏专家2人，共计15人。援藏专家积极发挥“传帮带”作用，每周开展业务技术培训，秉承“老西藏精神”，毫无保留的为县中心医院医务人员传授先进的技术，提升了医院整体医务人员水平。2020年，援藏专家联合县中心医院外科医务人员开展了首例TAPP腹腔镜下无张力疝修复术。

【重点专科建设】 县中心医院的重点专科有外科和妇产科。外科可独立开展腔镜手术，2020年，开展大型手术54例。2020年，妇产科就诊达8019人次，先后选派优秀骨干医务人员参加产前、妇幼专干、住院医师规范化等专业培训，提升业务技术水平，强化科室诊疗服务水平，提升了全县“两降一升”工作服务能力。

5月9日，县中心医院召开“第109个国际护士节”表彰会

【项目建设情况】 年内，全面提升县中心医院综合服务能力，县门诊、急诊综合楼建设项目已启动。根据新冠疫情防控要求，在原有房屋基础上进行改造，截至年底，P2实验室改造已竣工，相关配套设备已安装完毕验收；负压救护车已采购并投入使用。发热门诊“三区两通道”建设已完成，现有诊疗室、医生值班室、留观室、清洁区、污染区、缓冲区、更衣区、医务人员通道、患者通道等及相应配套医疗设施设备。

【“护士节”“医师节”活动】 年内，县中心医院、藏医分院以“5·12”护士节、“8·19”医师节为契机，开展了送医送药、健康宣传、演讲比赛、业务培训、优秀医生、优秀护士表彰会及丰富多彩的娱乐活动。

【妇幼健康工作】 孕产妇系统管理情况。全县总人口数39199人，妇女总数19876人，育龄妇女总数7480人，已婚妇女数6510人，产妇总数381人（其中农牧民产妇数337人、城镇产妇数44人），活产数378人，产检建卡数261人，建卡率96%，产检检查人数261人，检查率100%，孕早期检查数261人，检查率100%，产妇系统管理数381人，管理率96%，住院

7月2日，县中心医院开展“五下乡”健康巡诊及送医送药活动

分娩率100%，活产数378人，死胎死产4人，双胎数5人，高危孕产妇数77人，高危孕产妇管理人数77人，高危孕产妇住院分娩41人，分娩率100%，其余36人还在管理之中，剖宫产22人，非住院分娩人数0人，孕产妇死亡0人。

儿童保健：儿童保健严格实行3:2:1体检制，重点加强对0～3岁儿童系统管理，儿童“四病”的防治及学龄前儿童体检工作。0～7岁以下儿童人数3825人，7岁以下儿童保健管理人数3515人，保健管理率为92%，5岁以下儿童保健管理人数2205人，保健管理数1986人，管理率90.0%；3岁以下儿童保健管理人数1583人，保健管理数1438人，管理率90.8%；剖宫产22例，5岁以上儿童死亡2人，死亡率0.91%，婴幼儿死亡2人，死亡率5.3‰；人体弱儿数40人，专案管理率100%。

孕产妇三病工作开展情况：积极开展孕产妇乙肝、梅毒、艾滋病母婴阻断筛查工作，孕期检测379人，检测率98%，检测艾滋病阳性人数0人，梅毒、乙肝孕期检测379人，检测率98%，梅毒阳性人数4人，阳性率梅毒1%，乙肝阳性人数8人，阳性率1%。检测率100%，乙肝阳性产妇所生新生儿24小时接种乙肝免疫球蛋白接种7人。

【疾病预防控制】 免疫规划：全县常住人口应种6860人次，实种4328人次，接种率63.09%；流动人口接种1702人次。对辖区内36所学校（小学7所、幼儿园29所）进行了入托、入学儿童查验预防接种证工作。2020年，入托、入学新生共1013人，应查验人数1013人，实查验人数1013人。无接种证人数13人，补接种证人数13人。完成补种人数177人。

传染病防治：2020年，网络直报系统共报告法定传染病105例，无甲类传染病报告，乙类传染病报告发病4种91例，丙类传染病1种7例，其他传染病4例，无死亡病例，总报告发病率228.85/10万。

地方病防治：对外来务工人员进行鼠防、新冠肺炎、艾滋病、结核病等知识宣教，并与各施工单位负责人签订了鼠防安全责任书，现场发放宣传资料200余份，张贴宣传海报20余份，参与人数达100余人。开展鼠疫高抗动物血清119份，其中山羊血清63份、绵羊血清41份、狗血清15份，采集血样均送市疾控中心检验结果为阴性。

慢性病防治：2020年，完成重性精神障碍患者89人的随访、录入工作，新增6例，未发现肇事肇祸事件的发生，其中1例于7月死亡。

【卫生监督】 年内，县中心医院持续开展全县范围内的公共场所卫生状况、商店和从业人员健康合格上岗证进行监督检查。截至年底，体检从业人员53人，无不合格。办理许可证13份，体检合格发放健康证53人次。完成2020年枯水期水质监测工作，覆盖全县62个行政村、148个水源点的水样采集工作。8月，开展2020年农村生活饮用水丰水期采水工作，对全县范围内的163个农村饮水点均进行采样，同时对县政府供水5份，共采集168份水样，其中有106份水样不合格，对水源点进行消毒后9月重新采样送至市疾控中心进行复检，复检结果还未反馈。完成19个行政村

（居）的农村环境土壤监测采样工作，采样样品待检。

【健康教育】 年内，县中心医院利用“3·24”、“4·25”、“5·15”、“5·20”、爱国卫生月主题宣传活动、食品安全宣传周、世界无烟日等宣传日、宣传周、宣传月，县中心医院共计送医送药近2万元，发放计划免疫、结核、艾滋、爱国卫生运动、食品安全宣传等各类宣传手册1700余份、宣传单1100余份，受益人群达1700余人次。

（旦增卓嘎）

【机构领导】

党委书记、副院长

丹增多吉（藏族）

党委副书记、院长

赵 景 辉

副院长

边巴次仁（藏族）

扎西东主（藏族）

廖 红 雨

陈 广 洲

邓 顺 刚（湖南援藏）

扎囊县藏医医院

【概况】 扎囊县藏医院前身为扎囊县卫生服务中心藏医科，于1974年成立，在扎囊县委、县政府的大力支持下，扎囊县藏医院于2018年11月21日正式挂牌运营，为扎囊县卫生和健康委员会管理的正科级独立事业单位，经费来源为全额拨款。占地面积8159平方米，建筑面积4051.4平方米。编制床位18张。核定事业编制22个，核定科级领导职数3名，现全院共有职工36名（正式职工22名，聘用人员14名）。设有7个工作室（区），包括藏医内、外、妇、眼科综合诊断室，基层名老专家工作室、藏药制剂室、特色诊疗室、综合病区、藏药房、理疗室，能够开展院前急救，熟练应用藏医、藏西医结合的方法和技能，对急诊病例24小时应诊、出诊、抢救、治疗，具备应对突发事件及藏医药管理部门、卫生行政部门派遣紧急医疗队的能力。

【医疗业务】 2020年，门诊就诊人数9390人、住院人次266人（其中药浴人次48人）；各项诊疗项目11631人次，其中霍麦967人次、雾化吸入243人次、隆杜790人次、其他各项9631人次。

【特色诊疗】 年内，扎囊县藏医院核心制度执行率不断提升，全院查房及教学查房不断完善，临床教学工作进一步得到提高。适宜技术开展量不断增加，藏医特色诊疗治疗人次不断增多，其中纯藏医特色诊疗技术服务患者比例占总理疗数的80%以上。同时，为进一步巩固藏药浴申遗成果，规范藏药浴治疗相关服务流程，提升藏医药特色诊疗服务质量，相继编纂了《扎囊县藏医院藏药浴操作规程》《扎囊县藏医院临床优势病种诊疗规范》。

【自身建设】 年内，扎囊县藏医院电子病历系统内容不断完善，医疗文书书写进一步规范。医院初步实现了“互联网+医疗”服务模式，方便广大患者的就诊流程，缩短就诊时间。医院制剂室和特色诊疗室硬件建设不断完善，其利用率进一步提升。4月3日，扎囊县藏医院藏药制剂室通过验收。

【党建工作】 年内，扎囊县藏医院积极响应县委组织部和县委直属

5月12日，扎囊县藏医院庆祝“第109个国际护士节”

机关工委号召，认真处理工学矛盾，充分利用每周四下午政治学习时间，坚持开展党支部“三会一课”、每月十日党日主题活动、党风廉政建设等各项工作。积极培养中层干部以上有担当、有作为的党员先锋队，为医院的发展注入了新的力量。

3月5日，扎囊县藏医院首次开通微信等互联网支付方式，方便患者就诊支付

【援藏工作】 湖南省中医药大学第一附属医院，3月6日为扎囊县藏医院捐赠了价值8000余元的疫情防控物资。同时，按照帮扶协议内容，相继捐赠了12导心电图机、彩超机、呼吸机各1台，总价值150万余元。

【名老藏医】 年内，扎囊县藏医院进一步投入专项资金10万余元，完善桑旦顿珠名老藏医传承工作室，并对吉汝乡等4个乡、村两级卫生院进行签订巡诊协议，为提升乡村两级藏医药服务能力夯实基础。

【藏药采购】 扎囊县藏医院于7月8日下午在一号会议室召开了关于藏药采购程序规范化和采购事宜会议。会上，参会人员共同商讨制定了《扎囊县中心医院藏药采购供应管理制度与流程（试行）》《扎囊县中心医院藏药目录》等。该项工作进一步规范和完善了藏药采购程序，充实了各乡镇分院和村卫生室的藏药种类。

【安全生产】 年内，扎囊县藏医院根据医院消防安全工作计划，7月16日上午，特邀县消防大队消防工作人员针对消防安全知识及消防工具操作技能等方面，对全院职工进行了系统培训。通过培训，进一步提高了全体医护人员的消防安全防范意识、急救能力及火灾应急处置能力，使医院在启动消防应急预案、扑救初期火灾、组织引导人员疏散、自防自救能力等方面的能力得到了有效提升。

【藏医培训】 为深入推进扎囊县“县、乡、村”医共体建设，切实提高全县基层医疗服务能力，强化基层医务人员常规医疗操作技术、院前急救能力和实践技能水平。扎囊县藏医院于10月13—16日举办为期4天的藏医药适宜技术培训班，培训人数46人，培训人次368人次，最终理论考试合格率100%，达到了预期培训效果。

【公益活动】 应扎囊县委、县政府的号召，扎囊县藏医院选派优秀业务骨干，于2月16—18日开展免费义诊及发放药品活动，并对新冠疫情进行指导宣教。活动覆盖全县59个村（居）及防控卡点，为各村委爱心药箱和防控卡点配备了常备西药和藏药23种，合计捐赠价值44712元的藏药。

【文化建设】 5月12日，扎囊县藏医院在综合楼举办2020年“第109个国际护士节”联欢会。会上，对2018年先进科室及优秀工作者进行了表彰；结合“8·19”第3个中国医师节，提升医护专业理论水平。于7月25日起启动“发挥专家优势，强化员工素质”为主题的系列讲座活动。利用每周一下午，对全院职工进行专业理论和临床技能方面的培训，该项活动的开展进一步提升了医院管理能力及服务水平；全体医务人员坚持每天早上诵读《四部医典》，熟练掌握藏医药精髓，共同探讨疑难问题。同时，每周一下午，院长带头上讲台，以藏医药历史、医德医风、藏医基础理论知识、临床实践经验、护理操作、院感知识、藏医外治、院内外急救等内容开展集体业务学习。

【疫情防控】 年内，联合县人民医院组织全院职工先后开展了12次疫情防控培训，进行了5次疫情防控救治演练，组织医务人员对各版本的新冠肺炎进行了全面学习。为各村（居）、寺管会、敬老院、公安干警、环卫工人、各乡镇卫生院、及农牧民群众免费发放价值81888.00元的防疫藏药。对7个体温检测卡点、各集中留观点免费发放一次性医用口罩等价值7000余元的防护物资；免费为全县医护人员和环卫工人、农牧民群众发放“九味防瘟散”2200袋。

（陈广洲）

【机构领导】

院　长

丹增多吉（藏族）

副院长

扎西东主（藏族）

陈 广 洲

旅游发展

【概况】 2020年，扎囊县旅游发展局共有5人，正科级单位，其中四级调研员干部1名、副科级干部4名。2020年，扎囊县按照山南市旅发局下发的暂时关闭旅游景区的通知，要求各旅游景区2月、3月、4月处于全面暂停对外接待游客。截至年底，客流量15.2万人次，实现旅游收入2040万余元，同比下降分别为50.6%和92%。

11月15日，旅发局局长周学良参加山南市旅游发展局在拉萨举办的旅游展销推介会

【旅游扶贫】 年内，县旅发局积极按照“脱贫不脱政策、脱贫不脱责任、脱贫不脱帮扶”的原则，认真开展慰问及帮扶工作，县旅发局党支部先后4次组织全体党员前往各自的结对帮扶贫困户家中看望慰问，并对党的各项惠民政策等进行再次宣讲。全年共慰问6户贫困户，送去慰问金5400元。同时，深入单位“一包到底”包村吉汝乡卓普村开展入户宣讲脱贫攻坚各类政策。

【旅游基础设施建设】 年内，县旅发局按照3月15日全面开复工的通知要求，积极与施工方沟通协调，旅游领域4个续建项目于3月14日开始陆续开工，在项目建设过程中，县旅发局将项目建设与精准扶贫紧密结合，在同等条件下，鼓励和提倡中标承建单位优先照顾建档立卡贫困群众务劳务工。2020年项目开工以来，包括2019年续建项目等已拨付阿扎村旅游旅游基础设施建设项目、敏珠林景区建设、雅江风光带建设项目等项目资金1411万余元，转移就业个数509人次，增加农牧民劳务收入610万余元。有效增加了困难群众的现金收入，实现了不仅在项目建成后惠民，而是从项目一落地便实现惠民。

【开拓旅游市场】 2020年3月、6月综治宣传工作及6月安全生产月，县旅发局认真组织并安排专人负责开展宣传活动，通过悬挂横幅、发放宣传资料、设立咨询台等形式，宣传旅游资源保护和旅游市场安全法规意识、安全生产意识，真正使每个人都行动起来，自觉维护社会稳定，自觉遵守国家法律。

【招商引资】 年内，县旅发局为推

荐全域旅游，实现旅游市场化运作，打造新的旅游景点，延伸产业链。2020年，旅发局积极与大利旅游公司、蒙草集团、深圳戈壁田园、西普农业等企业对接，共谋发展战略。同时，与四川中惠旅游等企业对接洽谈，达成合作意向。

【常态化疫情防控】 年内，县旅发局积极履行职责，加大履职力度，按照区、市、县党委、县政府和旅游主管部门的要求，根据防疫需要，加大景区监管，加强对游客的常态化下防疫宣传教育，确保旅游系统防疫安全。2020年，旅发局在全县各大景区共张贴疫情防控二维码8张、宣传标语30余条。

【党风廉政建设】 年内，县旅发局党组紧紧围绕“强理论，提业务，补短板，促廉洁”的党建总体目标，抢抓中央第七次西藏工作座谈会和中共十九届五中全会召开的机遇，组织全局党组成员和党员，开展深化学习工作，严格按照年初制定的党风廉政建设目标和工作计划，深入开展学习，确保每个月至少组织集体学习2次，自学不少于3次的任务，并通过积极参加县委组织的中心理论组学习等活动，深入学习了习近平系列重要讲话精神，并结合工作实际，将其转化成自身工作的行动指南，事事以习近平新时代中国特色社会主义思想为准绳，严格予以落实，从而有力提升了班子成员的理论水平和理论指导实践的能力，提升了党员干部的政治规矩意识，在行动上更加忠诚、干净、担当；并能够把握时代脉搏，结合西藏工作实际和特殊性，将中央第七次西藏工作座谈会和十九届五中全会以及扎囊旅游的发展现状、未来目标有机结合起来，促进科学发展。2020年，通过集体学习等方式，旅发局局党组及时传达学习县委纪委、监委下发和转发的各类违规违纪典型案例，从正、反两个方面加强对党员的引导，在廉洁自律和廉洁从政方面筑牢思想防线，进一步营造浓厚的“不能腐、不敢腐、不想腐”的氛围。

1月5日，旅发局局长周学良组织召开沙漠公园二期项目评审会

【党建工作】 年内，县旅发局按照县直属机关工委要求认真开展党建各项工作，认真完成年初制定的党建工作计划，利用党员奉献月、党建主题日等契机，组织党员参加县委中心理论组、县组织部、县直属机关举办的中心党课活动，强化学习提升；严格落实“三会一课”制度、党员活动日制度、组织生活会制度等。

（澎 琼）

【机构领导】

局　长

周学良

副局长

澎　　琼（女，藏族）

次仁央金（女，藏族）

达娃卓玛（女，藏族）

文化（文物）

【概况】 2020年，扎囊县文化局（文物）局在上级业务部门的高度重视下，在县委、县政府的正确领导下，认真组织党员干部学习习近平系列重要讲话精神，树牢“四个意识”，坚定“四个自信”，坚决做到“两个维护”，认真贯彻落实中共中央和区党委、市委、县委的决策部署，抓住机遇，明确任务，与时俱进，开拓创新，有力推动了扎囊

12月10日，县文化局工作人员开展野外文物看管工作

县文化事业繁荣发展。

【非遗、文化产业工作开展情况】 复苏扎塘藏戏保护项目的工作和杂玉陶器制作技艺保护专项工作已完成。全年内组织全县27项非物质文化遗产（其中自治区级8项、县级19项）。在扎囊氆雕工艺园举办以“非遗传承健康生活”为大主题、以“民族团结芬芳郁、文化万家千红艳”为副主题的系列活动，分别举办扎唐藏戏复苏首演，吉林藏戏巡演，书法、摄影比赛，完成报送扎囊县“非遗+扶贫”推荐材料；成立1家县级“非遗+工坊”示范点，已设立牌子。

【文化市场工作开展情况】 开展文化市场综合整治工作。为规范市场秩序，营造良好的社会文化环境，共出动执法人员60余人，检查次数25次，出动车辆8台；开展疫情防控工作；按照上级文件要求和工作部署，做好疫情防控措施，确保情防控工作常态化，加强经营场所内部卫生清理及全面消毒、杀菌工作，保证防疫物资准备充足，包括测温计、口罩、洗手液、日常防护等严把行政许可。严格按照文化市场相关业务办理法律法规和相关办理指南严格办理业务，2020年，延续了1家KTV的文化经营许可证，更换了1家网咖的法人。2020年，扎囊县歌舞娱乐场所共7家，其中2家自5月以来一直未恢复营业。

【扎囊县艺术团工作开展情况】 制定了扎囊县艺术团管理办法及考核方案、演出服装管理办法等，进一步加强扎囊县艺术团队伍建设，促进团队的良好运转及规范管理。采取“请进来”的形式，邀请西藏大学教师授课，并输送艺术团2名演职人员赴拉萨进行7天的业务培训。开展了“深入生活、扎根人民”下乡采风创作工作，围绕决战脱贫攻坚、决胜全面小康，全市创建民族团结示范市、生态文明建设为主题的5部非遗舞蹈类文艺作品、1部曲艺类作品，为进一步完善扎囊县基层公共文化服务体系，推进扎囊县文化大繁荣大发展，创作了一台晚会节目（共有11部），部分节目登上了2020年氆氇文化节开幕式晚会；以“民族团结月”为契机，开展了一次民族团结宣传教育进村居宣传暨“唱响民族团结主旋律、讴歌民族团结大成就”为主题的民族歌舞类、语言类文艺巡演；62支文艺演出队组建工作已完成并安排编导人员赴各村居进行培训节目编排工作；完成村、乡镇、县级3个阶段文艺汇报演出工作；按照文件要求统一采购音响设备、演出服装及道具。

【扎囊县综合文化工作开展情况】 与扎囊县教育局联合开展了“4·23”世界读书日——“让阅读成为一种是生活方式”为主题的学生线上朗诵活动、读后感活动；联合山南市三高举办了第三届文化艺术节系列活动；依托“七一”建党99周年、西藏自治区成立55周年、农民丰收节开展了以“文艺进万家”“我心向党”“五下乡”“决胜全面小康、决战脱贫攻坚”等为主题的行政村（居）文艺演出队汇报演出。全年开展群众问题活动达40余次，其中“宋文华”活动20次，展览4次，大型活动4次，志愿活动8次，流动文化4次等，每年6月开始推广权重广场舞活动，持续推广3个月。为进一步增强扎囊文化的辐射力，制作了以扎囊标志的300个优盘；及时补充了276册“通借通还”纸质图书，花销2万元。

【文物及其他项目工作开展情况】2020年，文化（文物）局共有新建、续建项目6项；其中新建项目有山南市扎囊县朗赛林庄园安防系统工程、扎囊县扎唐寺消防改造工程、扎囊县农耕文化展览区建设项目、前达村村级文化广场建设、文物保护单位安防设备维修；带验收项目有山南市扎囊县朗赛林庄园消防改造项目，全年主要以文物项目为主。

【新华书店工作开展情况】2020年，新华书店进书5482册，出售20145册（包括库存），盈利9860元；通借通还共270册，共8箱，借154本。

【电影队工作开展情况】2020年，电影队在各乡镇和村（居）场次放映391部，其中公益放映28部，共计419场。

（普　赤）

【机构领导】

局　长

　　登　　巴（藏族）

副局长

　　巴桑布赤（藏族）

　　黄　　芸（女）

　　罗布次仁（藏族）

农业农村

【概况】扎囊县农业农村局（科学技术局、乡村产业发展局）是主管全县农牧业生产工作的县级行政部门，下辖1个县级农牧服务机构——扎囊县农牧服务中心。2020年，全局编制数4个，行政编制10个，四级调研员1人，正科级干部5人、副科级干部3人、工人1人。事业编制20个；现有干部职工20人。

扎囊县农牧综合服务中心是由原扎囊县农业技术推广站和扎囊县畜牧兽医站于2014年合并成立的县级农牧服务机构。服务中心编制数16个，全部为事业编制。2020年，有农牧专业技术人员20人，其中高级兽医师1人、兽医师7人、畜牧师1人、农艺师5人、助理兽医师4人，助理农艺师2人、公益性岗位工作人员1人。

【农业工作】年内，县农业农村局在确保粮食安全的基础上，进一步优化调整种植结构，扎囊县2020年农作物面积达7.557万亩，粮食作物5.5741万亩、经济作物1.213万亩、饲草料0.769万亩。粮、经、饲比例调整为74：16：10。2020年，全县粮食产量2.595万吨，比2019年增长240.93吨。全县青稞面积3.58万亩，其中春青稞3.28万亩（藏2000号0.51万亩、喜拉22号2.63万亩、山青9号0.13万亩）、冬青稞0.3万亩。冬小麦1.96万亩（山冬7号1.85万亩、山冬6号0.11万亩）、春小麦0.025万亩。2020年，全县青稞产量14492.92吨，同比2019年增长112.36吨。扎囊县种子田建设面积4700亩，均为二级种子田；其中藏青2000号800亩、喜拉22号2000亩、山青9号500亩、山冬7号800亩、山油系列600亩。全县二级种子田已通过自治区级验收。通过建设良种繁育基地等措施，推广藏青2000号、喜拉22、山青9号、山冬7号等一批优良品种，扩宽群众优良品种销售渠

7月6日，山南市委副书记吴巨培到扎其乡孟卡荣村调研农牧民增收工作

道，促进农业节本增效。全年销售种子75万公斤，实现增收450万元。山南市农业农村局及时解决种子、地膜、有机肥等折合人民币80万余元。全县种植2367.06亩，其中桑耶镇900亩、阿扎乡350亩、扎其乡800亩、扎唐镇94亩、吉汝乡223.06亩。县农业农村局与各村（居）签订计划任务责任书，其中项目实施的玉米种子和地膜有政府统一采购，并派专业技术人员进行技术指导。各村（居）种植、灌溉、防虫等各项田间管理工作，年底按每吨800元收购，按每亩产5.5吨，促进群众增收880万元。

【高标准农田建设】 2020年，高标准农田建设项目总投资4888.62万元，建设高标准农田1.5万亩。随着项目的建成，该项目从“四个新增”（新增喷灌面积1万亩、新增农田林网面积5000株、新增机耕道3000米，新增项目区群众现金收入）、“三个提高”（提高机械化作业率、提高良种推广面积1万亩、提高单位面积产量）、“三个改善”（改善喷灌面积1万亩、改善生态环境、改善群众生产生活条件）方面凸显项目效益。该项目建设期间，共发放项目区群众民工工资等累计530万元。

【“三秋”工作】 年内，县农业农村局提前谋划部署、分片包干到人、规避减轻危害、适时颗粒归仓、扩充一线人才，为扎实推进“三秋”工作提供必要保障。全年秋收面积共计7.55万亩，全县全年复种面积7000亩，复种作物主要以箭舍豌豆、芫根为主。

7月20日，桑耶镇洛村统一发放农机购置补贴农业农具现场

【农机购置补贴】 年内，县农业农村局通过“一卡通”形式兑现2019年农机购置补贴三批资金。共兑现补贴资金412.291万元（其中国补资金320.029万元、省补资金92.262万元）。共补贴各类农机具566台（套），受益户数505户，受益村集体11个，受益合作社2个。

按照自治区农业农村厅关于结转2019年农机购置补贴辅助管理系统资金的通知，已将2019年剩余资金全都结转到2020年农机购置补贴资金中与2020年资金合并使用。该次共结转资金287.709万元（其中国补资金82.101万元、省补资金205.608万元）。同时，2020年新版农机购置补贴系统投入使用，老百姓可直接通过手机App申请补贴，无需在到县农业农村局打印申请表。共受理申请705份，购买农机具712台（套），受益户数534户，使用资金231.835万元（其中国补资金194.615万元、省补资金37.22万元）。

【牧业工作】 2020年，全县牲畜存栏8.094万头（只、匹），家禽存栏3.091万只。2020年，新生仔畜2.088万（头、只），成活2.046万只，成活率98%。2020年，牲畜出栏3.037万头（只、匹），截至年底，肉产量达到0.151万吨，其中牛肉达到0.117万吨、羊肉达到0.025万吨；全县奶产量达到0.602万吨、禽蛋产量达到0.01吨，禽肉达到1.262吨。

2020年，扎囊县共计发放防抗灾物资130吨，其中饲料90吨、饲草40吨。其中，向桑耶镇（包括桑耶搬迁点）发放饲料22吨、饲草37.2吨；向阿扎乡发放饲料7吨、饲草2.8吨；向吉汝乡发放饲料17.6吨；向扎其乡发放饲料15.2

吨；向扎唐镇发放饲料 28.2 吨。

【动物检疫检验】 年内，县农业农村局组织专业技术人员对全县辖区内 16 家商铺共进行检查 60 次，未发现问题。主要检查猪肉来源、检疫合格证、猪肉库存量、日销售量以及卫生情况，对无相关证件的进行查处。在疫情期间，为了防范疫情扩散，活禽交易暂停营业。明确要求屠宰点和猪肉销售商户，严禁将不符合规定的生猪及其产品进入扎囊县。全县各家猪肉销售商库存 37810 公斤，销售 32956 公斤，完全满足了县群众猪肉的需求。

【动物疫病防控】 年内，县农业农村局为确保扎囊县辖区内不出现重组禽流感疫情，组织专业技术人员及村级防疫员在深入各养殖场（养殖户）开展禽流感监测样品采样工作，共计采样藏鸡喉拭子样品 1651 份、泄拭子样品 1651 份，所有样品送往山南市兽防总站进行检验，未发现禽流感疫情。

春季重大动物疫病防控方面：全县免疫 125189 头（只、羽），实免 125189 头（只、羽），免疫率达 100%。其中，牛 O 型、A 型二价灭活疫苗应免 47724 头，实免 47724 头，免疫率 100%；羊 O 型、A 型二价灭活疫苗应免 55777 只，实免 55777 只，免疫率 100%，猪 O 型、A 型二价灭活疫苗 749 头，实免 749 头，免疫率 100%；禽流感应免疫 20939 只，实免 20939 只，免疫率 100%。

秋季重大动物疫病防控方面：全县应免 137440 头（只、匹），实免 137292 头（只、匹），免疫率 99%。其中，牛 O 型、A 型二价灭活疫苗应免 49056 头，实免 48908 头，免疫率 99%；羊 O 型、A 型二价灭活疫苗应免 57908 只，实免 57908 只，免疫率 100%，猪 O 型、A 型二价灭活疫苗 1324 头，实免 1324 头，免疫率 100%；禽流感应免疫 29152 只，实免 29152 只，免疫率 100%。

8月15日，县农业农村局同市推广站一起查看青饲玉米长势情况

【黄牛改良工作】 年内，扎囊县共计 34 个黄改点，其中“三位一体” 22 个点；2020 年，黄改任务 8000 头，实际已完成黄牛改良 8007 头，改良率 100%，发放冻精 16200 只，发放液氮 1900 升。犏牛改良任务 85 头。截至年底，已完成改良 25 头。

【农牧民专业合作社】 年内，扎囊县有合作社 210 家，其中规范合作社 142 家、一般合作社 50 家、未运行合作社 18 家。截至年底，扎囊县农民专业合作社国家级示范社达到 2 家，自治区级示范社达到 7 家，市级示范社达到 7 家，县级示范社达到 36 家。年初，根据《关于开展 2019 年农民合作社规范提升行动的若干意见》（中农发〔2019〕18 号）和农业农村部《关于开展 2019 年农民合作社质量提升整县推进试点工作的通知》（农办经〔2019〕10 号）精神，制定了合作社试点县方案，并成立领导小组。扎囊县农业农村局根据《关于开展 2020 年度度农牧民专业合作社“空壳社”专项清理工作的通知》（山农发〔2020〕78 号），成立专项工作组，对全县 210 家农牧民专业合作社进行摸底排查，对未运营“空壳社”进行整治清理，完成清理整治工作。

【农村集体资产清产核资工作】 年内，扎囊县完成 5 个乡镇、

8月10日，技术人员在洛村田间指导技术

62个行政村(居)、47个村民小组的清产核资工作、资金盘点以及系统录入工作，完成率达100%。经清查，扎囊县资源性资产达108735.42亩、经营性资产80162449.68元、非经营性资产732456744.22元。

【改厕改造工作】 县农业农村局自2019年以来一直开展农村“厕所革命”整村推进工作。全县共有62个行政村，农村户籍户数7963户，2019年完成改厕24个村居，分别为藏仲村、阿雪村、充堆村、格色村、桑普村、扎若村、洛村、嘎杂村、羊嘎居委会、哲木居委会、阿嘎村、扎唐居委会、白仲村、杂玉村、送卡社区、阿扎村、章达村、吉汝村、若村、热正岗村、阿玉岗村、西卡学村、孟卡荣村、瓦藏村、德吉新村，共2282户。已通过村级、乡(镇)级、县级、市级验收。全部已经完成，并且已经完成资金兑现。完成资金兑现的24个村(居)卫生厕所占有数量及普及率达到85%。

2020年，共3293户，改厕已经完成2160户。截至年底，卫生厕所占有数量及普及率达到65%。剩下进一步整村推进农村户用改造时按照“够用、耐用、能用、实用”的总体要求，尊重群众意愿，因地制宜，科学选择适宜的改厕模式，宜水则水，宜旱则旱，不搞“一刀切”。条件成熟的地方可以抓紧推进，其他地方不急于整存推进，要先试点示范，后逐步推进，完成一个，奖补一个，进行实施。而且在农业农村局组织召开2020年度厕所改造动员大会。会议上宣读了关于《西藏自治区农村“厕所革命”整村推进项目验收管理办法》实施方案要求，各乡镇负责人员要及时推动改厕工作，对照目标任务、落实到户、整村推进农村户用厕所改造的总体要求，尊重群众意愿，积极动员农户自动改厕。

【农牧业项目进展】 2020年，续建复工的农牧业项目有4个，分别为扎囊县桑耶镇洛村扶贫搬迁安置点林草兼种示范项目；西藏江平牧草良种繁育基地建设项目；西藏菌草实验示范建设项目；扎囊县2019年高标准农田功效节水灌溉建设项目。截至年底，项目已完成验收，项目累计投资7614.16万元。2020年，高标准农田项目已评审完毕，于10月正式开工，该项目投资5949.88万元。

【农牧民增收工作】 年内，扎囊县重点推进“五个钱袋子”增收举措：统一采购发放氆氇架500套，确保群众农闲季节每户家中都有活干、每户增收都有期盼；利用资源优势，促进苗木销售创收219万元、种植青饲玉米2000亩创收880万元、农产品销售创收400万元；引导消费优先，加大就近对接销售鼓励引导扎囊县学校、企事业单位在同等条件下优先采购扎囊县产品，促进群众增收达900万元；加大就业帮扶，通过项目带动增收、结对帮扶、劳务输出、能人带动实现增收6365万元；充分发挥金融领域“输血”和“造血”功能，为农民发展产业提供保障资金，确保通过各类信贷资金增收2400万元。

全县前三季度农村居民人均可支配收入达10003元，增幅11.6%。截至年底，全县实现农牧民转移就业9381人，创收8027.6万元；全县组建务工联队64个，带动农牧民转移就业1326人，创收1102.57万元；全县开展农牧民培训418人，就业人数178人；全县27个产业项目，总投资8.3亿元，完成投资7.7亿元，辐射带动群众2036人，人均增收4000元，其中务工人数1400人，务工创收600万元。

【机构领导】

局　长

格　　龙（藏族）

副局长

张亚男

格桑美朵（女，藏族）

扎西拉杰

农牧综合服务中心主任

次仁顿珠

推广站站长

格列朗杰

兽防站站长

罗珠桑布

水利

【概况】 2020年，县水利局共有人员8人，其中正科级4人、副科级3人、工勤人员1人；下属事业单位县水电队编制13人，现有11人，其中具有中级职称8人、初级职称2人、事业技术工人1人。

【工程项目建设】 阿扎乡水土流失综合治理工程。阿扎乡到高速路段防洪堤项目批复总投资601.7万元，主要治理河段总长3.0千米，新建堤防总长2682米。加强了小型水利设施维修养护资金项目的建设工作：投入资金239万元，已基本建设完成吾龙、卓于、桑其木、德莱林组、木那村、前达村6个乡村堤防；江北灌区维修项目投资270万元。将在阿扎乡章达村开垦的306.7亩生产安置土地，全部分配至45户移民。

卓于水库移民和搬迁安置。水利局秉着“疫情就是命令、防控就是责任”的工作原则，水库移民工作专班先后多次深入搬迁安置点，挨家挨户宣传疫情防控知识，并为搬迁群众发放宣传手册200余张，发放一次性医用口罩350余个。为确保移民群众更好地融入当地生活，方便对搬迁户进行管理，卓于水库淹没区内45户231人的移民户口及11名党员的党组织关系，8幼儿园学生、14名小学生的学籍全部迁入至阿扎乡章达村。先后组织移民搬迁群众对搬迁安置点绿化区域采取场地平整、捡碎石、换土等措施，并种植红花槐、红叶李、樟子松、云杉等810棵树种及200余公斤草种。其间，共投入劳力360余人，投入机械设备15辆，群众增收10余万元。为保障移民合法利益，按照实事求是的原则，聘请长春市勘测设计院编写《卓于水库建设征地移民安置规划调整报告》，经多次实地测量，将涉及移民群众利益的青苗补偿、临时用地补偿、公路改线占地补偿等如实计列，并已上报至自治区水利厅，待调整报告批复下发后相关补偿资金足额兑现给移民群众。

蓄水阶段移民安置验收。2020年7月7日，山南市水利局联合扎囊县人民政府组织相关部门按照规范条例要求，对蓄水阶段移民安置工作进行全面验收，已通过。

【农村饮水安全工程】 年内，县水利局紧紧围绕“两不愁三保障”要求，在解决季节性缺水等农村饮水安全方面持续发力，加强饮水安全补短板建设，不断提升全县农村饮水供水保障能力。2020年，

7月24日，县水利局工作人员在扎其乡扎加村贫困户家中了解人饮使用情况

分批实施"一点一方案"维修工程共16个项目点，落实工程建设资金747万元，其中脱贫攻坚整合、三区三州资金456万元；采取新建水源、改造蓄水池、加大管道埋深、建设集中供水阳光暖棚等方式，着力解决冬季冰冻导致的季节性缺水问题。截至年底，16个点全部建设完成。全县农村饮水工程水质检测全覆盖，水质达标率100%。同时，建立健全饮水安全工程管护制度。制定《扎囊县农村饮水安全管理"三个责任"实施方案》《扎囊县农村饮水安全工程运行管理制度(试行)》，成立县级农村饮水安全运行管理机构，县、乡、村签订农村饮水工程管护目标责任书，进一步细化和压实相关责任；制定"农村饮水安全明白卡"；开展5个乡镇的农村饮水工程运行管理培训班，积极向农牧民群众宣传农村饮水安全标准、工程防冻保暖措施等。2020年，申报农村饮水工程运行维护和应急经费30万元，已纳入本级财政预算。

4月27日，县水利局工作人员到顶果庆寺答复政协议案

【"河长制"及水政、水保】 年内，调整充实县乡两级河湖长名单，加强巡河工作。截至年底，市级河长巡河2次、县级河长巡河15次、乡级河长巡河20次；全面排查和整治扎囊县垃圾围坝和河湖管理范围内"白色污染"，加强河湖、水库的日常管护工作。2020年，各乡镇清理河湖管理范围内白色垃圾共计35.34吨。同时，配合县自然资源局、环保等部门，整合执法力量，对县域内河道非法采砂或偷采等现象进行了明察暗访，加强生态修复。配合市水利局水保科，对全县生产建设项目水土保持方案落实情况进行全面监督检查，重点检查了采砂场、采石场，检查了建设项目是否按照规定程序编报水土保持方案以及建设过程中是否落实"三同时"制度。全年累计开展各类监督检查6次。加强涉水法律法规的宣传，开展"3·15"综治宣传一条街活动，以2020年3月"世界水日""中国水周"为契机，加强水利相关法律法规的宣传。

【防汛抗旱】 年内，县水利局加强组织领导，压实防汛责任。及时完善《扎囊县2020年防洪应急预案》，调整充实扎囊县2020年防汛抗旱及防灾减灾工作领导小组，召开专题会议，及时部署防汛工作，安排全县防汛隐患大排查，要求乡村上报防汛预警员，明确职责，压实责任健全防汛预警机制。7月，县、乡主要领导、防汛抗旱指挥部各成员单位、各乡镇、各村"两委"班子、驻村工作队、小组长、双联户长和广大党员积极参与防汛抗旱工作，围绕水库、河道、水塘、沿河民居、地质灾害、险工险段等区域开展拉网式隐患排查。修订完善水库"三案一书"，并上报政府备案；落实水库安全管理"三个责任人"，加强水库日常巡查、巡逻工作，确保不发生超蓄水位蓄水、堵塞溢流口等现象。对全县水库、河流和其他重点安全隐患区域，指定专人负责和执行"零报告"制度，每日实行不间断巡查，确保发现问题迅速处理，切实担负起防汛责任。加强宣传教育，普及避险知识。组织乡、村两级召开党员大会和村民代表大会结合走访入户，宣传防灾减灾、紧急避险常识，同时充分发挥党员、小组长、联户长作用，针对重点区域和部位开展隐患排查、宣传防灾知识。县防汛办从6月1日起严格落实24小时防汛值班带班制度；同时，要求各乡镇也开展防汛值班，及时向县防办报送乡镇防汛情况与县气象局加强联系，及时取得气象资料，提早准备、提前落实，做到科学防汛。6月30日，配合市水利局完成了城市超标准洪水防御综合演练工作；7月14日，开展乡村山洪转移避险等演练工作。2020年，本级财政预算安排防汛抗旱资金50万元；中央直达防汛应急资金50万元；县防汛办储备防汛物资铅丝笼200卷、铁丝5吨、防汛袋4万个。

7月主汛期，阿扎乡、桑耶镇发生两次较大的灾情。8月底，全县防洪堤冲毁15处、长2137米，农村饮水工程毁坏4处，其中取水口3处，PE主管及支管冲毁3.04千米，水渠冲毁约8处3.04千米，部分农田水渠道淤积，水利造成总损失539.34万元。灾情发生后，县委书记雷丰、县长唐勇第一时间到救灾现场组织和指导抗灾救灾工作；县防汛抗旱指挥部各成员单位在相关乡镇党委、镇政府和受灾村“两委”、驻村工作队及群众的配合下及时开展救灾、灾情核实、统计等工作。县防汛办积极调拨防汛物资和机械开展救灾。2020年，累计调拨防汛袋1.13万个、铅丝笼107卷、铁丝圈79个；汛期派遣装载机、挖掘机等，完成河道疏浚和道路疏通工作，以防次生灾害发生。开展农村饮水工程的应急抢修和保通工作，受损饮水工程实现了通水。

【疫情防控】 年内，县水利局深入贯彻落实习近平重要指示精神和中共中央、国务院决策部署，落实新型冠状病毒感染肺炎疫情的防控措施，大力宣传疫情防控重要性和预防新冠病毒的相关知识，做好本单位辖区内干部群众和卓于水库工地的防控工作；坚持自觉自愿、量力而行，全局党员干部慷慨解囊、奉献爱心，积极为疫情防控进行捐款，累计捐款8600元；在疫情形势好转后积极推进项目复工复产，制定项目复工方案，备案复工项目和项目返藏人员。卓于水库于3月初实现了复工建设，阿扎乡水土流失综合治理工程于3月11日实现了复工。

【安全生产】 年内，县水利局成立水利安全生产工作领导小组，由分管副县长任组长，县水利局局长任副组长、相关人员为成员，落实了安全生产第一责任人，建立健全了工作机制，针对2020年在建的工程，通过实地检查，查阅值班记录，听取施工、监理单位情况汇报，调阅施工、监理、质检日志，与相关工作人员座谈讨论等方式，全面了解在建工程的安全运行和施工情况。针对检查发现的问题，县水利局要求施工方牢固树立“以人为本，安全第一”的思想观念，落实安全生产责任制，认真制定整改方案，落实整改措施。全年，县水利系统未发生安全生产事故。

【党风廉政建设】 年内，县水利局及时召开单位领导班子和干部职工大会，落实党风廉政建设“一岗双责”，始终将履行党风廉政建设放在日常工作的重要位置。按照与县委签订的党风廉政责任书要求，制定本年度本单党风廉政教育计划，并成立党风廉政建设工作领导小组，进一步细化职责，把党风廉政建设纳入工作日程。2020年，通过集中学习等方式，认真组织全局干部职工学习了中央八项规定、区党委“约法十章”“九项要求”以及《中国共产党纪律处分条例》《中国共产党廉洁自律准则》等内容，在思想上提高了干部职工的廉洁自律意识。加强制度的管理和完善，杜绝腐败漏洞。在涉及项目建设过程中，严格执行项目法人制、招投标制、监理制、合同管理制等制度，坚决不搞暗箱操作；项目资金使用和管理上，严格执行县级财政报账制、专账核算、专款专用等制度，努力确保资金的流程、去向实现透明化、公开化，认真接受人大、监察等部门的监督；项目建设完成后及时配合审计等部门开展项目资金的审计工作，确保资金合理使用，不发生挤占、挪用和转移等现象。

【党建工作】 年内，县水利局在上级党委的正确领导和机关全体党员的大力支持下，坚决贯彻落实县委、县政府决策部署，旗帜鲜明地坚持和加强党的全面领导，扎扎实实地落实管党治党要务，抓班子、促团结、谋大局、求突破，与水利局广大干部职工一道攻坚克难、奋力突破，较好地完成了既定工作目标。坚决维护习近平中共中央的核心、全党的核心地位，坚决维护中共中央权威和集中统一领导。树牢“四个意识”,坚定“四个自信”的政治立场,自觉用习近平新时代中国特色社会主义思想武装头脑和指导工作。不断丰富学习形式,切实加强政治理论武装。充分发挥支委会示范作用,每周四组织专题学习交流;抓好形势和政策教育,先后集中组织理论学习47次,同时用好“学习强国”平台,利用互联网、微信公众平台等科技手段,扩大学习渠道,实现了学习教育全覆盖。坚持党支部总抓统揽,着力强化党的思想、组织、作风及制度建设,严肃党内政治生活和组织生活,严格遵守政治纪律和组织纪律。认真执行民主集中制,规范“三会一课”,不断推动党建工作制度化。2020年,选派2名优秀干部到木那村驻村,推动该村经济发展,促进社会和谐稳定。同时,为巩固好扎囊县脱贫攻坚成效,确保高水平通过考核,使贫困群众获得更大的幸福感、获得感,全年共集中开展了6次干部职工结对帮扶活动。按照全面覆盖、属地管理、就近就便、注重实效的推进思路,因地制宜划片、科学确定包户、精准对接到人,确保每名党员都包有群众、每名群众都有党员包。全年共集中开展3次“三包五带五促”活动,并给群众发放了扎囊县水利党支部“三包五带五促”联系卡。

(索朗曲珍)

【机构领导】

局　长

何　沁

副局长

索朗曲珍(女,藏族)

嘎　玛(女,藏族)

顿珠多吉(藏族)

林业和草原

【概况】 2020年,扎囊县林业和草原局(以下简称“林草局”)在县委、县政府的正确领导下,在上级林草主管部门的大力支持和帮助下,在全局干部职工的共同努力下,各项工作稳步扎实推进。截至年底,林草局实有行政编制12名(其中2名工人),行政编制4名,事业编制8名。

【项目建设】 2019年项目2020年实施情况:扎囊县“两江四河”造林绿化工程,面积3510亩,投资1132万元,截至年底,已全部完成;扎囊县“拉萨周边防护林建设”工程,面积9322亩,其中封育9000亩、造林322亩,投资244万元,截至年底,已全部完成;扎囊县生态安全屏障防沙治沙工程,面积25000亩,其中造林301.5亩、封沙育林24698.5亩,投资705.7万元,截至年底,已全部完成;扎囊县财政专项防沙治沙工程,面积210亩,投资300万元,截至年底,已全部完成。

2020年项目实施情况:“先造后补”试点项目,总面积2640.7亩,总投资737.5125万元,截至年底,已全部完成;2020年“先造后补”项目,总面积2059.5亩,总投资605.1671万元,截至年底,已全部完成;“重点区域生态公益林项目”(江水上山):总面积400亩,总投资325.45万元,已交底项目,年底开展前期工作;“湘藏二期”项目:总面积116.9亩,总投资500万元,截至年底,已全部完成;“矮化苹果种植基地”(扶贫产业项目):总面积2008亩,总投资1.2亿元,截至年底,已全部完

7月22日,自治区林业厅工作组一行到扎囊县检查指导工作

成；2018年财政补贴项目：总投资100万元，面积5000亩，待兑现资金；2018年森林抚育项目：总投资150万元，面积15000亩，待兑现资金；2019年财政补贴项目：总投资200万元，面积10000亩，已完成设计，待送审；2019年森林抚育项目：总投资100万元，面积10000亩，已完成设计，待送审；2018年新一轮退耕还林项目：任务567亩，已全部完成，下一步兑现第一年粮食补助及苗木补助；2015年新一轮退耕还林项目：任务1257.4亩，已核查面积保存率93.63%，造林成活率85%以上，灌木林盖度平均25%，失败面积80亩，占总面积的6.37%，经县级核查，面积合格1177.4亩，完成率93.63%；2003年、2006年前一轮退耕还林4345亩，经核查面积保存率97.3%，造林失败面积153亩，占总面积的2.7%，造林成活率86%；2020年市级万人万亩义务植树：总面积1387亩，已完成；2020年县级万人万亩义务植树：总面积317亩，已完成；2020年江北老路两旁义务植树：总面积187亩，已完成。

【义务植树】 年内，在县委、县政府精心组织及县林草局安排下，全县共开展义务植树活动2次，参与人数588人次，栽植面积1890亩，栽植樟子松、刺槐、杨树、红花槐等共计139860株。

【森林生态效益补偿】 根据扎囊县森林资源二类调查结果统计表明（2013年年底）扎囊县林地面积91823.67公顷（约137.7355万亩），共设森林生态效益补偿基金管护人员374名，年投资达5313536.21元，在有效保护扎囊县野生动植物资源、防范森林草原火灾、制止采集制售野生动植物资源等方面发挥积极作用。年底召开表彰大会，通过奖励集体、个人，表彰优秀村居、优秀护林员等，累计发放奖金59400元。

8月6日，县林草局集中召开现场工作会

【病虫害防治】 年内，县林草局积极开展病虫害防治宣传工作、做好药剂储备，在最佳防治时期，在3个乡、2个镇开展喷药工作，全年累计喷洒药物面积96730.85亩，雇佣民工1806人次，确保全县病虫害防治工作取得实效的同时，促进当地群众增收约440360元。

【原生植物保护】 年内，县林草局成立整治非法采集制售原生植物行动领导小组，制定行动方案，联合县10个相关部门开展宣传教育6次、清理排查12次、集中整治行动6次，没收小叶杜鹃174袋，有效落实保护原生植物职责。

【森林草原督查】 年内，县林草局成立专项领导小组，安排专人负责森林、草原督查工作，查处违规征占林草地案件，逐步建立和加强了森林草原资源保护管理长效机制。截至年底，2019年14件督查案件中3件已完成整改，11件正在办理林草勘手续；2020年24件督查案件中5件为误判，4件已完成整改，14件正在办理林草勘手续，1件未整改。

【生态岗位】 年内，县林草局制定2020年生态岗位工作计划，协同相关部门深入各乡镇、村（居）核实岗位人员情况，并与生态岗位人员签订责任书，发放岗位证书，实现持证上岗的新面貌，通过“一卡通”兑现岗位资金，确保惠民政策精准落实到位。2020年上半年，全县生态岗位人数3694人，兑现岗位资金6464500元；下半年全县生态岗位人数3688人，兑现岗位资金6454000元。

【结对帮扶】 县林草局共有结对帮扶户10户，全年累计慰问4次，为贫困户讲解脱贫政策、进行思想教育，通过“帮买帮卖”形式每户慰问近1600元，并利用岗位优势为他们解决花椒树苗等需求。同时，在春节、藏历新年期间，看望慰问林管站半脱产贫困工人，送去慰问品和慰问金，折合人民币2000元。

【党风廉政建设】 7月，召开党风廉政建设宣教月活动，严格按照中央、区党委、市委、县委关于全面从严治党决策部署，按照一体推进不敢腐、不能腐、不想腐的工作要求，积极落实新时代全面从严治党战略部署，切实筑牢拒腐防变思想道德底线，在日常工作生活中，自觉遵守中央八项规定要求，严守党的政治纪律，教育引导党员干部知敬畏、存戒惧、守底线，坚决杜绝私设“小金库”、违规公款吃喝经费报销等现象，发扬传统美德，提倡勤俭节约，着力营造风清气正的良好政治生态。

【党建工作】 年内，深入贯彻落实上级关于做好基层党组织分类定级及整顿软弱涣散基层党组织相关文件和工作要求，在局领导的高度重视和有力指导下，通过“加强学习、完善制度、抓好培训、落实责任、提高认识、发挥作用”的方式方法逐步整改落实各项工作。经过努力整改，规范了工作程序，明确了工作方向，支部精神面貌有了明显改善，战斗力有了明显增强。

（李晓旭）

【机构领导】

局　长

单增贡布（藏族）

副局长

索朗白珍（女，藏族）

格桑央金（女，藏族）

刘 鹏 欢（女）

市场监督管理

【概况】 2020年，扎囊县市场监督管理局围绕县委、县政府中心工作和市局安排的各项任务，把市场监管作为第一职责，重服务，强监管，抓作风，提效能，扎实开展行政审批和行政许可、“四品一械”、特种设备、商标、物价监管、宣传等17项工作。

【行政审批和行政许可】 年内，扎囊县市场监督管理局登记注册企业和个体工商户366户，简易注销97户，变更70户，完成各类企业资料扫描和录入361份，发放双告知书18份、食品经营许可证171份、健康证819份、小作坊登记表38户；完成企业年报率99.5%，排名全市第一。

【“双随机、一公开”检查】 年内，扎囊县市场监督管理局完成“双随机、一公开”检查工作，完成率100%，检查户数57户，出动执法人员114人、执法车辆20台次。

【商标注册】 年内，扎囊县市场监督管理局成功注册商标98件，初审公告7件，其中地理标志证明商标1件、普通商标97件，完成

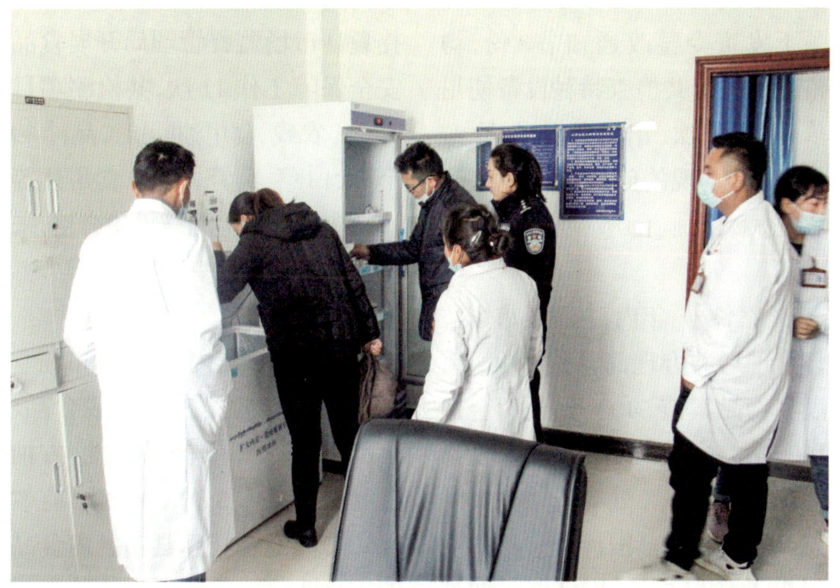

4月28日，由县市场监管局局长琼达带队对各乡镇卫生院开展药品安全监督检查工作

2018—2020年商标战略发展的目标任务。

【市场监管】 年内，扎囊县市场监督管理局共检查市场主体2458户次，出动执法人数292人次、车辆96台次，下达责令整改通知书26份。其中，检查食品经营单位2241户次，出动执法人员231人次、车辆72台次，没收过期变质食品、假冒伪劣、三无等商品共计31种，价值1400元，且扎囊县辖区内未出现任何食品安全事故；开展夏、秋季开学学校食堂食品安全检查工作5次，年初并与校方签订了《学校食堂食品安全责任书》，出动执法人员15人次、车辆7台次，检查户数195户次，对存在的问题下发了责令整改通知书7份，均整改到位。共检查药品（疫苗）、医疗器械和化妆品经营使用单位共84户次，出动执法人42人次、车辆6台次，与县中心医院及其分院、疾控中心签疫苗安全责任书，同时对发现的问题下发责令整改通知书3份，均整改到位。共检查特种设备使用单位12家次，出动执法人员27人次，对发现的问题提出了整改意见。

【查处案件】 年内，扎囊县市场监督管理局共办理简易程序40起，没收物品案值5400元，处罚金额1000元；一般程序4起，没收物品案值100元，处罚金额27000元；均已上缴至国库。全年共受理投诉举报7起，均已按时调处并反馈给投诉举报人。

12月26日，工作人员对药品经营单位开展疫情防控监督检查

【宣传工作】 年内，扎囊县市场监督管理局结合“3·15”、食品安全宣传周、药品、化妆品宣传周等宣传活动，全年共开展11次，出动执法人员23人次、车辆4台次，悬挂宣传横幅6条，通过LED电子显示屏播放宣传标语15条，发放消费维权宣传资料3000份。

【重大活动食品安全保障】 年内，扎囊县市场监督管理局开展食品安全保障工作11次，共检测项目21个（农残、食用油酸价），品种39个（大白菜、莴笋、碗筷、食用油等日常食药用），检测结果均合格，未发生群发性食品安全事故。

【抽检工作】 年内，扎囊县市场监督管理局配合第三方完成食品、食品添加剂和农产品国抽、省抽食品抽样工作5次、30批次，有效保障了流通在扎囊县辖区内食品的安全性。

【农贸市场环境卫生整治】 年内，扎囊县市场监督管理局按照区、市县相应要求，以县农贸市场为重点区域，以环境卫生、食品安全、规范亮照经营、价格公示等为主要整治内容，全年共检查36户次，出动执法人员6人次。

【拒绝浪费、争做光盘行动】 年内，扎囊县市场监督管理局树立“厉行节约、反对浪费”的良好习惯，全面推进制止餐饮浪费工作。全年发放倡议书、宣传海报和消费提示标语共计210份，出动执法人员12人次、车辆7台次。

【财税监管改革试点工作】 年内，扎囊县市场监督管理局对扎囊县冠有桑耶寺名称的单位进行摸底调研3次，按时完成了企业名称改制变更工作，共计13家。

【物价管控】 年内，扎囊县市场监督管理局为有效保障扎囊县辖区内物价稳定，共出动执法人员21人次、执法车辆7台次，在县农贸市场制定了统一的价格公示栏，确保价格透明化。

【疫情防控】 2020年，扎囊县市场监督管理局加大市场监管力度，掌握市场供应和消费情况，禁止哄抬价格，协助企业复工复产率达100%。每日对进藏经商人员进行基本信息登记和报备工作；加强四类药品的监管；督导食品经营单位、药品经营单位落实疫情防控工作；全程追踪疫苗储存、运输和完成市场主体疫苗接种工作、加强对辖区内冷链食品的监管工作。

（杨全英）

【机构领导】

局 长

琼 达（藏族）

副局长

益西卓玛（女，藏族）

次仁央宗（女，藏族）

刘荣金

退役军人事务

【概况】 2020年，扎囊县退役军人事务局主要负责军队转业干部、复员干部、离退休干部、退役士兵和无军籍退休退职职工的移交安置工作和自主择业、就业退役军人服务管理等全面负责退役军人事务服务工作及全县“双拥”共建工作。扎囊县退役军人事务局成立于2019年3月27日，下设机构有扎囊县退役军人服务中心和5个乡镇退役军人服务站，退役军人服务中心为副科级事业单位。

7月28日，工作人员为军属送喜报

【精准信息统计】 年内，扎囊县退役军人事务局为精准掌握退役军人基础数据信息，全面摸底统计西藏和平解放以来，在世的自主就业退役士兵、政府安排工作退役士兵、自主择业军转干部、计划分配军转干部、军休干部、复员干部、无军籍职工和其他优抚对象信息，按照一人一表的模式，全面统计退役军人身份信息、生活状况、就业状况、党员管理等信息数据。通过退役军人事务局与退役军人服务中心、各乡镇退役军人服务站对全县优抚对象进行全面信息录入、反复校对基本信息、人员名单，确保不遗漏一人，实现全覆盖，为下一步扎囊县优待抚恤政策落实和优待证发放工作奠定了基础。

【促新时代“双拥”共建】 年内，扎囊县退役军人事务局为加强军政军民团结、密切军政军民关系，进一步营造双拥工作的浓厚氛围，及时调整充实了县双拥工作领导小组、建立了领导小组职责、专项活动制度。县双拥工作领导小组每年在“八一”期间组织县人武部、县武警中队开展“军地联欢”活动。

【兑现优抚资金】 2020年，为进一步保障军人、军属的合法权益，兑现2020年各类优抚资金，分别为：兑现扎囊县2020年重点优抚对象抚恤金；兑现扎囊县2020年60岁以上农村籍退役军人生活补贴；兑现全年军休和无军籍工资；兑现2019年退役军人自主就业金及家庭优待金；救助困难退役军人，发放困难救助金0.5万元；兑现重点优抚对象医疗救助0.173018万元；兑现2019年11月至2020年7月困难群众价格临时补贴5.55万元；兑现军休、无军籍护工费0.3万元。

【精准建档，实施帮扶】 年内，扎囊县退役军人事务局为进一步加强困难退役军人数据精细化、动态化、规范化管理，及时了解掌握困难退役军人的真实生活状况，更好地关心关爱困难退役军人，根据要求，采取上下结合、逐人逐户统计，了解伤残困难退役军人、带病回乡退役军人及下岗失业困难退役军人的实际困难和诉求、思想动态、生活及家庭状况，对全县困难退役军人、重点优抚对象实行“一人一卡”全覆盖帮扶管理，采取重点与扶贫、定期与不定期、上门与网上联系相结合的方式开展困难退役军人帮扶工作。

【拓宽就业渠道】 年内，扎囊县退役军人事务局为有效解决退役军人领域的就业问题，保障自主就业退役军人的生活，积极同拉萨市纪检委、生态环境局扎囊县分局、扎囊饭店、京东、韵达等招聘平台提供招聘信息和就业渠道。同市税务局、市退役军人事务局对接，为扎囊县自主创业退役军人享受了减免税收政策。截至年底，扎囊县退役军人事务局积极对接争取各种岗位渠道，帮助为扎囊县退役军人提供就业岗位。

【节日问候】 年内，扎囊县退役军人事务局向扎囊县驻地部队、重点优抚对象及困难优抚对象开展节日慰问活动，送去的慰问品及慰问金分别为：三大节日期间慰问驻地部队、重点及困难优抚对象发放慰问金共计近6万元；慰问吉汝乡岗白村参加维和部队现役军人家属，送去牛奶、水果及慰问金0.05万元；“八一”期间，慰问重点优抚对象、困难优抚对象、军休干部、无军籍职工、最美退役军人、最美现役军人家属共计2.8万元；烈士纪念日慰问“三属”人员4人，共4000元。

【喜报送上门、暖怀军属心】 年内，扎囊县退役军人事务局为增强军人职业荣誉感、自豪感，推动全社会形成见贤思齐、崇尚英雄、争做先锋的良好氛围。向立功受奖官兵家庭送去喜报三等功1次、“优秀军官、士官、士兵”7次、“嘉奖”4次，并送去奖励资金2700元。

（拉巴次仁）

【机构领导】

局　长

潘　　娟（女）

副局长

拉巴次仁（藏族）

次仁白玛（女，藏族）

退役军人服务中心主任

美朵卓嘎（女，藏族）

扶贫开发

【概况】 扎囊县扶贫开发办公室主要从事全县扶贫工作、脱贫攻坚工作。2020年，人员编制8人（实有人数10人，均为党员），其中正科级2人、副科级5人、科员2人、工人1人。

【脱贫攻坚综述】 2020年，扎囊县扶贫开发办公室紧紧围绕“两不愁三保障”目标，以“团结鼓实劲，决战赢决胜”为工作要求，对标对表，全文传达学习3月6日习近平在决战决胜脱贫攻坚座谈会上的讲话，坚持开发式扶贫和保障性扶贫相统筹，坚持脱贫攻坚与乡村振兴相衔接，扎实推进脱贫攻坚巩固提升各项工作，人均纯收入6000元以下人口清零。按照“四不摘”要求，严格落实脱贫攻坚责任体系，保持县、乡党政主要负责人、各级扶贫工作队伍稳定，及时调整充实扶贫开发领导小组和指挥部成员。同时，将各村乡村振兴专干充实到村级扶贫队伍，制定了《脱贫攻坚总攻方案》《产业发展方案》《易地搬迁管理方案》《返贫监测方案》《农牧民增收方案》《外出务工方案》《扶贫产业利益联结风险补偿方案》等。筹备召开扶贫开发领导小组会议8次、脱贫攻坚指挥部会议7次，召开县委常委会、政府常务会研究巡视整改推进完成情况，召开易地扶贫搬迁专题会议、生态岗位管理专题会议、项目建设专题会议等，全面调度脱贫攻坚工作，做好收官之年的各项工作。全年统筹整合项目13个，总投资16884.6万元；三区三州项目13个，总投资1354.77万元；落实县本级扶贫资金440.2万元，并盘活各类扶贫资金385.5万元，全部用于脱贫攻坚补短板项目。全面落实“三一致”工作，做好信

2020年7月，扎囊县召开迎接脱贫攻坚普查督导会议

息系统、扶贫手册、明白卡三一致；按照全区统一要求，为每户贫困户制作了“全家福”。由加查县负责对扎囊县开展了为期以个月的脱贫攻坚普查工作，在各专项组、各有关行业部门的大力支持下，积极开展相关普查数据核查比对，确保普查工作完成。

【脱贫攻坚大督战大排查】 3月28日至4月25日，开展了为期一个月的大督战大排查工作，经分类汇总后，扎囊县涉及问题8大类29个。同时，县委成立工作专班对所有排查问题整改情况进行督导，实施“12345”追责问责机制，全面督促整改。截至年底，所有问题已完成整改达到100%。

【产业扶贫】 年内，总投资1.2亿元，实施了矮化苹果种植项目，占地面积2000亩，并完成矮化苹果种植和基础设施建设；县委、县政府积极调研产业扶贫项目，将产业项目分为好、中、差3个等级，加强差评项目整改和好项目扶持工作；全年实现建档立卡贫困户就业2537人，创收1668万元，人均创收6576元；积极申报2021年脱贫攻坚巩固提升项目9个总投资5.52亿元。为全县建档立卡的1411户贫困群众产业项目分红498.05万元，并发放氆氇编制架190个。

【教育扶贫】 年内，国家投资3410万元加快义务教育薄弱环节改善和能力提升项目建设；全面落实义务教育阶段学生三包和营养改善工作；发放2019—2020年计划内、外大学生资助金1052.58万元，惠及大学生1512人次；全面摸底排查义务教育阶段辍学生，为13名义务教育阶段残疾学生开展了“送教上门”；针对三岩易地扶贫搬迁群众15名子女没有完整接受义务教育的情况，专门制定《入学安置工作方案》，全面做好控辍保学。

【易地扶贫搬迁】 年内，扎囊县扶贫办完成桑耶、阿扎新增易地扶贫搬迁点建设，并于6月22日完成160户609人搬迁入住工作；完成桑耶镇洛村“三岩”易地扶贫搬迁点建设项目；完成展桑耶居委会、洛村、阿扎乡章达村基础配套设施项目建设，桑耶易地扶贫搬迁点饲料堆放项目建设；接收“三岩”易地扶贫搬迁群众11户88人（实际11户96人），并加强入住和后续管理工作，逐一排查化解矛盾纠纷并送去粮食等生活必需品。

【生态岗位】 年内，扎囊县扶贫办按照定岗定责定人定酬的要求落实生态岗位3694个（包括“三岩”易地扶贫搬迁群众生态岗位41个），兑现资金1292.9万元，比2019年同期增加62个；按照每月不少于5天的要求，建立健全生态岗位务工台账，落实岗位要求。

【精准帮扶】 年内，扎囊县扶贫办全面开展贫困户返贫和非贫困户致贫救助工作，2020年，有监测户1户，通过采取定向帮扶、外出就医等措施，7月解除监测。投入57万元为全县建档立卡贫困户和民政低保户购买扶贫救助保险，从自然灾害救助、意外事故救助和医疗救助3个方面加强贫困人口救助，已救助106名群众累计资金27.5万元。由团县委牵头举办“中国茅台·国之栋梁——

2020年希望工程圆梦行动大型公益助学活动”。2020年，帮扶建档立卡贫困大学生2人。

【社会帮扶】 年内，扎囊县西普休闲观光农业发展有限公司捐款500万元；广东中山卫康电器有限公司捐赠贫困村直饮机23台；三星视听实业有限公司捐赠三星电视机5台；中国水电基础局有限公司精准帮扶扎囊县深度贫困的5名家庭困难大学生每人每年1万元，从2019年起，连续4年帮扶，直到毕业。

【消费扶贫】 年内，扎囊县扶贫办通过结对帮扶干部“以买代帮”“帮买帮卖”的方式，累计促进增收120万余元。投入17.31万元开展扶贫产品产销对接和网上销售；10月17日，在第七个全国扶贫日，组织扎囊县羊嘎藏帽厂等7家企业在拉萨市参加成果展活动，销售扶贫产品金额达到16万元以上；县工会通过购买棉被、藏式辣椒、菜籽油、糌粑、藏鸡蛋等扶贫产品，促进增收100.32万元。

【安全饮水】 年内，扎囊县扶贫办投入601.7万元的农村安全饮水巩固提升项目实施完成，投入84.8万元的扎唐镇木那村巴次组饮水工程建设完成，投入71.72万元的农村饮水“一点一方案”项目建设完成，惠及群众1300余人；146个水源点水质检测全面达标。

【交通扶贫】 年内，扎囊县扶贫办投入2079万元新建扎唐镇S101省道至桑玉村公路、扎其乡宗卡六组桥梁、桑耶镇前达村3组桥梁、扎唐镇吉林村至杂玉村公路改建项目等，按照属地管理原则以及“项目总量的15%交由农牧民实施”“技术含量不高、投资400万元以下项目交由农牧民施工队实施”等要求，所有项目当中所需运输车辆、短工及民工都交由项目所在地村（居）提供，带动当地农牧民群众增加现金收入570万余元。

【基础设施项目】 2020年，投入341万元建设格普村、沙布奴村、民主村水塘、阿扎乡易地扶贫搬迁点水利配套设施以及申藏村机井项目，已建设完成。

【精准扶贫小额信贷】 年内，完成精准扶贫小额信贷349户1736万元，为贫困群众发展生产提供了坚强的支撑和保障。

【创新设立产业项目风险保障金制度】 为了充分发挥产业扶贫资金效益，确保贫困群众通过产业脱贫项目持续增收，制定产业项目与贫困户利益联结风险保障金制度，按照产业项目带动贫困户要求，28家企业缴纳风险保障金73.8万元。

【“比学赶帮超”活动】 年内，扎囊县扶贫办结合“第七次西藏工作座谈会会议精神宣讲”“一包到底”等工作，深入开展扶贫夜校、“3355”、十小进农家、文明“三字经”、“冬季清洁大行动”等活动。加强贫困人口扶贫扶志扶智教育，在贫困人口中涌现了一批先进典型，对带动能力和示范能力强的32户145名群众进行表彰奖励。

【宣传报道】 年内，扎囊县扶贫办，印发发放《扎囊县脱贫攻坚

7月26日，脱贫攻坚小组在扎囊县普查医疗保障情况

政策知识口袋书》10000余册，发放脱贫攻坚政策的围裙5000个、手提袋5000个等；投入10万元为全县所有建档立卡贫困户制作了签约医生上墙明白卡；投入5万元积极开展新农合医疗政策宣传；通过在泽贡高速、泽当到扎囊路段制作脱贫攻坚宣传展牌8面，在智慧扎囊、走进扎囊以及微山南官方等微信公众平台报道脱贫攻坚100余篇，在主干道人流密集处制作脱贫攻坚墙6面及意见箱1个。

（李国江）

12月6—13日，副县长丹增平措带领教育考察团赴株洲市4个教育行政部门和14所学校，进行为期8天的考察学习

【机构领导】

主　任

贡布次仁（藏族）

副主任

索朗次仁（藏族）

扎西旺姆（女，藏族）

李　国　江

教育

【基本情况】 2020年，全县共有各级各类学校37所。其中，初级中学（含职教中心）1所，乡（镇）小学6所，教学点（附设幼儿班）1所，乡（镇）双语幼儿园4所，村级双语幼儿园25所。在校生5193人。其中，初中1139人，毛入学率102%；小学2763人，入学率、巩固率均达100%；幼儿园1291人，学前三年毛入园率85%；适龄残疾儿童入学率100%。教职工565人，其中，在职462人、退休103人；初中在职教职工136人（含援藏教师6人），小学264人，幼儿园62人；专职临时工120人（含公益性岗位10人）。

【教育工作概况】 2020年，全县教育工作者紧紧围绕县委、县政府提出的“重振旗鼓，奋起直追，再夺旗帜”和“教育强县”两新目标，以“全面改善办学条件，全面提升教学质量，全面发展体育事业”为主题，努力实现“办学条件标准化，办学行为规范化，师资队伍专业化，教学改革深入化，学前教育有序化，职业教育品牌化”，各级各类学校办学水平大幅提升，教学成绩创历史新高，中考、小考同时荣获全市十二个县（区）第一。

【教育民生】 落实学生资助政策。组织开展学生营养改善计划、建档立卡贫困家庭子女接受高等教育免费补助政策等学生资助政策宣传活动2次，印发《扎囊县学生资助政策》宣传册2000余份，惠民政策知晓率达100%。2020年，资助计划外大学生97人，落实资金12.26万元；资助计划内1326人，落实资金968.1万元（县本级387.24万元）。开展结对帮扶活动。组织教育系统447名干部职工对187户贫困户开展结对帮扶活动4次，购买农畜、手工业产品14.96万元。义务教育更有保障。共支出“三包”经费1442万元，营养改善经费272万元。完成部分完小、村级幼儿园等学生床铺及义务教育学生被褥（草垫）等设施设备采购发放工作，采购资金187.3万元。完成学生“三包”装备征订、发放工作，涉及资金281.09万元。全方位关爱弱势群体。建立义务教育阶段残疾学生个人档案，监督指导学校每月开展2次送教上门服务，协助成员单位开展送医、送康复、送法律、送政策、送温暖等活动。落实县本级送教上门服务专项经费3万元，已形成由特校入学、随班就读、送教上门组成的比较完备的特殊教育体系，义务教育适龄残疾学生入学率达100%。持续做好控辍保学工作。实施义务教育阶段辍学生“一人一策”，签订目标责任状，由教育局牵头，联合乡镇及相关单位走村入户劝学30余次，辍学率下降至0.35%。

【基础建设】 年内，共争取学校建设项目28个，总投资14575万元。其中，国家资金11301万元，市级资金2706万元，援藏资金280万元，县本级288万元，是迄今为止扎囊教育史上建设项目最多、投入力度最大的一年。全县新建和改扩建校舍面积24119平方米，改扩建运动场所面积48572平方米，新建教师周转房78套，实施供暖面积10921平方米，学校校容校貌、硬件设施和城乡优质教育资源得到了极大的补充和完善，办学条件得到极大改善，人民群众对教育的获得感和满意度不断提升。

【教学成绩】 中考总成绩全市十二个县（区）第一名；小考体检录取人数34人，较2019年增加9人，全市十二个县（区）录取人数第一名。

【教研教改】 健全教研工作制度。出台《扎囊县中小学（幼儿园）教师超课时绩效津贴发放管理办法》，结合招生、师资队伍、办学条件等实际，编制完成《扎囊县学前三年行动计划》。深化教研教改工作。聘任51名中小学教师为第三期县级骨干教师；选派6名教师参加市级小学部编学科教学技能大赛和中小学藏语文“同课异构”教学技能初赛，获得一等奖2名、二等奖2名、三等奖1名、优秀奖1名，藏语文“同课异构”获得集体一等奖，集体荣获市级优秀组织奖；举行2019—2020年教育系统绩效考核先进单位和先进个人颁奖典礼，对50个先进集体、333人次教师进行表彰奖励；夏如村幼儿园、德吉新村幼儿园通过市级学前教育分类定级评估，并分别被评为市级一类和市级二类幼儿园。中考、小考工作稳步推进。完成407名中考考生、157名小学报名及考试工作。

10月20日，甘南州民族教育改革观摩考察团到扎囊县考察交流

【队伍建设】 始终坚持把提高教师政治素质和职业道德水平摆在首要位置，落实《新时代中小学教师职业行为十项准则》《中小学教师违反职业道德行为处理办法》规定，广泛开展师德师风常态化教育学习活动，引导教师正确树立“五观”。建立师德师风考核、通报制度和警示教育制度，大力查处、曝光、通报师德失范案件，及时警醒、鞭策教师遵师德、守底线。师资水平不断提升。2020年，新分学前教师10人，调入教师21人，专任教师交流轮岗12人，校长交流5人。开展教师“一考三评”活动。成立教师“一考三评”工作领导小组，层层召开动员部署会议，制定下发《扎囊县中小学（幼儿园）教师“一考三评”工作实施方案》，开展“一考三评”工作县级自查，完成428名教师业务考试、评师德师风、评课堂教学能力、评信息技术能力工作。加大教师培养培训力度。编写普通话培训教材和宣传册，组织开展形式多样的深度贫困县农牧民普通话培训，参训人员达2228人次；协助山南市教育局教研室组织开展“深度贫困县送培（教）下乡”活动，参训教师365人次；邀请株洲市第十八中学3名信息化教育专家，开展教育信息化应用能力

提升专题培训，参训教师450余人；邀请学前教育专家及本县优秀教师，开展全县幼儿园教师技能及业务培训，参训教师达50余人；开展"珠峰旗云"教育平台业务培训，参训教师420人；开展义务教育均衡发展国家抽查迎检培训，参训教师20人；开展送培（教）下乡活动，参训教师232人；组织开展"不忘立德树人初心，牢记为党育人为国育才使命，不断作出新的更大贡献"主题教育活动，85名学前教师参训。

11月28—30日，"2020·首届农民运动会"在扎囊体育公园举办

【党组织建设】 年内，全县教育工作者以"不忘初心立德树人初心，牢记为党育人为国育才使命"为己任，落实主体责任，与基层学校党组织签订党建工作、党风廉政建设、意识形态工作等责任书，印发《教育系统党建工作要点》。244名党员每周五开展"党员固定学习日""三会一课""学习强国""党员主题活动日"等常态化学习，共计48学时。组织参观廉政教育基地，观看《说案明纪》等警示教育片。发挥党员先锋模范作用。疫情防控期间，教育系统400余名党员干部、教师自愿捐款10.265万元。"六一"儿童节期间，244名党员干部采取"结对帮扶"形式，为贫困学生捐款捐物，共计9.76万元。推进党带群团工作。教育工会从本县企业、合作社购买农畜产品，促进农牧民增收549.2万元。扎实做好发展党员工作。2020年，共发展正式党员8名，吸收预备党员16名，发展积极分子4名。持续开展"四讲四爱"群众教育实践活动"。召开"四讲四爱"群众教育实践活动骨干宣讲员培训会，受益师生、家长3600余人。

【校园安全】 提升"三防"能力。与各校（园）签订安全目标责任书，召开安全工作专题会议6次，配备专职保安8人，更换灭火器122个，对校门、围墙、校舍、食堂、宿舍等重点部位监控设备进行维修，监控设备运行率达100%。加强安全教育。各校结合实际，充分利用黑板报、校园广播、网络、国旗下讲话、宣传警示标语、主题班（队）会、家长会、微信群、开学安全第一课等多种形式，开展交通安全教育12次、防溺水安全教育12次、食品安全教育55次、"法律进校园"宣传讲座5次。强化督查整治。教育局先后联合市场监督管理局、公安局、疾控中心、消防等单位开展联合排查16次，发现安全隐患12处，已整改12处，开展消防、消杀消毒培训6次，开展应急演练4次。全年，全县教育系统未发生重大安全责任事故。

【教育治理】 效能建设不断加强。办理人大代表议案建议、政协委员提案5件，通过"智慧扎囊""走进扎囊"微信公众号规范发布公开信息60余条。督导职能有效发挥。完成开学检查、义务教育均衡发展自查自评工作，完成第五届自治区督学换届，全县教育系统校园防控工作落实情况、义务教育教师工资收入落实情况、新学期复学复课工作、教育教学管理、防溺水安全教育、课业负担和食堂、食品、饮水及宿舍卫生情况等专项督导任务。

【体育事业】 组织21名队员参加山南市第九届"体彩杯"足球比赛，获得亚军；组织15名队员参加山南市第七届"全民健身"篮球比赛；成功举办为期3天的扎囊“首届农民运动会”，来自全县5个乡镇的5支代表队、400余名农牧民运动员参加了4个大项13个小项的比赛，现场吸引了3000余名农牧民群众前来喝彩助阵，共产生个人奖33个，集体奖21个。各学校坚持“两课两操两活动”，举办校园足球比赛及其他文体活动，保证了学生每天一小时的体育锻炼时间。

【公益性职业技能培训】 4月13日至5月27日，扎囊县教育局、县职业教育培训中心委托山南市方圆职业技术培训有限责任公司，举办为期45天的扎囊县2020年深度贫困地区公益性职业技能培训暨农牧民中式烹调师培训班，特邀山南市一职高级厨师点评。通过对学员们刀功测试、翻锅技巧、菜色品尝打分等形式，22名学员进行最终考评，全部结业。

【政府副主席甲热·洛桑丹增到扎囊县调研指导】 4月16日，自治区人民政府副主席甲热·洛桑丹增、自治区体育局局长尼玛次仁一行到扎囊县调研指导公共体育项目建设情况。山南市副市长王霞、市教育局局长赤列边巴、体育科科长米玛、副县长丹增平措、县教育局局长拉措姆等相关人员一同调研。

【教育部职成司到扎囊开展调研】 8月24日，教育部职教所《中国职业技术教育》副主编、编辑部副主任刘红、市教育局二级调研员仓决、西藏职业技术学院农科学院院长廖云飞一行8人到扎囊县职教中心调研。

【举办扎囊县教育信息化应用能力提升培训班】 7月2—6日，湖南省株洲市第十八中学3名网络和信息技术教学专家到扎囊县举办“教育信息化应用能力提升专题培训班”7场，覆盖全县中小学（幼儿园），实现教师全员培训。培训专家通过讲座、演示、互动、提问、现场操作等形式，就信息技术与学科教学的深度融合、网络计算机维护与维修、操作系统安装、电子白板故障排除与维护、珠峰旗云资源平台和管理平台应用等内容进行了培训。

【教育部民族教育发展中心“三区三州”“一村一幼”调研组到扎囊县调研指导】 9月9日，国家督学、江西省教育厅原副厅长、调研组副组长杨慧文，东北大学教授司晓悦，沈阳师范大学副教授马秀娟，中国发展研究基金会智能村小项目执行人王晖，教育部民族教育发展中心教研处处长线亚威一行5人到扎囊县就“三区三州”教育扶贫成效及“一村一幼”工作进行调研指导。市教育局党组副书记、局长赤列边巴，扎囊县政府副县长丹增平措，教育局局长拉措姆等相关人员一同调研。

【甘南州民族教育改革观摩考察团到扎囊县考察交流】 10月20日，由山南市教育局副调研员索朗群培带队，甘南州各级教育行政管理干部、州政府派驻各县市督学、各级民族学校管理人员102人组成观摩考察团到扎囊县考察交流。副县长言鹏、教育局副局长扎西陪同考察。

【举办扎囊“首届农民运动会”】 11月28—30日，在新落成的体育

12月22日，“弘扬高尚师德 潜心立德树人”扎囊县教育教学颁奖典礼

公园举办为期3天的扎囊“首届农民运动会”。来自全县5个乡镇的5支代表队、400余名农牧民运动员参加了4个大项13个小项的比赛，现场吸引3000余名农牧民群众，共产生个人奖33个、集体奖21个。该次运动会体育比赛紧密结合农牧民群众生产和生活实际，共设有短跑、拔河、篮球、接力、抱石头、押加、打牛角、套麻袋、揉糌粑、氆氇缠线等项目。

【副县长丹增平措率教育考察团赴株洲考察学习】 在第九批援藏工作队的大力支持下，应株洲市教育局邀请，12月6—13日，由副县长丹增平措带队，县教育局局长拉措姆、中小学校长及教务主任一行7人组成教育考察团赴株洲市进行为期8天的考察学习。

【教育部民族教育司司长朱小杰一行到扎囊县调研】 12月11日，教育部民族教育司司长朱小杰，民教司干部王光耀一行到扎囊县调研指导工作。自治区教育厅厅长尼玛次仁、基教处处长杨继军、办公室主任陶然，市教育局党组副书记、局长赤列边巴，基教科科长次旺扎西，扎囊县委副书记、县长唐勇及县教育局相关人员陪同调研。

【教育系统绩效考核先进单位和先进个人颁奖典礼】 12月22日，在三高体育馆举行扎囊县教育系统2019—2020年绩效考核先进单位和先进个人颁奖典礼，全县中小学（幼儿园）教师、退休教师代表、学生及家长代表、县中（直）各部门负责人、乡镇（村居）代表等400余人参加典礼。县委书记雷丰，县委副书记、县长唐勇，县委副书记、人大常委会主任巴桑次仁等县级干部出席典礼并颁奖。

（杨永琴）

【机构领导】

教育（体育）局党组书记、局长

拉 措 姆（女，藏族）

教育（体育）局副局长

扎　　西（藏族）

次仁卓玛（女，藏族）

李　　伟

陈 善 苑（援藏）

教育党总支副书记

次　　央（女，藏族）

供电

【概况】 2020年，扎囊县供电有限公司供电面积1132平方千米，供电范围包括2个镇、3个乡、63个村，乡（镇）通电率、村村通电率均达到100%，户户通电率99.98%。截至2020年年底，扎囊县供电有限公司共有110千伏变电站1座、35千伏变电站4座、变电容量17.75兆伏安；35千伏线路5条，总长115.21千米；10千伏线路9条，总长403.3千米；0.4千伏线路48千米；台区总数827个；供电人口39327人，服务客户2330户。

【队伍建设】 截至年底，扎囊县供电有限公司全口径用工34人，其中在册职工18人，业务外包7人，劳务派遣9人。其中按年龄分，60岁以上2人，55～60岁0人，50～54岁1人，45～49岁2人，40～44岁5人，35～39岁4人，30～34岁6人，29岁及以下14人。按学历分，大学本科9人，大学专科6人，中等职业教育1人，高中1人，初中8人，小学及无学

12月15日，西藏电力有限公司总经理党委副书记龚东昌到扎囊县供电公司检查安全生产工作

历9人。职称等级分,副高级0人,中级0人,初级6人,无职称等级人员28人。按技能等级分,高级技师0人,技师0人,高级工1人,中级工8人,初级工1人,无技能等级人员24人。

【电网建设与发展】 2020年,“三区三州”2019年至2020年1月桑耶新村搬迁点项目全部竣工,项目规模为新建10千伏线路0.5千米;新建0.4千伏线路1.8千米,新建配电变压器1台,容量200千伏千伏安,新增柱上断路器1台,新建户表42户,工程总投资87万元。10月,桑耶镇洛村搬迁点新建10千伏线路1千米。全年,农网线路建设及改造;新建10千伏线路8千米,改造0.4千伏线路3.5千米,新安装公用配变2台、专用配变台区5台。

【经营管理】 年内,扎囊县供电公司全年完成总营业收入2927.67万元,其中主营业务收入2878.58万元,其他业务收入49.09万元。总营业成本3031.31万元,其中购电成本1435.2万元,其他业务成本1401.21万元,可控成本194.9万元,净利润 -61.48万元。

【安全生产】 年内,扎囊县供电公司共安排检修工作20项,故障检修54项;变电站操作50次,无一差错。制定扎囊县春节保电、氆氇节、中考保电方案等5份,确保重大活动期间的电网安全稳定运行。

(贾 璐)

【机构领导】

总经理

边巴次仁(藏族)

副总经理

嘎玛明久(藏族)

城市建设·环保

住房和城乡建设

【概况】 2020年,县住房和城乡建设局(县住建局)编制共4个,设1正、3副,实有9人。其中,正科级1人,副科级3人,副主任科员4人,工人1名。

【项目建设】 年内,县住建局负责实施的项目共5项。扎其乡藏仲村基础设施建设项目,该项目总投资501万元,建设内容为新建1座日处理45立方米的一体化污水处理站及配套管网建设、设备购置等。扎囊县直机关食堂一站式服务大厅建设项目,该项目总投资1427.12万元,建设内容为核定建筑面积2989.46平方米、空调系统、影像设备及附属工程。扎囊县老年退休活动中心建设项目,该项目总投资57.88万元,建设内容为新建活动中心195.18平方米及附属工程。山南市扎囊县凯巴卡路人行道改造提升项目,该项目总投资50万元,新建人行道铺装1274.5平方米,路沿石487.48米,检查井维修10个。山南市扎囊县扎唐镇久麦村地质灾害隐患点搬迁建设项目,该项目总投资4160万元,涉及搬迁54户配套设施及附属设施。

【安全生产监督】 年内,县住建局按照区、市、县安全生产工作要求,与应急管理局、公安、消防等职能部门对扎囊县境内建筑施工领域,进行安全生产、文明施工情况进行联合检查50余次,并层层签订了32份安全生产责任书;制定了施工场地扬尘治理工作方案,签订文明施工、扬尘治理目标责任书,切实将建筑领域文明施工工作落到了实处。

【危房改造】 农村危房改造工作是改善民生及精准扶贫工作中的一件大事,是惠及百姓、促进农村经济发展和精准脱贫的实事。2020年,上级下达至扎囊县农村危房改造任务共440户,下达资金732万元(其中脱贫攻坚统筹

10月8日,县住建局工作人员到桑耶镇松卡居委会检查住房改造建设进展情况

9月9日，县住建局工作人员到桑耶镇松卡居委会检查雨季受灾群众住房安全情况

整合资金69.6万元）。截至年底，已完成年度脱贫攻坚目标任务。

【住房公积金审查】 住房公积金缴存情况：截至2020年6月（6月起，公积金业务由各单位财务负责缴存、支取），扎囊县干部职工住房公积金缴存共计1618人，共计缴存金额2800万余元。

住房公积金贷款和提取审核情况：住房公积金贷款审核40人，贷款金额2158万余元；住房公积金提取审核143人，提取金额430万余元。

【施工许可证核发情况】 年内，县住建局严格按照施工许可证发放审核条件，公开办事流程，办事程序和办结时限，严格按照《中华人民共和国建筑法》《建筑工程施工许可管理办法》核发建设工程施工许可证。2020年，共办理扎囊县郎塞玲完小教工宿舍建设项目等42个项目施工许可证。

（顿　珠）

【机构领导】

局　长

次仁多布杰（藏族）

副局长

顿　　珠（藏族）

谢　　伟

仓姆卓嘎（女，藏族）

生态环境

【概况】 2020年，山南市生态环境局扎囊县分局立足实际，务求实效，坚持以习近平新时代中国特色社会主义思想和习近平生态文明思想为指导，坚决贯彻市委、市政府和县委、县政府决策部署，强力推进中央、自治区生态环境保护督察问题整改、坚决打好蓝天、碧水、净土三大保卫战，坚持依法行政，严厉打击各类环境违法行为，积极维护人民群众环境权益，加快实施污染治理项目，着力改善生态环境质量，助力经济高质量发展，为全面实现污染防治攻坚战目标任务打下了坚实基础。

2020年，山南市生态环境局扎囊县分局实有干部5人，全部为行政编制，其中正科级2人、副科级3人。

【环境保护与建设】 年内，扎囊县

9月4日，县委副书记、县长唐勇主持召开扎囊县生态环境“六大”专项整治行动专题会

域环境质量状况持续保持良好：地表水两个点位监测24项指标均符合《地表水环境质量标准》（GB3838-2002）表1中Ⅲ类及表2中标准限值；环境空气4项监测指标均达到《环境空气质量标准》（GB3095-2012）表1中一级浓度限值；县城2处集中式生活饮用水水源地水质22项指标均符合《地下水质量标准》（GB/T14848-2017）表1中Ⅰ类标准限值。创建1个（扎唐镇杂玉村）自治区级生态村，提档升级自治区级生态文明示范村2个（扎其乡阿雪村、桑耶镇桑耶社区居委）。

11月13日，组织开展“拎起布袋子　扔掉白袋子”主题宣传活动

【环境污染防治】　年内，山南市生态环境局扎囊县分局完成新型防水卷材生产项目污染防治设施技改工作，西藏沙渠防水保温节能科技发展有限公司年产3000万立方米新型防水卷材生产项目二氧化硫均能满足《环境空气质量标准》（GB-3095-2012）二级标准限值要求，非甲烷总烃均能够满足《大气污染物综合排放标准》标准限值要求；启动畜禽养殖、家具制造、水泥砖场、民族手工业等行业排污清理排查，完成134个固定污染源排污许可网上登记备案工作；完成117个农村饮用水水质检测，水源点23项检测指标均满足《生活饮用水卫生标准》（GB5749-2006）的限值要求；加大农业污染防治力度。2020年，全县化肥施用量年均1375吨，农药施用量年均3.9吨，与2019年相比，全县化肥、农药施用量实现“零增长”；严抓危险废物转移和处置。2020年，完成危废申报登记8家，县中心医院安全转移处置医疗废物8吨。

【环境执法】　年内，山南市生态环境局扎囊县分局开展全年全员大练兵，实施环境执法专项行动，结合“双随机”执法，不断加大环境执法力度，强化多部门联动，倒逼企业落实环保主体责任。2020年，共出动执法人员812人次，检查企业235家次，下发环境监察记录8份、环境违法行为改正决定书2份，向山南市生态环境局移交环境违法案件1件。

【环保宣传】　年内，山南市生态环境局扎囊县分局组织开展了“美丽中国我是行动者”为主题的“6·5”世界环境宣传活动。为牢固树立绿色发展理念，贯彻落实好生态环境六大专项整治行动，组织开展“拎起布袋子　扔掉白袋子”主题宣传活动，大力宣传绿色环保理念和绿色生活常识，引导群众减少使用不可降解塑料制品，活动期间，共悬挂横幅5条，摆放展板8个，发放宣传手册1000余份、宣传海报5000余份、宣传布袋1000余个、环保志愿服装1000余套，接受生态环保咨询40余人次。

（央金拉姆）

【机构领导】

局　长

段绪友

副局长

益西群培（藏族）

余　燕（女）

索朗央宗（女，藏族）

城市管理和综合执法

【概况】　扎囊县城市管理和综合执法局是扎囊县人民政府下设部门。扎囊县城市管理和综合执法

3月2日，扎囊县城市管理和综合执法局工作人员检查桑耶爱心液化气站安全生产工作

局行政编制人数4名。

【市容整治】 年内，扎囊县城市管理和综合执法局为了进一步规范县城县容秩序，提升城市品位，优化人居环境，结合创建全国文明城市工作，开展了县容秩序整治活动。开展流动摊点整治行动：响应号召、发展地摊经济，助力扶贫助农，正确引导流动摊贩，疏堵结合，在保障人民群众出行安全的前提下，设置2处扶贫助农摊点；开展出店经营、店外乱堆乱放整治，全年共整治商户30余家。

【市政维护】 年内，为携手创建扎囊县全国文明城市、提升扎囊县市容市貌，扎囊县城市管理和综合执法局对县城内市政道路、排污（排水）管道、道路照明等市政公共设施进行了全面排查，发现问题40条，维修维护40条。主要维修维护：折木路、友谊路、扎唐路维修市政道路及人行道500余米；折木路、株洲大道、扎唐路、友谊路疏通污水管网200余米，园区东路、友谊路、玉荣卡路、沿江大道、扎唐路更换修复下水井盖30余处，修复市政照明15个，确保了扎囊县群众出行安全，提升了县城内市容市貌，强化了县城公共设施正常服务能力。

【安全生产】 年内，扎囊县城市管理和综合执法局本着“管行业、管安全”工作原则，结合安全生产“三年专项”整治行动，共对辖区两个液化气站检查安全生产5次，发现问题并整改10处，确保扎囊县城镇燃气运营安全；联合消防大队开展液化气站防火安全演练2次，参与人数20余人，强化了液化气站工作人员防火处置能力和应急演变能力；同应急管理部门开展“安全生产月”活动，发放宣传资料200余份，受教育群众200余人。

【环境卫生】 年内，扎囊县城市管理和综合执法局紧紧围绕县委、县政府的中心工作，以创建“生态文明氇氇之乡”为抓手，强化领导、精心组织、迅速行动、采取措施，深入开展县城环境卫生整治工作：结合创建扎囊县全国文明城市目标，与县创城共同划分卫生区域对县城内卫生死角进行全面整治，整治了县城卫生死角20处；建立健全考核机制，对环卫国泽公司运营的县城主、次干道环境卫生清扫、清运工作，开展日监督、周检查、月考核制度，确保了扎囊县城环境卫生干净整洁。

（顿　珠）

【机构领导】

局　长

多吉才旦（藏族）

副局长

巴桑次仁（藏族）

勾继霖

交通·通信

交通运输

【概况】 2020年，扎囊县交通运输局在县委、县政府的正确领导下，始终以中共十九大以及习近平系列重要讲话精神为指导，解放思想、与时俱进、开拓创新、锐意进取，以“十三五”规划为发展目标，以年初制定计划为准则，积极开展2020年交通建设工作。

【交通基本情况】 扎囊县辖5个乡镇、62个建制村、172个自然村。截至年底，5个乡镇100%通畅。其中建制村通达数62个，通达率100%，建制村通畅数48个，占77.42%。自然村90个通畅，占52%，76个通达，占44%，未通6个，占4%。境内国（省）道主要为G349线、G4219线、S508线及S206线，农村公路共计县道2条、乡道4条、村道97条、专用公路24条，农村公路通车里程达335.628千米。

【安全工作】 年内，扎囊县交通运输局每月至少组织2次公路巡查，定期对县域内“三乡两镇”各个线路进行日常巡查工作。同时，重点对境内的扎琼线、顶古钦寺公路、桑珠群宗寺公路、江北公路、宗贡布公路、艾马龙寺公路、扎羊线、达杰曲林寺公路及桑措拉康公路等事故多发段，危险路段进行巡查，对道路基础设施不完善、路面损坏严重、标识标牌残缺等安全隐患进行整改，全年共进行安全隐患排查23次，整改道路安全隐患67处。截至年底，全年共投入8.1万元。

【水毁保通】 2020年雨季，扎囊县连续出现强降雨，尤其是吉汝乡、桑耶镇、阿扎乡等山坡临崖路段及河谷地带较为突出，大雨致使部分公路通行阻断。为保证来往车辆及人员出行安全，县交通运输局共投入20万余元的资金、物资及人力进行保通工作。

10月21日，扎囊县交通运输局组织进行新车购买仪式

2月16日，扎囊县交通运输局组织开展打击非法营运工作

【日常养护】 年内,扎囊县交通运输局不断对辖区内“三乡两镇”各大线路进行日常巡查,重点针对农村公路出现的“病虫害”问题开展养护工作,全年共计投入85万余元用于农村公路养护工作。同时,积极吸纳贫困群众担任农村公路养护员。2020年,扎囊县交通生态岗位共计49人,其中扎唐镇14人、桑耶镇8人、吉汝乡2人、扎其乡25人。按照每人每年3500元的标准,共计发放农村公路养护员资金171500元。

【农村公路建设项目】 2020年4月底,扎囊县吉汝乡沙布奴村公路改建工程、扎囊县扎其乡民主村至普奴组桥新建工程2个续建项目完成竣(交)工验收并投入使用。通过项目申报,2020年重点实施5个交通项目,总投资2314.99万元。分别为扎囊县扎唐镇S101至桑玉村改建公路工程、扎囊县扎其乡宗卡六组桥新建工程、扎囊县桑耶镇前达村三组桥新建工程、扎囊县扎唐镇吉林村至杂玉村公路改建工程、山南市扎囊县阿扎乡易地扶贫搬迁配套公路建设项目,5个项目全部完成竣(交)工验收并投入使用。同时,积极协调扎唐镇至吉汝乡格普村公路项目相关事宜,该项目已完成竣工验收,并由县交通运输局接养管理。

【项目规划落实】 年内,扎囊县交通运输局为进一步提升农村公路等级,提高安全通行能力,积极开展“十四五”规划相关工作,规划农村公路建设项目58个,规划总体投资76280万元,规划建设规模里程达到274.2616千米。

【道路运输及行政执法】 年内,扎囊县交通运输局在全县范围内对货运及修理企业无从业资格证、无道路运输许可证、无驾驶证、超范围经营等问题进行教育劝导和严厉打击。共对23名货运车主进行教育劝导,对全县汽修及货运物流行业进行6次督导检查。联合山南市交通综合执法局、县交警部门在县域重点路段开展打击“黑车”非法营运整治活动。2020年,共检查车辆2400余台,出动执法车辆230台次,出动执法人员680人次。查获疑似非法营运车辆34台,其中警示教育25台、移交市交通综合执法局9台。2020年10月,新购7台客运车辆,以保证客运力量的充足。

【疫情防控常态化工作】 年内,扎囊县交通运输局为全力做好疫情防控工作,重点排查农村公路施工项目人员有无擅自返藏情况。同时,在有序复工复产阶段,严格按照县疫情防控指挥部的要求,对所属项目返藏人员进行严格登记报备,并按规定天数隔离。2020年,共计排查各项目建设现场38次。重点对农村客运进行监管,监督落实好每天消毒、登记、测体温、戴口罩,张贴“藏易通”和“通信行程卡”工作,加强防疫物资储备,积极参加应急演练,加强非法营运打击,开展交通安全及疫情防控宣传活动,以保证人民群众的生命财产安全。

（龚 炜）

【机构领导】

局 长

格桑达瓦(藏族)

副局长

张晚文(湖南援藏)

尼 觉(藏族)

央金卓嘎(藏族)

龚　炜

道路运输管理所所长

武坚曲珍(藏族)

邮政

【概况】 2020年,中国邮政集团公司西藏自治区扎囊县分公司(以下简称"扎囊县分公司")。在县委、县政府和区、市邮政分公司的正确领导下,进一步提高政治站位,持续推动全面从严治党,用心用情做好普遍服务,狠抓业务经营,夯实发展基础,各项工作呈现良好态势。主要服务项目:函件业务、机要业务、报刊发行、集邮与文化传媒业务、金融业务、速递物流业务、电子商务、数据库商函、文化传媒业务、代收交警罚没款、代理航空机票等业务。扎囊县邮政分公司现有干部、职工共10人,其中保安1人、投递员2人;乡邮工作人员9人,其中乡邮投递人员5人、乡邮代办员4人、乡邮驾驶员1人。

【经营发展】 2020年,扎囊分公司经营预算目标218万元,实际完成280万元,完成预算目标的129%,创历史新高。储蓄余额达5522万元,2020年新增550万元。

【经营举措】 年内,扎囊县分公司为认真贯彻落实西藏自治区政府重大决策部署,切实做好扎囊县农牧区村邮站建设,进一步完善农牧区基础设施建设,搭建广大农牧区沟通的桥梁,增加投递频次,实现县至乡(镇)投递频次周五班,乡(镇)至村投递频次周三班,乡(镇)邮政网点营业时间达到每周5天,每天6小时。为抓好特服通信、确保机要安全,完成机要网点的改造,设置独立的机要处理场所,并安装监控、门禁、报警等安防设备。实现机要邮件营业环节、投递环节专人化、监控化。基础设施建设方面,以支撑业务经营发展为目标,在现有一台ATM机的基础上,安装了CRS(存取款一体机)1台,布放POS机3台,为广大客户提供了良好的用卡环境。按照《普遍服务标准》的要求,确保营业时间、投递频次、服务范围、投递时限、投递质量"五达标";统一规范管理邮政企业普遍服务数据,掌握普遍服务真实情况,助力企业精准化管理,提升客户体验;加大服务监督检查力度,确保对乡镇邮政局所检查达到100%;做好规范交寄、规范存放、规范投递、规范培训、规范检查,确保机要通信保密安全万无一失。

【安全生产】 年内,扎囊县分公司认真落实好各项维稳和安全生产工作措施,集中精力,狠抓落实,以稳定促发展,以安全出效益为原则,积极、稳妥、有效地推进本县分公司各项事业发展。以车辆、资金、信息技术为重点,签订落实各项责任书,加强监督考核,组织开展防抢、消防演练、安全教育培训、综治、"双联户"管理、"金融知识进万家"知识宣讲等工作,加大安全防范设施建设力度,及时排查各类安全隐患,规避风险,提高防范能力。2020年,安全生产实现零事故目标。

【脱贫攻坚】 年内,扎囊县邮政分公司在注重市场与效益的同时,加大公益力度围绕全县中心工作,服务大局,尤其是在全县脱贫

10月26日,扎囊县分公司举办"党的十九届四中全会"知识竞赛

攻坚工作中，积极开展脱贫攻坚各项工作，同时认真开展好“结对帮扶”工作，助力和巩固扎囊群众脱贫，多次深入群众家中开展慰问，为群众脱贫出谋划策，彰显企业关系，树立邮政形象，主动承担社会责任，积极贯彻监管部门、总行、区邮储银行关于扶贫产业贷款的各项政策和要求，宣传扶贫产业贷款政策，将金融助力脱贫攻坚作为伐行普惠金融的重要抓手，积极助力打赢精准脱贫攻坚战。扎囊县分公司严格按照中国邮政集团有限公司“扛好邮政服务‘三农’、服务政府、服务民生大旗”的宗旨，以“工业品下乡，农产品进城”为使命，结合精准扶贫帮助老百姓在邮政电商平台代销各种农产品。2020年，累计网上销售松卡红土豆1450件，助力农民增收5.6万元，有效解决了农产品销售难、寄递难等问题，确保农村用户购物、销售全流程打通，真正做到了惠及民生，造福百姓。

（旦增曲珍）

【机构领导】

总经理

多吉次旦（藏族）

电信

【概况】 2020年，扎囊县电信局根据《加强农村日常网络维护，保障用户正常使用》调研工作安排，在区公司、山南分公司以及县委、县政府正确领导和大力支持下，扎囊县农村网络建设和网络优化方面进行投入大量的人力、物力和财力。

3月5日，电信技术人员通过添加天线达到4G加强信号效果

【网络建设】 年内，县电信局积极推进普遍服务工程后，全县行政村光宽覆盖率达到100%，提升了群众使用互联网服务的感知和口碑，更多的农村用户使用互联网业务，提升了新的经济增长点新的销售方式，2020年，实现了扎囊县3个乡、2个镇、62个行政村移动4G和光纤宽带覆盖率100%。

【组建乡镇服务团队】 2020年，扎囊县电信局组建了乡镇服务团队、网络维护人员、营业员、销售员。乡镇服务团队主要负责乡镇的营维一体化服务，为解决群众缴费难，维护难，业务咨询难，全年共对15名本地待业青年进行专业培训，对故障处理、业务咨询实现了当地能处理、当地能解释。

【业务发展】 2020年，电信移动用户数达到15478户，固定电话总数达到4983户，宽带用户总数达到5678户。总收入1011万元，较2019年同比分别增长16%、5%、25%，基本完成山南分公司下达的指标。

（扎西旺堆）

【机构领导】

电信局局长

扎西旺堆（藏族）

移动

【概况】 2020年，中国移动公司扎囊县分公司有7名员工，下有渠道点8家，有集团单位146家，共有97个物理基站、189个逻辑基站，行政村基站覆盖率100%。

【重视电普点位建设】 年内，扎囊县分公司利用现有电普点位建设政策，联合上级公司对扎囊县行政村家宽电普点位进行了100%覆盖,达到了“村村通网”的要求。针对信号较弱的村居,进行电普基站覆盖,保证用户使用感知。

【日常营销】 年内,扎囊县分公司针对营业厅客流量小、指标任务重等情况,组织全体员工利用下班和周末时间以地推、驻点、扫街等方式开展日常营销,有效地遏制了竞争对手态势和市场份额下滑的趋势。

【渠道服务】 年内,扎囊县分公司定期组织全县渠道商进行短板分析,针对短板开展渠道点服务能力培训和考核,对考核成绩优秀的渠道点进行奖励,渠道点服务能力有较大的提升。

【团队建设】 年内,扎囊县分公司以“幸福1+1”为主题,以提升团队的和谐气氛和生产实效为目的,开展班组户外活动,进一步缓解员工的工作压力,增强团队的凝聚力。

8月4日,移动山南分公司营业员给客户递送口罩,做好防疫工作

【安全生产】 年内,扎囊县分公司定期组织员工进行安全生产培训,认真推行安全生产责任制,定期对县公司各方面进行检查,安排专人对县公司存在的安全隐患及时上报并排除,做好重要节日值班工作,切实强化员工管理,确保公司安全。

(白玛卓嘎)

【机构领导】

经　理

白玛卓嘎(女,藏族)

11月9日,移动山南分公司技术人员割接基站数据

联通

【概况】 2020年,中国联合网络通信有限公司山南市分公司扎囊县营业厅(以下简称“扎囊县联通营业厅”)位于山南市扎囊县株洲路25号,主要覆盖区域为扎囊县城、各乡镇。有5名员工,其中党员2名,管理岗2名,下设2个服务网络中心,有自有营业厅1个在县城内,有1家代理商方便广大联通客户办理各类联通业务。

【网络建设】 年内,完成建设4G基站7个,投资210万元;扩容基站3个,投资3万元。配合县各单位线路搬迁12.3千米,投资25万元。2021年,计划建设县城5G基站6个,投资180万元;拉林铁路沿线建设基站8个,投资280万元。高速公路不忙基站3个,投资60万元。

【产品及业务】 年内,扎囊县联通营业厅业务范围有132、156、166、185、176、175号段"腾讯大王卡"以及"钉钉宝卡"等,"沃"品牌4G业务;4G、5G手机终端销售:固定业务FTTH数据传输专线接入、智慧工地、云业务、互联网专线接入,住宅及商务办公楼弱电集成。

【经营收入及服务】 年内,全县有移动用户3300户、固网用户180户,全年营业收入总额达到250万元。中国联通扎囊县分公司为了得到更好的客户感知实现网络全县覆盖,利用新年等重大节日开展覆盖面广、业务内容丰富、适合消费群体的各种优惠活动,并对大客户、老客户进行回访与维系和意见反馈工作,为全县客户服务及全网络服务奠定扎实基础。

【团队建设】 年内,扎囊县营业厅加强对营业人员全面管理,进一步梳理和优化工作流程,科学分工,强化服务意识,提升服务质量,对营业人员工作进一步细化,合理安排各项工作任务,要求营业人员学好各项业务知识,提高业务推广能力,加强工作效率和质量。加强财务管理,开源节流,以最小的支出换取最大的收益。

【机构领导】

经　理

旦　增

金 融

中国农业银行扎囊县支行

【概况】 中国农业银行扎囊县支行位于山南市扎囊县株洲路11号，成立于1995年7月1日。2009年10月，更名为中国农业银行股份有限公司扎囊县支行。服务面为县城及2个镇、3个乡、62个村。支行所辖6个营业网点，其中1个县支行营业室、5个营业所（均已实现电子化）。县支行在职员工40人，其中大学本科学历30人，占员工总数的75%；大专及以下学历10人，党员20人，占员工总数的50%。有党总支1个（扎囊县支行党总支），有党支部4个（县支行机关党支部、营业室党支部、吉汝营业所党支部和扎其营业所党支部）。根据业务性质设有会计、出纳、信贷、联行、代理国库业务等，主要经营存款、贷款、结算及代理人行、农发行业务。

4月13日，农行扎囊县支行着力推动线上扶贫商城特惠活动

【业务发展】 2020年，各项存款余额120852万元。其中，储蓄存款余额62861万元，对公存款余额57991万元。各项贷款余额73707万元。其中，涉农贷款50254万元，建档立卡贫困户1398户（5634人），其中符合发放贷款条件户数1139户（5078人）。截至年底，建档立卡贷款余额4669万元、935户。2020年，累计发放建档立卡贫困户贷款1823万元、369户，有贷款需求61户，贷款发放面达82.09%；个人消费贷款19553万元；对公贷款余额3521万元、13户。

【疫情防控】 2020年年初疫情发生后，农行扎囊县支行坚持从政治和大局的高度认识和抓好疫情防控工作，引导各级党组织以实际行动践行初心使命，充分发挥党组织战斗堡垒作用。在接到上级行和当地政府部门关于疫情防控有关通知要求后，第一时间成立应对新冠肺炎疫情防控工作领导小组，统筹协调疫情防控和应急处置工作，保障员工和客户生命安全。为解决医护人员后顾之忧，以“医护人员 15 条优惠金融服务政策”为指引，与县人民医院积极沟通协调，全力以赴做好“医护 e 贷”推广工作。

【推进金融服务“六稳”“六保”工作】 年内，成立重点项目领导小组，主动对接政府重大项目和重点工程，紧跟各施工单位项目进度和金融服务需求，积极营销对公存款的同时加强调查研究，了解小微企业经营现状。将金融助力脱贫攻坚作为首要政治任务，持续加大精准扶贫小额贷款发放力度，积极落实脱贫攻坚相关工作要求。年内，多次组织辖内各网点开展金融知识宣传活动，业务人员围绕金融精准扶贫政策、征信知识、现代化支付体系、助农取款服务、信用卡功能和特点及国债知识、防电信诈骗、反洗钱、非法集资、银行卡安全用卡知识等内容向广大客户群体进行了普及，进一步扩大了金融知识受教面，增强了广大金融消费者的风险防范意识。

【内部管控】 年内，召开职工大会和集中学习会议，组织全行员工学习关于违法违纪相关警示案例和《中国农业银行员工行为处理办法》等行内各项规章制，引导全行员工提高政治站位，强化政治担当，增强风险防范意识和合规操作的自觉性，努力营造依法合规、遵章守纪、廉洁经营、稳健发展的良好环境。牢固树立服务客户、服务基层的意识，深入基层网点，开展调查研究，与员工面对面开展谈心谈话、了解员工思想状况，切实帮助解决基层员工“急难愁盼”问题。紧紧围绕两级分行党风廉政建设工作部署，召开党风廉政建设和反腐败工作专题会议，部署全行党廉工作，引导员工积极树立爱岗敬业、诚实守信的工作信条，以高标准严要求约束自己；严格落实中央八项规定及实施细则精神，认真执行总行 35 条规定、自治区 40 条规定、西藏分行 33 条措施及相关廉洁自律规定，严肃政治纪律，强化整体素质。依法合规开展贷款审批、财务审批、人事任免和人员调整等工作，保质保量完成案件风险排查、员工行为排查、维护稳定、网点服务专项治理和县支行营业办公大楼原址新建项目的搬迁等工作。全年各项工作有序开展，未发生任何风险事件。

【党建工作】 年内，全行上下深入学习贯彻习近平新时代中国特色社会主义思想，牢固树立“四个意识”，坚定“四个自信”，做到“两个维护”，用心学习领会中共十九大和十九届系列全会精神、习近平系列重要讲话精神和中央第七次西藏工作座谈会精神，坚持党建工作和业务经营相融合。年内积极开展了“维护祖国统一、促进民族团结，旗帜鲜明反分裂”爱国主义教育、“不忘初心、牢记使命”主题教育、“两学一做”常态化制度化学习教育活动。扎实落实“三会一课”党组织生活制度和民主集中制，围绕党章党规、《中国共产党支部工作条例（试行）》、《中国共产党党员教育管理工作条例》等 4 个《条例》积极开展学习，强化党员理论知识水平；年内，党总支书记讲党课 2 次，将党建工作与业务发展、内控管理、安全生产、脱贫攻坚、服务客户有机融合，指导各网点将政治理论学习和业务稳健发展统筹推进；积极落实西藏分行“基层党建质量提升年”工作方案各项要求，组织党员集中学习《中国农业银行 2019—2023 年党员教育培训工作规划》，明确基层党组织清单式和党员积分制管理要求。强化员工学习主动性，利用业余时间定期组织员工开展集中学习和个人自学，实行学习情况周通报机制，结合“学习强国”“农银融媒”等平台，强化自身理论学习和武装，做到融会贯通学、持之以恒学，真正使之沉淀在血液里，植入灵魂中，做到思想上更加清醒、理论上更加成熟、政治上更加坚定。

【综合竞争能力】 年内，被中国农业银行评为“中国农业银行文明单位”；被西藏自治区精神文明建设指导委员会评为“第五届自治区文明单位”。

（张静宇）

【机构领导】

党总支书记、行长

张　东

党总支委员、副行长

曲　吉（女，藏族）

尼玛次仁（藏族）

刘金荣

乡镇概况

扎唐镇

【概况】 2020年，全镇有3个居民委员会、10个村民委员会、55个自然村、91个村民小组，有2060户8438人，劳动力人数4224人，可转移就业劳动力人数2602人，其中劳务输出人口5277人，占总人口的63%。劳务输出主要是季节性务工。村民经济收入主要来源于农牧业、手工业及劳务输出，全年共增收67945000元。民族手工业以编织氆氇、藏毯、制作陶瓷为主。全镇总耕地面积23413.5亩，主要种植冬小麦、青稞、油菜和土豆等。畜牧业有牦牛、黄牛、奶牛和绵羊。有草场236962.95亩，牲畜总头数17271头，其中牛5105头、羊12121只。肉总产量达248吨，奶产量达841吨。

2020年，全镇农村经济总收入达到20200.17万元，平均农村居民收入达15560.69元/人，人均现金收入达9336.42万元。产业结构得到优化，农牧民收入持续增加。其中，第一产业以种植业与牧业为主，收入总额达2953.34万元；第二产业是扎唐镇经济发展的推动产业，主要集中在工业和建筑业，收入总额达5506.25万元；第三产业以交通运输业、商业、饮食业、服务业为主，收入总额达11740.58万元。

【党建工作】 年内，扎唐镇召开5次党建工作专题会议、4次党建工作领导小组会议，专题研究部署党建工作。带头落实党建联系点制度，班子成员先后4次深入联系村开展调查研究，协调解决重点难点问题3个。召开全镇党建工作述职评议会议，17个党（总）支部进行述职，全年共组织各种理论学习50余次。以开办夜校等方式，组织开展村干部文化素质提升培训暨“双语”培训59期，提高村（居）“两委”干部的业务能力和综合素质。按照发展党员规定流程，严把党员“入口关”，按照5个阶段、25个步骤，坚持将政治标准放在首位，遵循“控制总量、优化结构、提高质量、发挥作用”16字方针，积极做好入党积极分子、发展对象的培养工作。2020年，发展党员16名，培养入党积极分子22名。积极开展党员示范岗、党员责任区、在职党员与困难群众结对认亲交朋友、慰问老党员困难党员等活动。同时，根据《关于推进标准化“八星党支部”创建工作的实施方案》，结合实际，13个村（居）评选六星级党支部12个、七星级党支部1个。坚持从“六个基本”抓起，扎实建设全面进步、全面过硬的基层党组织，健全完善“三会一课”、民主评议党员等党内组织生活制度。按照“一个示范点一个创建方案”的要求，积极谋划实施羊嘎居委会和白仲村党建示范点创建工作，全力培育打造基层党建示范品牌。全面整顿久麦村软弱涣散党支部，整顿工作成效显著。扎实推进“三包五带五促”活动，统筹制定“三包五带五促”片区分布图，镇机关26名在家党员干部，非党员干部职工周边商户群众34户69人。开展党的路线方针政策、习近平新时代中国特色社会主义思想等方面宣讲活动1440余

4月20日，扎唐镇召开民族团结进步示范区创建工作推进会

次，受教育群众5230人次，开展帮扶活动859次。突出场所作用发挥，结合扎唐镇实际，督促各村（居）落实好群众活动日制度，每月集中一天把党员群众集中到村委会，开展升国旗唱国歌、重温入党誓词、文艺演出、志愿服务等活动，真正让村委会逐渐成为凝聚人心、服务群众的坚强战斗堡垒。

【精神文明建设】 年内，围绕创建全国县级文明城市工作要求，引导群众打造新农屋、新庭院、新生活。深入开展"四讲四爱"群众教育实践活动，通过开展科教文化卫生法律爱国宣讲、典型人物故事宣传等活动，营造当先进、学先进、树新风的良好氛围。镇"四讲四爱"活动办每个阶段开展宣讲员培训工作，做到培训有工作计划、有宣讲工作通报、有宣讲工作重点。全年共开展宣讲62场次，累计受众11221人次。

【扫黑除恶】 年内，积极开展黑恶势力线索摸排工作，抓好扫黑宣传等工作。截至年底，镇综治办联合司法所、派出所深入村（居）、网吧、娱乐场所等共开展线索摸排22次，开箱5次，各村（居）联合驻村民警、联户长开展线索摸排87次，开箱91次。

【综治宣传】 年内，充分利用3月宣传月、6月宣传周和9月综治宣传日综治主题宣传活动，通过张贴标语、制作图板、发放传单、设立集中宣传咨询点等形式，开展工作。截至年底，在主要街道、路口、村（居）醒目位置悬挂宣传横幅19条，粘贴宣传标语28条，利用村内小广播宣传129小时，利用LED显示屏宣传屏宣传5次，共发放法律知识读本1000余册，法律宣传材料3500余份，提供法律咨询230余人次，开展"法律进乡村"活动2次，受教育人数达300余人次，开展"法律进机关"活动1次，受教育人数达30余人。采取定期或不定期的方式深入到各村进行排查、调处矛盾纠纷，全年共排查受理各类民事纠纷5起，调解成功4起，调解成功率80%。

【民政工作】 特困供养人员：2020年，全年特困分散供养人员兑现资金共3110315元，特困集中供养人员兑现生活补贴120900元。残疾人员：2020年，残疾人员两项补贴资金兑现557600元，残疾人员十大民心资金兑现605550元，精神障碍残疾人监护补贴每人标准2400元，11人共补贴26400元，无障碍改造每户标准3500元，4户共计14000元，残疾人办证补贴每人标准150元，3人共计450元。城乡居民最低生活保障：农村低保差额补贴共计315171.18元，价格临时补贴已兑现共计40557.28元，农村低保高龄人员每人标准600元，10人共计补贴6000元。城镇低保差额补贴共计48600元，价格临时补贴已兑现共计19289.16元。

【农牧工作】 年内，扎唐镇促进农牧工作稳步推进，做好2020年春秋两季重大动物疫病强制免疫工作。为精准应对新冠肺炎病毒影响，及时召开2020年动员部署会议，与各村（居）签订《2020年春秋两季重大动物疫病强制免疫责任书》，并发放疫苗，动物免疫率达到100%。2020年，全镇未发生任何重大动物疫病；扎实做好2020年建立草原生态补助奖励机制工作，通过市、县验收组的验收，共兑现草畜平衡奖励资金457704.65元，收益户数1868户；严格落实2020年农田病、虫、草、鼠害防治工作，农牧服务中心工作人员走村入户了解农作物生长情况，与农牧民积极沟通，施策于民；扎实推进2020年农业机械购置补贴工作，全年共购置160台农机，农机购置补贴资金共258610元（国家补贴216210元、省级补贴42400元），143户受益；继续抓好黄牛改良工作，安排专人多次深入村（居）宣传政策，督促各村（居）做好房屋、器材、配种登记工作，协助县农牧局对各配种员进行规范的技术培训，保证怀胎率，确保将黄牛改良工作做到实处；加大对各村（居）农牧科技特派员、农牧技术人员及兽医的培训力度。镇党委、镇政府高度重视农牧科技培训工作，多次协助县农业农村局对农牧科技特派员、农牧技术人员及兽医进行农牧技术、农机及良种推广等培训，并兑现农牧科技特派员生活补贴12万元；扎实开展乡村振兴及农村人居环境综合整治工作，开展“厕所革命”工作，镇农牧服务中心工作人员多次深入村（居）宣传“3355”工作法、“十小进农家”，检查指导改厕进度。2020年，全镇共7个村（居）、753户完成改厕。

【转移性就业及就业创业工作】转移就业工作：2020年，扎唐镇劳动力人数4224人，可转移就业劳动力人数2602人，年初成立扎唐镇农牧民转移就业工作领导小组。截至年底，转移就业人数2737人，完成目标任务（人）的105%，创收1606.94万元，完成创收任务（万元）的100%。2020年，扎唐镇有11个务工连队，带动168人，创收710万元。开展4期技能培训，培训人数71人，其中建档立卡户12人（久麦多吉乐美氆氇手工业合作社民族手工业技能培训培训人数20人，其中有4个建档立卡户；施贡村农民传统氆氇专业合作社氆氇编制培训15人，其中建档立卡户2人；扎囊县旭日氆氇产业发展有限公司氆氇编制培训15人，其中建档立卡户2人），有6人参加山南市第二期装载机职业技能培训。

高校毕业生就业创业工作：扎唐镇2020年应届高校毕业生共有123人，全部就业。年初成立镇高校毕业生就业创业工作领导小组，采集应届高校毕业生就业创业信息登记表（一人一档）；开展高校毕业生结对帮扶工作，联系帮扶毕业生了解就业意向并宣传高校毕业生就业创业相关政策；宣传高校毕业生就业创业相关政策16次，受众学生220人、受众家长150人。

【党风廉政建设】年内，扎唐镇开展专题廉政党课、组织党员干部收看廉政教育警示片3次，开展《画说政治纪律》漫画手册等活动。镇纪委以党风廉政教育宣传月为契机，整理出10件违纪违法典型案例，翻译成藏文，让各村（居）农牧民党员看得懂、知敬畏、存戒惧、守底线。在重大节日期间开展监督检查，就全镇干部职工禁酒禁赌、奢侈浪费、廉洁过节等情况开展监督检查50余次，未发现问题。在公车管理方面，坚持“谁带车谁负责签字”的原则，坚决杜绝公车私用问题。根据各类巡视巡察提出的问题，从领导班子抓起到各办公室进行监督检查，将巡察整改相关资料装订成册，有效提高了整改工作的真实性。镇

7月1日，扎唐镇开展参观廉政教育活动

纪委组织干部开展“厉行节约、反对浪费”倡议活动，对机关食堂和各村（居）5 所双语幼儿园食堂就餐情况开展监督检查 20 余次，及时提出有效措施。重点领域监督检查情况：镇纪检委深入阿嘎村开展砂料取料点监督工作，让项目资金阳光化运行，截至年底，共发现 3 项扶贫领域问题，已整改。围绕脱贫是否精准、“两不愁三保障”、岗位资金及各项惠民资金的落实等进行检查，共入户调查 20 余次，对扶贫资金兑现进行 2 次监督，未发现违纪违规行为。

12月1日，扎唐镇组织开展志愿者活动

【脱贫攻坚】 年内，根据县脱贫攻坚指挥部通知文件要求，镇扶贫办牵头深入各村（居）入户摸底调查贫困户家庭情况，通过实施生态扶贫工作，拓宽贫困户增收新路子，有效地激励贫困户主动脱贫的信心，共安排生态岗位 573 人，其中建档立卡 258 人、低收入 305 人、低保户 10 人。围绕各级各类监督检查、考核评估发现的问题，多次进村入户督导村（居）整改工作，有序开展第二批易地扶贫搬迁工作，根据前期摸底的情况，镇扶贫办入户签订搬迁协议，对搬迁群众宣传搬迁政策，做到了搬迁户“搬得出、稳得住、能致富”。扎唐镇易地搬迁户 18 户 67 人已搬迁入住完毕，按照自治区安排的扶贫手册、信息系统、明白卡“三一致”的要求，组织工作人员深入 13 个村（居）认真排查核实扶贫手册中基本信息及收支情况，对贫困户扶贫手册中出现问题举一反三、一一核实，做到了扶贫手册与系统、明白卡“三一致”，全面落实“两不愁三保障”工作。2020 年，扎唐镇与县住建局深入 13 个村（居）入户排查贫困户住房安全情况，对发现存在的安全隐患，第一时间安排重新改造房屋。同时，积极与县水利局衔接沟通，对木那村、扎唐居委会、久麦村 4 个饮水项目重新规划，新建维修，饮水项目全部已完工。疫情发生后，立足全县氆氇产业，提出“每户都必须有一台氆氇机、每台氆氇机不能空闲一周以上、每台氆氇机每年创收一万元以上”的要求，对没有氆氇架的 19 户农牧民群众发放氆氇架，按照县委要求，建档立卡户每架收取 200 元、非建档立卡户收取 500 元，备战迎检工作，第一时间组织工作人员深入各村（居）督促填写 2020 年扶贫手册，整理五年以来各类台账资料整理工作，做到资料齐全。同时，结合中央第七次西藏工作座谈会精神宣讲活动，向贫困户宣讲扶贫政策知识，落实培养政策明白人的攻坚要求，努力提高群众满意度。年初，扎唐镇建档立卡贫困户 186 户 583 人。截至年底，建档立卡贫困户中减少 11 人（均为死亡，其中整户减少 6 户 6 人），增加 11 人（其中迁户 3 人、新生儿 8 人），现全镇建档立卡贫困户 180 户 583 人，已在系统中进行增减。根据县脱贫攻坚领导小组第七次会议要求，扎唐镇组织扶贫办工作人员深入涉及的村（居），部署旧房拆除工作，通过入户宣传易地搬迁旧房子拆除工作，完成易地扶贫搬迁拆旧复垦复绿工作。

【教育工作】 年内，扎唐镇积极主动开展大学生资助工作，确保大学生得到各项资助，进一步维护教育的公平、公正，为做好 2019—2020 学年建档立卡大学生资助，根据自治区要求，按照名单收集区外高校建档立卡大学生在校证明。截至年底，该工作及非建档立卡大学生在校证明收集工作已完成。疫情防控工作启动以来，要求学生必须及时报备并详细做好学生返藏登记，同心协力构筑一道“健康墙”。

（次仁卓嘎）

【机构领导】

县人大常委会副主任、镇党委书记
赵　永

镇党委副书记、镇人民政府镇长
嘎玛顿珠（藏族）

镇党委副书记、人大主席
索朗巴珠（藏族，12月免）
普布次仁（藏族，12月任）

镇党委副书记
娥　玛（回族）

镇党委委员、纪委书记
洛桑卓嘎（女，藏族）

镇党委组织委员
任建梅（女，12月免）
陈传荣（女，12月任）

镇党委宣传委员
徐若悠（女）

镇党委政法委员、政府副镇长
鲜　松

镇党委委员、武装部部长
洛桑次瓦（藏族，12月免）
马建强（12月任）

镇党委统战委员、政府副镇长
桑杰多吉（藏族）

镇党委委员、扎唐镇派出所所长
土登念扎（藏族）

镇人民政府副镇长
江　白（藏族，12月免）
旦增欧珠（藏族，12月任）

镇司法所所长
贡觉曲珍（女，藏族）

桑耶镇

【概况】 桑耶镇位于扎囊县北部，东临乃东区多颇章乡，西临阿扎乡，南临扎其乡，北临拉萨市达孜区，地处藏中核心经济区和雅江沿江城镇密集带上，地形地貌以高原盆地、河谷谷地地形为主，平均海拔3580米，镇人民政府驻地桑耶居委会，海拔3570米，辖区面积823.71平方千米，下辖2个居委会、7个行政村、28个组。2020年，全镇有1291户，户籍人口5434人。2020年，桑耶镇总编制为62名，实际干部职工59人，党员52人，其中行政编制29人、事业编制24人、工人6人、公益性岗位5人，政府购买岗位大学生3人，其中研究生学历1人、大学学历33人、大专学历15人、高中学历1人、初中以上学历17人，现有领导职数13名。

【经济发展】 根据2020年国民经济统计年报，桑耶镇实现农村经济总收入13531.88万元，农牧民人均纯收入完成19046.61元，人均现金收入达到11427.96元，劳务输出人数1500人，劳务输出总收入927万元，年村集体经济收入达1679.86万元。完成播种面积12446.7亩，粮食产量3284.88吨，青稞播放面积6561亩，青稞产量2172.99吨，油菜产量272.45吨，肉、奶类产量286.18吨、972.04吨，牲畜存栏15767头（只），出栏5235头（只），出栏率、成活率、死亡率分别为34%、98%、1.2%。受2020年新冠疫情影响，全社会固定资产投资、财政收支社会消费品零售总额、金融机构存款余额较2019年下降，城镇调查失业率、城镇新增就业、居民消费价格涨幅控制在合理范围内。同时，能耗、碳排放强度和污染减排指标控制在国家核定范围内。确保春耕生产所需的种子、化肥、农药等

6月23日，桑耶镇开展“扫黑除恶”、安全生产知识宣传

农资运输畅通，同时动员农民在做好个人防护的前提下，有序下田、分时下地、分散干活、不误农时，全镇青稞、小麦、油菜均及时播种，切实做到一手抓疫情，一手抓生产，确保农业生产工作有序推进，未出现因疫情而停滞农牧业生产等情况。

【重点产业】 桑耶镇的重点产业有中国烟草扎囊县植物种苗繁育基地、西普车厘子种植基地及农业观光产业示范园、江平农业现代农牧业生物基质基地、亿利资源集团生态治沙、扎囊县藜麦产业扶贫种植基地、扎囊国家沙漠公园、扎囊县矮化苹果种植、岷山酒店等项目。

【脱贫攻坚】 年内，桑耶镇以“两不愁、三保障”为抓手，召开10次会议研究扶贫工作，完成交叉检查、巡视、巡察、暗访等迎检工作；同时，加强返贫监测，更新调整生态补偿脱贫就业岗位；自新冠疫情以来，全力克服疫情影响，抓好抓实贫困群众的增收工作，采取超常规的举措，群众人均增收3500元以上；稳步推进易地搬迁后续帮扶安置工作，4次“以买代帮”落实帮扶资金8.5万元；开展扶贫领域突出问题专项督查18次。重点围绕中央扶贫巡视“回头看”、大督战大排查、市纪委扶贫监督检查反馈问题、县脱贫攻坚监督检查反馈整改情况进行监督检查。

【疫情防控】 年内，桑耶镇将做好疫情防控工作作为头等大事来抓，多措并举开展疫情防控各项措施，成立工作专班，各村（居）成立疫情防控工作领导小组和群防群治“三支队伍”，严格封闭管控。对9个行政村和地区交界处均实施封闭管控工作。对疫情重点地区返乡人员及其密切接触者进行全覆盖、地毯式、滚动式摸排，落实发热人群管理，要求镇区药店实施购药实名登记，实行全民测体温，重点筛查发热人群。精准实施流调工作。对发热病人全部实行流调前置工作，重点管控密切接触者，保障居民日常生活，专门开设微信公众号“微服务”平台，设立绿色通道解决广大群众的需求。保障蔬菜市场供应充足、价格稳定、卫生安全，全力稳住百姓“菜篮子”，负责留观点工作人员用餐保障工作，有力保障群众生活需求，自愿向疫区捐款。结合主题党日活动，召开“疫情无情、人间有爱、大爱无疆”的捐款活动，捐款达15.69万元。

10月23日，桑耶镇普查人员开展2020年度国民经济统计工作

【维护稳定】 年内，桑耶镇严格履行属地管理责任，全面加强对桑耶寺、青朴沟、加气加油站、水库的巡逻排查，完善值班备勤工作，实现了“三不出、三稳定”；针对重点信访案件主动下访约访，为群众合理诉求，积极出谋划策，争取合法权益，解决昌都市“三岩”片区11户88人搬进后出现的系列纠纷问题，同时协调兑现拖欠民工工资、机械运输费共计589万元的信访问题；结合企业复工复产安全生产大检查专项行动，先后9次深入一线检查安全生产，签订安全生产责任书，汛期成立防汛抗旱党员巡逻队发现并化解安全隐患17起；强化调查摸底，深挖涉黑涉恶线索，对各类线索统一建档，提高核查质效，加大与各部门的相互协作，建立健全合力打击扫黑除恶的长效机制。

【生态环保】 年内,桑耶镇结合十小进农家和“3355”工作法,开展环境卫生集中整治、农村改厕和除“四害”以及全域绿化植树造林等活动;深入开展环境整治,严守生态红线。积极做好饮用水源地的整改、城乡环境卫生大整治、畜禽禁养区畜禽养殖场清理整治等工作,全力配合建设乡镇污水处理站、垃圾填埋场等基础设施;全面落实“河长制”,加强饮用水源地保护力度,推动节能减排;坚持不懈抓生态宜居美丽乡村建设,开展农村人居环境整治工作,推进农村“厕所革命”;严格执行河长制和“五清”行动,加强饮用水源地保护,守护绿水青山。

【招商引资】 年内,桑耶镇以泽贡高等级公路、拉萨山南一体化、沿江百亿产业走廊、幸福家园、拉萨山南快速通道等建设项目为契机,借助区位优势和资源禀赋,协调株洲市第九批援藏工作队、县发改委在招商引资推介会、交流考察活动推动招商引资工作,积极对接有意愿的公司项目,建立完善招商引资项目与贫困户的利益联结机制,重点扶持发展特色优势产业,带动实现增收,为乡村振兴战略夯实基础。

【项目建设】 年内,桑耶镇结合美丽乡村建设,加快建设完成村内道路硬化和房前屋后的道路硬化,统筹推进饮水安全、危房改造、易地扶贫搬迁、水利养护工程等。上半年,经济发展与项目建设工作因疫情受到较大影响,桑耶镇成立企业用工调度工作领导小组,有力复工复产。配合县直部门做好基础设施建设项目复工工作,协助开展搬迁点和幸福家园复工的同时,做好林业、农牧、交通、教育等部门项目前期工作,如江北老路绿林工程、S5隧道项目、洛村矮化苹果、松卡社区花椒项目、桑耶车厘子第二期建设。

9月30日,桑耶镇组织机关干部开展人居环境整治志愿服务活动

【社会民生】 抢险救灾。2020年8月16日,松卡沟的暴雨导致山洪暴发,镇党委、镇政府第一时间组织镇村180多名党员干部灾后自救,投入灾后恢复重建资金82万元进行灾后重建与恢复生产;加大基本民生保障。城乡居民医疗保险、城乡居民养老保险参保率100%;落实农村五保户供养、农村居民最低生活保障、残疾人两项补贴等兜底政策,推进劳动转移就业,就业创业培训开展2期,基本完成县政府下达的转移就业人数和增收目标。丰富群众精神文化生活。发挥新时代文明实践站作用,组建文艺宣传队,利用镇文化活动广场引导群众传承弘扬民族文化,推动乡风文明建设,全年开展群众性文化活动70余场次,高质量举办了果谐文化节和松卡卓舞文化节,实现了文化育民、文化乐民、文化富民的目标。

【基层党建】 年内,桑耶镇坚持“党要管党、全面从严治党”的工作总方针,全面推进从严治党在基层落地落实。党委自身建设不断加强。始终发挥党委统揽全局、协调各方的领导核心作用,全年召开党委会33次,研究事项80余件,开展主题党日活动123次,带头讲党课2次,党员“三包五带五促”工作开展153次;落实党建工作责任制。规范“三会一课”、党员发展、档案管理、村级“四议两公开”等党内基本制度,全年新发展党员9人,开展专题研究党建工作5次,召开基层党建述职评议考核会1次。建立党支部

7月29日，桑耶镇农牧工作人员核查土地农作物

联系点制度，开展党员政治教育培训3次，以村组织换届为契机开展4次班子运行情况调研，形成了专题调研报告2份；强化基层组织阵地建设。开展村级组织活动场所功能提升，创建评选“十星党支部”，投入80余万元重点打造松卡社区和桑普村村级组织活动场所“双提升”党建示范点，督促各村（居）完成“六个基本”建设；对2020年评定为软弱涣散的桑普村积极开展帮教，针对党组织建设突出的3个问题提出6条整改意见，有力推动了整治目标。

【党风廉政建设】 年内，桑耶镇强化党风廉政建设目标考核责任制，坚持年终述职述廉，开展民主评议活动，做到从源头预防腐败。认真落实中央八项规定和整治“四风”问题要求，对干部职工上下班、驻村工作队在岗及工作开展等情况督导十余次。定期开展党风、党性、党纪和廉洁从政教育，签订《党风廉政建设目标责任书》，组织十余次条例准则、案例通报、廉政教育片专题学习，严守政治底线和纪律红线。

（江焕帅）

【机构领导】

县委常委、桑耶镇党委书记
　　索朗多布杰（藏族）
镇党委副书记、镇长
　　郑　疆
镇党委副书记、人大主席
　　尼玛顿珠（藏族）
镇党委副书记
　　索朗多杰（藏族）
镇党委纪检书记、监察室主任
　　吴华丽（女）
镇党委组织委员
　　洛桑曲珍（女，藏族）
镇党委宣传委员
　　贵桑德吉（女，藏族）
镇党委统战委员、副镇长
　　旦增伦珠（藏族）
镇党委政法委员、副镇长
　　平措顿珠（藏族）
镇党委委员、武装部部长
　　欧珠顿旦（藏族）
镇党委委员、派出所所长
　　扎　西（藏族）
副镇长
　　唐　悦（女）
镇司法所所长
　　边　久（藏族）
农牧服务中心主任
　　罗桑普赤（女，藏族）
后勤服务中心主任
　　旦增央吉（女，藏族）
镇文化站站长
　　索朗德吉（女，藏族）

吉汝乡

【概况】 吉汝乡地处扎囊县城以南约13千米处，与浪卡子县、措美县、琼结县相邻。全乡总面积394平方千米，下辖20个村、112个村民小组，现有农牧民群众1959户9946人，总耕地面积18279.77亩，人均耕地面积1.83亩。2020年，推广青饲玉米223.9亩，推广“喜拉22”号1800亩；全年发放尿素、二铵、复合肥等5020袋251吨，折合资金27.064万元；全年完成牲畜免疫接种21164只（头），其中牦牛1540头、黄牛5073头、绵羊及山羊14551头，完成黄牛改良1365头，发放饲料5吨。粮食总产量4624.86吨（其中青稞产量3673.83吨、小麦产量951.03吨），油菜籽221.12吨；牲畜总数19860头（只），其中大畜5533

只、小畜14327头(只),牲畜存栏2473头(只),农牧业生产稳定增长。乡境内有完小2所(吉汝完小教师35人,在校小学生456人,幼儿园学生50人;雪拉完小教师24人,在校小学生249人,幼儿园学生77人),教学点6处,在校生140人(岗白10人、热正岗18人、格普16人、卓玉52人、夏如13人、沙布31人)。全乡在校大学生446人(其中2020年计划内新增100人,往届319人;计划外27人),建档立卡内大学生144人。2020年,党总支8个(村级7个、机关党总支1个),党小组83个,党员共996人(其中农牧民党员940人、机关党员56人,预备党员6人)。

【经济指标完成情况】 2020年国民经济统计:2020年,农村经济总收入17705.36万元,同比增长9.85%(其中第一产业2129.83万元,同比增长4.8%;第二产业5765.26万元,同比增长4.6%;第三产业9810.26万元,同比增长14.4%);人均纯收入12111.87元,同比增长12.01%;人均现金收入7267.12元,同比增长12%;外出务工3568人次,收入6260.325万元,同比增长8.5%。

【经济发展】 技能培训促增收。年内,吉汝乡积极选派贫困户参加汽车驾驶、装载机驾驶、挖掘机驾驶、厨师、施工队技术人员、木工、精品氆氇编制等技能培训活动。全年培训技术人才300余人,并以务工联队形式组织外出务工,全年外出务工3568人次,务工收入达6260.325万元,大幅度提高了农牧民群众的现金收入。产业项目促增收。吉汝乡以阿玉岗村民族传统手工业、扎西林村邦典和热正岗扎染等民族手工业为抓手,积极争取资金发展民族手工业,把产业项目做大做强,帮助农牧民群众增收,产业项目带动贫困户86人,实现人均增收4000～5000元;采取"走出去"方式促增收。县农贸市场扶贫创业楼为20个村增加集体经济收入209万余元,为各村增加集体经济收入10万元。

【国家政策落实】 年内,吉汝乡及时开展低保、五保和贫困家庭入户调查,多次宣传惠民政策,及时兑现发放五保户资金33万元;残疾"十大民心"两项补贴资金168.12万元;临时救助困难家庭资金7万元;兑现应急返贫资金31万元,兑现生态岗位资金443.625万元,大学生补贴289.9万元,落实联户长工资42.288万元,先进双两户奖励资金19.61万元。兑现政策性农业保险理赔185.88万元,兑现野生动物肇事保险赔款5.6万元。各项强农惠农政策资金的落实兑现,使广大农牧民群众得到了实惠,真正感受到党的温暖。

【项目建设】 年内,吉汝乡大力发展藏鸡、藏猪、奶牛养殖,规范引导卓普藏式辣椒生产以及氆氇初加工。按照"民办、民营、民受益"的原则进行经营,解决贫困人口就业,拓宽群众增收渠道。吉汝乡特色经济一方面可以促进当地经济多元化发展,另一方面可以解决当地部分剩余劳动力就业,同时辐射到周边群众,使农牧民经济收入大幅度提高。阿玉岗村富民养殖专业合作社为12名贫困人员解决就业,每人每月工资3500～4500元,年均工资5万元

12月22日,县人大常委会副主任、吉汝乡党委书记达娃在念萨村农牧民家中查看饲料储备情况

左右。同时,每年对30户贫困户进行带动养殖扶持,扶持资金6万余元,该合作社2020年销售总收入达180万元,年纯利润达20万元。格色村藏猪养殖基地为3名贫困人员解决就业,每人每月管理收益600元,2020年纯利润达6万余元。卓普村藏式辣椒厂为8名贫困人员解决就业,就业人员每月工资2400元,2020年纯利润达2万余元。格普村大力发展藏药种植,年内种植藏药120亩,为15名贫困人员解决就业,每人每月工资3400元,2020年纯利润达30万余元。

【科教文卫】 年内,吉汝乡高度重视教育工作,全面实行“三包”制度,完善控辍保学工作。2020年,乡党委、乡政府多次组织人员上门劝学,想尽办法做思想工作,成功劝返辍学生4名。农村幼儿教育由少到多,已开办幼儿园教学点8个,适龄儿童入学率达到100%。教学质量在5个乡(镇)中名列前茅,吉汝完小和雪拉完小荣获2020年小学毕业统考绩效第一名和第二名,并获得汉语文优秀教研组、藏语文优秀教研组和平安校园的荣誉称号。吉汝双语幼儿园连续两年被评为优秀双语幼儿园,夏如幼儿园荣获市级优秀幼儿园称号。吉汝乡政府人员在“六一”儿童节、教师节日期间,前往学校进行慰问,给师生们送去了温暖,鼓励师生们要勇攀新高,继承发扬吉汝乡重教、兴教、爱教的优良传统,进一步推进义务教育均衡发展。

吉汝乡卫生院于2020年11月12日正式投入使用,吉汝乡医疗卫生事业得到全面提升,全乡住院分娩率达100%,婴儿死亡率为零,大病统筹、大病救助等医疗保障能力全面提升。

吉汝乡文化站狠抓文艺活动培训工作,组织全乡20个行政村成立了村级文艺演出队,投入专项资金40万元,并邀请县文广局专业人员对村文艺演出队进行培训指导。通过培训指导,村级文艺演出队专业水平大幅度提升。吉汝乡积极开展乡第四届“新时代·阿布文化节”、文艺队汇报演出、红歌大赛等文化活动,丰富了农牧民群众的精神文化生活,进一步表达了吉汝人民对美好生活的向往以及对党和祖国的热爱。

【基层组织建设】 年内,吉汝乡党组织以集中学习、书记上党课、交流研讨、微信课堂等形式开展学习活动共600余次,全乡党员参与度达95%以上。乡党委开展2期党建专题培训班,培训村干部、第一书记和乡村振兴专干共100余人次。2020年,共召开党委会议30余次,其中专题研究党建工作17次,部署全乡党建工作,明确党建工作目标,细化工作任务。乡党委严格按照县委要求,联合上级组织部门,依照问题导向原则,制定整改方案,主要领导多次深入软弱涣散村居指导开展整顿工作。截至年底,2个软弱涣散党组织完成整顿,整顿效果明显,党员群众满意度均在95%以上。进一步完善村级活动场所标准化建设。乡党委严格按照“四性三化八个阵地”要求和县委“十个要求、“十四有+”要求,加强对村级组织活动场所规范化建设的指导,完善新建成的村级组织活动场所内部设施,组织文艺队带领群众,开展群众性文化娱乐活动,不断增强基层组织阵地作用和综合服务功能,进一步提高活

12月23日,吉汝乡党委副书记、乡长杨学平在吾隆村拉隆组查看道路修缮情况

11月12日，县中心医院吉汝分院新建综合楼挂牌仪式

动场所综合利用率。进一步发展村集体经济。乡党委牵头积极向上级争取村集体经济项目，2020年，为扎西林村邦典合作社、沙布奴牦牛养殖争取到项目资金各50万元，为进一步发展壮大村集体经济打牢了经济基础。严格落实“三包五带五促”工作。乡党委结合“乡镇干部进村入户”、“一包到底”、结对帮扶等工作，开展集中服务活动，推动广大党员干部更好地服务人民群众，教育引导党员群众更加紧密地团结在以习近平为核心的中共中央周围，充分拉近吉汝乡党群干群关系。强化党建工作联系指导。乡党委紧抓“党建基础年”这根工作主线，强化对各村党（总）支部落实“四议两公开”、“三会一课”、“主题党日”、发展党员和党员档案填写等基础工作的指导力度。截至年底，共指导村党（总）支部党建工作100余次，有效提升了各村党（总）支部基层党组织标准化建设工作水平。

【干部作风建设】 年内，吉汝乡纪委组织全乡干部职工集中观看了廉政警示教育影片《浮沉》《金手铐》《反腐追逃在西藏》等警示教育片；组织干部职工集中学习上级典型案例通报文件材料20余次，要求各村要充分利用微信公众号，广泛组织党员群众学习各类典型通报和模范典型先进事迹，做到示范教育和警示教育相结合，有力提高了村级党员干部的廉洁自律意识。组织党员干部签订《党员干部“不信仰宗教、不参与宗教活动承诺书》《廉洁自律承诺书》《党员不大操大办承诺书》等各60余份。为加强党风廉政建设责任制落实工作的领导，年初召开了党风廉政建设工作部署会，会上与各村签订了《党风廉政建设目标责任书》，确保了党风廉政建设责任制落到实处。结合包村工作对脱贫攻坚工作开展情况进行监督检查，重点对生态岗位安排及资金兑现情况、扶贫产业项目、易地搬迁等相关工作落实情况共检查30余次；在对上级巡视巡察发现问题以及各级指导组反馈问题整改情况进行监督检查十余次；开展违反中央八项规定精神问题自查2次，发现违规签批接待费1040元，已上缴国库。

【综治宣传】 年内，吉汝乡党委以3月综治宣传月、6月综治宣传周等活动为契机，通过设立咨询点、张贴标语、悬挂横幅等方式，大力宣传维护社会和谐稳定相关内容。全年累计发放各类宣传单4650余份，受教育群众达4500余人，进一步增强了广大群众的“我要稳定”意识。扎实推进“四讲四爱”工作。乡党委紧扣主题主线，严格按照自治区《宣讲提纲（2020版）》，坚持原原本本、原汁原味开展宣讲。截至年底，全乡共开展教育宣讲98次，受众9800余人次，使“听党话、跟党走，善团结、保稳定”思想深入百姓心中。

【安全生产】 7月，开展安全生产大排查活动，对全乡可能存在安全隐患的地点进行有效排查，做到早发现、早整改，保证汛期、秋收、道路、水塘安全。其间，组织专人下村宣讲安全知识40余次，发放安全生产手册80本、宣传画800张，制作水塘警示牌30余张。

【“扫黑除恶”“扫黄打非”】 年内，吉汝乡党委联合乡派出所深入全乡20个行政村，对各村居、重点群体开展“问题”和“苗头”的双重梳理和摸排，以询问驻村工作队、村“两委”班子，走村入户等形式开展涉黑涉恶摸排15次。2月、5月，组织开展“扫黄打黑”集中联合检查，组织乡强基办、文化站、派出所、村“两委”班子成员、驻村工作队、联户长、村民小组组长等人员参加，检查各类基本场所407家次、重点场所5家次，并对校园周边环境重点检查。

【机构领导】

县人大常委会副主任、吉汝乡党委书记
　　达　娃（藏族）
乡党委副书记、政府乡长
　　杨学平
乡党委副书记、人大主席
　　吾金单增（藏族）
乡党委副书记
　　朱忠奎
乡党委委员、吉汝派出所所长
　　朱军强
乡党委委员、纪检书记、监察室主任
　　玉　珍（女，藏族）
乡党委组织委员
　　萨甲顿珠（藏族）
乡党委宣传委员
　　泽仁曲西（女，藏族）
乡党委统战委员
　　旦　达（藏族）
乡党委政法委员、政府副乡长
　　潘博浩
乡党委委员、人武部部长
　　邓飞阳
乡人民政府副乡长
　　次　旺（藏族）
乡人民政府副乡长
　　次仁玉珍（女，藏族）
乡人民政府副乡长
　　格　桑（藏族）

扎其乡

【概况】扎其乡地处雅鲁藏布江南岸、101省道沿线，距离扎囊县城6千米，平均海拔3620米，总面积280平方千米。全乡下辖17个行政村，含34个自然村、92个村民小组，有2027户9215人，其中劳动力6691人。2020年，人均纯收入13692.12元，现金收入8215.27元。

草场面积31899.28公顷，林地面积78384公顷，总耕地面积1442.3公顷；农牧民群众主要经济来源为农牧业、手工业和劳务输出。当前农作物主要种植冬小麦、青稞、油菜和土豆等，畜牧业以养殖牦牛、黄牛、奶牛和绵羊为主，手工业以氆氇编织、加工和藏式木雕（虱雕）为主。2020年，农村经济总收入19350.96万元，比2019年增长10.51%；其中外出务工人员总收入5770.35万元。

全乡主要地貌类型以山地为主，拥有丘陵与冲积平原，境内东部、中部、西部均有山脉纵贯，海拔均在3500米以上，形成由西向东的扎其沟与朗塞岭沟。

全乡属高原温带半干旱季风气候，灾害性天气频繁，气候干燥，全年降雨量较少。年平均气温5℃，年最低气温-8℃、最高气温28℃。

全乡主要景观有敏珠林寺、朗赛林庄园。其中，敏珠林寺为藏传佛教宁玛派六大寺庙之一，由鲁梅·慈臣协绕创建于10世纪末，清康熙十五年（1676年），由宁玛派伏藏大师仁增·吉美多吉重建。寺庙坐西朝东，四面群山环抱，山清水秀，环境优美。寺内主要建筑为祖拉康佛殿，坐西向东，高3层，底层为大经堂。朗塞岭庄园始建于吐蕃王朝晚期，在

4月25日，扎其乡党委副书记、乡长庞伟深入贫困户家中查看脱贫情况

帕竹王朝时期形成，是西藏历史上最早的高层建筑之一。整座庄园建筑除7层主楼除外，有附楼、望楼、碉楼、花园、壕沟及林卡，以及农田、牧场、手工业作坊等附属建筑，是西藏封建农奴社会的一个重要历史见证。

【基层党建】 2020年，乡党委及时制定下发2020年党建工作要点、工作计划，细化分解任务，与所属党组织层层签订目标责任书，召开党委会专题研究部署党建工作6次，专题研究、部署全乡党建工作，推动党建工作责任制全面落实。开展党建集中督查3次，进一步压实党建工作责任。组织党员干部开展“党员双承诺”活动，认真签订“党员不信教”“厉行节约、反对浪费”承诺书，认真开展“三包五带五促”活动5次，进一步推动了全乡广大党员干部不忘初心、牢记使命，更好联系服务群众，充分激发党员干部先锋模范作用。严格遵循“控制总量、优化结构、提高质量、发挥作用”的“十六字”方针。扎其乡2020年新发展15名党员，15名预备党员转为正式党员。

3月6日，扎囊县政协副主席、扎其乡党委书记边巴次仁主持召开关于脱贫攻坚专题会议

【脱贫攻坚】 加强宣传教育。开展了以党、政主要领导深入各村各户带头宣讲，包村小组分全覆盖宣讲，以及驻村工作队、村“两委”大会小会讲脱贫，田间地头讲脱贫，走村入户讲脱贫的高频率宣传教育活动；做好数据核准工作。首先，完成贫困户家庭人员动态更新；其次，完成各级反馈的扶贫系统数据逻辑不清、空项、人员基本信息有误等问题；最后，按照扶贫系统数据、扶贫手册、明白卡数据“三一致”的要求，对数据及相关内容进行更新；做好各项监督检查整改工作。继续整改各级各类持续性整改问题，同时针对开展的大督战大排查及专项巡视“回头看”工作，扎其乡本着照单全收、对标对表、即知即改的原则，进行了全面的整改。“两不愁三保障”方面。扎其乡以高度负责的态度对全乡的饮用水水源点进行了排查；对群众房屋也进行了相应安全排查，对于有裂缝或安全隐患的房屋进行了及时地修补；对于无法正常上学的儿童开展送教上门活动；配合上级部门全面实施医疗保障工作。通过以上有力举措，扎其乡于2020年通过全国脱贫攻坚大普查工作。

【党风廉政】 年内，扎其乡始终坚持强化纪律规矩教育引导，组织党员干部集中学习党的理论知识、纪律知识和党的纪律条例20次。将违反中央八项规定精神列入纪律审查重点，持之以恒纠正“四风”，在全乡范围内积极组织开展加强党员干部政治纪律学习教育活动，对存在开展不到位的各村督促落实整改工作，使加强政治纪律教育活动在全乡党员干部和农牧民党员中做到全覆盖。同时，在全乡范围内严格开展“党员不信教、我做党员好榜样”活动，更加严肃党内政治纪律。积极开展警示教育活动，引导党员干部强化敬畏意识。组织深入开展“以案促改”“以案促教”警示教育，用身边人身边事，教育引导党员干部筑牢思想防线，提升党员纪律规矩意识。

【疫情防控】 年内，扎其乡党委、乡政府严格按照上级关于做好疫情防控工作的有关要求，坚决扛

10月15日，扎其乡党委、乡政府组织召开疫情防控工作部署会议

起疫情防控的政治责任，及时对全乡疫情防控工作进行了安排部署，积极组织扎其乡包村领导干部实施“五个到位”（人员到位、宣讲到位、关心关怀到位、管理到位、责任到位）。每天安排值班人员在主干道处设卡，对外来人员一一进行登记和体温检测，同时，每天督促村医对其他省市等地返村人员进行上门体温检测和跟踪监管，确保返村人员有人管理、有人观察，从源头上控制疾病的传播。以走访入户、广播、微信、宣传标语等途径宣传新型冠状病毒感染肺炎疫情防控知识，提升群众对疫情发展和防控重视程度，提高群众自我防护能力。

【农业发展】 全乡农业方面：总耕地面积2273.77公顷，落实粮食作物面积1840.47公顷，其中小麦808.21公顷、青稞1029.17公顷、豌豆3.09公顷。全年青稞产量5066.84吨、小麦产量4668.07吨、油菜产量332.55吨；牧业方面：扎其乡畜牧业以牦牛、黄牛、山羊、绵羊等养殖为主。2020年，全乡牲畜存栏总数20390头。

【政策落实】 年内，共安排生态岗位851名生态岗位（其中建档建卡贫困户448人、民政纯低保户46人、边缘贫困户357人），发放生态岗位资金151.0525万元；第一季度向46户151名低保户兑现资金84464.97元，第二季度向46户152名低保户兑现资金85748.88元，第三季度向45户150名低保户兑现资金84775.72元，第四季度向45户150名低保户兑现资金84775.72元；兑现五保户48人资金339456元；兑现草补资金706346.38元；兑现录取大学生资助资金362人共计254.6万元，其中计划内346人251.8万元、计划外16人2.8万元。

【社会民生】 年内，扎其乡完成新农合医疗保险金收缴工作，全乡参保率达99%，完成农村基本养老保险金收缴工作。通过入户调查方式，调查60周岁以上老人在世情况，完成60岁资格认证。同时，积极开展大学生就业工作，开展50余次转变大学生就业创业观念宣讲活动，发布十余条招聘信息，促进53名应届毕业生就业。

【综治双联】 年初，与17个行政村、1个卫生院、2个学校、2个寺庙管委会签订《2020年度社会治安综合治理和维护稳定工作目标责任书》，将综治工作目标、工作责任落实到了实处。同时，党政主要领导牵头深入各村、学校、寺庙，排查火灾、自然灾害、道路安全等存在的安全隐患排查10场次，已整治6次。乡党委召开社会综合治理工作专题会议3次。

【项目建设】 年内，扎其乡不断加大农牧业项目扶持力度，创新工作方式方法，加大农牧业资金投入，提高农业农村发展质量。扎其乡以孟卡荣村、藏仲村为代表，发展种植业，采取“良种引进，优质高产”的路子，大力支持农业科研所的试点工作，通过科研渠道引进优质的小麦等新品种。在其基础上，继续扩大良种种植面积，努力培育优质高产基地。扶持以德吉新村、藏仲村为主的养殖业基础上，积极整合资源、筹备充堆村活畜交易市场相关工作。开展高标准农田建设项目。在县农业农村局的安排下，在扎其乡朗赛岭村、申藏村、热瓦村近2000亩耕地上开展高标准农田建设项目，乡政府分管领导多次实地查看项目进展情况，积极于施工方协调，确保项目的开展。

【社会稳定】 年内，扎其乡认真开展扫黑除恶、打非治乱专项治理行动，工作人员大力宣讲扫黑除恶政策知识。4月，扶贫包村小组下村开展扶贫工作的同时，充分利用入户的时机跟农牧民宣讲扫黑除恶知识，并现场发放宣传手册。截至年底，扎其乡向农牧民群众累计发放了扫黑除恶宣传资料1000余份，在全乡主要道路和各行政村显著位置悬挂横幅10余幅，张贴海报30余张。乡政府设立LED电子显示屏1个，以滚动模式播放扫黑除恶宣传标语。

坚持定期对各个村居开展矛盾纠纷隐患排查，发现苗头，及时化解，完善了人民调解、行政调解、司法调解“三位一体”的“大调解”工作体系，形成了动态排查机制，完成村居活动场所标准化建设的村委会均设立了温馨调解室，17个行政村成立村（居）人民调解委员会组织机构，切实把矛盾纠纷化解在基层，化解在萌芽状态，确保“小纠纷不出组、大纠纷不出村、疑难纠纷不出乡”。

【生态环保】 年内，扎其乡召开环保专题会议3次，大力开展农村人居环境卫生整治工作，实行分包责任制网格化管理，按照县委提出的“3355”常态化要求，通过广播、宣传栏、会议、入户宣传、微信等多种形式，教育群众改变柴草杂物乱堆、垃圾乱倒、畜禽乱跑等不良习惯，张贴环保标语40条，限塑标语20条，发放治理“白色污染”倡议书200余份，发放环保袋1000多个，大力提高人们环境卫生意识，引导群众自觉维护乡村环境。每月各村开展2次以上卫生整治活动，并将其写入村规民约中，并以全县开展“六大”环境专项整治为契机，以治脏、治乱为抓手，重点整治了全乡范围内村庄、道路、河床、垃圾池周边的“白色垃圾”旧经幡、旧哈达等。11月，全乡范围内开展了村庄清洁工作评比，营造了人人参与、争当先进的环保氛围，逐步实现了全乡卫生管理规范化，确保乡容村貌更加干净整洁，人居环境进一步提升。

（史重涛）

8月10日，扎其乡组织开展“迎西藏自治区成立55周年”暨扎其乡行政村文艺演出队乡级汇报演出

【机构领导】

县政协副主席、乡党委书记
边巴次仁（藏族）

乡党委副书记、乡人民政府乡长
庞　伟

乡党委副书记、乡人大主席
吉米念扎（藏族）

乡党委副书记
普布次仁（藏族）

乡党委政法委员、政府副乡长
平措次仁（藏族）

乡党委委员、纪检书记
索朗卓嘎（藏族）

乡党委宣传委员
李孟芸（女）

乡党委组织委员
马自贞（女）

乡党委委员、武装部部长
陈俊宇

乡党委统战委员、政府副乡长
巴桑次仁（藏族）

乡政府副乡长
次　多（藏族）

阿扎乡

7月9日，阿扎乡党委书记孟再波在江津片区组织开展“三包五带五促”活动

【概况】 阿扎乡地处雅鲁藏布江中游北岸，居扎拉山南坡，地势北高南低。面积248平方千米，位于县驻地西北，与县城隔江相望，东接本县桑耶镇，西邻贡嘎县昌果乡，北抵拉萨达孜县。最高海拔5585米，最低海拔3459米，平均海拔3600米，处于北纬29°21′、东经91°16′。阿扎乡是农牧并重、农业为主的小乡，全乡下辖3个行政村、13个自然村、57个双联户、1个派出所、2个寺管会、1所卫生院、1所完小（阿扎完小）、3处教学点（阿扎、章达、江津）。全乡共有592户2578人，脱贫户144户609人，享受生态岗位补偿329人；残疾人160人，五保户23人，其中集中供养21人；低保户10户30人。阿扎乡党委和乡政府于2016年进行换届，2020年共有35名在编人员（其中行政编制20名、事业编制14名、工人1名），其中驻村干部6名（3名第一书记）。

阿扎乡农村经济总收入6434.08万元，平均农村居民纯收入达16510.46元，人均现金收入达9906.28元。全乡耕地总面积6520.5亩，草场面积263796亩，粮食播种面积5048亩，其中冬小麦1358亩、春青稞2163亩、油菜380亩、蔬菜304亩，其他作物92亩。实现粮食总产量1714.95吨，牲畜存栏达19052头（只、匹）。农业主要种植冬小麦、青稞、青饲玉米、油菜、土豆等。工业以民族手工业为主，有轻纺（编制氆氇）、编筐等。旅游资源和矿产资源十分丰富。乡境内有扎央宗溶洞、宗贡布溶洞、查色寺等旅游景点。矿产资源主要有铜、铁、大理石等。

【脱贫攻坚】 年内，阿扎乡脱贫户144户609人，享受生态岗位补偿329人，其中重点生态公益林护林员239人，草原监督员57人，城镇保洁员和环境监察员26人，村级水管员3人，地质灾害巡视员1人，旅游厕所保洁员3人。2020年，完成易地搬迁12户50人。

【农牧林发展】 年内，阿扎乡科学调整种植业结构，合理调整粮、经、饲比例，制定农业综合开发规划、“一乡一策”和“一村一品”等，建立人工种草、青饲玉米、生态林等基地，基地建设成效显著。全乡粮食播种面积5048亩，其中冬小麦1358亩、春青稞2163亩、油菜380亩、蔬菜304亩，其他作物92亩。认真落实草场承包责任制，开展基本草原划定工作，兑现草畜平衡资金370384.63元，纯牧户保底政策资金158400元，天然草原监督员补助资金32400元。春季动物防疫疫苗完成8544头（只），其中牦牛3414头、牛（黄牛）2571头、羊（绵羊）2490只、猪60头，免疫率达到100%，全乡未发生任何重大动物疫病。加大林业法律法规宣传，加强了对小叶杜鹃、爬地柏和马鹿、黑颈鹤等珍稀植被和野生动物的保护。加快植树造林步伐，改善生态环境，重点区域实施造林面积15亩。

【教育事业】 年内，阿扎乡始终优先发展教育，贯彻落实全县教育工作会议，推进县域义务教育均衡发展工作，协助县教育部门抓好春秋季开学工作，确保学生安全返校。全乡适龄儿童的入学率、巩固率均达100%，初中入学

10月29日，阿扎乡组织召开“四讲四爱”群众教育实践活动第三节点总结暨第四节点部署会

率、巩固率分别达100%。认真开展大学生资助工作，资助大学生88人，资助资金531000元，其中资助2016级大学生1人10000元，2017级大学生6人50000元，2018级大学生17人123000元，2019级大学生21人155000元，2020级大学生25人176000元，计划外大学生18人17000元。大力开展高校毕业生就业政策宣传工作，组织开展集中宣讲和入户宣讲14次。2020年，应届毕业生24人，已经就业22人，就业率达91.67%。

【医疗卫生】 年内，阿扎乡协助县卫生部门开展农牧民健康体检工作和“送医下乡”活动。加强农牧区合作医疗管理，组织3个行政村开展合作医疗缴纳工作，全乡参保人数达2313人，其中阿扎村754人、章达村810人、江津村749人。认真落实“一孩双女”政策，全乡“一孩双女”家庭共43户，每户补助960元，特别扶助对象9人，每人每年补助5400元。

【文化事业】 年内，阿扎乡大力开展农村专项文化建设，充分发挥农家书屋、村级文化阵地作用，引导各村群众大力开展积极向上的读书和群众文体活动。组织党员群众开展“关爱老人、传承道德·学雷锋”志愿服务活动、“西藏百万农奴解放纪念日”“文明用餐、节约粮食”宣传活动、“创新科技梦想、科技引领未来”文艺演出活动、赛马节以及扎囊县氆氇文化节等文化活动36次。开展“讲党恩爱核心”宣讲活动、“十小进农家”、“3355”工作法和“四讲四爱”群教育实践活动等各类宣讲200场次，受教育人数达5000人次，开展各类实践活动10场次，受益群众达2000人次。

【民政工作】 年内，阿扎乡落实好党的各项强农惠民政策，关心弱势群体生产生活，足额发放五保户、农村低保等专项民生资金，重点开展低保户抽查摸底统计确定工作。全乡共10户30人享受低保政策，按照人均收入4713元的标准，实行差额兑现，共发放补贴56649.84元。高龄补贴3人（低保户老人70岁以上），每人每年发放600元，共计发放1800元。残疾人160人，录入全国残疾人两项补贴信息系统145人，其中一级残疾13人，每年每人发放7200元；二级残疾33人，每年每人发放6600元；三级残疾57人，每年每人发放3600元；四级残疾42人，每年每人发放2400元；共计发放补贴61.7万元整。70岁寿星老人135人，其中70岁以上111人，每人每年发放补贴500元；80岁以上21人，每人每年发放补贴800元；全乡90岁以上3人，每人每年发放补贴1500元；共计发放补贴76800元。10名残疾人发放10件辅助器具。2名残疾人参与残疾人无障碍改造工作，每人发放补助3500元，共7000元。2名残疾人参与残疾人自主创业工作，县级发放补贴15000元，市级发放发放15000元，共3000元。2名残疾人参与残疾人阳光家园工作，每人发放补贴1500元，共计3000元。开展临时救助2户家庭，兑现了救助资金15000元。

【环保工作】 年内，阿扎乡加强生态环境保护建设，认真落实县环境综合整治工作会议以及县委提出的“十小进农家、“3355”工作

11月12日，扎囊县中心医院阿扎分院新建综合楼挂牌仪式

法，组织各村集中开展环境整治工作，落实河长制制度，在河水较少、水流较缓的月份开展河道清理工作。认真落实“厕所革命”工作，完成厕所改造238户。

【基础设施建设】 年内，阿扎乡积极争取各项基础设施项目，配合县直有关业务部门实施了江津村旅游改造提升、阿扎村和章达村防洪堤、阿扎村和章达村高标准农田改造、章达村12户易地搬迁配套设施建设和章达村易地搬迁点高标准农田开发等项目建设。

【安全生产】 年内，阿扎乡加强安全生产管理，加强安全生产法律法规宣传，认真落实安全目标责任制。经常性开展拉网式大检查，对辖区内各企业、建筑工地、商店、景区、宾馆、饭店及教学点开展安全生产综合治理和检查，排查隐患，确保人民群众的生命财产安全。

（王智海）

【机构领导】

乡党委书记

孟再波

乡党委副书记、乡长

达　旦（藏族）

乡党委副书记、人大主席

白玛塔青（藏族）

乡党委副书记

贡　珍（藏族）

乡党委委员、纪委书记

樊　蓉（女）

乡党委组织委员、统战委员

江阿珍（女，藏族）

乡党委政法委员、人武部长

花艳超

乡党委宣传委员、副乡长

达　珍（女，藏族）

乡政府副乡长

丹增央珍（女，藏族）

附 录

受县(区)级以上表彰的先进集体名录

附表 1

获奖单位	获奖名称	表彰时间	授予单位
扎囊县人民法院桑耶镇人民法庭	法庭工作先进集体	2020 年	最高人民法院
扎囊县	“第四批率先基本实现主要农作物生产全程机械化示范县”	2020 年	农业农村部
扎囊县	全国农村承包地确权登记颁证工作典型地区	2020 年	中央农村工作领导小组办公室、农业农村部
农业银行扎囊县支行	2020 年中国农业银行文明单位	2020 年	中国农业银行总行
邮政扎囊县分公司	“青年文明号”荣誉称号	2020 年	共青团西藏自治区委员会
扎囊县公安局法制室	西藏自治区公安厅全警实战大练兵第一批标兵集体	2020 年	西藏自治区公安厅
邮政扎囊县分公司	“营销争先”荣誉称号	2020 年	西藏自治区邮政分公司
邮政扎囊县分公司	“年度进位达标”荣誉称号	2020 年	西藏自治区邮政分公司
扎囊县纪委监委	2020 年度案件审理工作先进集体	2020 年	山南市纪委监委
扎囊县妇女联合会	2019 年度先进集体三等奖	2020 年	山南市妇女联合会
扎囊县委宣传部	2020 年度全市宣传思想文化系统先进集体	2021 年	中共山南市委员会宣传部
扎囊县纪委监委	2020 年度案件审理工作先进集体	2020 年	山南市市纪委监委
扎囊县卫健委	山南市 2020 年度卫生工作综合目标考核第一名	2021 年	山南市卫生健康委员会
扎囊县委宣传部	2020 年度全市“四讲四爱”群众教育实践活动先进集体	2021 年	中共山南市委员会宣传部、山南市“四讲四爱”群众教育实践活动领导小组办公室

附续表1

获奖单位	获奖名称	表彰时间	授予单位
扎囊县公安局扎塘镇派出所	新冠疫情防控一线执勤集体嘉奖	2020年	西藏自治区山南市公安局
扎囊县公安局扫黑办	“六清”行动集体三等功	2020年	西藏自治区山南市公安局
扎囊县人民检察院	集体三等功	2020年	山南市人民检察院
扎囊县人民法院	民事审判庭先进集体	2020年	山南市中级人民法院党组
德吉新村双语幼儿园	山南市二类幼儿园	2020年	山南市教体局
夏如村双语幼儿园	山南市一类幼儿园	2020年	山南市教体局
扎囊县文化局	先进县	2020年	山南市文化局
文化局艺术团	山南市雅砻文学艺术奖	2020年	山南市文化局
扎囊县人民武装部	2020年度征兵先进单位	2020年	山南市征兵办
扎囊县文化局	2019年重教先进单位	2020年	中共扎囊县委员会、扎囊县人民政府
县委办	2020年扎囊县民族团结先进模范集体	2020年	中共扎囊县委员会、扎囊县人民政府
吉汝完小	2019年小学毕业统考总成绩第一名	2020年	中共扎囊县委员会、扎囊县人民政府
吉汝完小	2020年小学毕业统考总成绩第一名	2020年	中共扎囊县委员会、扎囊县人民政府
吉汝完小	2019年其他省西藏班升学考试超目标奖	2020年	中共扎囊县委员会、扎囊县人民政府
吉汝完小	2019年小学期末统考总成绩第二名	2020年	中共扎囊县委员会、扎囊县人民政府
吉汝完小	2020年小学期末统考总成绩第三名	2020年	中共扎囊县委员会、扎囊县人民政府
朗塞岭完小	2020年其他省西藏班升学考试超目标奖	2020年	中共扎囊县委员会、扎囊县人民政府
朗塞岭完小	2019年其他省西藏班升学考试达标奖	2020年	中共扎囊县委员会、扎囊县人民政府
雪拉完小	2020年其他省西藏班升学考试超目标奖	2020年	中共扎囊县委员会、扎囊县人民政府
阿扎完小	2020年其他省西藏班升学考试达标奖	2020年	中共扎囊县委员会、扎囊县人民政府

附续表1

获奖单位	获奖名称	表彰时间	授予单位
阿扎完小	2019年其他省西藏班升学考试超目标奖	2020年	中共扎囊县委员会、扎囊县人民政府
阿扎完小	2019年小学期末统考成绩第一名	2020年	中共扎囊县委员会、扎囊县人民政府
罗堆村双语幼儿园	先进双语幼儿园	2020年	中共扎囊县委员会、扎囊县人民政府
扎其乡双语幼儿园	先进双语幼儿园	2020年	中共扎囊县委员会、扎囊县人民政府
扎其完小	2019年统考第二名	2020年	中共扎囊县委员会、扎囊县人民政府
扎其完小	2020年其他省西藏班升学考试超目标奖	2020年	中共扎囊县委员会、扎囊县人民政府
桑耶镇人民政府	扎囊县首届农民运动会团体比赛第一名	2020年	中共扎囊县委员会、扎囊县人民政府
松卡居民委员会	2020年度山南市“先进双联户”创建活动先进集体	暂未表彰	中共山南市委员会、山南市人民政府
松卡居民委员会	2020年度扎囊县“先进双联户”创建活动先进集体	暂未表彰	中共扎囊县委员会、扎囊县人民政府
国家税务总局扎囊县税务局	先进基层党组织	2020年	中共扎囊县委员会、扎囊县人民政府
国家税务总局扎囊县税务局	民族团结进步模范集体	2020年	中共扎囊县委员会、扎囊县人民政府
扎其乡	扎囊县“先进双联户”创建评选工作先进乡镇	2020年	中共扎囊县委员会、扎囊县人民政府
扎其乡	2020年扎囊县首届农民运动会团体比赛第三名	2020年	中共扎囊县委员会、扎囊县人民政府
扎其乡	扎囊县“四讲四爱”群众教育实践活动先进集体	2020年	中共扎囊县委员会、扎囊县人民政府
扎其乡	林业工作先进集体	2020年	中共扎囊县委员会、扎囊县人民政府
扎囊县中心医院	扎囊县疫情防控先进集体	2020年	中共扎囊县委员会、扎囊县人民政府
公安局	疫情防控先进集体	2020年	中共扎囊县委员会、扎囊县人民政府
吉汝乡	2019年度党建工作先进集体	2020年	中共扎囊县委员会

说明：由于各单位资料提供不全，可能有遗漏

受县(区)级以上表彰的先进个人名录

附表2

姓名	性别	民族	工作单位	获奖名称	表彰时间	授予单位
曾明强	男	汉族	桑耶镇人民政府	全国优秀共青团干部	2020年	共青团中央
旦增	男	藏族	县司法局	司法部通报表扬“大排查、早调解、护稳定、迎国庆”专项活动表现突出个人	2020年	司法部
边久	男	藏族	司法局桑耶司法所	司法部关于表彰全国模范人民调解员	2020年	司法部
多吉旺堆	男	藏族	县委巡察组	2020年度自治区先进驻村工作队员	2020年	中共西藏自治区委员会、自治区人民政府
拉巴卓玛	女	藏族	桑耶镇人民政府	2020年度自治区先进驻村工作队员	2020年	中共西藏自治区委员会、西藏自治区人民政府
兰川	男	汉族	扎囊县发展和改革委员会	招商引资先进个人	2020年	西藏自治区人民政府
黄高飞	男	汉族	校区便民警务站	西藏自治区公安厅全警实战大练兵第一批标兵个人	2020年	西藏自治区公安厅
黄高飞	男	汉族	校区便民警务站	全区警务实战大练兵个人嘉奖	2020年	西藏自治区公安厅
旦珍次仁	男	藏族	吉汝完小	全区小学教师教学竞赛决赛藏语文组一等奖	2020年	西藏自治区教育厅
旦增罗布	男	藏族	雪拉完小	2020年全区小学教师教学竞赛决赛藏文组三等奖	2020年	西藏自治区教育厅
拉巴卓嘎	女	藏族	县中学	优秀奖	2020年	西藏自治区教育厅
央金卓嘎	女	藏族	桑耶镇人民政府	“时代新人说——决胜小康 奋斗有我”主题演讲比赛优胜奖	2020年	西藏自治区总工会
格桑尼玛	男	藏族	国家税务总局扎囊县税务局	2020年度“雪域高原最美税务人”提名奖	2020年	国家税务总局西藏自治区税务局
美朵卓嘎	女	藏族	扎囊县退役军人服务中心	党员示范岗	2020年	西藏自治区退役军人事务厅
陈彦村	男	汉族	扎囊县统计局	西藏自治区全国经济普查先进个人	2020年	西藏自治区第四次全国经济普查领导小组办公室
潘博浩	男	汉族	扎囊县统计局	西藏自治区全国经济普查先进个人	2020年	西藏自治区第四次全国经济普查领导小组办公室
方燕青	女	汉族	县中心医院	全区首届急诊急救专科护士优秀学员	2020年	西藏护理学会
群宗	女	藏族	县中学	优秀评卷教师	2020年	教育厅师资处
文强	男	藏族	县中学	一等奖	2020年	重庆师范大学化学学院
白玛康卓	女	藏族	朗塞岭完小	国培计划(2020)优秀学员	2020年	苏州大学

附续表2

姓名	性别	民族	工作单位	获奖名称	表彰时间	授予单位
尼玛德吉	女	藏族	扎囊县民政局	优秀共产党员	2020年	中共山南市委员会、山南市人民政府
尼玛德吉	女	藏族	扎囊县民政局	2020年度优秀公务员	2020年	中共山南市委员会、山南市人民政府
赵　鑫	男	汉族	扎囊县民政局	2020年度优秀工作人员	2020年	中共山南市委员会、山南市人民政府
旦　增	男	藏族	共青团扎囊县委	2020年度优秀公务员	2020年	中共山南市委员会、山南市人民政府
其美拉宗	女	藏族	扎唐镇	山南市全国第四次经济普查优秀普查员	2020年	中共山南市委员会、山南市人民政府
韦香卫	男	壮族	中共扎囊县委组织部	山南市第三批优秀村(社区)党组织第一书记	2020年	中共山南市委员会、山南市人民政府
央金卓嘎	女	藏族	桑耶镇人民政府	“守初心、担使命,做合格的人大干部”主题演讲比赛一等奖	2020年	山南市人大常委会
次仁旺旦	男	藏族	扎囊县人民法院	优秀宣讲员	2020年	中共山南市委员会宣传部山南市“四讲四爱”群众教育实践活动领导小组办公室
边巴旺姆	女	藏族	扎囊县委宣传部	2020年度全市宣传思想文化系统“先进工作者”	2020年	中共山南市委员会宣传部、山南市“四讲四爱”群众教育实践活动领导小组办公室
方源盼	男	汉族	扎囊县委宣传部	2020年全市“四讲四爱”群众教育实践活动“先进工作者”	2020年	中共山南市委员会宣传部、山南市“四讲四爱”群众教育实践活动领导小组办公室
达　珍	女	藏族	阿扎乡人民政府	2017年—2020年全市“四讲四爱”群众教育实践活动“先进工作者”	2020年	中共山南市委员会宣传部
白　珍	女	藏族	扎囊县委宣传部	2020年度全市“四讲四爱”群众教育实践活动“先进工作者”	2020年	中共山南市委员会宣传部
边巴旺姆	女	藏族	扎囊县委宣传部	2020年度全市宣传思想文化系统“先进工作者”	2020年	中共山南市委员会宣传部
王　梦	女	汉族	扎囊县委宣传部	2020年度全市宣传思想文化系统“先进工作者”	2020年	中共山南市委员会宣传部
德吉白珍	女	藏族	扎囊县文化局	2019年度山南市优秀驻村工作队	2020年	山南市人民政府
央金卓嘎	女	藏族	桑耶镇人民政府	“时代新人说——决胜小康 奋斗有我”主题演讲比赛一等奖	2020年	山南市总工会
嘎　玛	男	藏族	吉汝乡派出所	新冠疫情防控一线执勤个人三等功	2020年	西藏自治区山南市公安局
达瓦扎西	男	藏族	阿扎乡派出所	新冠疫情防控一线执勤个人三等功	2020年	西藏自治区山南市公安局

附续表2

姓名	性别	民族	工作单位	获奖名称	表彰时间	授予单位
国　杰	男	藏族	扎其乡派出所	新冠疫情防控一线执勤个人三等功	2020年	西藏自治区山南市公安局
巴桑尼玛	男	藏族	扎塘镇派出所	新冠疫情防控一线执勤个人三等功	2020年	西藏自治区山南市公安局
巴桑罗布	男	藏族	扎囊县公安局	新冠疫情防控一线执勤个人三等功	2020年	西藏自治区山南市公安局
潘长杰	男	汉族	吉汝乡派出所	新冠疫情防控一线执勤个人嘉奖	2020年	西藏自治区山南市公安局
丁　锐	男	土家族	阿扎乡派出所	新冠疫情防控一线执勤个人嘉奖	2020年	西藏自治区山南市公安局
卓　越	男	汉族	扎其乡乡派出所	新冠疫情防控一线执勤个人嘉奖	2020年	西藏自治区山南市公安局
温　鑫	男	汉族	扎塘镇派出所	新冠疫情防控一线执勤个人嘉奖	2020年	西藏自治区山南市公安局
王　云	男	藏族	桑耶镇派出所	新冠疫情防控一线执勤个人嘉奖	2020年	西藏自治区山南市公安局
格桑朗杰	男	藏族	吉汝乡派出所	新冠疫情防控一线执勤个人嘉奖	2020年	西藏自治区山南市公安局
白玛吉	女	藏族	扎囊县公安局治	新冠疫情防控一线执勤个人嘉奖	2020年	西藏自治区山南市公安局
旦增西绕	男	藏族	扎囊县公安局	新冠疫情防控一线执勤个人嘉奖	2020年	西藏自治区山南市公安局
次仁吉宗	女	藏族	扎囊县公安局	新冠疫情防控一线执勤个人嘉奖	2020年	西藏自治区山南市公安局
尼玛次仁	男	藏族	扎囊县公安局	新冠疫情防控一线执勤个人嘉奖	2020年	西藏自治区山南市公安局
朗吉扎西	男	藏族	扎囊县公安局	新冠疫情防控一线执勤个人嘉奖	2020年	西藏自治区山南市公安局
索朗旺堆	男	藏族	扎囊县公安局	新冠疫情防控一线执勤个人嘉奖	2020年	西藏自治区山南市公安局
普布次仁	男	藏族	扎囊县公安局	新冠疫情防控一线执勤个人嘉奖	2020年	西藏自治区山南市公安局
旦增罗布	男	藏族	扎囊县公安局	新冠疫情防控一线执勤个人嘉奖	2020年	西藏自治区山南市公安局
多吉次仁	男	藏族	敏竹林派出所	新冠疫情防控一线执勤个人嘉奖	2020年	西藏自治区山南市公安局
强巴次仁	男	藏族	株洲广场便民警务站	新冠疫情防控一线执勤个人嘉奖	2020年	西藏自治区山南市公安局
达娃旺杰	男	藏族	扎囊县公安局	新冠疫情防控一线执勤先进个人	2020年	西藏自治区山南市公安局
索朗仁增	男	藏族	校区便民警务站	新冠疫情防控一线执勤先进个人	2020年	西藏自治区山南市公安局
嘎嘎顿珠	男	藏族	友谊大道便民警务站	新冠疫情防控一线执勤先进个人	2020年	西藏自治区山南市公安局

附续表2

姓名	性别	民族	工作单位	获奖名称	表彰时间	授予单位
洛桑旺久	男	藏族	凯巴卡路便民警务站	新冠疫情防控一线执勤先进个人	2020年	西藏自治区山南市公安局
登增多吉	男	藏族	桑耶镇派出所	抢险救灾个人三等功	2020年	西藏自治区山南市公安局
旦　增	男	藏族	桑耶镇派出所	抢险救灾先进个人	2020年	西藏自治区山南市公安局
索朗罗布	男	藏族	扎其乡派出所	“六清”行动个人三等功	2020年	西藏自治区山南市公安局
琼　达	男	藏族	扎囊县人民检察院	2020年山南市人民检察院个人嘉奖	2020年	山南市人民检察院
唐　鑫	男	汉族	扎囊县人民检察院	2020年山南市人民检察院个人嘉奖	2020年	山南市人民检察院
索朗曲珍	女	藏族	扎囊县人民法院	办案标兵	2020年	山南市中级人民法院
白玛德吉	女	藏族	扎囊县人民法院	基本解决执行难先进个人	2020年	山南市中级人民法院党组
达娃普赤	女	藏族	扎其乡完小	山南市第三届小学教学论文大赛小学组三等奖	2020年	山南市教体局
达娃普赤	女	藏族	扎其乡完小	小学教师教学竞赛市级复赛数学第二名	2020年	山南市教体局
曲　珍	女	藏族	扎其乡完小	山南市第三届小学教学论文大赛小学组三等奖	2020年	山南市教体局
曲　珍	女	藏族	扎其乡完小	山南市第二届小学教学论文大赛小学组一等奖	2020年	山南市教体局
索朗平措	男	藏族	扎其乡完小	山南市第三届小学教学论文大赛小学组三等奖	2020年	山南市教体局
旦巴桑旦	男	藏族	扎其乡完小	山南市第四届中小学教育教学论文大赛获优秀奖	2020年	山南市教体局
尼玛吉	女	藏族	扎其乡幼儿园	山南市教育教学论文二等奖	2020年	山南市教体局
旦珍次仁	男	藏族	吉汝完小	山南市第四届同课异构教学比武一等奖	2020年	山南市教体局
罗布加措	男	藏族	吉汝完小	山南市第二届中小学教育教学论文小学类三等奖	2020年	山南市教体局
罗布加措	男	藏族	吉汝完小	山南市第二届中小学教育教学论文小学类三等奖	2020年	山南市教体局
王亭亭	女	汉族	吉汝完小	山南市第二届中小学教育教学论文小学类二等奖	2020年	山南市教体局
旦增罗布	男	藏族	雪拉完小	市第四届藏语文教师培训及同课异构教学一等奖	2020年	山南市教体局

附续表2

姓名	性别	民族	工作单位	获奖名称	表彰时间	授予单位
巴 桑	女	藏族	雪拉完小	2020年小学教师教学竞赛市级复赛语文优秀奖	2020年	山南市教体局
德琼拉则	女	藏族	雪拉完小	山南市第三届中小学教育教学论文小学类三等奖	2020年	山南市教体局
次仁罗布	男	藏族	桑耶完小	送教上门优秀康复指导员	2020年	山南市教体局
德吉卓嘎	女	藏族	桑耶完小	论文二等奖	2020年	山南市教体局
卓 嘎	女	藏族	县中学	三等奖	2020年	山南市教体局
次旺央宗	女	藏族	吉汝完小	山南市乡镇小学音乐教师素质提升培训优秀学员	2020年	山南市教师进修学校
多吉次旦	男	藏族	邮政扎囊县分公司	2020年度先进管理者	2020年	山南市邮政分公司
达娃央宗	女	藏族	邮政扎囊县分公司	2020年度先进个人	2020年	山南市邮政分公司
程永吉	男	汉族	扎囊县人民武装部	2020年度征兵先进个人	2020年	山南市征兵办
段绪友	男	汉族	山南市生态环境局扎囊县分局	优秀党员	2020年	山南市生态环境局
央金拉姆	女	藏族	山南市生态环境局扎囊县分局	优秀公务员	2020年	山南市生态环境局
雷 丰	男	藏族	中共扎囊县委员会	优秀公务员	2020年	中共扎囊县委员会、扎囊县人民政府
唐 勇	男	汉族	扎囊县人民政府	优秀公务员	2020年	中共扎囊县委员会、扎囊县人民政府
李玉来	男	汉族	中共扎囊县委员会办公室	优秀公务员	2020年	中共扎囊县委员会、扎囊县人民政府
刘天娇	女	汉族	中共扎囊县委员会办公室	优秀公务员	2020年	中共扎囊县委员会、扎囊县人民政府
玉 金	男	藏族	中共扎囊县委员会办公室	优秀公务员	2020年	中共扎囊县委员会、扎囊县人民政府
德 吉	女	藏族	扎囊县人民政府	优秀公务员	2020年	中共扎囊县委员会、扎囊县人民政府
扎西多布杰	男	藏族	扎囊县人民政府	优秀公务员	2020年	中共扎囊县委员会、扎囊县人民政府
旦增平措	男	藏族	扎囊县人民政府	优秀公务员	2020年	中共扎囊县委员会、扎囊县人民政府
刘志刚	男	汉族	扎囊县人民政府	优秀公务员	2020年	中共扎囊县委员会、扎囊县人民政府

附续表2

姓名	性别	民族	工作单位	获奖名称	表彰时间	授予单位
刘治贵	男	汉族	县纪委监委	优秀公务员	2020年	中共扎囊县委员会、扎囊县人民政府
高 超	男	汉族	县纪委监委	优秀公务员	2020年	中共扎囊县委员会、扎囊县人民政府
德 吉	女	藏族	县编译局	优秀公务员	2020年	中共扎囊县委员会、扎囊县人民政府
次 罗	男	藏族	县委政法委	优秀公务员	2020年	中共扎囊县委员会、扎囊县人民政府
白玛美朵	女	藏族	县财政局	优秀公务员	2020年	中共扎囊县委员会、扎囊县人民政府
琼 达	男	藏族	县市场监督管理局	优秀公务员	2020年	中共扎囊县委员会、扎囊县人民政府
次仁德吉	女	藏族	县市场监督管理局	优秀公务员	2020年	中共扎囊县委员会、扎囊县人民政府
索朗次仁	男	藏族	扎囊县扶贫开发办公室	优秀公务员	2020年	中共扎囊县委员会、扎囊县人民政府
卢 杨	男	汉族	扎囊县扶贫开发办公室	优秀公务员	2020年	中共扎囊县委员会、扎囊县人民政府
拉措姆	女	藏族	扎囊县教育局	优秀公务员	2020年	中共扎囊县委员会、扎囊县人民政府
巴桑布赤	女	藏族	扎囊县文化局	2019、2020年度优秀公务员	2020年	中共扎囊县委员会、扎囊县人民政府
普布央宗	女	藏族	扎囊县文化局	2019年优秀专技人员	2020年	中共扎囊县委员会、扎囊县人民政府
琼 珍	女	藏族	县委巡察组	优秀公务员	2020年	中共扎囊县委员会、扎囊县人民政府
蔡 黎	男	汉族	县医保局	优秀公务员	2020年	中共扎囊县委员会、扎囊县人民政府
次旦央吉	女	藏族	县审计局	优秀公务员	2020年	中共扎囊县委员会、扎囊县人民政府
洛桑旺久	男	藏族	县水利局	优秀公务员	2020年	中共扎囊县委员会、扎囊县人民政府
德吉拉姆	女	藏族	县水利局	优秀公务员	2020年	中共扎囊县委员会、扎囊县人民政府
格桑达瓦	男	藏族	扎囊县交通运输局	优秀公务员	2020年	中共扎囊县委员会、扎囊县人民政府
查果央金	女	藏族	扎囊县委统战部	优秀公务员	2020年	中共扎囊县委员会、扎囊县人民政府
索朗德吉	女	藏族	扎囊县委统战部	优秀公务员	2020年	中共扎囊县委员会、扎囊县人民政府
琼达卓玛	女	藏族	扎囊县扎塘寺管会	优秀公务员	2020年	中共扎囊县委员会、扎囊县人民政府
旦增曲杰	男	藏族	扎囊县查色寺管会	优秀公务员	2020年	中共扎囊县委员会、扎囊县人民政府

附续表2

姓名	性别	民族	工作单位	获奖名称	表彰时间	授予单位
曲尼多吉	男	藏族	扎囊县强巴林寺管会	优秀公务员	2020年	中共扎囊县委员会、扎囊县人民政府
嘎玛斯达	男	藏族	扎囊县阿扎寺管会	优秀公务员	2020年	中共扎囊县委员会、扎囊县人民政府
吉　　米	男	藏族	扎囊县充堆寺管会	优秀公务员	2020年	中共扎囊县委员会、扎囊县人民政府
洛　　桑	男	藏族	扎囊县古钦寺管会	优秀公务员	2020年	中共扎囊县委员会、扎囊县人民政府
洛桑达瓦	男	藏族	扎囊县安孜拉康寺管会	优秀公务员	2020年	中共扎囊县委员会、扎囊县人民政府
白　　央	女	藏族	扎囊县安孜拉康寺管会	优秀公务员	2020年	中共扎囊县委员会、扎囊县人民政府
顿珠次仁	男	藏族	扎囊县敏珠林寺管会	优秀公务员	2020年	中共扎囊县委员会、扎囊县人民政府
扎西旺堆	男	藏族	扎囊县敏珠林寺管会	优秀公务员	2020年	中共扎囊县委员会、扎囊县人民政府
次旦杰布	男	藏族	扎囊县亚庆拉康管委会	优秀公务员	2020年	中共扎囊县委员会、扎囊县人民政府
仁增卓嘎	女	藏族	扎囊县人民法院	优秀公务员	2020年	中共扎囊县委员会、扎囊县人民政府
达娃罗布	男	藏族	扎囊县人民法院	优秀公务员	2020年	中共扎囊县委员会、扎囊县人民政府
白玛德吉	女	藏族	扎囊县人民法院	优秀公务员	2020年	中共扎囊县委员会、扎囊县人民政府
扎桑旺姆	女	藏族	扎囊县人民法院	优秀公务员	2020年	中共扎囊县委员会、扎囊县人民政府
彭　　琼	女	藏族	扎囊县统计局	优秀公务员	2020年	中共扎囊县委员会、扎囊县人民政府
次仁措姆	女	藏族	扎囊县统计局	优秀公务员	2020年	中共扎囊县委员会、扎囊县人民政府
扎西班典	男	藏族	扎囊广播电视台	2020年扎囊县疫情防控工作“先进个人”	2020年	中共扎囊县委员会、扎囊县人民政府
宗　　吉	女	藏族	友谊大道便民警务站	优秀公务员	2020年	中共扎囊县委员会、扎囊县人民政府
卓　　越	男	汉族	扎其乡派出所	优秀公务员	2020年	中共扎囊县委员会、扎囊县人民政府
卓玛拉宗	女	藏族	扎唐镇	扎囊县优秀公务员	2020年	中共扎囊县委员会、扎囊县人民政府
卓　　玛	女	藏族	扎其乡	2020年度优秀专技干部	2020年	中共扎囊县委员会、扎囊县人民政府

附续表2

姓名	性别	民族	工作单位	获奖名称	表彰时间	授予单位
朱军强	男	汉族	吉汝乡派出所	优秀公务员	2020年	中共扎囊县委员会、扎囊县人民政府
张晓瑞	男	汉族	强巴林寺警务室	优秀公务员	2020年	中共扎囊县委员会、扎囊县人民政府
扎西旺姆	女	藏族	扎囊县发展和改革委员会(易地搬迁组)	党员攻扶贫先进个人	2020年	中共扎囊县委员会、扎囊县人民政府
扎西杰姆	女	藏族	扎囊县公安局	疫情防控先进个人	2020年	中共扎囊县委员会、扎囊县人民政府
扎西旦增	男	藏族	凯巴卡路便民警务站	优秀公务员	2020年	中共扎囊县委员会、扎囊县人民政府
扎西	男	藏族	桑耶镇派出所	优秀公务员	2020年	中共扎囊县委员会、扎囊县人民政府
袁昌虎	男	汉族	桑耶镇派出所	优秀公务员	2020年	中共扎囊县委员会、扎囊县人民政府
杨文文	女	汉族	扎唐镇	扎囊县优秀公务员	2020年	中共扎囊县委员会、扎囊县人民政府
杨明星	男	藏族	扎囊县人民检察院	2020年度优秀公务员	2020年	中共扎囊县委员会、扎囊县人民政府
杨定州	男	汉族	中共扎囊县委组织部	2020年度县级优秀公务员称号,记三等功	2020年	中共扎囊县委员会、扎囊县人民政府
央宗	女	藏族	扎囊县发展和改革委员会	2020年度优秀公务员	2020年	中共扎囊县委员会、扎囊县人民政府
央金卓嘎	女	藏族	扎囊县公安局	优秀公务员	2020年	中共扎囊县委员会、扎囊县人民政府
央吉卓嘎	女	藏族	卫健委疾控中心	疫情防控工作先进个人	2020年	中共扎囊县委员会、扎囊县人民政府
鲜松	男	汉族	扎唐镇	扎囊县优秀公务员	2020年	中共扎囊县委员会、扎囊县人民政府
王秀秀	女	汉族	扎其乡	2020年度优秀专技干部	2020年	中共扎囊县委员会、扎囊县人民政府
索朗益西	男	藏族	民族路便民警务站	优秀公务员	2020年	中共扎囊县委员会、扎囊县人民政府
索朗尼玛	男	藏族	友谊大道便民警务站	优秀公务员	2020年	中共扎囊县委员会、扎囊县人民政府
索朗加措	男	藏族	敏珠林寺派出所	优秀公务员	2020年	中共扎囊县委员会、扎囊县人民政府
索朗次旦	男	藏族	桑耶镇便民警务站	优秀公务员	2020年	中共扎囊县委员会、扎囊县人民政府
孙涛	男	汉族	扎囊县公安局	优秀公务员	2020年	中共扎囊县委员会、扎囊县人民政府

附续表2

姓名	性别	民族	工作单位	获奖名称	表彰时间	授予单位
宋　准	男	汉族	扎囊县公安局	优秀公务员	2020年	中共扎囊县委员会、扎囊县人民政府
桑杰多吉	男	藏族	扎唐镇	扎囊县优秀公务员	2020年	中共扎囊县委员会、扎囊县人民政府
任建梅	女	汉族	扎唐镇	扎囊县优秀公务员	2020年	中共扎囊县委员会、扎囊县人民政府
仁增曲宗	女	藏族	县藏医医院	疫情防控工作先进个人	2020年	中共扎囊县委员会、扎囊县人民政府
强巴次仁	男	藏族	扎囊县党政机关后勤服务中心	疫情防护工作先进个人	2020年	中共扎囊县委员会、扎囊县人民政府
强巴次仁	男	藏族	株洲广场便民警务站	优秀公务员	2020年	中共扎囊县委员会、扎囊县人民政府
普　珍	女	藏族	扎其乡	2020年度优秀公务员	2020年	中共扎囊县委员会、扎囊县人民政府
普布扎西	男	藏族	阿扎乡派出所	优秀公务员	2020年	中共扎囊县委员会、扎囊县人民政府
普布扎西	男	藏族	凯巴卡路警务站	疫情防控先进个人	2020年	中共扎囊县委员会、扎囊县人民政府
普布央珍	女	藏族	扎其乡	2020年度优秀公务员	2020年	中共扎囊县委员会、扎囊县人民政府
普布顿珠	男	藏族	扎囊县人民检察院	个人三等功	2020年	中共扎囊县委员会、扎囊县人民政府
普布次仁	男	藏族	扎其乡	2020年度优秀公务员	2020年	中共扎囊县委员会、扎囊县人民政府
庞　伟	男	汉族	扎其乡	2020年度优秀公务员	2020年	中共扎囊县委员会、扎囊县人民政府
庞道林	男	汉族	扎唐镇	党建促脱贫优秀工作者	2020年	中共扎囊县委员会、扎囊县人民政府
潘　娟	女	汉族	扎囊县退役军人事务局	优秀公务员	2020年	中共扎囊县委员会、扎囊县人民政府
尼玛卓嘎	女	藏族	卫健委疾控中心	2020年度优秀工作人员	2020年	中共扎囊县委员会、扎囊县人民政府
尼玛罗桑	男	藏族	扎其乡	2020年度优秀专技干部	2020年	中共扎囊县委员会、扎囊县人民政府
尼玛顿珠	男	藏族	桑耶镇人民政府	2020年度优秀公务员	2020年	中共扎囊县委员会、扎囊县人民政府
落桑多吉	男	藏族	安孜拉康派出所	优秀公务员	2020年	中共扎囊县委员会、扎囊县人民政府
洛桑益西	男	藏族	101线便民警务站	优秀公务员	2020年	中共扎囊县委员会、扎囊县人民政府

附续表2

姓名	性别	民族	工作单位	获奖名称	表彰时间	授予单位
洛桑曲珍	女	藏族	扎囊县工商联	2020年度 优秀公务员	2020年	中共扎囊县委员会、扎囊县人民政府
洛桑曲珍	女	藏族	桑耶镇人民政府	2020年度优秀公务员	2020年	中共扎囊县委员会、扎囊县人民政府
洛桑曲珍	男	藏族	中共扎囊县委组织部	2020年度县级优秀公务员称号	2020年	中共扎囊县委员会、扎囊县人民政府
洛桑罗布	男	藏族	扎塘镇公安派出所	优秀公务员	2020年	中共扎囊县委员会、扎囊县人民政府
洛桑江措	男	藏族	阿扎乡派出所	优秀公务员	2020年	中共扎囊县委员会、扎囊县人民政府
洛桑更才	男	藏族	县藏医医院	优秀公务员	2020年	中共扎囊县委员会、扎囊县人民政府
洛桑次仁	男	藏族	敏珠林寺派出所	优秀公务员	2020年	中共扎囊县委员会、扎囊县人民政府
洛　　桑	男	藏族	扎囊县公安局	优秀公务员	2020年	中共扎囊县委员会、扎囊县人民政府
罗桑普赤	女	藏族	桑耶镇人民政府	2020年度优秀工作人员	2020年	中共扎囊县委员会、扎囊县人民政府
罗军桑布	男	藏族	扎囊县人民检察院	2020年度优秀公务员	2020年	中共扎囊县委员会、扎囊县人民政府
罗布加措	男	藏族	吉汝完小	党建促脱贫优秀工作者	2020年	中共扎囊县委员会、扎囊县人民政府
刘治贵	男	汉族	县纪委监委	2020年度优秀公务员	2020年	中共扎囊县委员会、扎囊县人民政府
刘玉洁	女	汉族	县中心医院	疫情防控工作先进个人	2020年	中共扎囊县委员会、扎囊县人民政府
李　　勇	男	汉族	民族路便民警务站	优秀公务员	2020年	中共扎囊县委员会、扎囊县人民政府
李　　芳	女	白族	阿扎乡人民政府	党建促脱贫优秀工作者	2020年	中共扎囊县委员会、扎囊县人民政府
李艾林	女	汉族	桑耶镇人民政府	2020年度优秀公务员	2020年	中共扎囊县委员会、扎囊县人民政府
朗吉扎西	男	藏族	扎囊县公安局	优秀公务员	2020年	中共扎囊县委员会、扎囊县人民政府
拉　　琼	男	藏族	株洲广场便民警务站	优秀公务员	2020年	中共扎囊县委员会、扎囊县人民政府
孔　　维	男	汉族	扎囊县公安局	优秀公务员	2020年	中共扎囊县委员会、扎囊县人民政府
孔凡祥	男	彝族	凯巴卡路便民警务站	优秀公务员	2020年	中共扎囊县委员会、扎囊县人民政府

附续表2

姓名	性别	民族	工作单位	获奖名称	表彰时间	授予单位
井巴加措	男	藏族	阿扎乡派出所	优秀公务员	2020年	中共扎囊县委员会、扎囊县人民政府
蒋先亮	男	汉族	扎唐镇	扎囊县优秀公务员	2020年	中共扎囊县委员会、扎囊县人民政府
江晓龙	男	汉族	扎囊县公安局	优秀公务员	2020年	中共扎囊县委员会、扎囊县人民政府
江焕帅	男	汉族	桑耶镇人民政府	2020年度优秀公务员	2020年	中共扎囊县委员会、扎囊县人民政府
江白	男	藏族	扎唐镇	扎囊县优秀公务员	2020年	中共扎囊县委员会、扎囊县人民政府
加央益西	男	藏族	扎囊县公安局	优秀公务员	2020年	中共扎囊县委员会、扎囊县人民政府
加央桑布	男	藏族	扎其乡	2020年度优秀公务员	2020年	中共扎囊县委员会、扎囊县人民政府
吉米念扎	男	藏族	扎其乡	2020年度优秀公务员	2020年	中共扎囊县委员会、扎囊县人民政府
吉米念扎	男	藏族	扎其乡	2020年参与编制的《山南市扎囊县第二次全国污染源普查数据分析报告》获西藏自治区第二次全国污染源普查优秀数据分析报告	2020年	中共扎囊县委员会、扎囊县人民政府
黄文尧	男	汉族	扎囊县公安局	优秀公务员	2020年	中共扎囊县委员会、扎囊县人民政府
贺兰芬	女	汉族	中共扎囊县委组织部	2020年度县级优秀工作人员称号	2020年	中共扎囊县委员会、扎囊县人民政府
韩小衣	女	汉族	扎其乡	2020年度优秀公务员	2020年	中共扎囊县委员会、扎囊县人民政府
国杰	男	藏族	扎其乡派出所	优秀公务员	2020年	中共扎囊县委员会、扎囊县人民政府
贡嘎朗杰	男	藏族	扎唐镇派出所	优秀公务员	2020年	中共扎囊县委员会、扎囊县人民政府
格桑德吉	汉	藏族	中共扎囊县委组织部	2020年度县级优秀公务员称号	2020年	中共扎囊县委员会、扎囊县人民政府
高奎	男	汉族	吉汝乡派出所	优秀公务员	2020年	中共扎囊县委员会、扎囊县人民政府
高超	男	汉族	县纪委监委	2020年度优秀公务员	2020年	中共扎囊县委员会、扎囊县人民政府
嘎玛央珍	男	藏族	扎囊县公安局刑	优秀公务员	2020年	中共扎囊县委员会、扎囊县人民政府
娥玛	男	藏族	扎唐镇	扎囊县优秀公务员	2020年	中共扎囊县委员会、扎囊县人民政府
顿珠	男	藏族	扎囊县住建局	优秀公务员	2020年	中共扎囊县委员会、扎囊县人民政府

附续表2

姓名	性别	民族	工作单位	获奖名称	表彰时间	授予单位
杜代洪	男	汉族	扎唐镇	扎囊县民族团结个人	2020年	中共扎囊县委员会、扎囊县人民政府
邓培	男	汉族	扎其乡	2020年度优秀公务员	2020年	中共扎囊县委员会、扎囊县人民政府
德吉卓玛	女	藏族	扎囊县公安局	优秀公务员	2020年	中共扎囊县委员会、扎囊县人民政府
旦增央吉	女	藏族	桑耶镇人民政府	2020年度优秀工作人员	2020年	中共扎囊县委员会、扎囊县人民政府
旦增曲扎	男	藏族	凯巴卡路便民警务站	优秀公务员	2020年	中共扎囊县委员会、扎囊县人民政府
旦增伦珠	男	藏族	桑耶镇人民政府	2020年度优秀公务员	2020年	中共扎囊县委员会、扎囊县人民政府
旦增伦珠	男	藏族	桑耶镇派出所	优秀党务工作者	2020年	中共扎囊县委员会、扎囊县人民政府
达瓦次仁	男	藏族	扎囊县人大常委会办公室	2020年度优秀公务员	2020年	中共扎囊县委员会、扎囊县人民政府
达琼	男	藏族	扎囊县公安局	优秀公务员	2020年	中共扎囊县委员会、扎囊县人民政府
次珍	女	藏族	扎其乡	2020年度优秀专技干部	2020年	中共扎囊县委员会、扎囊县人民政府
次旺朗杰	男	藏族	查色寺警务室	优秀公务员	2020年	中共扎囊县委员会、扎囊县人民政府
次仁宗吉	女	藏族	县藏医医院	优秀公务员	2020年	中共扎囊县委员会、扎囊县人民政府
次仁宗吉	女	藏族	中共扎囊县委组织部	2020年度县级优秀工作人员称号	2020年	中共扎囊县委员会、扎囊县人民政府
次仁卓嘎	女	藏族	扎囊县人民检察院	2020年度优秀公务员	2020年	中共扎囊县委员会、扎囊县人民政府
次仁央宗	女	藏族	桑耶镇人民政府	2020年度优秀工作人员	2020年	中共扎囊县委员会、扎囊县人民政府
次仁旺旦	男	藏族	扎囊县人民法院	先进个人	2020年	中共扎囊县委员会、扎囊县人民政府
次多	男	藏族	扎其乡	2020年度优秀公务员	2020年	中共扎囊县委员会、扎囊县人民政府
次旦卓玛	女	藏族	扎囊县妇女联合会	2020年度优秀公务员	2020年	中共扎囊县委员会、扎囊县人民政府
曾明强	男	汉族	桑耶镇人民政府	扎囊县民族团结进步模范个人	2020年	中共扎囊县委员会、扎囊县人民政府
曾明强	男	汉族	桑耶镇人民政府	2020年度优秀公务员(记三等功)	2020年	中共扎囊县委员会、扎囊县人民政府

附续表2

姓名	性别	民族	工作单位	获奖名称	表彰时间	授予单位
曹　婷	女	汉族	扎囊县公安局	优秀公务员	2020年	中共扎囊县委员会、扎囊县人民政府
仓姆卓嘎	女	藏族	扎囊县住建局	优秀公务员	2020年	中共扎囊县委员会、扎囊县人民政府
邴丽丽	女	汉族	101线便民警务站	优秀公务员	2020年	中共扎囊县委员会、扎囊县人民政府
边巴次仁	男	藏族	敏珠林寺派出所	优秀公务员	2020年	中共扎囊县委员会、扎囊县人民政府
边巴次仁	男	藏族	安孜拉康派出所	优秀公务员	2020年	中共扎囊县委员会、扎囊县人民政府
边巴阿旺	男	藏族	卫健委	优秀公务员	2020年	中共扎囊县委员会、扎囊县人民政府
边　巴	男	藏族	顶古钦派出所所	优秀公务员	2020年	中共扎囊县委员会、扎囊县人民政府
白玛旺堆	男	藏族	吉汝乡派出所	优秀公务员	2020年	中共扎囊县委员会、扎囊县人民政府
白玛索朗	男	藏族	桑耶镇人民政府	2020年度优秀工作人员	2020年	中共扎囊县委员会、扎囊县人民政府
白玛桑珠	男	藏族	凯巴卡路警务站	疫情防控先进个人	2020年	中共扎囊县委员会、扎囊县人民政府
白玛吉	女	藏族	扎囊县公安局	优秀公务员	2020年	中共扎囊县委员会、扎囊县人民政府
巴桑次仁	男	藏族	扎其乡派出所	优秀公务员	2020年	中共扎囊县委员会、扎囊县人民政府
巴桑次仁	男	藏族	扎其乡	2020年度优秀公务员	2020年	中共扎囊县委员会、扎囊县人民政府
阿旺罗布	男	藏族	安孜拉康公派出所	优秀公务员	2020年	中共扎囊县委员会、扎囊县人民政府
扎西拉杰	男	藏族	扎囊县农业农村局	优秀公务员	2020年	中共扎囊县委员会
扎西白玛	男	藏族	吉汝乡	优秀公务员	2020年	中共扎囊县委员会
文　萮	男	汉族	吉汝乡	优秀公务员	2020年	中共扎囊县委员会
索朗群培	男	藏族	吉汝乡	优秀公务员	2020年	中共扎囊县委员会
萨甲顿珠	男	藏族	吉汝乡	优秀公务员	2020年	中共扎囊县委员会
桂彩云	女	汉族	吉汝乡	优秀公务员	2020年	中共扎囊县委员会
格桑美朵	女	藏族	扎囊县农业农村局	优秀公务员	2020年	中共扎囊县委员会
旦增欧珠	男	藏族	吉汝乡	优秀公务员	2020年	中共扎囊县委员会

附续表2

姓名	性别	民族	工作单位	获奖名称	表彰时间	授予单位
旦　达	男	藏族	吉汝乡	优秀公务员	2020年	中共扎囊县委员会
次　旺	男	藏族	吉汝乡	优秀公务员	2020年	中共扎囊县委员会
次仁玉珍	女	藏族	吉汝乡	优秀公务员	2020年	中共扎囊县委员会
赤列曲珍	女	藏族	吉汝乡	优秀公务员	2020年	中共扎囊县委员会
白玛央宗	女	藏族	吉汝乡	优秀公务员	2020年	中共扎囊县委员会
巴桑罗布	男	藏族	吉汝乡	优秀公务员	2020年	中共扎囊县委员会

说明：由于各单位资料提供不全，可能有遗漏

扎囊县2016—2020年国民经济和社会发展主要指标完成情况图表

扎囊县地区生产总值GDP表

单位：万元

指标名称	2016年	2017年	2018年	2019年	2020年
地区生产总值	104548	119432	132300	160579	180166.5

扎囊县地区生产总值（万元）

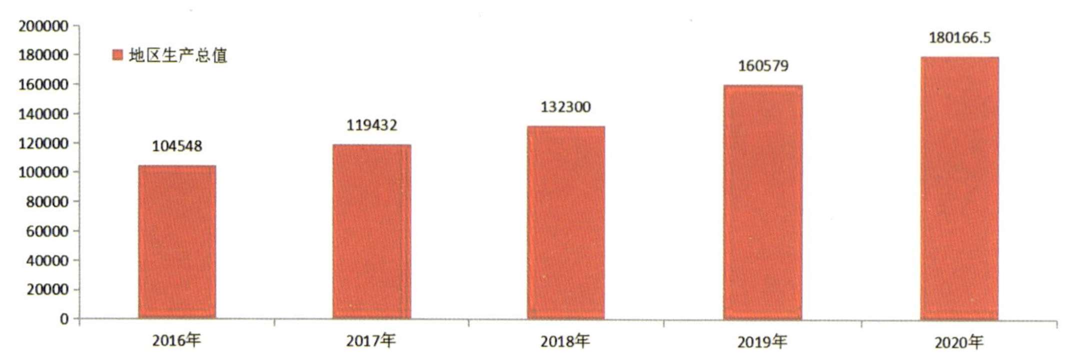

扎囊县地区生产总值同比增长速度表

指标名称	2016年	2017年	2018年	2019年	2020年
地区生产总值	84.37%	9.00%	9%	8.50%	12.20%

扎囊县地区生产总值同比增长速度（%）

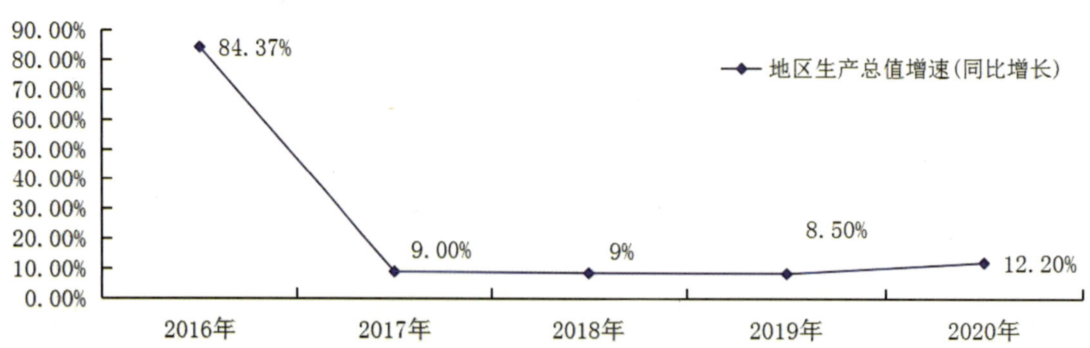

扎囊县 2016—2020 年三次产业结构对比表

单位：万元

指标名称	2016 年	2017 年	2018 年	2019 年	2020 年
地区生产总值	104548	119432	132300	160579	180166.5
第一产业	6240	6765	7503.7	8183.9	9156.3
第二产业	69270	80722	104241	95699.5	113144.6
第三产业	29038	31946	23800	56695.4	57865.6

扎囊县 2016—2020 年三次产业占 GDP 的比重表

单位：万元

指标名称	2016 年	2017 年	2018 年	2019 年	2020 年
第一产业	5.97%	5.66%	5.67%	5.10%	5.08%
第二产业	66.26%	67.59%	77.34%	59.60%	62.80%
第三产业	27.77%	26.75%	16.99%	35.30%	32.10%

扎囊县 2016—2020 年三次产业占 GDP 的比重(%)

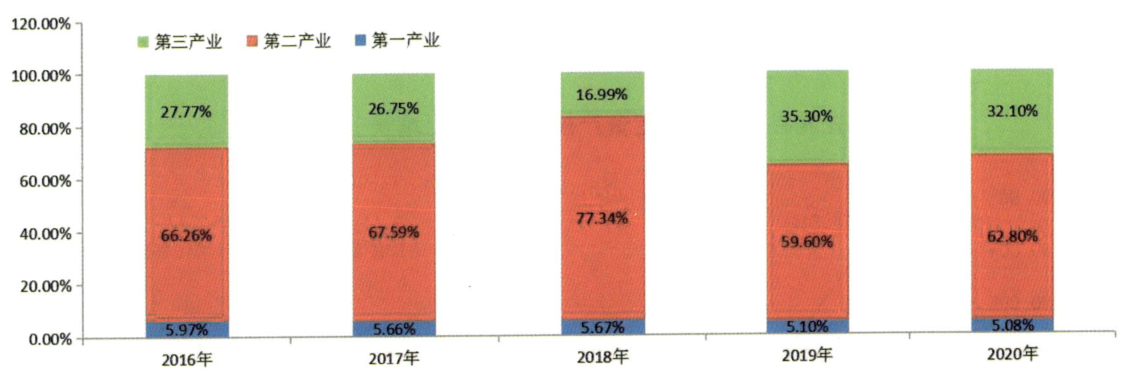

国民经济和社会发展主要指标（扎囊县全社会固定资产投资额）表

单位：万元

指标名称	2016 年	2017 年	2018 年	2019 年	2020 年
全社会固定资产投资额	256771	336474	251637	144101	128372

扎囊县全社会固定资产投资额趋势图（万元）

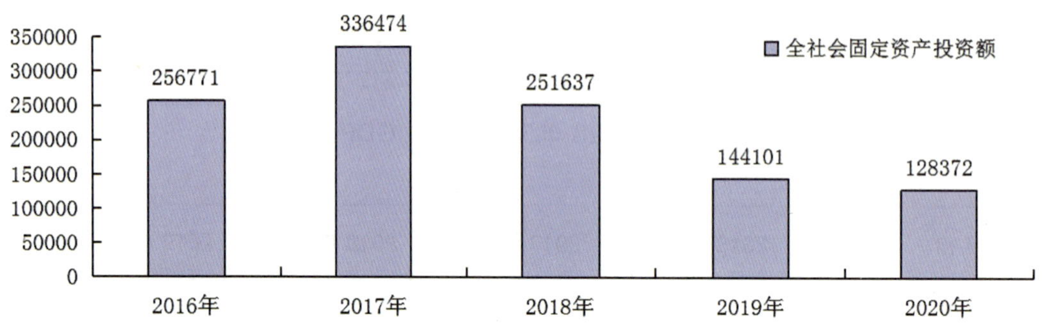

扎囊县全社会固定资产投资额（同比增长）表

指标名称	2016 年	2017 年	2018 年	2019 年	2020 年
全社会固定资产投资额（同比增长）	276.51%	31.00%	-19.60%	-42.73%	-10.90%

扎囊县全社会固定资产投资额（同比增长）趋势（%）

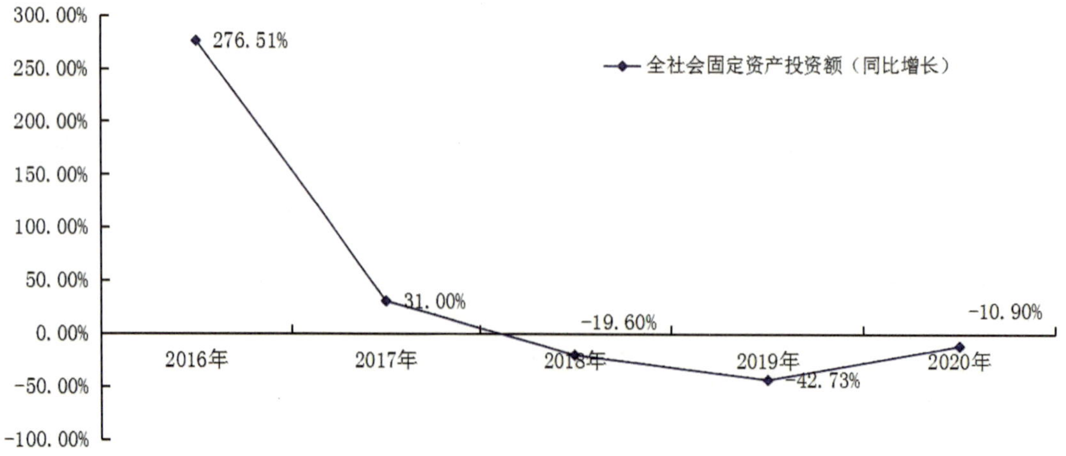

国民经济和社会发展主要指标（扎囊县社会消费品零售总额）表

单位：万元

指标名称	2016 年	2017 年	2018 年	2019 年	2020 年
社会消费品零售总额	7070	8033	9190	15223	22639.6
同比增长速度	14.8%	14.00%	14.40%	65.65%	48.70%

扎囊县社会消费品零售总额趋势图（万元）

扎囊县社会消费品零售总额同比增长速度趋势图（%）

国民经济和社会发展主要指标（扎囊县财政收入）表

单位：万元

指标名称	2016 年	2017 年	2018 年	2019 年	2020 年
财政收入	3500	4635	4752	4402	4394
同比增长速度	23.9%	32.40%	2.50%	-7.37%	-0.20%

扎囊县地方财政收入趋势图（万元）

扎囊县地方财政收入同比增长速度趋势图（%）

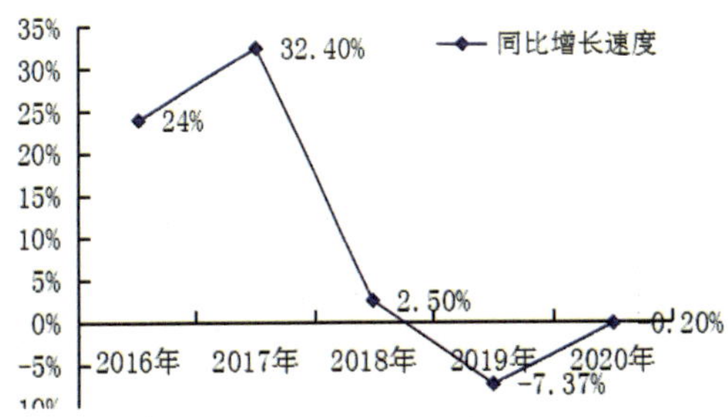

国民经济和社会发展主要指标(扎囊县税收收入)表

单位：万元

指标名称	2016 年	2017 年	2018 年	2019 年	2020 年
税收收入	2813	8305	7020	6950.31	4771.69
同比增长速度	22.3%	195.20%	−15.50%	−0.99%	−31.35%

扎囊县地方税收收入趋势图(万元)

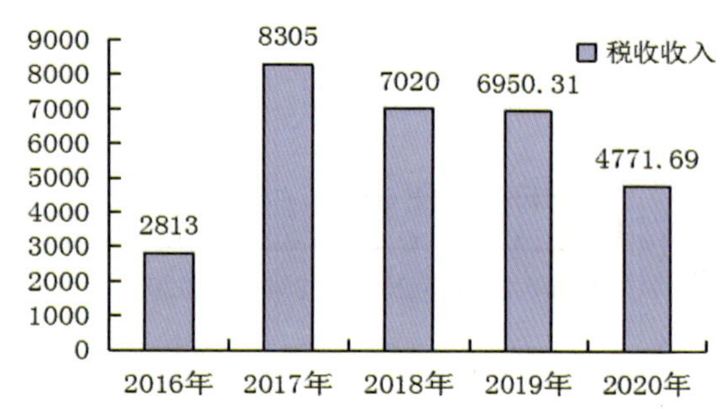

扎囊县地方税收收入同比增长速度趋势图(%)

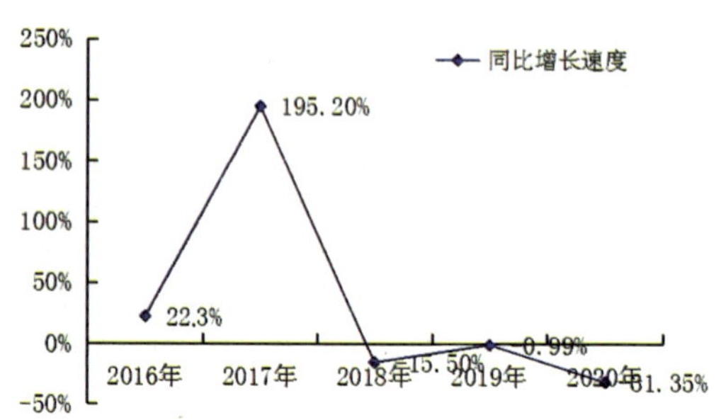

国民经济和社会发展主要指标〔扎囊县农村居民人均纯收入(可支配收入)〕表

单位：元

指标名称	2016 年	2017 年	2018 年	2019 年	2020 年
农村居民人均纯收入（可支配收入）	9134	10385	11517	13026	14654
同比增长速度	10.30%	13.70%	10.90%	13.10%	12.50%

扎囊县农村居民人均纯收入(可支配收入)趋势图(元)

扎囊县农村居民人均纯收(可支配收入)同比增长速度趋势图(%)

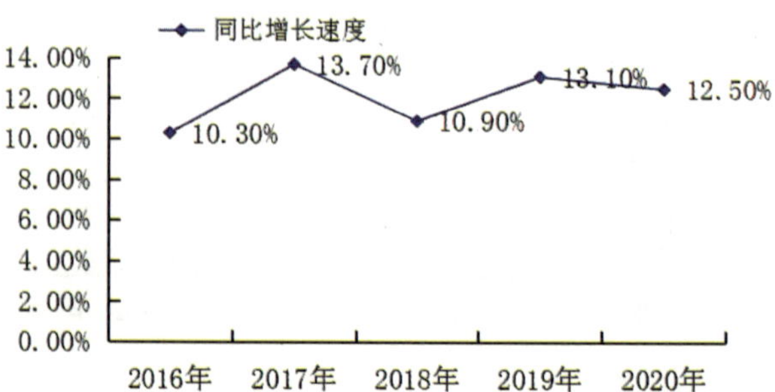

扎囊县2016—2020年国民经济和社会发展计划综合指标表

指标名称	单位	2016年		2017年		2018年		2019年		2020年	
		下算数	同比增长	下算数	同比增长	下算数	同比增长	下算数	同比增长	下算数	同比增长
一、地区生产总值	万元	104548	72.7	119432	9.0	132300	8.6	160578.8	8.5	180166.5	12.2
其中：第一产业	万元	6240	3.5	6765	4.0	7503.7	5.7	8183.9	4	9156.3	11.9
第二产业	万元	69270	149.7	80722	9.9	104241	23.0	95699.5	4.3	113144.6	18.2
其中：工业增加值	万元	2510	33.4	3333	25.7	3015.9	−9.6	3695.2	15.7	4447.9	20.4
建筑业增加值	万元	—	—	—	—	101225.1	32.6	92004.3	3.9	108696.7	18.1
第三产业	万元	29038	7.6	31946	8.1	23800	−22.0	56695.4	15.7	57865.6	2.1
二、全社会固定资产投资	万元	256771	276.5	336474	31.0	251637	−19.6	144101	−42.73	128372	−10.9
其中：招商引资	万元	10100	897.0	38300	279.2	75700	97.7	42490	−43.87	24573	−42.2
三、税收收入	万元	2813	22.3	8305	195.2	7020	−15.5	6950.31	−0.99	4771.69	−31.3
四、财政收入	万元	3500	23.9	4635	32.4	4752	2.5	4402	−7.37	4394	−0.2
五、社会消费品零售总额	万元	7070	14.8	8033	14.0	9190	14.4	15223.04	65.65	22639.6	48.7
六、农牧民人均纯收入	元	9134	10.3	10385	13.7	11517	10.9	13026	13.10	14654	12.5
七、粮食	吨	24674	#REF!	25085.33	1.7	25387.3	1.2	25708.17	1.26	25949.1	0.9
青稞	吨	9845	#REF!	11530.5	17.1	14084.8	22.2	14370.56	2.03	14569.22	1.4
八、城镇登记失业率	%	2.1	持平	2.1	持平	2.1	持平	3以内	上涨0.9个百分点	3以内	—

在县委九届六次全会上的讲话

中共扎囊县委书记 雷 丰

（2020 年 9 月 27 日）

一、要深刻认识西藏和平解放以来我县党的建设工作取得的历史性成就

没有共产党就没有社会主义新中国，没有共产党就没有社会主义新西藏。自西藏和平解放以来，我县各级党组织始终坚持以毛泽东思想、邓小平理论、“三个代表”重要思想、科学发展观和习近平新时代中国特色社会主义思想为指导，坚决贯彻落实党在西藏各个历史时期的路线方针政策，贯彻落实中央历次西藏工作座谈会精神，特别是中央第七次西藏工作座谈会精神，贯彻落实历届区党委和地委、市委决策部署，严格落实党要管党、全面从严治党的政治责任，在全面加强党的地方组织建设和提升党的创造力、凝聚力、战斗力方面取得了显著成效。

（一）逐步建立健全了党的地方组织。在中华人民共和国成立后，中央人民政府根据西藏的历史和现实情况，决定采取和平解放西藏的方针。1951 年 4 月，在我们党的积极努力下，以阿沛·阿旺晋美为代表的西藏地方政府代表团抵达北京，于同年 5 月 23 日签订《中央人民政府和西藏地方政府关于和平解放西藏办法的协议》（即《十七条协议》），宣告了西藏和平解放。继中共西藏工委和中共山南临时党委成立之后，1956 年 10 月，中共扎囊宗党委成立；1959 年 4 月，中共扎囊宗军事管制委员会成立，同年 6 月中共扎囊县委员会成立；1969 年 4 月，中共扎囊县革命委员会成立；1971 年 11 月，中国共产党扎囊县第一次党员代表大会召开，选举产生了中共扎囊县第一届委员会。自此，在县委采取消除“双无”“双提”工程、“八大工程”等一系列有效举措下，党的地方组织在扎囊从无到有、从少到多、从弱到强，如今 287 个党组织、4606 名党员遍布我县各行各业，积极推动改革发展稳定各项事业稳步向前。

（二）顺利完成了社会制度的历史性变革。在西藏和平解放特别是民主改革以前，政教合一的封建农奴制度已经在雪域高原延续了上千年，只占西藏人口 5% 的“三大领主”占有 99.7% 的生产资料，百万农奴过着被极度剥削压迫的悲惨生活。1959 年 3 月 10 日，以十四世达赖为首的西藏上层反动集团，在帝国主义和国外反动势力的支持操纵下，悍然撕毁了《十七条协议》，发动了旨在分裂祖国的全面武装叛乱。我们党在广大农奴和爱国人士的支持配合下，顺利平息了武装叛乱，进行了西藏历史上最伟大、最深刻、最彻底的社会变革，废除了“三大领主”的一切特权，百万农奴翻身得解放，成为了国家和社会的主人。1959 年 5 月，扎囊县人民政府成立，10 月，全县第一个乡政权吉如乡农民协会成立，11 月，全县第一个互助组白仲乡互助组成立，特别是 1965 年 9 月，西藏自治区正式成立，标志着民族区域自治制度在西藏全面确立，实现了由封建农奴制度向社会主义制度转变的历史性跨越。

（三）坚决落实了党中央、区党委和市委的决策部署。自西藏和平解放以来，全县各级党组织始终坚持党的全面领导，在毛泽东思想、邓小平理论、“三个代表”重要思想和习近平新时代中国特色社会主义思想的科学指引下，不断增强“四个意识”，坚定“四个自信”，做到“两个维护”，坚决贯彻落实党中央、区党委和地委、市委各个时期、各个阶段的

决策部署,以全面提升党建工作科学化水平为着力点,推动了维护稳定、经济发展、脱贫攻坚、项目建设、产业发展、社会保障、生态保护、宗教寺庙、民主法治等各项工作在扎囊落地生根、开花结果,确保了我县各项事业始终沿着正确的道路、正确的方向发展前进和行稳致远,实现了社会局势长治久安和经济社会长足发展的伟大目标。

（四）大幅提升了各族群众的生活水平。在和平解放前,流传着这样一首民歌,歌中唱到“农奴带走的只有自己的影子,留下的只有自己的脚印”,这是旧西藏广大农奴悲惨生活的真实写照。在党的坚强领导下,我们团结带领全县各族人民,始终坚持以人民为中心的发展思想和全心全意为人民服务的根本宗旨,通过近 70 年的不懈努力,特别是实施精准扶贫和脱贫攻坚以来,城镇居民和农牧民人均可支配收入分别达到 33358 元、13026 元,教育文化、卫生医疗、社会保障、基础设施、精神文明、公共服务等各项事业得到了大幅提升和全面改善,取得短短几十年跨越上千年的辉煌成就,全县综合贫困发生率从 15.91% 下降至零,即将和全市全区全国一道迈进全面小康社会。

（五）全面坚定了党员干部的初心使命。历届县委高度重视加强党员干部的理想信念教育工作,引导广大党员干部牢固树立共产主义远大理想和中国特色社会主义共同理想。特别是党的十八大以来,我们严格按照党中央、区党委和市委安排部署,相继开展了党的群众路线教育实践活动、“三严三实”专题教育、“两学一做”学习教育和“不忘初心、牢记使命”主题教育,同时充分发挥党委(党组)理论学习中心组和党支部“三会一课”、主题党日等载体作用,全面强化党员干部政治培训,深入学习习近平系列重要讲话精神、《习近平谈治国理政》1至 3 卷、习近平关于党的建设和治边稳藏的重要论述和习近平新时代中国特色社会主义思想等,帮助广大党员干部切实筑牢了信仰之基、补足了精神之钙和把稳了思想之舵,始终以坚定的理想信念,坚守初心、勇担使命,奋力推动改革发展稳定各项事业健康快速发展。

（六）持续巩固了海晏河清的政治生态。历届县委始终坚持以上率下,带动全县各级党组织从严履行党要管党、全面从严治党的政治责任,坚持不懈加强组织、制度、纪律和作风建设,坚决惩治腐败问题,推动党风廉政建设和反腐败斗争取得了显著成效。党的十八大以来,各级党组织和广大党员干部严格落实中央八项规定及其实施细则精神和区党委、市委实施办法,驰而不息纠治“四风”问题,切实解决了一些多年想解决而未解决的突出问题,取得了党风政风明显好转、社风民风为之一振、干群关系更加密切的良好效果。坚持“无禁区、全覆盖、零容忍”,坚持“重遏制、强高压、长震慑”,充分发挥巡察利剑作用,科学运用监督执纪问责“四种形态”和十六种监察手段,严肃查处党的十八大以来不收敛、不收手,严重阻碍党的理论和路线方针政策贯彻执行,严重损害党的执政根基和群众身边的腐败问题,累计处置问题线索 100 件,立案办结 28 件,给予党纪政务处分 41 人,持续营造了风清气正的干事创业氛围和海晏河清的政治生态。

（七）以管党治党的实际成效坚决战胜了各种风险挑战。全县各级党组织始终把党建工作作为最大政绩来抓,坚决扛起了党要管党、全面从严治党的主体责任,各级党组织书记全面履行第一责任人责任,班子成员认真落实“一岗双责”,推动了各个时期党的建设工作目标任务落实落地。特别是近 70 年来,通过采取切实可行的措施办法,有效压实了党建工作责任,逐步加强了党对各项事业的全面领导,在面对艰难险阻和风险挑战时,我们团结带领全县各族干部群众积极应对、精准施策、攻坚克难,取得了一个又一个重大胜利,先后配合平息了 1959 年武装叛乱,夺取了 1962 年中印边境自卫反击战胜利;及时消除了 2008 年“3·14”事件的负面影响;坚决打赢了脱贫攻坚战,并取得了决定性胜利;新冠疫情常态化防控取得了显著成效,等等。

回顾党领导扎囊进行改革、发展、建设的光辉历程,各项事业取得的历史性成就,最根本的就是在于党的全面的、坚强的领导,在于毛泽东、邓小平等老一辈无产阶级革命家的深谋远虑和运筹帷幄,在于习近平总书记的领航把舵、谋篇布局,在于习近平新时代中国特色社会主义思想和总书记关于治边稳藏的重要论述以及一系列重要指示批示精神的正确指引，充分展示了中国特色社会主义制度的政治优越性，充分证明了我们党各个时期关于西藏工作的理论方针政策是完全正确的，是完全符合全区包含扎囊在内各族人民的根本利益。

在总结回顾我县党的建设和各项工作取得的历史性成就，我们深刻认识到：

一是必须坚持党的全面领导。党政军民学，东西南北中，党是领导一切的。我们只有毫不动摇地坚持党的领导，深入推进党的建设新的伟大工程，坚决把党的全面领导贯穿到改革发展稳定各项事业中，才能确保我们各项工作始终沿着正确的方向、正确的道路大步前进，并取得新的更大的成绩。

二是必须坚持强化政治引领。要始终把党的政治建设摆在首位，坚持以毛泽东思想、邓小平理论、“三个代表”重要思想、科学发展观和习近平新时代中国特色社会主义思想为指导，切实增强“四个意识”、坚定“四个自信”、做到“两个维护”，才能在政治立场、政治方向、政治原则上始终同党中央保持高度一致。

三是必须坚持厚植人民情怀。要始终坚持以人民为中心的发展思想，全面践行党的根本宗旨，坚决走好党的群众路线，把各族群众拥护不拥护、赞成不赞成、高兴不高兴、答应不答应贯穿到各项工作的始终，全力提升各族群众的获得感、幸福感和安全感，才能赢得各族群众最广泛、最坚定的支持和拥护。

四是必须坚持全面从严治党。勇于自我革命，从严管党治党，是我们党最鲜明的品格。必须把全面从严治党贯穿到党的建设全过程，深入推进党风廉政建设和反腐败斗争，持之以恒纠治“四风”问题，坚决消除影响党的先进性和纯洁性的消极因素，才能始终保持风清气正的政治生态和干事创业的良好氛围。

五是必须坚持弘扬优良作风。要坚持以锐意进取、敢于担当的精神状态，充分发扬脚踏实地、攻坚克难、真抓实干的优良作风，坚决做到用心用情用力、落实落细落地，做给群众看、带着群众干，全面密切党群干群关系，才能把党建成求真务实、风清气正、形象良好，始终保持和发扬优良作风的马克思主义执政党。

二、要准确把握我县党的建设工作中存在的突出问题和短板

成绩来之不易，问题不容忽视。西藏和平解放以来，历届县委团结带领广大党员干部，积极推进党的建设工作，取得历史性成就，全面巩固了党在扎囊的执政基础。但对标对表新时代党的建设工作总要求和党中央、区党委、市委的决策部署，我们在全面加强新时代党的建设工作中还存在一些突出问题和短板，主要体现在“五个差距”上。

（一）在思想认识上还有差距。有的党组织及其书记对党的建设工作重视不够，认为党建务虚，出不了成绩；业务务实，容易出政绩，在具体工作中只抓业务不抓党建。有的重业务、轻党建，片面地认为业务是业务、党建是党建，没有把党建工作与业务工作很好的结合起来，做到“两手抓、两促进”。有的班子成员党建工作分工不清、职责不明，看起来大家都在抓，实际上没人在负责，导致在考核中党建资料不全或者根本没有党建材料。

（二）在理论武装上还有差距。有的党员干部不注重加强理论武装，在学习习近平新时代中国特色社会主义思想和总书记关于党的建设、治边稳藏等重要论述上，离学懂弄通做实还有一定的差距，没有做到往深里走、往心里走、往实里走。有的学习停留在装点门面上，浅尝辄止、一知半解、似懂非懂，习惯于“碎片式、消遣式”学习，重形式、轻效果。有的学习“空对空”，学习与应用不统一、理论与实践相脱节，没有把学到的理论知识用于解决实际问题、推动实践工作上来。

（三）在管党治党上还有差距。有的党组织和班子成员全面从严治党的意识不强，对分管单位和本部门党的建设工作不研究不部署，执行民主集中制不够严格，组织生活流于形式，履行管党治党主体责任和“一岗双责”不到位。县乡纪检组织和干部职工的业务工作水平和发现问题的能力还有待进一步提升，在推动监督检查常态长效上缺乏行之有效的举措办法。有的党员干部无视党的纪律规矩，在中央和区市县三令五申的情况下依然我行我

素，打群众“救命钱”的主意，动扶贫资金的“奶酪”，个别党员干部甚至侵占惠民资金参与赌博；个别村“两委”班子成员参与赌博，甚至提供赌博场所；个别教职工思想腐化、生活堕落，出现了嫖娼行为，等等。

（四）在发挥作用上还有差距。有的机关党组织领导班子发挥作用不明显，开展集中学习和组织活动不经常，用党的最新理论成果武装头脑、指导实践、推动工作还需要进一步提升。有的村（居）“两委”能力素质不强，甚至不团结、搞内耗，在联系服务群众、壮大集体经济、增强战斗堡垒作用等方面思路不宽、办法不多。有的寺管会党组织对自身的职责定位不清，在“谁影响谁”的问题上说得少、做得少。有的学校党组织对党的建设工作不研究、不安排、不部署、不落实，对教职工中出现的苗头性问题没有做到及时提醒教育。有的党组织在推动党建工作中存在重形式轻内容、重结果轻过程、重数量轻质量，党内组织生活不严肃、走过场，存在娱乐化、庸俗化问题。

（五）在作风建设上还有差距。有的党员干部对党纪党规缺乏敬畏之心，没有严格贯彻落实中央八项规定及其实施细则精神和区党委、市委实施办法，上班时间在茶馆喝茶，迟到早退，请假休假随意延期，甚至个别党员干部跟组织“玩失踪”。有的党员干部在推动工作中搞形式主义，遇到工作和问题只汇报不落实、只安排不督促，开完会议、下完文件就算落实了，把说了当做了、把做了党做成了。有的党员干部担当精神不足，遇到好事抢着上、遇到问题绕着走，不敢担当、不愿担当，工作拈轻怕重、能拖就拖，能少干坚决不多干。有的党员干部精神萎靡、不在状态，干事创业精神弱化，整日浑浑噩噩、无所事事。

同志们，以上这些问题既有共性问题，也有个性问题；既存在于普通党员干部身上，也存在党员领导干部身上。究其根本原因，就是我们一些党员干部理想信念滑坡、初心使命动摇、宗旨意识淡化、群众观点松动导致的。针对这些问题，我们各级党组织特别是党组织书记要端正态度、认真反思，自己有没有把党的建设工作作为最大政绩来抓？有没有认真履行全面从严治党的主体责任和第一责任？有没有做到抓好班子带好队伍、督促班子成员落实“一岗双责”？有没有对党员干部中可能出现的苗头性问题进行深入思考、教育提醒？等等。在下一步工作中，我们要深刻领会全面加强新时代党的建设工作的总要求，对照党中央、区党委和市委的决策部署，深入推动新时代党建工作各项目标任务落实落地，切实提升党建工作规范化、科学化水平。

三、要在统一认识、突出重点、精准施策的基础上，全面加强新时代党的建设工作

高度重视和不断加强党的自身建设，是我们党从小到大、由弱变强，从挫折中奋起，在战胜困难中不断成熟的一大法宝，也是我们党团结带领全国各族人民，推动革命、建设、改革、发展不断取得一个又一个伟大胜利的根本保证。中国特色社会主义进入新时代，如何全面加强新时代党的建设工作，我们要着重回答好“三个问题”：第一个问题是为什么、第二个问题是抓什么、第三个问题怎么抓。

（一）回答好第一个问题，就是要深入领会全面加强新时代党的建设工作的极端重要性。习近平总书记强调，“办好中国的事情，关键在党。”“党的建设关系重大，牵动全局。”“做好西藏工作，必须坚持党的领导，全面加强党的建设。”我们一定要在深化思想认识、提高政治站位中，深入领会全面加强新时代党的建设工作的极端重要性。

一是全面加强新时代党的建设，是坚决做到“两个维护”的根本保证。“两个维护”是我们党十八大以来取得的重大政治成果和宝贵经验，是我们党最重要的政治纪律和政治规矩。我们要坚持以加强新时代党的建设为引领，教育广大党员干部坚定理想信念、不忘初心使命、对党绝对忠诚，坚决维护好习近平总书记党中央的核心、全党的核心地位，坚决维护党中央权威和集中统一领导。

二是全面加强新时代党的建设，是推动中央和区市决策部署落地生根的有力抓手。党的十八大以来，习近平总书记始终情系西藏，关心关怀西藏人民，对西藏工作作出了一系列重要指示批示，先后出台了一系列促进西藏长足发展和长治久安的

重大方针政策。各级党组织和广大党员干部要全面加强新时代党的建设工作，切实把思想行动统一到党中央、区党委和市委的决策部署上来，以更实的作风、更大的魄力、更硬的本领抓好贯彻落实。

三是全面加强新时代党的建设，是有效化解各种风险挑战的现实需要。当前，我们面临的党的领导弱化、党的建设缺失、从严治党不力等问题还未得到彻底解决；以美国为首的国外敌对势力一直以来都对我们虎视眈眈；同时，我们在安全生产、生态保护、宗教领域、意识形态、维护稳定等方面也存在着诸多风险挑战。因此，我们必须要坚决扛起管党治党政治责任，切实增强风险意识和底线思维，确保我们的党组织和党员干部全面过硬，积极稳妥、坚决消除一切不利因素，为党的各项事业健康快速发展营造和谐稳定的社会环境。

四是全面加强新时代党的建设，是进一步密切党群干群关系的内在要求。在党中央、区党委和市委的坚强领导下，我们坚决打赢了脱贫攻坚战，即将和全国一道迈进全面小康社会。但对照各族群众对美好生活的向往，我们在创业就业、教育文化、卫生医疗、社会保障、基层治理等方面还存在着明显的薄弱环节。所以，我们要全面加强新时代党的建设，教育引导各级党组织和党员干部要始终坚持以人民为中心的发展思想，全面解决好群众最急最忧最盼的紧迫问题，着力提升各族群众的获得感、幸福感和安全感，始终保持我们党同人民群众的血肉联系。

（二）回答好第二个问题，就是要准确把握全面加强新时代党的建设重点任务。根据习近平总书记关于党的建设重要论述和党中央、区党委、市委关于加强党建工作的决策部署，我县今后一段时间全面加强新时代党的建设工作总体要求是：始终坚持以习近平新时代中国特色社会主义思想为指导，深入贯彻落实习近平总书记关于党的建设、治边稳藏的重要论述，贯彻落实党的十九大、十九届历次全会和中央第七次西藏工作座谈会精神以及新时代党的治藏方略，贯彻落实自治区第九次党代会、区党委九届历次全会和山南市第一次党代会、市委一届历次全会精神，坚持和加强党的全面领导，坚持党要管党、全面从严治党，以加强党的长期执政能力建设、先进性和纯洁性建设为主线，以党的政治建设为统领，以坚定理想信念宗旨为根基，以调动各级党组织和党员干部的积极性、主动性和创造性为着力点，全面推进党的政治、思想、组织、作风、纪律建设，把制度建设贯穿其中，持续巩固和提升反腐败斗争压倒性胜利，不断提升新时代党的建设质量。

一是要强化思想建设。习近平总书记强调，“思想建设是党的基础性建设。”思想建设作为党的铸魂工程，在党的建设中具有引领性、贯通性、支配性作用，是保持党的先进性和纯洁性、不断增强党的战斗力和创造力的根本保障。全县各级党组织和党员干部要注重全面系统学，把学习贯彻习近平新时代中国特色社会主义思想同学习马克思主义、毛泽东思想、邓小平理论、“三个代表”重要思想和科学发展观结合起来，同学习党史、新中国史和我们党经营西藏的光辉历程结合起来，同学习《习近平谈治国理政》1至3卷和总书记关于党的建设、治边稳藏等重要论述结合起来，坚持问题导向和效果导向，坚持把自己、职责和工作摆进去，大力弘扬理论联系实际的优良学风，从党的创新理论中找到解决实际问题的“金钥匙”，做到学思用贯通、知信行统一，切实把学习成效转化为坚定理想信念、理清思路举措、推动工作实践的实际成果。

二是要强化政治建设。习近平总书记强调，“党的政治建设是党的根本性建设，决定党的建设方向和效果。”这是党的建设历史经验和最新经验的理论升华，是习近平总书记对马克思主义党的建设学说重大原创性贡献，标志着我们党对党的建设规律的认识达到一个新高度。全县各级党组织要不断增强推进党的政治建设的自觉性和坚定性，深入开展理想信念和思想政治教育，引导广大党员干部进一步增强“四个意识”，坚定“四个自信”，做到“两个维护”，对党绝对忠诚，决不搞上有政策、下有对策、当“两面派”，始终在思想上、政治上、行动上同以习近平同志为核心的党中央保持高度一致。要严守党的政治纪律和政治规矩，全面落实民主集中制、“三会一课”、民主生活会、双重组织生活会、民主评议党员、批评与自我批评、谈心谈话、请示报告等制度；坚决与十四世达赖及达赖集团划清界限，积极加强宗教管理和淡化宗教消极影响，坚决同破坏祖国统一、民族团结、社会稳定等行为作斗争，在涉及大是大非问题上始终做到旗帜十分鲜明、立场十分坚定、行动十分坚决，靠得住、站得稳、敢亮剑、善斗争。

三是要强化组织建设。习近平总书记强调，“基层是党的执政根基、力量之源。只有基层党组织坚强有力，党员发挥应有作用，党的根基才能牢固，党才能有战斗力。”我们要高度重视并全面加强党的组织建设，坚持以提高各级党组织的政治领导力、思想引领力、群众组织力和社会号召力为重点，持续强化机关事业单位、“两新”组织、村（居）、学校、寺庙等领域党组织的建设力度。坚持问题导向，动态排查、及时研究解决基层党组织建设过程中出现的薄弱环节和短板，持续巩固提升基层党组织标准化建设成果，扩大先进党组织增量、提升中间党组织水平、实现软弱涣散党组织转化升级。坚持加强党组织书记及其班子成员政治素质和领导能力建设，要持之以恒、久久为功解决好有的党组织发展思路不宽、带动增收滞后、发挥作用不足、违规违纪违法等问题，努力把各领域党组织建成听党话、跟党走，善团结、会发展，能致富、保稳定，遇事不糊涂、关键时刻起作用的坚强战斗堡垒。

四是要强化队伍建设。习近平总书记强调，“党的干部是党和国家事业的中坚力量。”进入新时代，我们要始终坚持党管干部原则，坚持新时代好干部标准，努力打造一支忠诚干净担当的高素质干部队伍。要突出政治标准，树立正确的选人用人导向，对那些能够牢固树立“四个意识”、坚定“四个自信”、做到“两个维护”，关键时刻站得出来、顶得上去，长期坚持在基层一线攻坚克难、服务群众的干部，我们要大胆的把他们培养起来、选拔上来、使用起来。要提升能力素质，教育引导党员干部特别是年轻的党员干部要深入学习领会党的创新理论成果，切实把新思想新理论新精神内化于心、外化于行，从中找到解决实际问题的“金钥匙”，全面提升自己应对复杂局面、推动社会发展、服务各族群众的能力和本领。要从严加强管理，严格执行干部管理的各项规定，把日常监督与全面监督、思想管理与行为管理相结合，多做规范言行、防微杜渐、纠偏纠错工作，发现苗头性和倾向性问题要及时谈话提醒、批评教育，引导党员干部谨慎对待权力、谨慎对待钱财、谨慎对待关系、谨慎对待自我、谨慎对待信仰，最大限度的避免发生违规违纪违法行为。

五是要强化作风建设。习近平总书记强调，“党的作风就是党的形象，关系人心向背，关系党的生死存亡。”“作风问题具有顽固性和反复性，形成优良作风不可能一劳永逸，克服不良作风也不可能一蹴而就。”我们要坚定不移贯彻落实中央八项规定及其实施细则精神和区党委、市委实施办法，坚持驰而不息纠治“四风”问题，对违反作风建设相关规定的要做到快查快办、坚决处理，点名道姓通报曝光典型案例，及时有效发挥震慑作用，营造良好的干事创业环境。要严格按照党中央、区党委和市委的安排部署，坚决处理好基层减负与履职担当的关系，着力实现“既要减少会议文件、优化督导考核，又要解决实际问题、推动工作落实”的双赢目标。要始终坚持以人民为中心的发展思想，大力弘扬密切联系群众的优良作风，坚持困难麻烦由政府解决、把方便实惠送给群众，带着感情、带着责任，深入基层了解情况、深入群众倾听意见，着力解决好各族群众就业创业、教育医疗、用水用电、道路交通、增收致富等牵肠挂肚的紧迫问题，以党员干部的优良作风凝聚人心、汇聚力量、巩固根基。

六是要全面从严治党。习近平总书记强调，“一体推进不敢腐、不能腐、不想腐，不仅是反腐败斗争的基本方针，也是新时代全面从严治党的重要方略。”我们要严格落实全面从严治党的主体责任和监督责任，始终把“严”的主基调长期坚持下去，坚定不移推动全面从严治党向纵深发展。各级党组织书记要全面对照党中央、区党委和市委关于全面从严治党的部署要求，牢牢把握政治中有业务、业务中有政治的明确要求，全面履行好管党治党的主体责任和第一责任人责任，做到重要工作亲自部署、重大问题亲自过问、困难问题亲自解决；班子成员要对标看齐，严格落实全面从严治党的集体责任和分管领域的“一岗双责”，做到党建和业务“两手抓、两促进”；县乡两级纪委监委组织要理清职责定位、聚焦主责主业、提升能力素质，大力协助党委落实好主体责任，高标准落实好全面从严治党的监督责任，着力形成“齐抓共管、各司其职”的工作格局。

（三）回答好第三个问题，就是要在全面加强新时代党的建设工作中始终坚持精准施策。全面加强新时代党的建设工作，要根据不同行业不同领域党组织建设的任务和特点，坚持“统筹谋划、分类指导、精准施策”，进一步提升各领域党组织的建设质量和水平，推动实现全面进步、全面过硬，不断厚植党的群众基础和执政基础。

一是在机关党建方面。要深入学习领会和贯彻落实习近平总书记在中央和国家机关党的建设工作会议上的重要讲话精神，坚持政治机关建设标准，坚持党建带业务，坚持围绕中心、服务大局，大力推进“十星党支部”“三包五带五促”，认真解决好机关党建“灯下黑”“两张皮”“温差落差偏差”问题，有效巩固提升机关党组织标准化建设成果，推动党建与业务深度融合、相互促进，努力在深入学习贯彻习近平新时代中国特色社会主义思想上作表率，在始终同以习近平同志为核心的党中央保持高度一致上作表率，在坚决贯彻落实党中央、区党委、市委和县委的决策部署上作表率，坚决把机关党组织建设成为让党放心、让群众满意的模范机关。

二是在村居党建方面。要以明年的村居“两委”班子换届为契机，进一步配齐配强村居干部、明确职责定位、完善绩效考核制度，全面强化政治培训、业务培训和“双语”培训力度，逐步扩大村居“两委”班子成员初中以上文化水平覆盖面。要严格标准和程序，着重在年轻大学生、致富带头人、退役军人等群体中发展党员，不断提升基层党员质量。要坚持以党建为引领，大力推进巩固提升脱贫成果、实施乡村振兴战略、壮大集体经济、凝聚人心、夯实基础等重点工作；严格落实提高村级组织活动场所使用率“十项要求”，持续开展“四讲四爱”“3355”“文明三字经”“十小进农家”等，确保基层党组织和党员群众思想政治、能力本领、基层治理全面过硬，始终做到听党话、感党恩、跟党走。

三是在学校党建方面。要坚持和加强党对学校工作的全面领导，紧紧围绕“培养什么人、怎么培养人、为谁培养人”的根本问题，坚决落实党的教育方针，全面加强马克思主义“五观”“两论”等思想政治和社会主义核心价值观教育，引导青少年学生扣好人生第一粒扣子。要注重加强师德师风建设，把师德师风作为教师资格注册、年度考核、评先评优、职称评审、岗位聘用的首要标准，全面加强教职工队伍建设。要坚持以“重振旗鼓、奋起直追、再夺旗帜”为奋斗目标，巩固提升教育行业改革成果，充分发挥本地教师和援藏教师的积极作用，探索创新教育教学方式方法，2020年实现了“双冠王”目标，全面提升各级各类学校教育教学水平，坚决为中国特色社会主义事业培养合格的建设者和接班人。

四是在“两新”组织党建方面。要高度重视“两新”组织党建工作，持续巩固提升“两个覆盖”的质量和水平，按照“政治坚定、素质优良、相对稳定、充满活力”的标准，着力加强领导班子和党务工作者队伍建设，明确岗位职责和履职要求，并建立完善激励帮扶机制，有效提升“两新”党组织党建工作科学化规范化水平，不断增强“两新”党组织的组织力、凝聚力和创造力。互联网党组织要坚持党对意识形态工作的绝对领导，不断强化阵地建设和意识形态管控，牢牢掌握领导权、话语权、主导权和管理权，全面弘扬正能量、汇聚强大合力。国有企业党组织要坚持把党的领导贯穿到企业治理和经营发展的各个方面，认真解决好党的领导弱化、党的建设缺失、从严治党不力等突出问题，通过党建引领帮助企业进一步实现“完善管理、汇聚合力、理清思路、做大做强”的目标。

五是在宗教领域党建方面。要坚持党对宗教工作的全面领导，深入贯彻落实党的宗教工作方针政策，加强和创新寺庙管理工作，完善各项规章制度，积极引导藏传佛教与社会主义制度相适应，确保宗教工作始终保持正确政治方向、宗教领域持续和谐稳定。要坚持依法依规管理宗教事务，严格落实宗教领域“三个不增加”要求，依法取缔群众私建乱建的煨桑点、经幡悬挂点和玛尼转经筒，坚决遏制宗教热，积极淡化宗教消极影响。要持续深入开展"遵行四条标准、争做先进僧尼"和"四讲四爱"教育活动，引导广大僧尼坚决与十四世达赖及其达赖集团划清界限，始终坚定听党话、感党恩、跟党走的信心和决心，确保政治立场站得稳、关键时刻起作用。

六是在离退休党组织建设方面。要注重加强对离退休干部工作的领导，建立健全服务保障机制，经常性开展组织活动，充分发挥离退休党员干部在政治上、经验上和威望上的独特优势，引导他们做到"离岗不离党、退休不褪色"，为实现扎囊长治久安和高质量发展建言献策、主动作为、凝聚力量。

同志们，习近平总书记强调，"伟大斗争，伟大工程，伟大事业，伟大梦想，紧密联系、相互贯通、相互作用，其中起决定性作用的是党的建设新的伟大工程。"下一步，我们一定要继续紧密团结在以习近平同志为核心的党中央周围，坚持以习近平新时代中国特色社会主义思想和总书记关于党的建设、治边稳藏的重要论述为指导，全面贯彻落实新时代党的治藏方略，严格对照党中央、区党委和市委的决策部署，不负韶华、不忘初心，勇于担当、践行使命，全面加强、扎实推进新时代党的建设各项工作，以党建工作实际成效推动实现扎囊社会局势长治久安、经济社会高质量发展。

在县委经济工作会议上的讲话

中共扎囊县委书记 雷 丰

（2021 年 1 月 14 日）

2020 年 12 月 16 日至 18 日，中央经济工作会议在北京召开，习近平总书记和李克强总理出席会议并发表了重要讲话，会议全面总结一年来取得的 6 个方面成就，着重强调在严峻挑战下做好经济工作 5 个方面规律性认识，深刻分析我国当前经济形势面临 3 个方面挑战，明确做好今年经济工作的指导思想和 8 个方面重点任务，强调党要加强对经济工作的领导，为我们做好今年经济工作指明了前进方向。2020 年 12 月 25—27 日，区党委九届九次全会暨区党委经济工作会议在拉萨召开，吴英杰书记和齐扎拉主席出席会议并作了重要讲话，全面总结“十三五”工作，分析发展形势，明确指导思想和目标任务，提出“坚决确保国家安全和长治久安”等 6 大重点任务，为我们“十四五”开好局、起好步提供了根本遵循。今年 1 月 6 日，市委经济工作会议在泽当召开，许成仓书记作了重要讲话，客观总结工作成绩，深入研判经济形势，全面部署经济工作，为我们谋划全年经济工作提供了重要遵循，明确了重点任务和方法路径。全县各级党组织和广大党员干部要全面增强“四个意识”，坚定“四个自信”，做到“两个维护”，不断提高政治站位，认真抓好学习领会，准确把握目标任务，坚决保持政令畅通，切实把思想行动统一到党中央、区党委决策部署和市委具体要求上来，全力以赴推动各项目标任务落实落地，奋力开启建设团结富裕文明和谐美丽的社会主义现代化新扎囊的新征程。

一、全面总结研判，坚定信心决心

2020 年是我县发展进程中极不平凡、极其重要的一年。一年来，在习近平总书记和党中央的关心关怀下，在区党委和市委的坚强领导下，在株洲市的大力支援下，我们团结带领各族干部群众，坚持以习近平新时代中国特色社会主义思想为引领，深入学习贯彻习近平总书记关于西藏工作的重要论述和新时代党的治藏方略，贯彻落实中央、区党委、市委经济工作会议精神，坚持稳中求进的工作总基调，坚定不移贯彻新发展理念，以正确处理好“十三对关系”为方法，统筹疫情防控和经济社会发展，积极落实“三稳三保”，长治久安和高质量发展取得了显著成效。一是社会局势持续稳定。坚持把稳定作为第一位任务，健全完善党政军警民联防联控机制，严格落实区党委、市委维稳措施，统筹推进反分裂斗争、宗教事务管理、矛盾纠纷处置、意识形态领域、安全生产、社会面管控、民族团结进步创建等工作，各族群众“我要稳”的意识全面增强。二是疫情防控扎实有效。坚持人民至上、生命至上，强化组织领导和防控举措，创新提出“十要、十不要”工作要求，统筹推进疫情防控和复工复产工作，创新“五个钱袋子”增收措施，个体工商户讲政治、顾大局，广大干部群众和社会各界众志成城、捐款捐物，为疫情防控做出了重要贡献，最大限度降低了疫情带来的消极影响，涌现出了一批优秀的抗疫人物和企业。三是脱贫成果有效巩固。严格按照“稳定、巩固、提升”和“四个不放过”工作要求，按时保质完成各类反馈、发现问题整改工作，有序推进扶贫领域项目建设 26 个；扎实开展易地扶贫搬迁后续工作；健全完善脱贫攻坚成果巩固提升各类方案，建立了防返贫应急保障金机制，为建档立卡贫困户购买了防返贫保险，兑现防返贫救助资金 27.5 万元，实现了“从一个都不少到一个都不返贫”的目标。四是项目工作进展顺利。全年实施开复工项目 98

个、总投资 107.84 亿元；储备“十四五”期间“五类项目”265 个、总投资 147.19 亿元，录入国家重大建设项目库 197 个、总投资 28.18 亿元，为全县经济社会发展注入了强大动力。五是招商引资稳步推进。充分发挥各类节庆作用，高质量举办了招商引资推介会，全年接洽意向性企业 20 家，新签约招商引资项目 2 个、总投资达 18.1 亿元，招商引资开复工项目 9 个，预计完成固定资产投资 2.46 亿元，充分展现了援藏工作队在招商引资工作上的优势。六是生态环境保持良好。坚决贯彻“保护好青藏高原生态就是对中华民族生存发展的最大贡献”重要指示精神，统筹推进山水林田湖草沙综合治理，从严整改中央和区党委环保督察反馈问题，开展义务植树 30 万株，完成 134 个固定污染源排污许可登记，创建和提档升级自治区级生态文明示范村 3 个。七是三农基础更加夯实。农业农村基础设施不断完善，坚决守住耕地保护红线和粮食安全底线，建成高标准农田 1.5 万亩，兑现农机购置补贴 412.291 万元，完成粮食产量达 2.595 万吨；重大动物防疫有序推进；从严规范农牧民专业合作社运行，建成国家、区、市、县示范社 52 家；动员农牧民群众 94 人参与“走出大山”赴其他省旅游活动。八是社会事业不断进步。旅游、文化、教育、民族手工业、生态“五个强县”得到全面加强、优势初显，卫生医疗、五大保险、低保五保、残疾人、退役军人等各项事业取得了全面进步，举办实用技能培训班 12 期，全年实现转移就业 9295 人，应届高校毕业生就业率达 98.3%，超前完成建制村 100% 通客车，不断满足了人民群众对美好生活的向往。九是党的建设全面加强。扎实推进“十星党支部”创建和“三包五带五促”工作，创新开展“党建八大工程”“十项提升”“14 有 +”等，高质量召开了基层党建工作“两个现场会”，高标准完成 10 个软弱涣散党组织整顿，成功打造党建示范点 17 个。村（社区）“两委”换届工作扎实有序推进。全面加强了对人大、政府、政协、“两院”的领导，各级党组织和群团组织作用发挥显著。十是从严治党常态长效。全年安排部署 3 轮巡察工作，覆盖 17 个县直单位和 6 个村（居），同时对 1 个乡镇和 5 个县直单位进行了“回头看”，九届县委巡察实现全覆盖；从严推进违反中央八项规定精神自查清理纠治工作，违规资金已全部完成追缴，开展提醒谈话 71 人次；支持纪委监委受理问题线索 28 件，办结 20 件，给予党纪政务处分 13 人，收缴违纪资金 59047 元。

同志们，过去的一年，我们以实际行动践行对习近平总书记和党中央的绝对忠诚，践行对区党委、市委决策部署的坚决服从，统筹推进疫情防控和经济社会发展，脱贫攻坚取得决定性胜利，全面建成小康社会胜利在望。这些成绩的取得，根本在于习近平总书记的领航把舵和党中央的关心关怀，根本在于习近平新时代中国特色社会主义思想和新时代党的治藏方略的科学指引，离不开区党委、市委的坚强领导，离不开株洲市及其援藏工作队的大力支援和付出，离不开全县各族干部群众的感恩奋进。在此，我代表县委向大家表示衷心的感谢和诚挚的问候。

在肯定成绩的同时，我们也要清醒地认识到经济社会发展中存在不平衡不充分的问题：一是高质量发展进入转型期的压力大。县域经济依靠投资拉动的模式没有根本改变，产业结构、产业发展、产业效益还需优化加强提升，在城乡居民收入、脱贫攻坚质量、城乡统筹发展等方面还存在一些突出问题，推动高质量发展进入转型期还有一定的压力。二是我们与兄弟县相比优势不明显。乃东区承接山南首府功能，市委、市政府决定在“十四五”期间打造乃东区经济圈；贡嘎县有拉萨国际机场且在扩建扩容，桑布日搬迁点是幸福家园建设的重要区域，祁连山水泥厂建成运营，并即将谋划建设 S206 杰德秀至昌果跨江大桥；边境县拥有中央、区、市兴边富民的特殊政策，扎囊经济发展新支撑点和大支撑点不明显、不突出。三是在改善人民生活品质上还需下大功夫。部分贫困群众增收的稳定性、持续性还不够强，经不起风险挑战；在农牧区教育、文化、卫生、医疗、饮水、用电、出行、网络信号等公共服务还不够健全有力，存在供给质量不高、建设标准偏低、设施利用率低等；城乡人居环境还不够优化，农牧民群众健康文明的生活方式还未完全形成。四是干部队伍能力不足的问题普遍存在。有的干部学习习近平新时代中国特色社会主义思想、总书记关于西藏工作的重要论述和新时代党的治藏方略不深不透，存在片面理解、学用脱节的问题；有的干部专业能力不强，业务知识与岗位职责不匹配，落实工作迟缓甚至不力，有时还会给全县工作造成被动局面。以上问题，需要我们在下一步工作中采取有力举措、加以解决。

同志们，正视问题是我们高度自信的表现，立足当前是我们感恩奋进的起点。许成仓书记在市委经济工作会议上讲话时强调，“我们将迎来重大项目建设的黄金期，迎来‘七次会’确定的政策落实落地的迸发期，迎来产业建成投产、发挥效益的高峰期”。我们要深刻认识和准确把握市委作出“三期”的重大判断，牢固树立大局意识和机遇意识，全面增强推动经济社会实现高质量发展的信心决心。一是特殊政策前所未有。党的十八大以来，习近平总书记和党中央高度重视西藏工作、情系西藏各族人民，特别是2020年中央第七次西藏工作座谈会召开后，党中央为西藏量身定制了一系列前所未有的特殊政策。我们要积极主动、精准对接，用好用足用活党中央的特殊政策和区党委、市委的优惠政策，充分发挥好政策“催化剂”的作用。二是重大项目密集落地。今年是“十四五”规划的开局之年，也是落实“七次会”精神的关键之年。我们要科学谋划好“十四五”规划和2035年远景目标，紧紧围绕我县已储备的265个“十四五”规划项目，继续做好项目储备、项目实施、项目前置等各项工作，确保实现“多争取、快建设、强管理、促效益”的目标。三是区位优势更加凸显。我县处在拉萨山南经济一体化发展、雅江中游综合整治、沿江百亿产业走廊、幸福家园建设的中心地段，同时拉林铁路预计今年6月30日全线通车，这必将更加有利于我们把扎囊打造成拉萨山南“后花园”和人流、物流、信息流的集散中心，也必将更加凸显扎囊的区位优势。在经济发展空间上，要做好北入隧道打造拉萨后花园、西进机场连接物联网、东近乃东融入工业园区和现代农业园区、南伸琼措发展传统产业和高山畜牧产业。

二、聚焦重点难点，奋力攻坚克难

今年是我国现代化建设进程中具有特殊重要性的一年，是中国共产党成立100周年，是实施“十四五”规划开局之年，是西藏和平解放70周年，做好今年经济工作意义重大、影响深远。总体要求是：以习近平新时代中国特色社会主义思想为指导，全面贯彻落实党的十九大和十九届二中、三中、四中、五中全会以及中央第七次西藏工作座谈会精神，贯彻落实习近平总书记关于西藏工作的重要论述和新时代党的治藏方略，贯彻落实中央、区党委和市委经济工作会议精神，坚持和加强党对经济工作的全面领导，坚持稳中求进工作总基调，落实“三个赋予一个有利于”要求，立足新发展阶段，贯彻新发展理念，融入新发展格局，以推动高质量发展为主题，以深化供给侧结构性改革为主线，以改革创新为根本动力，以满足人民日益增长的美好生活需要为根本目的，正确处理好“十三对”关系，全面落实市委经济工作思路和“稳投资、保发展，稳增收、保脱贫，稳就业、保民生”的根本任务，强力推进“五个强县”战略，切实抓好“四件大事”、着力实现“四个确保”，以优异成绩迎接和庆祝建党100周年和西藏和平解放70周年。主要预期目标是：地区生产总值增长9%以上，社会固定资产投资增长10%以上，社会消费品零售总额增长8%以上，税收收入增长40%左右，财政收入增长13.5%左右，农牧民人均可支配收入增长13%以上。

确定这样的预期目标，既体现我们坚决对标对表党中央、区党委和市委经济工作会议的决策部署，全面落实“三个赋予一个有利于”要求的明确态度；又基于科学测算、发展趋势和现实可能的考虑，有利于我们稳定预期目标、坚定高质量发展信心。

为实现上述目标，我们要重点抓好以下几个方面的工作。

（一）要准确把握经济社会高质量发展新阶段的新要求。新发展阶段就是站在全面建成小康社会的基础上，继续向着全面建设社会主义现代化强国的“升级转段”，是中华民族进一步接近伟大复兴目标的重要历史进程，是贯彻新发展理念、构建新发展格局、推动高质量发展的阶段。习近平总书记在“七次会”上强调，西藏所有发展都要赋予民族团结进步的意义，都要赋予维护统一、反对分裂的意义，都要赋予改善民生、凝聚人心的意义，都要有利于提升各族群众获得感幸福感安全感；吴英杰书记多次提出，我区所有的经济工作都是民生工作，要坚持困难麻烦由政府解决、把方便实惠送给群众；以许成仓书记为班长的市委对此认识是极其深刻的、落实是一以贯之的，这为我们推动高质量发展明确了过程和目的。我们要坚定不移贯彻新发展理念，立足维护祖国统一、加强民族团结这个着眼点和着力点，把握改善民生、凝聚人心这个出发点和落脚点，聚焦发展不平衡不充分问题，把钱用在刀刃上，用在改善民生、凝聚人心上，用在增强群众获得感、幸福感、安全感上，推动经济社会发展从“有没有”向“好不好”转变，切实解决好“管肚子”与“管脑子”的关系，努力在推动高质量发展中持续改善人民生活品质。

（二）要推动脱贫攻坚成果巩固拓宽同乡村振兴有效衔接。脱贫摘帽不是终点，而是新生活、新奋斗的起点。要在巩固拓宽脱贫攻坚成果的基础上，全面做好乡村振兴这篇文章。一要巩固拓宽脱贫攻坚成果。继续发扬“团结鼓实劲、决战赢决胜”的扶贫精神，严格按照“四不摘”部署，持续落实“稳定、巩固、提升”和“四个不放过”工作要求，即守住返贫底线不放过、抓住产业发展不放过、盯住群众增收不放过、揪住干部责任不放过。持续发展壮大扶贫产业和村（社区）集体经济，健全完善防止返贫监测和帮扶机制，落实《防返贫十项措施》，注重用好防返贫应急资金和风险保障金，对因病因灾等特殊原因致贫返贫的群众，实施定期监测、动态管理、及时清零，确保做到“从一个都不少到一个都不返贫”；做实做细做好易地扶贫搬迁后续工作，加强搬迁群众思想教育、产业扶持、创业就业、矛盾调处等帮扶工作，确保实现住得下、能融和、可致富、促和谐。二要全面推进乡村振兴战略。按照“产业兴旺、生态宜居、乡风文明、治理有效、生活富裕”的总要求，实施以“神圣国土守护者、幸福家园建设者”为主题的乡村振兴战略，推动资金、人才、技术、项目等向农牧区倾斜，突出重点、先行先试、精准施策，以点带面推动乡村振兴全局工作。要实施乡村建设行动，全面推进“小食堂、小澡堂、小卫生间、小娱乐室、小文体活动室”建设，着力提升道路、电力、水利、网络、通信等公共服务的覆盖面和供给质量。要高质量高标准推进村（社区）“两委”换届工作，严把“五关”标准，做到“三个加强”、抓好“三个重点”、实现“三个目标”、确保“三优”，选拔配备一支“双好双强”的村（社区）“两委”班子，着力把农牧区党组织建设成为听党话跟党走、善团结会发展、能致富保稳定、遇事不糊涂关键时刻起作用的反分裂斗争桥头堡、民族团结工作队、群众致富带头人。三要持续提升社会文明程度。坚持扶志扶智扶德相结合，深入开展“铸牢中华民族共同体意识”专题教育、“五史教育”、“社会主义核心价值观”教育等，引导各族群众树立正确的“五观”“两论”；持续巩固提升“十小进农家”、“3355”工作法、“文明三字经”等工作成果，切实消除“等靠要”陋习和“红眼病”问题；大力推进社会主义精神文明建设，进一步普及科学知识、推进移风易俗、淡化宗教消极影响，大力倡导勤俭节约新风尚，着力实现物质文明与精神文明双促进、双提升。持续鼓励群众“走出大山”自发赴祖国其他省旅游活动，让群众进一步开阔眼界、增长能力、增进感情。

（三）要全面加快重大项目建设和实体经济发展。项目建设和实体经济是推动经济高质量发展的重要引擎，是扩大税收收入和增加财政收入的重要保障，是巩固脱贫攻坚成果、实施乡村振兴的有力抓手，我们必须把项目建设和实体经济发展摆在更加重要的位置上，着力打造经济高质量发展的新引擎。一要加快推进重大项目建设。全力抓好“十四五”规划项目后续工作，靠上对接、主动汇报，着力提高我县储备项目的入库率，争取更多项目落地扎囊。做实做细2021年县城功能提升、站前广场、教育卫生事业、江北旅游开发、矮化苹果、高效温室、冷链储备、久麦易地搬迁等53个开复工项目前期工作，抓好桑耶文旅创意园、民主水库等项目建设，不断提高项目的开工率、竣工率和投产率，实现“多争取、快建设、强管理、促效益”的目标。持续巩固“一对一、多对一”服务机制，全面优化项目建设环境，及时研究解决存在的突出问题，确保进展顺利、全面推进。二要做实做好招商引资工作。健全完善招商引资工作机制，大力推行援藏招商、组团招商、专业招商，严格执行招商引资签约项目落地责任制，切实解决好只洽谈、不落地的问题。牢固树立“你发财我发展、你发大财我大发展”的理念，秉承“以资源换项目、以政策换投资、以服务换合作”的思路，进一步增强开放意识和让利精神，坚持“招大、引强、选优、规范、促效”的十字要求，精准对接幸福家园建设、沿江百亿产业走廊、百里生态走廊、山南市“百千万”工程等有利机遇，发挥好株洲对口支援、雅砻文化节、氆氇文化节、“百家企业进山南活动”等平台作用，通过召开招商引资推介会、文化交流会、经贸洽谈会等，着力引进一批实体经济项目落户扎囊，力争今年招商引资突破3亿元。三要科学谋划产业发展布局。市“十四五”规划和2035年远景目标的建议中明确提出，以乃东区为核心建设形成涵盖琼结、扎囊、桑日的乃东区经济圈。我们要根据市委对我县明确的功能定位和发展重点，科学谋划好现代农牧业、生态观光业、文化旅游业、民族手工业、现代工业等产业布局，提前做好产业承接准备工作，借势壮大产业规模、提升产业质量、发挥产业效益。各乡镇要坚持因地制宜、差异发展的原则，立足新阶段、围绕新发展、明确新思路，桑耶镇要借助幸福家园和特色小城镇建设大力发展文化旅游创意产业；阿扎乡要聚焦打造现代农业格局大力发展设施农业、观光农业、乡村旅游业和城郊地产；扎唐镇要围绕县城功能提升等大力发展城郊经济和第三产业；扎其乡要立足山南市打造乃东区经济圈做好现代工业，打造现代化农林经济等产业；吉汝乡要充分发挥传统资源优势大力发展以氆氇邦典为主的民族手工业和高山畜牧产业。

（四）要不断满足人民群众对美好生活的向往。坚持以人民为中心的发展思想，严格落实“三个赋予一个有利于”要求，把实现好、维护好、发展好最广大人民根本利益作为发展的出发点和落脚点，量力而行、尽力而为，在更高水平上提升各族群众的获得感幸福感安全感。一要持续增加群众收入。坚持工资性、经营性、转移性、财产性收入增长协同发力，压实乡镇和村（社区）党组织书记抓增收的主体责任，建立完善每个驻村工作队都有一名干部负责群众就业工作机制，统筹推进城乡居民、应届高校毕业生、富余劳动力创业就业工作；精准对接市场需求，努力提高实用技能培训的针对性和有效性；完善就业信息发布和群众就业联系对接机制，持续巩固组建“务工联队”、做实产业扶贫、强化合作社带动等增收工作成果，动态消除零就业家庭，确保群众持续稳定增收、不返贫。二要积极完善基础设施。要利用好当前重大政策和项目建设机遇，科学谋划、加快建设一批重大基础设施和公共服务项目，不断补齐农牧区基础设施短板。要突出县域内外互联互通，全力保障拉林铁路、S5高等级公路等重大项目建设，加快推进“四好农村路”建设，确保群众出行安全便利。推动城网农网改造升级，提高县乡村特别是自然村供电稳定性。实施农牧区安全饮水巩固提升工程，改扩建一批涉及群众生产生活的老旧水利设施。加快布局5G信号和网络光纤，有效排查和消除网络信号盲区。全面完善防灾救灾体系，提升应急救援能力，确保全县公共安全和群众生命财产安全。三要全面提升医疗水平。要坚决贯彻落实党中央、区党委决策部署和市委具体要求，始终保持组织领导、责任体系、干部队伍稳定，做好备足防控物资，从严从实常态化推进疫情防控工作，确保零输入、零感染。要全面落实国民健康政策，依托紧密型医共体建设，发挥医疗援藏作用，深入实施健康扎囊行动，加快医疗机构标准化、信息化建设，进一步提升基层藏医药服务水平，继续推行全民健康体检和家庭医生签约，有效巩固“两降一升”工作成果，加强地方病、慢性病等防治救治工作。四要健全社会保障体系。严格按照“保基本、兜底线、促公平、可持续”的原则，持续健全完善覆盖城乡居民的保险制度和社会救助机制，进一步完善困难职工、低保五保、残疾人员、妇女儿童、孤寡老人、退役军人等困难群众的服务保障体系，推动实现失能、半失能特困人员集中供养，加强残疾人康复、教育、就业、托养等保障，确保在动态调整中做到“应兜尽兜、应保尽保”。同时，要在“十四五”期间积极推进农牧民生活品质提升“510”工程。

（五）要以坚强的定力接续推进“五个强县”战

略。我们要站在开启全面建设社会主义现代化新扎囊的高度上来谋划推进“五个强县”战略，确保各项工作再上一个新台阶。一要接续推进旅游强县战略。坚持特色、高端、精品导向，要树立旅游和经济两个思想意识，要加强旅游建设和宣传两项工作，要推动旅游产业发展和群众增收两件大事，以幸福家园、文化旅游创意园建设和发展全域旅游为契机，全面做好旅游产业储备工作，加快推进江北旅游开发、宗贡布旅游基础设施改造提升等项目，健全完善旅游景区水电路讯网、公厕、标牌标识等基础和配套设施建设，并结合我县旅游资源优势，全力打造一条藏南旅游黄金线。要广泛动员群众积极参与旅游和康养产业发展，带动更多群众吃上“旅游饭”。二要接续推进文化强县战略。坚持以“提升文化影响力，文化对经济和群众幸福感的贡献率”为重点，坚定文化自信，立足优势资源，加强文化供给，持续举办好扎囊2021氆氇文化节、吉汝阿布文化节、松卡非遗·卓舞民俗文化节等，全力打造氆氇之乡、智慧扎囊文化品牌。加快县级融媒体中心、新时代文明实践中心和新电影院建设进程，加强体现民族团结、中华民族共同体意识的文化文物非遗保护和活态传承，根据历史事实深入挖掘创作各民族交往交流交融的文艺作品，进一步完善基层文化生活供给机制和文化设施管理服务机制，持续加强体育公园、农耕文化广场、新时代广场后续建设工作，不断满足各族群众精神文化需求。三要接续推进教育强县战略。坚持把方向、提质量、强管理的原则，围绕立德树人根本任务，把爱国主义精神贯穿学校教育教学全过程，开好思政课、德育课、劳动课，深化国家通用语言文字教育教学，着力加强学生破除迷信思想和宗教影响教育，引导学生从小就全面铸牢中华民族共同体意识。要坚持以“重振旗鼓、奋起直追、再夺旗帜”为目标，持续深化教育领域改革，实施薄弱学科攻坚行动，加强数理化和实验教学，全面巩固提升均衡化发展水平、教育教学质量和“5个100%”工作成果，做到“向教育要质量、向教学要成绩”，坚决保住“双第一”的殊荣，继续加强中小考状元培养。要坚持“四有好老师”标准，加强以增强事业心、责任心为重点的师德师风建设。高质量高标准实施好教育领域9个改扩建和新建项目，不断完善基础设施和办学水平。四要接续推进民族手工业强县战略。继续发挥本级财政和援藏资金的杠杆作用，吸引更多社会资本和民间资金投入，加快民族手工业发展壮大和质量提升步伐。要积极引导企业树立创新意识、市场意识和品牌意识，探索实施同质类民族手工业整合行动，推动民族手工业向规模化、品质化发展，开发一批具有民族特色、时代气息、纪念意义的民族手工业产品，不断提升优质产品的市场竞争力。要利用好现有政策优势，全面推进国家级电子商务进农村综合示范县项目建设，充分发挥淘宝、京东等电商平台作用，邀请网络大V、网络主播帮助销售藏香、金丝帽等民族手工业特色产品。五要接续推进生态强县战略。树牢“绿水青山就是金山银山、冰天雪地也是金山银山”理念，坚守生态保护红线底线，处理好发展和生态的关系，大力实施国土绿化行动，有序推进义务植树、荒滩荒漠治理、拉萨周边防护林建设等工作。统筹山水林田湖草沙整体保护、系统修复、综合治理，严格落实河长制、湖长制，对全县采砂采石场（点）进行全面排查，要实施白鸡山、孤西鸟、鑫玉等采石场综合整治和生态修复工作；尽快创造旭日氆氇加工厂印染环保条件，坚决治理以吉汝、扎唐为主的农村零星印染污染、家庭作坊印染污染和合作社印染污染；加大中央、区党委环保督察反馈问题整改力度，为迎接第二轮中央环保督察做好准备工作。

（六）要坚决为高质量发展营造和谐稳定的社会环境。要始终坚持总体国家安全观，准确把握“两屏、一前沿阵地、一重点地区”战略定位，坚持把稳定作为第一位的任务，牢牢掌握维稳工作全局性主动，坚决把影响稳定问题解决在萌芽状态。一要做好安全生产。持续强化风险意识和底线思维，统筹推进道路交通、项目建设、非煤矿山、加油加气、食品药品等行业安全生产工作，有效防范和化解矛盾纠纷，严格落实意识形态工作责任制，牢牢守住维护稳定、安全生产底线。二要深化反分裂斗争。坚持“两个不动摇”斗争方针，围绕坚决打赢十四世达赖去世转世这场重大的政治斗争，科学制定、健全完善各类方案预案，经常性开展实战演练，全面提升研究解决问题、突发事件处置的能力和水平。三要切实增进民族团结。坚持以铸牢中华民族共同体意识为主线，深入开展“中华民族一家亲、同心共筑中国梦”主题教育，扎实推进民族团结“六个一”工作，大力开展民族团结进步模范县创建工作，不断增强各族群众“三个离不开”和“五个认同”思想。四要依法管理宗教事务。坚持以“五个有利于”为标准，严格落实“三个不增加”要求，健全完善宗教领域长效管理机制，持续巩固青朴、扎央宗“三清”工作成果，着力加强重点人员、修行人员、学经回流人员等教育管理，推动由“管得住”向“管得好”转变，实现藏传佛教与社会主义相适应、僧民与公民相融合。五要强化社会面管控。坚持和发展新时代“枫桥经验”，不断完善群防群治工作机制，充分发挥基层组织、党员干部、驻村驻寺干部、双联户、便民警务站等力量作用，妥善解决好信访案件、矛盾纠纷、双拖欠等问题，进一步建立健全“四化”管理体系，即城市管理网格化、寺庙管理长效化、基层管理干部化、群众管理自我化，全面夯实基层社会治理的人民防线。

三、加强组织领导，夯实坚强保障

进入新发展阶段，越是形式复杂、挑战严峻，越要坚持和加强党对经济工作的集中统一领导，把党领导经济工作的制度优势转化为治理效能，为完成年度目标任务提供坚强保障。

（一）全面加强党对经济工作的领导。要进一步增强“四个意识”，坚定“四个自信”，做到“两个维护”，以更高的政治标准、更严的党性要求、更强的组织纪律性，不断健全完善决策执行、激励保护、规划引领工作机制，对习近平总书记关于经济社会发展的重要指示批示，对党中央、区党委决策部署和市委具体要求，必须全面严肃地抓好学习领会和贯彻落实，做到闻令而动、令行禁止。在经济社会发展中凡涉及方向性、原则性的问题上，要坚决向党中央看齐、向党的理论和路线方针政策看齐、向党中央决策部署看齐，积极履行请示报告制度，切实把“两个维护”落实到高质量发展的各个环节、体现到具体工作中。

（二）全面提升推动高质量发展的本领。全县各级党组织和广大党员干部特别是党员领导干部要正确对本领恐慌问题，紧紧围绕习近平总书记提出的“八种本领”和“七种能力”，坚持系统观念和全局观念，进一步加强对党的理论和路线方针政策以及专业知识的学习，不断提升用政治眼光观察和分析经济社会发展中的问题，主动参加学习培训、开展调查研究，不断提升推动经济社会实现高质量发展的本领和能力。同时，要把处理好每件小事作为提升能力水平的重要途径，从小事中看出工作大局，在小事中加强实践锻炼、磨砺品德修养，培养科学的思维模式和工作方式，通过做好每件小事的日积月累，不断实现自身综合素质和工作能力质的升华，实现由做小事到办大事的飞跃。

（三）全面转变作风狠抓工作任务落实。作风建设永远在路上，必须一抓到底、驰而不息。从严落实中央八项规定及其实施细则精神和区党委、市委贯彻实施办法，始终保持节奏不变、尺度不松、力度不减的清醒和坚定，从党员干部特别是党员领导干部抓起，以上率下，切实解决好干部队伍中存在的能力不足不会为、水平不高不能为、上推下卸不想为、欺上瞒下不真为等突出问题，倒逼干部作风建设向提能提效转变，落实“四个做起”要求，即爱岗敬业从按时上班做起、责任担当从值班带班做起、奉献付出从扶贫帮困做起、良好素质从瓜果烟头做起，真正适应经济社会高质量发展的作风需要。县委督察室、政府督察室要立足既定的目标任务，着力加强常规督查、专项督查、联合督查，以强力有效的督查推动各项目标任务落实落地，确保部署的工作不落空、交办的事项有回音，做到干一件成一件、积小胜为大胜。

同志们，站在新起点，抢抓新机遇，实现新发展，是时代赋予我们的神圣使命，也是全县人民的共同期盼。让我们更加紧密地团结在以习近平同志为核心的党中央周围，坚持以习近平新时代中国特色社会主义思想为指导，深入贯彻落实中央、区党委和市委经济工作会议精神，充分发扬为民服务孺子牛、创新发展拓荒牛、艰苦奋斗老黄牛的精神，做到胆子再大一点、步子再快一点、干劲再足一点、工作再实一点，以优异的成绩向中国共产党成立100周年和西藏和平解放70周年献礼。

在2020年上半年全县政府系统党风廉政工作会议上的讲话

县委副书记、政府党组书记、县长 唐 勇

（2020年9月2日）

同志们：

今天，我们召开2020年上半年全县政府系统党风廉政工作会议，主要任务是坚持以习近平新时代中国特色社会主义思想为指导，深入学习贯彻习近平总书记在十九届中央纪委四次全会上的重要讲话精神、国务院和自治区第三次廉政工作会议精神、市政府系统廉政工作会议精神，回顾总结上半年政府系统廉政工作，研究部署下半年重点任务，为做好“六稳”工作、落实“六保”任务，推动政府系统完成全年工作目标任务提供坚强保障。

一、认真总结成绩，自觉查找不足，切实增强党风廉政建设的责任感和紧迫感

2020年上半年，在县委的坚强领导下，政府系统认真贯彻落实党风廉政建设责任制各项任务要求，推动党风廉政建设和反腐败工作取得了良好成效。一是改革措施稳步推进。扎实推进农业供给侧结构性改革，逐步形成了以生态观光和果业生产为特色的科技型现代农业，解决了18名大学生和300余名农牧民群众就业问题，群众增收500多万元，盘活了土地资源、带动了就业、促进了农牧民增收致富。统筹落实疫情防控期间出台的减税降费政策，对820户纳税人减免税收285.43万元。依申请六类政务服务事项和公共服务事项二三四级以上深度占比、即办件占比全部达到自治区要求。实现工程项目建设审批、国家重大项目县级联网录入等10余项在线办理功能。二是权力运行更加规范。政府机构改革全面完成，政务公开、重大事项请示报告、民主集中制等规定全面落实，政府采购、财政预算等信息公开透明，工程建设、行政审批、民生政策全程监管机制有效落实，监督工程招投标29项、政府采购22次。三是政风行风明显好转。建立“不忘初心、牢记使命”主题教育制度。严格执行中央八项规定及其实施细则精神，三公经费共支出78.4万元，同比减少64.1万元，减少45%，占公用经费总数的18.8%，发文数量减少24%，政府全体会议召开2次，基层减负要求得到全面有效落实，干部职工有更多精神投入到抓落实中。四是正风肃纪持续发力。坚持零容忍、严问责，依规依纪依法查处和惩治腐败人员，保持了政府系统正风肃纪的一贯高压态势。今年上半年，收到政府系统问题线索5件，处置问题线索9件，给于党政处分5人（其中，党政务双处分1人，党内警告3人，行政警告1人）。

在肯定成绩的同时，我们也要清醒地看到，政府系统一些廉政问题还未得到根治。主要表现在以下方面。一是压实主体责任有差距。个别领导干部和部门负责人对分管部门党风廉政建设不研究、不安排、不部署，“一岗双责”履行不到位；对下属不愿严抓严管，不想“唱黑脸”，干部监管失之于宽、失之于软。二是认真履行职责有差距。有的干部遇到问题向上推诿、向下“甩锅”，本该自己职责范围内的事，动辄打报告、写请示，请领导“拍板定夺”，看似尊重领导、尊重上级，实则贻误时机、

耽误工作；有的单位开展工作等纪要、等文件、等批复，缺少工作主动性和责任担当意识。三是改进作风有差距。有的干部工作作风松散，懒作为、慢作为，不敢担当、不愿负责，工作中拖沓敷衍、等待观望、畏首畏尾，有的甚至对本职工作都没有完全做到系统梳理、全面掌握、心中有数。四是树牢底线意识有差距。对重点领域、重点部门、重点岗位的廉政风险排查不精准、防控措施不到位；有些干部不清楚风险点在哪、表现形式是啥，更不知道如何防范和化解。以上问题，希望大家树立问题导向、结果导向，采取“靶向治疗”，切实加以解决。

二、突出工作重点，主动认领责任，全面压实廉政建设工作的任务措施

今年，政府系统党风廉政建设和反腐败工作要坚持以习近平新时代中国特色社会主义思想，围绕建设法治、廉洁、高效政府目标，全面加强依法行政和重点领域监管，持续加强作风建设，构建一体推进不敢腐、不能腐、不想腐的体制机制，确保不折不扣把各项重大决策部署落到实处。

（一）全面推进依法行政。各乡（镇）各部门要落实“法无授权不可为、法定职责必须为”的基本要求，以“制度刚性”约束“权力任性”。一要依法履职尽责。各乡（镇）各部门要聚焦自身法定职责，按照“三定”方案和法律法规明确的责任，以及行业底线和属地责任，把责任落实到岗位、把任务明确到人头，切实形成“想干”的“自觉”、“能干”的“势头”、“干成”的“格局”。要严格落实“三重一大”制度，深入推进科学化、民主化、法治化，坚决杜绝“决策排脑门、执行排胸脯”。要紧盯决策“后办篇”文章，强化决策部署落实，政府督查室要及时开展重大决策部署跟踪督办，确保政令畅通。二要优化行政审批。要进一步树牢便民服务意识，做实“只进一扇门、最多跑一次”工作，切实帮助群众和各类企业解决问题。要稳步推进“互联互＋政府服务”工作，帮助指导乡镇便民服务大厅标准化、规范化运行，做到优化审批流程、压缩办理时限、提高办事效率。严格执行“双随机、一公开”监管机制，完善构建亲清政商关系，坦荡真诚同各类企业接触交往，特别是各类企业遇到困难和问题时积极作为，靠前服务，帮助解决实际问题，做到“亲”上加“清”。三要强化政务公开。要把政务公开放在“头版头条”，不断拓宽信息公开渠道和公开方式，加强政策宣传解读，政府出台的各项利民惠民强民政策及时让群众知晓、明白，公共资源、重点项目实施、社会公益事业建设让群众监督，通过常态化的政务公开，倒逼政府部门规范自身行为，打造阳光、诚信政府。

（二）全面加强重点领域监管。对重点领域实行全覆盖监管，把更多的行政资源从事前审批转到加强事中事后监管上来，形成市场自律、政府监管、社会监督互为支撑的协同监管格局。一要强化项目监管。加强项目决策、审批和实施的全程监督，项目和产业前期要充分论证，严谨勘察、设计，认真执行政府投资项目评审程序，严格执行工程招投标、合同、预决算、监理等各项要求。二要严格资金监管。要牢固树立过“紧日子”思想，压缩一般性支持，“三公”经费只减不增，把政府“钱袋子”扎紧看牢，用政府“紧日子”换群众“好日子”。推动减税降费政策直接惠及市场主体，激发市场主体活力，多措并举为企业纾困解难，让广大企业负责人以恒心办恒业。今年，我们完成了自治区审计组的全面审计。要切实加大存量资金的“盘活”力度，优先保证贯彻落实区党委政府、市委市政府出台的政策和各项重大决策部署的资金需要，重点用于扶贫、教育、文化、卫生、基础设施等民生支出，使资金流动起来，发挥财政资金的使用效益，三要加大审计监督力度。要加强对重大工程自始至终全过程监督，不留盲区、不留死角，特别是对政府采购、预算执行和扶贫资金、涉农资金、工程项目等涉及资金大的重点项目和领域审计，发挥好职能作用，切实规范财经秩序，确保每一分钱都用在“刀刃”上。

（三）大力提升行政效能。当前，扎囊正处于滚石爬坡、攻坚克难的关键时期，更要下大气力整饬慢作为行为，以狠抓落实、推动发展来解决各类短板和问题。一要领导垂范。其身正、不令而行，其身不正、虽令不从。政府班子成员要事必躬亲、以上率下，带头践行“一线工作法”，练就一付“铁

脚板”，到基层一线发现研究解决问题，做到亲自谋划、亲自督办，一抓到底不放松。各乡（镇）部门负责人不仅要种好自己的“责任田”，更要谋划好“试验田”，勇于“担担子”、勤于“钉钉子”，切实把任务落实好、把底线守护好，在保障各项措施落实好、政府高效运转好的基础上，防范化解各类风险挑战。二要持之以恒整治“四风”问题。要坚决贯彻执行中央八项规定及其实施细则精神，从讲政治高度整治形式主义、官僚主义，从领导机关和领导干部抓起、改起，以上率下、坚决整改和杜绝到位，防止老问题复燃、新问题萌发、小问题做大。要牢固树立大抓基层的鲜明导向，把干部职工从各种形式主义的“束缚”和“套路”中解脱出来，让他们在重大斗争一线中历风雨长见识壮筋骨。要深入贯彻落实习近平总书记对制止餐饮浪费行为的指示精神，严肃整治公务接待餐饮浪费，提倡“厉行节约、反对浪费”的社会风尚，坚决制止“舌尖上的浪费”。三要提升廉政建设实效。县政府班子成员，各乡镇、各部门主要负责同志要切实履行主体责任和监督责任，充分发挥组织协调、监督检查、示范带动作用，把落实党风廉政建设各项要求贯穿到工作中，定好权力单、挖好风险点、管好关键岗，确保工作进行到哪里，党风廉政建设就跟进到哪里。

三、坚持恪尽职守，做到久久为功，奋力开创政府系统党风廉政建设新局面

今年，政府系统党风廉政建设和反腐败工作要坚持以深化放管服为动力、以制度约束为重点、以正风肃纪为抓手，放开权，管住钱，惩贪腐，守规矩，确保在建设法治政府、廉洁政府、服务型政府上取得新进展，

（一）*政治站位要提高*。各乡镇、各部门要坚定正确的政治方向，牢固树立“四个意识”，脑子里时刻有盏“红绿灯”，心中常记纪律法规。在思想上政治上行动上同以习近平同志为核心的党中央保持高度一致，把忠诚和看齐写在岗位上、刻在事业中，不断增强全面从严治党的思想自觉和行动自觉。坚持以人民为中心的发展思想，践行为民宗旨，维护公平正义，让人民群众有更多获得感。

（二）*表率作用要发挥*。县政府领导及各乡镇、各单位主要负责同志一定要在廉政方面作出表率，严于律己，以身作则。要求下级部门和工作人员做到的，自己带头做到；要求下级部门和工作人员不能做的，自己首先不做。要警钟长鸣，恪尽职守，勤勉尽责，秉公用权，让党和政府放心，让人民群众满意，努力营造风清气正的干事创业环境。

（三）*监督意识要加强*。县审计、财政等部门要加强监督检查，切实履行监督职责，充分发挥职能作用，坚持原则，严格执法执纪，不论涉及哪一个部门、哪一个人，凡违反纪律规定的、乱开口子的，都要从严查处。我们要把接受监督看作是对自己的一种关爱、一种信任、一种保护，自觉地把行使的权力置于法规制度的约束之下，把自己置身于组织和广大群众的监督之中，主动接受人大的依法监督、政协的民主监督以及广大干部群众的社会监督。

（四）*作风优化要抓好*。县政府各部门要推进高效型机关建设，进一步行政效能建设，加大正风肃纪力度，严肃查处各种顶风违纪行为。推进政风行风建设，开展政风行风评议工作，把评议重点放在群众关心的热点部门和行业窗口单位上，让群众真正成为政风行风的评判者。同时，要激发内生动力，让干部职工通过不断学习转变工作作风，教育引导全县广大干部职工时刻把党纪国法刻印在心、落到实处，让尊崇纪律、严守纪律真正成为内在的自觉追求。

同志们，在推动县域经济社会高质量发展的征程中，我们一定要高度重视党风廉政建设和反腐败斗争，紧紧围绕加快发展这个第一要务，促进政府职能转变，加快建设行为规范、运转协调、公正透明、廉洁高效、诚信务实的政府，以改革发展的新业绩和反腐倡廉的新作为，为扎囊经济社会实现高质量发展做出新的更大的贡献！

在县委经济工作会议上的讲话

县委副书记、政府县长 唐 勇

（2021 年 1 月 14 日）

一、把握发展大势，凝聚思想共识，在立足新发展阶段中提振扎囊信心

2020 年是“十三五”规划收官之年。一年来，在市委、市政府的坚强领导下，在株洲人民的鼎立支援下，在县委的正确领导下，我们坚持以习近平新时代中国特色社会主义思想为指导，统筹推进疫情防控和经济社会发展，扎实做好“六稳”工作，全面落实“六保”任务，突出抓好稳定、发展、生态、强边“四件大事”，经济社会保持良好态势。2020 年预计完成地区生产总值 17 亿元，同比增长 5.9%；受 S5 影响，预计完成全社会固定资产投资 13.34 亿元，同比减少 7.4%；预计实现社会消费品零售总额 2 亿元，同比增长 8%；实现财政收入 4394 万元，同比减少 0.18%；农村居民人均可支配收入达到 14720 元，同比增长 13%。

一要深刻把握我县经济社会发生的积极变化。过去一年，在县委的正确领导下，紧扣“把改善民生、凝聚人心作为经济社会发展的出发点和落脚点”这一根本，坚持在大局下谋划工作、在大势中推进落实、在大事上主动作为，始终保持良好经济发展态势。我们严抓疫情防控，以“非常之举”应对“非常之疫”，本级财政先后拨付 160 万元抗疫经费用于保障支出。全县 4684 名党员、2281 名公安干警、208 名医务人员迅速到位，奋战一线。及时成立 7 个专项工作小组，累计排查 5.2 万人次，隔离人员 2350 人次，接送返藏人员 811 人，储备口罩 42373 只，消毒液 7 吨，床位 380 张。全面落实复工复产各项举措，积极开展部门对企业“点对点”服务。全年开复工项目 98 个，完成投资 13.34 亿元，开复工率 100%。株洲人民为我们解燃眉之急，捐资捐物，向湖北捐款 151.52 万抗疫资金，汉藏友谊之花在疫情防控中愈加绚丽。我们引深脱贫巩固，坚持“送上马”“扶一程”，采取产业带动、政策驱动、帮扶推动等一系列办法，确保脱贫群众不掉队。统筹整合脱贫攻坚基础设施建设项目 11 个，完成投资 5198 万元，带动 200 户 809 人增收 364.05 万元。量身定制扶贫贷款，完成精准扶贫小额信贷 349 户 1736 万元。帮扶帮在点子上，措施落在关键处，结对帮扶资金达到 140 余万元，解决实际问题 230 余件。全力推进洛村 2000 亩矮化苹果种植项目，完成投资近 1 亿元，带动 400 户 1500 余人增收 750 万元。我们聚焦民生改善，不断提升人民群众获得感、幸福感、安全感。一是教育工作成效显著。“五个 100%”目标全面实现。小学、初中毛入学率、巩固率均达 100%。资助大学生 1764 人次，落实资金 1229.9 万元。足额兑现“三包”经费 778.03 万元。延迟开学期间，全县中小学停课不停学，开展网络教学，全力保障教师们在网上教、孩子们在网上学，师生参与率达 100%。中考总成绩、小考体检录取人数居十二县（区）第一名。成功举办首届扎囊县农民运动会。二是文旅工作融合发展。成功举办 2020 扎囊氆氇文化节。西普农业观光园等 3 处产业园正成为人们新的“网红打卡地”。不断发挥独特文化旅游资源，游客循着故事来、带着故事走，全年接待游客 26.7 万人次，创收 3100 万元。扎囊饭店被评审为三星级酒店。两轮地方志编撰工作接近尾声，为全县经济社会发展和社会进步提供重要史料。三是卫生工作不断深入。大力推进医联体

建设，实施县、乡、村医疗卫生机构能力提升工程。核酸检测实验室如期建成，重大疾病防控和突发公共卫生事件安全风险监测能力进一步完善。严格按照“签约一人、履约一人、做实一人”的要求，实施家庭医生签约服务全覆盖。大病集中救助2268名群众，免费健康体检1.8万人，门诊就诊3.69万人次，收治住院病人846人。住院分娩420人，分娩率达100%。我们主攻项目建设，紧紧抓住项目建设这个经济发展的“牛鼻子”，落实惠企暖民利好政策，加强用工、用地等要素保障，加快98个在建和新开工项目建设进度，累计完成投资13.34亿元。拉林铁路（扎囊段）、S5线拉萨至泽当快速通道、站前广场等重大项目发挥“助推器”作用，为全县经济发展注入了新活力。落实计划内援藏资金2000万元，扎囊县卓普村易地搬迁安置点项目加紧建设，完成项目总量的70%。桑耶镇洛村扶贫搬迁安置点林草兼种示范等3个项目通过验收。我们稳推生态提升，认真学习贯彻习近平生态文明思想，切实增强做好生态环境保护工作的责任感和自觉性。广泛开展国土绿化行动和市、县两级“万人万亩义务植树”活动，全年植树造林1874亩。全面打响大气、水、土壤污染防治“三大战役”，全年优良天数保持在350天以上，地表水、饮用水水源地水质全面达标，全县化肥、农药施用量持续保持“零增长”。完成134个固定污染源排污许可网上登记工作。2019年，县域生态环境保护考核获得优秀等次。深化生态环境“六大专项整治行动”，人居环境明显改善。我们夯实农业基础，稳定农业“基本盘”。大力发展特色农业，严格执行耕地“占补平衡”制度，全县永久基本农田保护面积8.05万亩，耕地保有量10.35万亩。完成农作物播种面积7.55万亩，粮、经、饲比例调整为74∶16∶10。全年实现粮食产量2.59万吨，同比增产240.93吨。种植青饲玉米2417.06亩，促进群众增收880万元。全年预计完成农业生产总值7631.94万元，同比增长16.4%。二级种子田通过自治区验收。全力推进洛村2000亩矮化苹果种植项目，完成投资近1亿元，带动400户1500余人增收750万元。我们致力城乡发展，深入开展村庄清洁活动，以出行、人居及环境治理为抓手，激活城乡建设“一池春水”。桑耶、阿扎二期易地扶贫搬迁项目建成，160户609名群众喜迁新居。扎唐居委会至格普村公路维修等8个项目建成通车，阿扎乡至高速路段堤防工程等3个项目投入使用。完成株洲大道、友谊路升级改造，完工农耕文化展览区建设。我们扛起守土责任，坚决落实各项维稳措施，社会大局持续稳定向好。全面落实维稳责任和措施，依法管理宗教，增强民族团结，依法开展扫黑除恶专项斗争，社会大局持续稳定。扎实推进“安全生产专项整治三年行动”，全年共开展各类执法检查1064次，排查安全隐患582处，停产整顿12家，处罚金额4.84万元。落实“三级信访接待日”制度，实施重点信访案件包案化解，各类信访问题办结率达到83.33%，追讨欠薪991万元。依法打击各类犯罪活动，“3·16”非法采矿案顺利结案。

二要深刻把握我县经济发展仍然存在和面临的问题。物有甘甜，尝之者识，道有夷险，履之者知。一年来的成绩大家有目共睹，同时也应清醒地看到发展不平衡不充分的问题。刚才，雷丰书记从“高质量发展进入转型期的压力大；我们与兄弟县相比优势不明显；在改善人民生活品质上还需下大功夫；干部队伍能力不足的问题普遍存在”四个方面指出了存在的问题。对此，我们必须切实增强忧患意识、紧迫意识，坚持问题导向，强化对策措施，认真加以解决。

三要深刻把握我县经济发展当前迎来和蕴藏的难得机遇。立足新发展阶段，贯彻新发展理念，构建新发展格局，我县既面对严峻挑战，更面临难得机遇，这是我们做好经济工作的底气和信心所在。雷丰书记从“特殊政策前所未有，重大项目密集落地，区位优势更加凸显”三个方面辩证的分析了我县发展机遇，为我们做好经济工作指明了方向、增强了信心。可以说，今天的扎囊既具有后发赶超的发展势头和压力，又恰逢“真金白银”的政策叠加机遇。只要我们抓住机遇、乘势而上，在危机中育新机，于变局中开新局，就一定能在高质量发展的新时代征程中争得主动、占得优势、赢得未来。

二、聚焦质量效益，高标立体推进，在贯彻新发展理念中走出扎囊路径

做好2021年经济工作，要全面落实市委经济

工作思路和“稳投资、保发展,稳增收、保脱贫,稳就业、保民生”的根本任务,要正确面对“五期叠加”的严峻复杂形势,要准确把握雷丰书记的讲话要求,要盯紧主要预期目标,要确保经济运行保持在合理区间。全年计划地区生产总值增长9%以上;全社会固定资产投资增长10%以上;社会消费品零售总额增长8%以上;农村居民人均可支配收入增长13%;地方财政收入增长13.5%,税收收入增长40%左右;城镇登记失业率控制在3%以内。

(一)优化产业,走出多元支撑新路子。统筹兼顾、三产联动,不断构筑经济发展支撑,切实增强经济发展动力。提效一产。大力实施8200亩矮化苹果、200亩文冠果、2000亩侧柏种植及相应配套设施建设项目,促进农业产业和农业结构升级,提高农业经济效益,拓宽群众增收渠道。提速二产。坚持把项目建设作为社会经济发展的重要抓手,全年实施重点项目81个,完成年度投资13亿元。加快推进S5线拉萨至泽当快速通道,全面完成卓于水库建设,开工前达河防洪堤工程,扎实推进桑耶镇完小改扩建项目。力争年内完成老旧小区改造和2020年“两江四河”流域绿化工程等重点项目。全年计划招商引资项目7个,完成投资3亿元。提升三产。加快推进桑耶国家级特色小城镇建设,借力沙漠公园等项目,设计、包装好旅游线路,力争年接待游客数量、旅游收入分别增长90%和75%。充分运用“国家级电子商务进农村综合示范县”项目,依托县域农牧特色产业产品,引导各类市场主体利用电商平台拓宽营销渠道,促进线上线下消费融合发展。

(二)改善民生,群众生活提档升级。把改善民生、凝聚人心作为经济社会发展的出发点和落脚点,既尽力而为、又量力而行。“主抓”教育质效双提。牢牢坚持社会主义办学方向,全面贯彻落实党的教育方针政策,注重教育公平和质量,推动教育事业健康发展,巩固提升义务教育均衡发展成果,加快推进城乡义务教育一体化步伐。实施扎其完小等4所学校供暖工程,维修改造县中学教学楼,推进县城公共体育场功能提升。深入实施“教育信息化2.0行动计划”,坚持做好控辍保学工作,深化国家通用语言文字教育教学。“主攻”健康补齐短板。坚持正确的卫生健康工作方针,以县、乡、村为重点,不断提高公共卫生服务水平,确保群众享受医疗“三重保障”达到100%。继续发挥医疗援藏“传、帮、带”作用,努力打造一支医术精湛、素质过硬的专业医疗队伍。加快推进阿扎、吉汝分院等级创建工作。开工建设中心医院污水处理系统,抓好扎唐镇卫生院改扩建工作。持续做好新冠肺炎疫情常态化管控工作,用好核酸检测试验室,做到核酸检测“应检尽检、愿检尽检”。“主升”保障健全体系。紧扣人民群众对美好生活的新期待,认真办好民生实事。重点解决好未就业高校毕业生、农民工、退役军人、残疾人以及易地搬迁户等困难群体的就业服务工作。全面落实社会救助、养老、医保、优抚等政策,加大对各类特殊群体的精准帮扶和救助力度。继续实施“十大民心”工程,加快推进老年退休活动中心建设。

(三)厚植根基,加速推进乡村振兴。实施好以“神圣国土守护者 幸福家园建设者”为主题的乡村振兴战略,努力绘就乡村面貌新画卷。乡村基础设施“重夯实”。以完善基础设施为重点工作,补齐水、电、路、信、网等农村基础设施短板。持续巩固提升农村饮水安全工程运行和管理工作,全力做好“四好农村路”建设,继续抓好农网改造工程建设。力争2021年实现县城5G网络全覆盖。大力实施农村人居环境综合整治,围绕垃圾分类、污水处理、“厕所革命”等重点工作,进一步提升乡村“颜值”。现代农业建设“重跟进”。以农业供给侧结构性改革为主线,发挥藏草万亩植物种苗繁育基地等优质生态种植产业领头羊作用,发展特色种植业,培育当地名优土特产。坚持良田良法良种“三良配套”,试点推广粉垄技术;建设青稞标准化生产基地,提高青稞和重要农副产品供给保障能力,力争粮食产量达到2.62万吨。脱贫攻坚成效“重巩固”。坚决守住脱贫攻坚成果,重点做好巩固提升脱贫攻坚成果与乡村振兴有机衔接。全力推进桑耶、阿扎、洛村等易地扶贫搬迁点的产业项目落地实施,确保搬迁群众“住得下、能融合、可致富”。重点抓好基础设施、产业项目、易地扶贫搬迁管理和激发群众“造血能力提升”等工作,在资金安排、制度建设、责任落实等方面予以重点保障和推进。农民增收提质“重技能”。以农牧民增收为导向促进产业发展，在主导产业壮大和产业集群发展、返乡创业、扩大就业上寻求突破，提升小康生活新质量。围绕提升专业技术水平，发挥县农牧推广站前沿阵地作用和科技特派员优势，培养一批生产经营型、专业技能型和社会服务型致富带头人。计划全年开展各类培训 1000 人次，转移劳动力 1.05 万人次，实现劳务收入 6500 万元以上。

（四）深化改革，增强经济发展活力。持续推进“放管服”改革，巩固扩大“证照分离”“减证便民”改革成果。深入实施“互联网 + 政务服务”，推进“一网、一门、一次”改革，县政府服务事项网上可办结率达 99%，承诺时间压缩比达 55.76%，居全市第二。实现减税减费 3908 万元，激发市场活力。各类市场主体发展到 3415 户，注册资金 39 亿元。持续优化营商环境，加强谋划对接，注重提升专业招商队伍在产业研究、政策掌握、信息分析等方面的能力和水平。全年力争招商引资项目 7 个，完成投资 3 亿元。

（五）严守底线，助力经济发展。把好发展方向，筑牢稳定基础，全力推进扎囊县经济社会高质量发展。狠抓社会治理。坚决落实各项维稳措施，确保社会大局全面稳定。旗帜鲜明地反对分裂，维护祖国统一、加强民族团结。扎实做好建党 100 周年、西藏和平解放 70 周年等重大节点安保工作。推动绿色发展。牢固树立“绿水青山就是金山银山”发展理念，持续巩固中央环保督察反馈问题整改成效，严守生态保护红线，强化污染防治，推动生态文明建设和经济社会协调发展。做好第二轮中央环保督察迎检工作，加强水源地监管，确保水质 100% 达标。不断推进河道卫生环境整治工作，落实最严格水资源管理，生态环境保护监管始终高压严打。做好安全生产。驰而不息绷紧安全生产这根“弦”，不断加强和创新社会治安综合治理体系，大力推进“四品一械”安全检查工作。加大道路交通、防汛减灾、消防安全、危险化学品、建筑施工、公共聚集场所、民爆物品等行业领域的安全监管，筑牢人民群众生命安全堤坝。

三、坚持施政为民，提升工作境界，在构建新发展格局中彰显扎囊作为

施政之要，重在实干，贵在落实。要坚持干字当头、干字为要，少说多干，埋头苦干，圆满完成各项经济工作任务。要突出政治建设，增强向心力、引领力。我们要牢固树立“四个意识”，坚定“四个自信”，做到“两个维护”，坚决维护以习近平同志为核心的党中央权威和集中统一领导，始终在思想上政治上行动上同以习近平总书记为核心的党中央保持高度一致。坚决服从党对经济工作的领导，看齐落实党中央决策部署，对标落实自治区党委、政府、市委、市政府和县委的工作要求，从讲政治的高度抓好工作落实，做到令行禁止。要坚持依法行政，增强凝聚力、战斗力。自觉运用法治思维和法治方式推动工作，将法治理念贯穿到经济社会发展各环节、各领域。积极推进政务公开，及时主动“官宣”社会关切，群众关心的问题。自觉接受各类监督，用心用力用情办好人大代表建议和政协委员提案。要加强作风建设，增强执行力、公信力。大力弘扬“老西藏精神”“两路精神”，树牢全心全意为人民服务的宗旨意识，切实转变工作作风，增强干事创业的凝聚力，释放奋发进取的正能量，以海拔高，境界更高的自觉和困难多，方法更多的作为，为扎囊经济社会发展贡献力量。自觉树立正确的权利观，正确处理权与法、情与法、力与法的关系，始终做到依法用权、廉洁用权，严格执行中央八项规定及其实施细则精神，扎实推进财政绩效管理，严格财政预算编制执行，加强审计监督，确保非刚性和非重点支出减少 3% 以上。

同志们，同心同德者强，同向同欲者胜。让我们更加紧密团结在以习近平同志为核心的党中央周围，在县委的坚强领导下，本着对 4 万扎囊群众高度责任的态度，真干事、干真事、事真干，稳扎稳打做好今年经济工作，确保“十四五”开好局、起好步，以优异成绩喜迎建党 100 周年和西藏和平解放 70 周年！

勘误表

《扎囊年鉴(2020)》勘误表

页码	位置	误	正
14	彩页下图	山南市委副书记、常务副市长吴巨培	山南市委副书记吴巨培
62	8月13日	山南市委副书记、常务副市长吴巨培	山南市委副书记吴巨培
71	C列倒数第3行	王永波(12月免)	王勇波(12月免)
72	A列第12行	鲁旭超(3月免)	鲁绪超(3月免)
170	C列倒数第2行	潘娟女(4月免)	潘娟(女,4月免)
219	C列倒数第7行	娥玛(男、回族)	娥玛(回族)
227	A列第17行	朱忠奎(男)	朱忠奎

索 引

说 明

一、本索引采用主题分析法编制。索引范围包括篇目、类目、部(门)目、条目等。
二、本索引按主题词首字汉语拼音音序(同音按音调)排列,若首字拼音相同则按第二字音序排列,以此类推。
三、索引款目后的数字表示内容所在的页码,数字后的拉丁字母(a、b、c)表示栏别(从左至右)。
四、篇目、类目、部(门)目用黑体字。

A

B

C

D

E

F

G

H

P

Q

R

S

T

W

X

Y

Z